제3판

회계학개론

전중열

머리말(제3판)

회계학개론(제2판)을 출간한 지 벌써 2년 반이 지나고, 저자가 정년퇴임할 날이 얼마 남지 않은 시점이 되었지만, 또다시 제3판으로 개정하는 용기를 내었다. 이러한 마지막 결단은 서울과학기술대학교 교양과목인 회계학개론을 수강하는 학생들의 높은 호응으로 비롯된 것이다.

회계학개론(제1판)을 2014년 8월에 저술한 이래, 매년 200명 이상의 이공계열 학생들이 과목을 수강하고 있다. 또한 회계학개론은 2017년부터 on-line 강의인 군(軍) e-learning 과목으로 지정된 이후, 군 휴학생에게도 꾸준한 사랑을 받고 있다. 특히 2019년 겨울 계절학기에는 off-line으로만 개설된 회계학개론 과목에 무려 100명의 일반학생들이 수강신청을 하여, 저자를 놀라게 하였다. 이번 겨울 계절학기 수강생 중에는 서울과학기술대학교와 학점교류를 하고 있는 인근 대학교의 학생들도 포함되어 있어, 저자로 하여금 흐뭇한 미소를 짓게 한다.

회계학개론 제3판에서는 제2판의 부정확한 표현 및 오류를 수정하였으며, 각 장이 시작하는 첫 부분에 새로운 reading material과 특정 기업의 사업보고서를 사례로 추가하였다. 즉, 제1장~제5장에서는 분식회계, 회계투명성 및 회계기준과 관련된 사례를 포함하였고, 제6장~제13장에는 금융감독원 전자공시시스템(dart.fss.or.kr)에서 추출한 S전자주식회사의 재무제표와 주석을 제시하였으며, 제14장에서는 중소기업의 재무분석 사례를 추가하였다. 또한 한국회계기준위원회가 2019년 4월에 ‘재무보고를 위한 개념체계’를 개정하였으므로, 그 수정사항을 제2장에 반영하였다.

비록 마지막 힘과 열정을 다하여 교재를 수정・보완하였다고는 하지만, 아직도 남아 있는 미비한 부분은 저자의 부족한 역량에 의한 것이므로, 깊이 양해해주기를 부탁드린다. 제3판을 준비하는 동안 모든 일에 배려하고 격려해준 저자의 아내와 신영사 권영섭 사장님께 감사를 드린다.

2020년 2월 저자 씀

머리말(제2판)

회계학개론을 2014년 8월에 출간한 지 만 3년 가까운 시간이 흘렀다. 서울과학기술대학교에서 교양과목으로 개설된 회계학개론을 수강하는 학생들은 모두 비경영 전공학생들로서, 주로 이공계열 학생들이다. 매년 200명 이상의 학생들이 수강하고 있는데, 이렇게 높은 호응은 아마도 이공계열 학생들이 회계학을 본인들의 소양을 높이고, 나아가서는 창업에 필요한 과목으로 인식하고 있기 때문이라고 생각한다.

2017년 1학기부터는 회계학개론이 군 e-learning의 과목으로 선정되어, 군휴학생들도 수강할 수 있게 되었다. 군 e-learning 회계학개론은 군휴학생을 대상으로 on-line 수업으로 진행되기 때문에, off-line 수업에 비하여 더 다양한 질문과 feedback을 받을 수 있었다. 대부분의 군 휴학생들은 회계학개론이 상당히 재미있는 과목이라는 반응을 보이고 있으며, 본인들의 진로에 큰 도움이 되리라는 기대를 가지고 수강하고 있다. 저자도 이러한 뜻하지 않은 군휴학생들의 뜨거운 반응에 무거운 책임감을 느끼고 열심히 강의하고 있다.

회계학개론 제1판은 회계학의 주요 내용만을 다루었기에, 연습문제가 다양하지 않았다. 따라서 제2판에서는 각 회계 주제에 합당한 회계 사례와 다양한 연습문제를 포함하였다. 회계 사례는 신문기사의 내용을 Reading Material로 제시하여 학생들로 하여금 실생활에서의 회계 관련 문제를 간접적으로 경험할 수 있게 하였다. 또한 서술형 문제, OX 문제, 선다형 문제를 수록하여 스스로 테스트할 수 있도록 하였다.

제2판에서는 제1판의 오류를 바로잡고 여러 종류의 연습문제를 포함하였지만, 아직도 부족한 부분이 있을 것으로 생각하며, 계속 교재를 보완해 나가려고 한다. 제2판을 준비하는 동안 격려해준 저자의 아내와 신영사 권영섭 사장님께 감사를 드린다.

2017년 6월 저자 씀

머리말(제1판)

저자가 근무하는 서울과학기술대학교는 2013년 2학기에 처음으로 비경영전공 학생들만이 수강할 수 있는 "회계학개론"을 교양과목으로 개설하였다. 글로벌경영학과에서는 전공과목인 회계원리를 2006년부터 영어로 강의하고 있었으므로, 2013년 이전에 회계원리를 수강한 비경영전공 학생들은 영어강의의 어려움을 감수해야만 하였다. 또한 좋은 학점을 얻기 위해서, 경영전공 학생들과 결코 순탄치 않은 경쟁을 할 수밖에 없었다.

회계의 기초과목인 회계원리는 이공계열 및 조형계열에도 필요한 과목인데, 위에서 서술한 이유로 인해 비경영전공 학생들이 회계원리를 수강하기가 무척 난감하였다. 이러한 애로를 해결하는 방안은 회계원리에 해당하는 과목을 교양과목으로 개설하고, 그 과목을 비경영전공 학생들만이 수강할 수 있도록 운영하는 것이었다.

몇 년 동안 회계전공 교수들과 함께 노력한 결과, 저자의 이 같은 염원은 "회계학개론"을 교양과목으로 개설함으로써 일부 달성되었으나, 적합한 교재가 마련되지 않아 문제가 완전히 해결된 것은 아니었다. 본서는 이러한 상황에서 저술되었다. 마음으로는 교재를 벌써 출간했어야 하는데 이제야 시작하여 탈고를 하게 되었으니, 마음만 앞서 갔던 몇 년의 세월이었다.

여태까지 수많은 훌륭한 교수들이 여러 종류의 회계원리 교재를 발간하였지만 너무 많은 내용을 전달하고자 하여, 회계를 처음 공부하는 비경영전공 학생들에게 심리적으로 큰 부담을 주었다고 생각한다. 저자는 비경영전공 학생들이 생애 첫 회계과목에 적응하도록 본서의 내용을 구성하였고, 보다 쉽게 이해하도록 힘을 기울였다. 바쁘게 교재를 준비하는 가운데 발생한 미흡한 부분은 앞으로 계속 수정하여 보완해 나갈 예정이다. 본 교재를 탈고할 수 있도록 격려해준 저자의 아내와 신영사 권영섭 사장님께 감사를 드린다.

2014년 8월 저자 씀

차 례

제 5 장 재무보고와 기업회계기준

제 6 장 현금과 단기금융자산

제 7 장 재고자산

제 8 장 투자자산

제 9 장 유형자산

제10장 무형자산

제11장 유동부채

제12장 비유동부채

제13장 자본회계

제14장 재무제표 분석

CHAPTER 1

분식회계

1. 분식회계의 의미
2. 분식회계에 대한 책임
3. 분식회계의 문제점
4. 분식회계에 대한 대책방안

사례

'대우조선 회계사기 묵인' 안진회계법인 임원 소환

(매일경제 2016-12-05)

검찰이 대우조선해양 옛 경영진의 수조원대 회계사기 혐의와 관련해 딜로이트 안진회계법인(대표 함종호)의 임 모 상무를 불러 조사했다. 지난달[2016년 11월] 22일 대우조선 외부감사의 현장 책임자였던 안진 전 이사 배 모씨를 구속기소한 데 이어 임원인 총괄 책임자(파트너급)까지 소환한 것이다.

[2016년 12월] 5일 대검찰청 부패범죄특별수사단(단장 김기동 검사장)은 임 상무를 주식회사의 외부감사에 관한 법률 및 공인회계사법 위반 혐의의 피의자 신분으로 불러 조사했다고 밝혔다. 특수단은 임 상무에 대한 조사를 마친 뒤 구속영장 청구 여부를 결정할 방침이다.

임 상무는 배씨의 직속 상사인 파트너급 회계사로, 대우조선 관련 모든 의사결정을 주도한 것으로 알려졌다. 그는 대우조선 회계감사 과정에서 회사 측 요구에 따라 중요 회계자료에 대한 검토나 분석을 제대로 하지 않고 회계사기에 적극적으로 가담한 혐의를 받고 있다. 특수단은 임 상무를 상대로 안진이 대우조선의 회계사기 정황을 알면서도 회사 차원에서 이를 묵인 또는 방조했는지 캐물었다.

앞서 특수단은 지난달 22일 주식회사의 외부감사에 관한 법률 위반 혐의 등으로 배씨를 구속기소했다. 대형 회계법인 이사가 대기업 부실감사와 회계사기 개입 혐의로 구속돼 재판에 넘겨진 것은 처음이다. [기사 부분 인용]

1. 분식회계의 의미

최근 몇 년 사이에 '분식회계'라는 낯선 용어가 신문 및 텔레비전 등의 뉴스 매체에 자주 등장하고 있다. 분식회계란 무엇인가? 분식집의 회계, 즉 밀가루 음식을 판매하는 음식점에서 행하는 회계를 의미하는 것인가?

분식회계(粉飾會計)란 '회계정보의 조작'(accounting manipulation)을 의미한다. 분식(粉飾)은 만두와 라면 등의 분식(粉食)과 의미가 다르다. 분식(粉食)의 분(粉)은 '밀가루', 그리고 식(食)은 '음식'을 뜻하므로, 분식(粉食)은 '밀가루 음식'이라는 뜻이다. 그러나 분식(粉飾)에서의 식(飾)은 '꾸민다'는 뜻으로, 분식(粉飾)은 '분가루를 사용하여 꾸민다,' 즉 화장(化粧)한다는 의미이다.

분식회계
회계정보를 인위적으로 조작하는 행위

- 분식(粉飾) : "분가루를 사용하여 꾸민다"는 뜻으로, 여성들이 얼굴에 화장하는 이치와 동일
  → 화장의 기본원칙은 얼굴의 예쁜 곳을 더욱 예쁘게 나타내며, 못생긴 부분은 감추도록 하는 것
  cf. 만두를 판매하는 분식집의 분식(粉食)은 "밀가루 음식"이라는 뜻

그렇다면, 화장의 원리는 무엇인가? 얼굴의 모든 곳에 일률적으로 동일한 분량의 분가루를 바르는 것이 아니라, 얼굴의 예쁜 곳을 강조하고 미운 곳은 감추도록 적절한 분량의 분가루로 치장하는 것이다. 그러므로 분식회계는 회계정보에 화장을 한다는 의미로서, 기업이 좋은 정보는 과장하고, 나쁜 정보는 축소시켜 보고하려는 경향을 가지고 있다는 것이다. 기업이 과장하려는 좋은 정보는 자산과 수익 등이며, 기업이 축소하려는 나쁜 정보는 부채와 비용 등이다. 따라서 분식회계는 기업이 자산과 수익을 실제보다 부풀리고 부채와 비용을 축소하여 보고하는 등의 회계조작을 뜻한다.

우리나라의 분식회계 사례를 살펴보면, 1997년 한보철강의 6,920억원, 같은 해 기아자동차의 3조원, 1998년 동아건설의 7,140억원, 2000년 대우그룹 12개 계열사의 22조 9,000억원, 같은 해 현대건설의 3조 9,800억원, 2003년 SK글로벌의 1조 5,000억원 등이다.

미국의 분식회계 사례로는 엔론(Enron)을 대표적인 예로 들 수 있다. 엔론은 재무구조를 건전하게 유지하기 위하여 비상장 합자회사를 설립하여 엔론의 부채와 손실을 합자회사에 넘기는 등의 분식회계를 자행하였다.

〈도표 1-1〉 우리나라 기업의 분식회계

- 1997년 → 한보철강 6,920억원
- 1997년 → 기아자동차 3조원
- 1998년 → 동아건설 7,140억원
- 2000년 → 대우그룹 22조 9,000억원
- 2000년 → 현대건설 3조 9,800억원
- 2003년 → SK글로벌 1조 5,000억원

〈도표 1-2〉 미국 기업의 분식회계

Company	Nature of Accounting or Business Fraud	Result
Computer Associates International, Inc.	Fraudulently inflated its financial results.	CEO and senior executives indicted. Five executives pled guilty. $225 million fine.
Enron	Fraudulently inflated its financial results.	Bankruptcy. Senior executives criminally convicted. More than $60 billion in stock market losses.
HealthSouth	Overstated performance by $4 billion in false entries.	Senior executives criminally convicted.
Qwest Communications International, Inc	Improperly recognized $3 billion in false receipts.	CEO and six other executives criminally convicted of "massive financial fraud." $250 million SEC fine.
Xerox Corporation	Recognized $3 billion in revenue prior to when it should have been recorded.	$10 million fine to SEC. Six executives forced to pay $22 million.

자료 : Reeve, Warren, and Duchac, 2016, *Accounting*, 26th ed., p. 4.

2. 분식회계에 대한 책임

분식회계정보의 생산에 대해서는 누가 궁극적인 책임을 지는가? 이것은 누가 기업의 회계정보를 생산하는가? 혹은 누가 기업의 재무보고에 대한 책임을 지는가와 동일한 질문이다. 왜냐하면 그릇된 회계정보를 생산하여 보고한 사람이 이에 대한 책임을 지기 때문이다.

대우그룹의 사례를 살펴보면, 대우그룹의 계열사 사장들과 김우중 회장이 검찰에 구속되었으며, 대우그룹을 감사하였던 산동회계법인은 징계를 받고 파산하였다. 기업의 회계정보는 실제적으로는 기업 경리팀이 생산하지만 이에 대한 최종 책임은 경영자에게 있으므로, 대우그룹의 계열사 사장들과 김우중 회장이 분식회계에 대한 책임을 지게 된 것이다. 회계감사를 맡은 산동회계법인은 대우그룹의 재무제표가 기업회계기준에 맞게 작성되었는가를 파악하여 보고하는 회계감사의 의무를 이행하지 않았으므로 징계를 받았다.

미국 엔론의 회계감사인은 세계 5대 회계법인(Big 5)의 하나인 아서 앤더슨(Arthur Andersen)이었다. 아서 앤더슨은 엔론의 회계감사를 하면서 동시에 컨설팅을 수행하여, 아서 앤더슨이 엔론으로부터 받은 컨설팅 수입이 회계감사 수임료를 훨씬 능가하게 되었다. 회계감사와 컨설팅 역할의 이해상충으로 인하여, 아서 앤더슨은 엔론의 분식회계를 감시하는 회계법인임에도 불구하고 적극적으로 엔론의 분식회계를 묵인하고 돕는 결과를 초래하여 결국 파산하였다.

3. 분식회계의 문제점

분식회계의 문제점은 무엇인가? 법적인 측면이 아닌 회계적인 측면에서 분식회계는 유용하지 못한 회계정보를 생산하여 보고하는 데 문제가 있다. 유용한 회계정보가 되기 위해서는 신뢰성을 가지고 있어야 하는데, 분식회계정보는 신뢰성이 결여된 회계정보이다.

신뢰성을 상실한 회계정보는 기업에 부정적인 결과를 초래한다. 주주나 채권자는 기업의 회계정보를 믿지 못하므로 기업에 투자하거나 자금을 대여하지 않게 된다. 이와 같은 외부금융이 조달되지 않으면 기업은 자금난을 겪게 되고, 자금난이 심각한 수준까지 이르면 기업이 도산하게 된다.

회계정보의 신뢰성 상실로 인한 문제는 특정 기업에 국한된 것이 아니라 모든 기업에 발생할 수 있다. 또한 글로벌화되어 있는 현재 상황에서는 특정 국가에만 영향을 미치는 것이 아니라 세계적인 문제를 야기하게 된다. 다시 말해 회계정보의 신뢰성이 없어지면, 세계적인 경제가 붕괴되는 엄청난 결과가 나타나게 된다. 1920년대 말에 미국에서 발생한 경제공황의 파급효과를 수류탄 효과라 한다면, 회계정보의 신뢰성 결여로 나타날 수 있는 경제붕괴의 파급효과는 원자폭탄 효과로 비교할 수 있다.

〈도표 1-3〉 분식회계의 문제점

① 신뢰성이 결여된 회계정보
② 투자자, 채권자는 기업의 회계정보를 불신
③ 주식시장, 채권시장의 붕괴
④ 세계 경제의 파탄
- 1920년대 말 미국과 세계의 경제공황 → 수류탄 효과
- 분식회계로 인한 세계 경제의 파탄 → 원자폭탄 효과

그러나 아직까지는 회계정보의 신뢰성 결여로 인해 나타날 수 있는 최악의 상황인 세계 경제파탄은 발생하지 않았다. 왜 그럴까? 회계정보의 신뢰성을 평가하여 투자자에게 알려 주는 회계감사인(auditor)인 공인회계사의 역할로 인해, 투자자는 기업의 회계정보를 믿고 자금을 제공할 수 있었기에 세계 경제는 그런대로 유지될 수 있었다. 그러나 공인회계사와 기업이 담합함으로써 회계정보의 신뢰성에 금이 가는 사건이 발생하였다. 그 대표적인 사건이 엔론 사태이다. 미국 7위 기업인 엔론은 신뢰성이 결여된 회계정보를 생산하였고, 아서 앤더슨이라는 세계 굴지(Big 5)의 회계법인은 엔론과 결탁하여 신뢰성이 결여된 회계정보를 마치 신뢰성 있는 것처럼 감사의견서를 작성하였기 때문이다.

4. 분식회계에 대한 대책방안

우리나라에 국가 부도사태가 발생한 1997년 말에, 미국이 주도하는 국제통화기금(IMF; International Monetary Fund) 및 세계은행(World Bank) 등이 우리나라의 경제를 진단하였다. 우리나라의 문제점으로 경영투명성과 회계투명성의 결여를 지적하였으며, 회계투명성을 제고하는 방안으로 미국 회계제도의 도입을 권고하였다.

이와 같이 미국은 자국의 발달된 회계제도로 인하여 회계투명성이 높다고 그동안 자부하고 있었는데, 2001년도의 엔론과 월드콤 등의 분식회계로 인하여 회계감사제도의 문제점을 발견하게 되었다. 미국은 이러한 회계부정을 방치할 경우에 회계정보의 신뢰성 상실로 인한 자본시장 및 경제에 심각한 문제가 발생한다는 사실을 인지하고 2002년도에 회계개혁법을 만들었다. 미국의 회계개혁법은 이 법을 발의한 Sarbanes 상원의원과 Oxley 하원의원의 이름을 따서 Sarbanes-Oxley Act라고 칭한다. 미국 회계개혁법의 주요 사항으로는 상장기업회계감독위원회(Sarbanes-Oxley법 제1장), 회계감사인의 독립성(Sarbanes-Oxley법 제2장), 기업의 책임(Sarbanes-Oxley법 제3장),[1] 재무공시의 강화(Sarbanes-Oxley법 제4장) 등이다.

우리나라도 기업들의 회계투명성 제고와 투자자 보호를 위해, 미국 회계개혁법의 주요 내용을 반영하여 우리나라의 "자본시장과 금융투자업에 관한 법률"(자본시장법), "주식회사 등의 외부감사에 관한 법률"(외감법), "공인회계사법" 등을 개정하였다.

---

1) 감사위원회의 위원 자격과 책임 등(Sarbanes-Oxley법 제3장 제301조)을 규정하고, 재무보고에 대한 기업 최고경영자(CEO)와 최고재무책임자(CFO)의 책임(Sarbanes-Oxley법 제3장 제302조)을 강화하였다.

Reading Materials

chapter 1

[대우 회계분식 사례] 부채 고의누락 15조 달해

(매일경제 2000-09-15)

대우그룹 계열사에 대한 특별감리결과 분식회계 금액은 모두 22조 9,000억원으로 드러났다. 기업개선작업 관련 실사결과 나타난 차액 42조 9,000억원의 53%에 해당된다. 나머지 20조원은 실사 때 적용한 기준과 회계감사 때 적용한 회계기준 차이에서 발생한 금액이다.

그렇다면 대우 그룹 계열사들은 어떻게 이 같은 천문학적인 규모의 분식이 가능했을까. 증권선물위원회는 대우계열사의 분식 유형에 대해 ▲부채 고의누락 ▲가공채권과 부실채권 계상 ▲가공 · 불용 재고자산 계상 ▲가공 · 불용 설비 계상 ▲가공 연구개발비 계상 등으로 분류했다.

◇ 부채 고의 누락=대우 계열사들이 차입금과 같은 부채를 고의로 누락한 금액은 모두 15조원에 달하는 것으로 조사됐다. 주식회사 대우의 경우 현지법인이 현지에서 차입한 차입금등을 지급이자 상환등 대우계열사들이 사용했으나 차입금으로 계상하지 않아 부채를 누락시켰다.

대우전자는 어음차입금을 지급수수료, 외환차손 등의 비용과 가공의 매출채권과 상계처리하는 방법으로 실질 부채를 재무제표에서 누락시켰다. 대우중공업도 80년대 후반이후 조선경기 불황 때 선박수주경비와 선가감액분 등 손실을 부외차입금(회계장부에 기록하지 않은 차입금)으로 보전하고도 재무제표에는 계상하지 않았다. 특히 대우는 부외자금 거래창구인 영국 BFC를 통해 자금을 차입하고도 이를 표시하지 않아 5~6조원의 부채를 축소 계상한 것으로 드러났다.

◇ 가공 · 부실채권 계상=대우 자동차의 경우 해외투자법인에 자동차제조설비를 수출하면서 원계약서상 선수금으로 되어 있는 것을 대우와 맺은 하도급계약서 작성과정에서 설계도면 대가 등으로 수정하고 기성고 증명을 받아 수입으로 올려 매출을 높였다.

대우중공업은 80년대 후반이후 조선경기 불황 때 허위 매출을 계상하는 방법으로 매출채권을 과다계상했다. 이 같은 방법으로 대우 계열사들이 분식 계산한 규모가 4조원에 달한다.

◇ 가공 · 불용 재고자산 계상=사용하지 않거나 실제 없는 자산을 재고자산으로 장부에 올린 사례도 많았다. 대우자동차는 생산에 이미 투입돼 비용처리해야 할 부분을 원재료 재고자산으로 계상하는 방법으로 재고자산을 과대하게 처리했다.

대우통신은 실제 외부에 판매되거나 제품생산에 투입돼 실물이 있지도 않은 재고자산을 재고로 표시하는 등 대우 계열사들은 이 같은 방법으로 2조원을 과다계상했다.

◇ 기타=대우자동차와 대우통신 등은 사용불가판정을 받은 설비를 손실처리하지 않고 유형자산으로 계상하거나 연구개발비 등을 과다하게 계상하는 방법 등으로 전체적으로 1조원 이상을 부풀렸다.

[대우계열 12사 '분식회계'] 자산/매출 뻥튀기… '수법'

(한국경제 2000-09-15)

증권선물위원회가 15일 발표한 대우 계열 12개사의 분식회계 규모는 22조 9천억원이다. 이는 12개 계열사 전체 자산규모 90조원의 25.4%에 해당한다. 쉽게 말해 대우 계열사는 97, 98년 2년 동안 회사재산의 4분의 1을 조작했다는 이야기다.

지난해 11월 대우 측은 자기자본이 14조 3천억원이라고 제시했다. 그러나 워크아웃(기업개선작업)관련 실사결과 자기자본은 마이너스 28조 6천억원으로 나타나 42조 9천억원의 차액이 발생했다. 이 중 53%인 22조 9천억원이 회계장부상 조작(분식회계)으로 밝혀졌고 나머지 20조원은 실사기준이 회계감사기준보다 엄격했던 데 따른 차액이라고 금융감독원은 설명했다.

◇ 다양한 분식 수법=대우 계열사의 분식회계 수법도 가지가지였다. 이성희 금감원 대우조사감리반장은 "부채를 장부에서 고의로 누락시킨 금액이 15조원이며 이 중 해외 비밀계좌인 BFC에서 발견된 분식규모가 5~6조원에 달한다"고 말했다. BFC는 대우의 영국현지법인이 운영해 온 비밀계좌로 이 계좌를 통해 부외거래가 집중적으로 이뤄진 셈이다. 대우는 또 가짜채권이나 부실채권을 받을 수 있는 채권으로 계상(4조원)했고 가짜 재고자산 2조원어치를 장부에 올렸다.

◇ 부외부채 15조원=대우의 경우 해외법인이 BFC계좌를 통해 현지에서 빌린 돈으로 계열사의 손실지원과 해외사업투자 지원 등에 썼다. 대우는 이를 차입금으로 재무제표에 기재해야 함에도 불구하고 장부상 부채를 적게 만들기 위해 고의로 누락시켰다. 대우중공업은 80년대 후반이후 조선경기 불황때 선박수주경비와 선가감액분 등 손실을 장부에 기재하지 않은 차입금으로 메움으로써 그동안 손실을 적게 발표해 온 것으로 밝혀졌다.

대우와 대우전자는 좀 더 복잡한 방법을 썼다. CP(기업어음)할인이나 무역어

음할인을 통해 빌린 어음차입금을 매출채권으로 둔갑시켜 지급수수료, 외환차손 등 비용항목과 상계처리되도록 했다.

가짜채권으로 자산 부풀리기=대우자동차는 해외투자법인에 자동차제조설비를 수출하면서 받은 선수금을 다른 항목으로 고쳐 수익으로 계상해 매출액을 부풀렸다. 대우중공업도 허위로 매출을 계상해 실적을 "뻥튀기"했다. 대우전자 역시 수년전부터 외환차손 등의 비용을 누락시키고 해외자회사로부터 받을 돈(매출채권)이 있다고 거짓 장부를 작성했다.

◇ 재고자산 과대계상 2조원=대우자동차는 자동차 생산에 이미 쓰인 원재료를 아직 쓰지 않았다며 재고자산으로 처리해 재고를 과다계상했다. 대우전자도 수년전부터 재고수량을 실제보다 많게 표시하고 이미 제조과정에 쓰인 부품을 비용으로 처리하지 않는 방법으로 재고자산을 늘려왔다.

◇ 가짜 설비 · 연구개발비 등=대우전자는 현겁부서에서 쓰지 않고 폐기시킨 설비를 손실처리하지 않아 유형자산이 과다계상되도록 했다. 대우통신은 비용으로 써야 할 연구개발비용을 자산항목으로 기재해 자산을 부풀렸다. 대우자동차는 자동차 무상보증기간동안 예상되는 판매보증충당금을 적게 쌓아 실적을 좋게 만들었다.

◇ 빼돌린 돈은 없었나=진동수 증선위 상임위원은 "22조 9천억원을 빼돌렸다는 오해가 있으나 이는 사실이 아니다"고 말했다. 돈을 빌려 놓고 장부에 계상하지 않았을 뿐 계열사를 지원하는 데 주로 썼고 장부조작을 통해 자산규모를 부풀린 것일 뿐이라고 진 위원은 설명했다. 그러나 안희성 대우조사감리반 팀장은 "계열사에 지원된 돈이 어떻게 쓰였으며 부외거래 과정에서 자금유용이나 횡령은 없었는지는 이번 조사대상이 아니었다"고 말했다. 금감원의 특별감리는 회계장부 조작여부에만 초점이 맞춰졌을 뿐이라는 설명이다.

'미국판 대우사태' 발발 – 엔론, 美 사상 최대 규모 파산
(프레시안 2001-12-04)

사고금액이나 분식회계, 경영진 모럴해저드(도덕적 해이) 등에서 '미국판 대우사태'라 불릴 만큼 대우그룹 사태와 여러모로 흡사한 초대형 기업파산 사태가 미국에서 발생, 월가를 밑둥채 뒤흔들고 있다.

이번 사고는 파산규모가 미국 자본주의사상 최대 규모의 파산이라는 점 외에, 선진자본주의국이라 자부해온 미국에서 장부조작 등 온갖 후진국형 모럴해저드가 자행됐다는 점에서 세계경제계를 놀라게 하고 있다.

미국과 유럽지역 에너지 거래의 25%를 독식하고 있던 엔론(Enron)사가 2일(미국 현지시간) 뉴욕의 연방파산재판소에 미연방파산법 11조에 기초해 파산보호를 신청했다.

엔론은 지난해 말 매출액이 미국 전체기업들 가운데 랭킹 7위를 차지하고, 6월 말 현재 자산총액이 6백 28억달러에 달하는 미국 내 최대 에너지그룹으로 잘 알려져 있다. 따라서 엔론의 파산으로 종전의 파산규모 최대기록이던 지난 87년 텍사코의 3백 59억달러를 경신하게 됐다.

미국사상 최대 규모의 파산사태 발생

미국 최대의 전력 및 천연가스 공급업체인 엔론의 파산으로 우선적으로 피해를 입게 된 이들은 엔론 종업원들이다. 엔론은 휴스턴본사에 7천 5백명을 비롯해 전 세계에 2만 1천명을 직원을 갖고 있다. 이들 중 대다수가 일자리를 잃을 것으로 전망된다. 휴스턴본사는 1차로 파산보호 신청 직후인 3일 전체 직원의 절반 이상인 4천명을 해고한다고 발표했다.

엔론에 돈을 꿔준 금융기관들도 거액의 피해를 볼 전망이다. 엔론의 알려진 부채규모는 3백 12억달러. 당초 1백 30억달러로 알려졌다가 장부를 열어보니 크게 늘어난 수치다.

미국에서는 J.P.모건 체이스와 시티그룹이 엔론에 가장 많이 대출해준 것으로 알려지고 있다. 이 밖에 유럽 금융기관들도 신디케이트론 형태로 적잖이 물려있는 것으로 전해지고 있다. 3일 골드만삭스는 시티그룹, J.P.모건 체이스, 메릴린치, 리먼 브러더스 등의 실적추정치를 하향조정하는 동시에, 모건 스탠리 딘위터에 대해선 신용등급을 하향조정했다.

더욱 문제가 되는 것은 아직 정확한 액수가 드러나지 않고 있는 파생금융상품 거래규모다. 스탠더드 앤드 푸어스(S&P)나 피치 IBCA 등 신용평가기관들은 엔론 관련 파생금융상품 거래가 63억달러에 달할 것으로 추정하고 있다.

보험업계들의 피해도 클 전망이다. 모건 스탠리 추정에 따르면 엔론 파산으로 보험업계가 입게 될 손실은 20억달러에 달할 것으로 추정하고 있다. 9.11 테러로 벼랑 끝 위기에 몰린 보험업계들이 엎친 데 덮친 격으로 큰 타격을 입게 된 것이다.

엔론은 2000년 말 시가총액이 1천억달러를 넘어섰을 정도로 한때 잘나가던 기업이었다. 엔론은 특히 정보통신(IT)혁명을 적극 수용해 전력과 천연가스를 온라인으로 거래함으로써 급신장을 거듭했었다. 그러던 기업이 왜 하루아침에 쓰러졌을까?

대우그룹 뺨치는 엔론의 모럴해저드

가장 근원적 원인은 모럴해저드였다. 엔론은 지난해 하반기부터 세계경제가 동시불황에 빠지면서 에너지소비가 줄어 영업이 어려움을 겪기도 했으나, 그렇다고 해서 그룹이 망할 정도로 심각한 상황은 아니었다.

지난 11월 19일 미증권거래위원회(SEC)는 엔론의 분식회계 사실을 적발, 이를 공표했다. 엔론의 계열사들을 포함시킨 통합재무제표를 만들어보니, 97년부터 2000년까지 4년간 엔론의 순이익이 5억 8천 6백만달러나 줄어들더라는 것이었다. 반대로 부채는 2000년에만 6억 2천 8백만달러나 늘어났다. 대우그룹 빰치는 장부조작이었다.

더욱 충격적이었던 것은 이 같은 분식회계의 손실이 대부분 임원들의 재산증식을 위한 투기과정에 발생했다는 사실이다. 엔론의 CFO(최고재무책임자) 앤드류 파스토우는 자신이 관여하고 있던 위장계열사 LJM2와 엔론의 거래를 성사시키며, LJM2로부터 3천만달러를 챙겼다. 전직 북미법인 사장이던 마이클 코퍼 역시 츄코 인베스트먼트, LJM 등 계열사 주식을 사들였다가 되팔며 차익을 챙기는 등 각종 편법을 자행했다. 이들 경영진은 또한 단기간에 실적을 끌어올리기 위해 위험성 높은 파생금융상품 거래를 하다가 엔론에 10억달러의 손실을 입혔다.

이번 엔론 파산사태는 세계최고의 경영투명성과 주주가치 최우선을 자랑해온 미국 기업들 가운데에도 상당수 문제기업들이 있다는 사실을 백일하에 드러냈다는 점에서 세계 경제계에서 큰 충격으로 받아들여지고 있다. 아울러 이런 부정행위가 수년간 진행됐음에도 불구하고 미금융감독당국이 이를 사전에 적발하지 못했다는 대목도 큰 문제점으로 지적되고 있다.

우리 속담에 “열 포졸이 한 도둑을 못 잡는다” 했다. 한 국내 경제전문가는 “9.11테러가 월가에 대한 정치테러였다면 엔론 사태는 월가에 대한 경제테러인 셈”이라고 말했다. 월가도 이제 “우리가 최고”라는 자만에서 깨어나, 스스로 원칙에 충실할 때가 된 셈이다.

[세상읽기-김윤호] 엔론 몰락의 교훈

(국민일보 2001-12-07)

지난 2일 미국 법원에 파산보호 신청을 한 미국의 에너지 재벌 엔론(Enron) 그룹은 지난 10월 중순까지만 해도 미국에서 흔한 말로 '가장 잘나가는' 기업 가운데 하나였다. 연간 매출액이 1,007억달러(128조원)에 달하고 자산이 670억달러(85조원)가 넘는 거대한 외형뿐만 아니라, 순익이 10억달러(1조 2,700억원)에 이르는 실속을 자랑했다.

미국 500대 기업 리스트에서 랭킹 7위에 올라 있는 엔론은 유명한 경제전문잡지 포춘이 제정한 '미국 최대 혁신기업상'을 지난 96년부터 올해까지 6년 연속 수상하는 전례 없는 기록을 세웠다.

뉴욕 월스트리트의 애널리스트들은 천연가스 · 전기 · 원유 등 에너지를 온라인상에서 거래하는 세계 최대의 네트워크를 구축한 엔론이 향후 10년간 최고의 성장주가 될 것이라며 적극적인 '매수 추천'을 했다. 이 덕분에 엔론은 뉴욕 증시에서 '대중주'와 같은 인기를 얻으며 가장 거래가 많은 종목으로 각광받았다.

하지만 이처럼 승승장구하던 거대 기업 엔론이 파산보호 신청(챕터 11)에 이르기까지 급전직하하는 데는 불과 2개월도 걸리지 않았다. 엔론의 몰락은 지난 10월 16일 3 · 4분기 실적이 나오면서 시작됐다. 4년 만에 처음으로 분기 손실이 발생했다고 공시하자 투자자들은 엔론의 회계 내용에 의심을 품게 됐다. 지난 2년간 매출이 3배나 급증하고, 연간 순익이 10억달러에 달하던 기업이 갑자기 적자를 보게 된 이유를 납득하기 어려웠기 때문이다.

급기야 엔론은 지난 97년 이후 순익을 6억달러(7,600억원)나 부풀려 발표한 것과 투자 실패에 따른 5억달러(6,300억원)의 부채를 숨긴 사실을 시인했다. 미국 증권거래위원회(SEC)는 즉각 엔론의 분식회계 여부와 대주주 및 경영진이 내부자 거래 의혹을 밝혀내기 위해 전면적인 조사에 들어갔다.

이때부터 엔론의 주가는 바닥을 모르고 미끄러졌다. 40달러에 이르던 주가가 10달러 아래로 떨어지면서 유동성 위기를 맞게 되자 엔론은 경쟁기업인 다이너지사와의 피인수 협상을 통한 회생을 모색했다. 하지만 주가가 계속 떨어지자 다이너지사가 협상을 파기하면서 파산신청 직전 거래일인 지난 11월 30일에는 주가가 불과 0.25달러까지 곤두박질했다. 최근 주가가 1달러 선을 회복했지만, 지난해 8월 최고 90.56달러에 달하고, 올해 초만 해도 80달러를 넘었던 데 비하면 겨우 휴지조각 신세를 모면한 정도다.

분식회계로 인해 자본시장의 냉혹한 보복을 받게 된 엔론의 몰락 과정은 우리에게도 교훈을 주고 있다. 4년 전 우리나라의 외환위기도 따지고 보면 주식시장 개방으로 대거 몰려 들어온 외국 자본이 재벌을 비롯한 한국 기업들의 회계에 심한 불신감을 갖고 투자자금을 일시에 회수하면서 발생한 것이다.

IMF 사태를 겪으면서 기업 회계의 투명성을 강조하는 목소리가 높았지만, 그동안 과연 우리나라의 기업 회계가 얼마나 맑아졌는지 궁금하다. 여전히 '기업 돈이 내 돈이고, 내 돈도 내 돈'이라는 인식을 갖고 있는 기업주들이 어디 한둘인가. 국민의 혈세나 다름없는 공적 자금까지 마치 제 주머닛돈처럼 빼돌린 부실기업주들이 있는가 하면, 회사 돈을 횡령하고도 잠시 빌린 것뿐이라고 얼굴색도 변하지 않고 말하는 오너들도 있다. 최근 국내 주식시장에서 다시 주가를 끌어올리고 있는 외국 자본들이 한국의 기업 회계에 실망하더라도 한꺼번에 돈을 빼내지 않기만을 바랄 뿐이다.

[클린회계 캠페인(7)] 엔론사태… 그리고 3년

(한국경제 2004-12-28)

세계 최대의 파산규모 655억달러라는 역사적 오명을 남긴 미국 엔론(Enron)사의 분식회계 사태가 터진 지 3년이 훌쩍 넘었다. 9.11테러 공격이 미국 대외 정책 구도에 변화를 초래했다면 엔론의 분식회계 파장은 미국 경영 · 경제 시스템의 총체적인 변화와 더불어 경제적 위기를 가지고 왔다. 사상 초유의 분식회계 사태는 엔로니티스(Enronitis)라는 신조어까지 남겼다.

엔로니티스는 'Enronasitis(엔론과 같은)'를 한 단어로 축약한 것으로, 엔론 파산이후 재무구조가 부실하거나 분식회계 의혹에 휩싸여 있는 기업들을 지칭하는 말이다. 이 신조어가 등장하게 된 것은 제2 · 3의 엔론이라 불리며 2002년 들어서 20여개의 미국 대표기업들의 분식회계 스캔들이 불거지면서이다. 마치 엔론이 신호탄이었던 것처럼 곧이어 엔론의 분식규모 5억 9,000억달러를 갱신한 38억 달러규모의 분식회계가 미국 2위 통신업체인 월드컴(MCI로 개명)에서 불거졌고, 제록스 역시 사상 최대의 50억 달러 이상의 매출을 과대계상한 사실이 드러났다.

또한 GM도 분식회계 의혹으로 증권거래가 일시 중단됐었다. 연이어진 기업들의 분식회계는 그 방법도 장부조작, 내부자 거래, 탈세에 이르기까지 온갖 다양한 형태를 보여줘 미국 경제는 그야말로 '분식회계 백화점'을 방불케 했다. 미국은 분식회계 여파를 최소화하고 다시 한 번 회계시장의 질서를 바로 세우기 위해 보다 강력하고 엄격한 회계기준법인 '사베인즈 · 옥슬리법'을 제정하고, 분식회계 주도자들에 대한 사법처리를 위해 발 빠르게 움직였다.

지난해 미 증권 거래위원회(SEC)는 세계적인 복사기업체인 제록스의 분식회계 사건에서 상당한 역할을 한 것으로 알려진 이 회사의 최고재무책임자였던 배리 로메릴에게 회계업무에 영구히 종사할 수 없도록 하는 중징계를 내리는 한편, 회계담당국장이었던 그레고리 테일러에 대해서도 회계업무 종사권한을 3년간 정지시키는 등 강경 조치를 내렸다. 또 월드컴의 창업자이자 당시 최고경영자인 버나스 에버스 역시 구속 기소돼 스스로 일군 회사를 떠나게 됐다.

그리고 마침내 지난 7월 9일 엔론의 케네스 레이 회장이 엔론이 파산보호신청을 한 지 2년 8개월 만에 구속됐다. '기업은 망해도 경영자는 돈을 번다'는 사실을 증명이라도 하듯 2001년 파산신청 직전에 엔론 주식 1억달러어치를 시장과 회사측에 매각했던 레이 회장의 구속은 경제적, 정신적 피해를 안고 살아가는 수만 명의 종업원과 주식투자자들에게 작은 위안이 아닐 수 없다.

이와 함께 외부감사인으로서 분식회계를 방조한 회계법인들 역시 각종 소송의 회오리에 휘말려 법의 심판을 받았다. 특히 89년의 역사를 자랑하는 세계에서 가장 오래된 회계법인인 아서 앤더슨도 문서를 파기하면서까지 엔론과 글로벌크로싱의 분식회계를 눈감아 준 사실이 드러나 결국 해체되는 비운을 맞았다. 법정으로부터 유죄판결을 받은 아서 앤더슨은 엔론의 주주들과 채권단으로부터 줄줄이 소송을 당하면서 사면초가에 놓였다. 마침내 스스로 2002년 8월 31일 상장기업의 회계감사업무를 중단하겠다고 발표한 아서 앤더슨은 비즈니스컨설팅 사업을 KPMG에 넘김으로써 회계역사에서 쓸쓸히 퇴장했다.

세계적인 회계법인인 KPMG는 제록스의 회계 부정을 방관한 혐의로 지난해 SEC로부터 민사소송을 당했다. 제소 대상은 제록스 회계감독 업무를 책임졌던 KPMG 간부 마이클 콘웨이와 전·현직 파트너 4명. SEC는 또 KMPG가 제록스로부터 받은 수수료를 모두 반환토록 요청하고 벌금부과도 추진키로 하는 등 강력하게 대응하고 있다. 글로벌 스탠더드의 중심이며, SEC(미국 증권거래위원회)의 강력한 분식회계 기소권한으로 회계부정 없이 투명한 기업경영이 이루어지고 있는 것으로 인식됐던 나라, 미국.

그런 나라의 분식회계 스캔들이 연이어 터지면서 월스트리트뿐 아니라 세계증시까지 흔들렸다. 기업에 대한 투자자들의 신뢰가 바닥까지 추락했으며, 미 증시는 2차 세계대전 이후 가장 길고도 깊은 하락을 경험해야 했다. 10여년간 장기호황을 자랑하던 미국경제가 분식회계에 발목을 잡혀 추락의 길에 접어들게 된 것이다. 미국경제에 대한 신뢰저하로 약세 기조를 보이고 있던

달러화가 추가로 하락하고, 각국의 증시 불안이 심화되고 있다. 세계 기축통화인 달러화의 신뢰성에 기반을 둔 국제금융질서가 무너지면서, 우리나라를 비롯한 아시아 경제의 수출 주도형 성장시대가 끝나는 것이 아니냐는 위기감도 고조시키고 있다. 최근 우리나라도 연일 최저 · 최고를 갱신하는 경제지표들로 인해 큰 위기의식을 느끼고 있다.

엔론 사태 후 3년이 지난 지금까지도 분식회계의 상처는 아물지 않고 있다. 마치 바다에 한번 유출된 기름을 완전히 제거하기 위해서는 장기간의 시간이 필요하듯 엔론이 세계경제의 '바다'에 유출시킨 분식회계 '기름'은 여전히 바다 위를 부유하고 있는 것이다.

美상장 외국社 회계관리 '비상'… 사베인스 옥슬리법 15일부터 적용

(한국경제 2006-07-10)

사베인스 옥슬리법 주요 내용

최고경영자(CEO)·최고재무책임자(CFO) 인증제	CEO와 CFO가 회사의 재무제표가 내부통제제도에 따라 적절하게 작성되었다는 내용에 서명, 사후에 사실과 다른 것으로 나타날 경우 형사책임
내부통제시스템 강화	엄격한 회계기준에 따라 사업보고서 등이 작성될 수 있도록 관련인력과 소프트웨어 등 시스템 구축, 독립감사위원회 설치 의무화
회계법인 겸업금지	외부감사 회계법인의 감사이외 업무수행금지
내부고발자 보호	내부 비리 등 고발자에 대한 해고 강등 정직 차별 등 금지
상장기업회계감독위원회(PCAOB) 설치	사베인스 옥슬리법 이행을 감독하기 위한 별도 기구 신설

미국이 잇단 회계부정 스캔들을 계기로 기업 투명성 강화를 겨냥해 제정한 사베인스 옥슬리법이 오는 [2006년 7월] 15일(현지시각)부터 미국 증시에 상장한 외국기업에도 적용된다. 이에 따라 주식예탁증서(DR) 형태로 미 증시에 상장된 한국 기업을 비롯, 1,200여개 외국기업들에 비상이 걸렸다.

파이낸셜타임스(FT)는 지난 8일로 외국기업에 대한 적용 유예기간이 끝남에 따라 앞으로 외국기업도 사베인스 옥슬리법에 따른 회계관리 강화 대상에 포함된다며 특히 12월 말 결산법인들이 시간에 쫓기게 됐다고 10일 보도했다.

적용 대상은 자본금 7,500만달러 이상의 미국 내 모든 외국 상장기업이다. 이에 따라 국내기업 중에는 뉴욕증권거래소(NYSE)에 상장된 국민은행, 신한금융지주, KT, 포스코, 한전, SK텔레콤, 우리금융지주, LG필립스LCD 등 8개 기업과 나스닥에 상장한 하나로텔레콤 등 9개 기업이 이 법의 적용을 받게 됐다.

사베인스 옥슬리법 적용으로 외국기업들도 이제는 회계 시스템을 점검해 문제가 있으면 스스로 이를 미증권거래위원회(SEC)에 보고해야 하며 회사 비용을 들여 이 문제점을 시정해야 한다. 특히 회사의 최고경영진은 회사의 재무제표가 내부통제제도에 따라 적절하게 작성됐다는 내용에 서명해야 하며 나중에 사실과 다른 것으로 드러날 경우 민·형사상 책임도 물어야 한다.

SEC는 외국계 기업에 대한 법 적용이 처음인 만큼 스스로 회계상 문제점들을 보고하는 기업에 대해 당장 벌금을 부과하지는 않을 방침이다. 그러나 기업이 스스로 회계상 문제점을 공개할 경우 주가 하락 등 부작용이 따를 것으로 보여 기업들이 골머리를 앓고 있다.

회계상 문제점을 시정하는 데 들어가는 천문학적인 비용 역시 외국기업들에는 큰 부담이다. 영국계 HSBC와 글락소스미스클라인은 지난 회계연도에만 각각 2,840만달러와 440만달러를 썼고, 프랑스 기업인 라파르주는 1,280만달러를 쏟아부었다.

포스코의 한 관계자는 "지난해부터 준비를 해오긴 했지만 막대한 비용이 들어간 것은 사실"이라면서 "더 큰 문제는 관련 비용 지출이 일회성에 그치는 것이 아니라 앞으로 매년 계속된다는 데 있다"고 실토했다.

이 같은 이유로 미국 증시에 상장된 외국기업 중 상당수는 상장을 철회하는 방안을 고려중인 것으로 나타났다. 실제 기업 대상 조사업체인 마르자스에 따르면 NYSE에 상장한 유럽 기업 6개 가운데 1개꼴로 사베인스 옥슬리법 때문에 상장을 포기할지 모른다는 반응을 보였다.

■ 사베인스 옥슬리법은…

엔론 사태를 계기로 2002년 제정됐다. 기업회계 부정을 막기 위해 기업 내부 통제 시스템을 갖추도록 하고 이를 미증권거래위원회에 보고토록 하는 한편 최고경영층이 재무제표에 서명토록 해 이들의 책임을 강화한 것을 주요 내용으로 하고 있다.

서술형 문제

chapter 1

1. 분식회계란 무엇인가?

풀이

분식회계(粉飾會計)는 '회계정보의 조작'(accounting manipulation)을 의미한다. 기업이 의도적으로 좋은 정보는 과장하고, 나쁜 정보는 축소시켜 보고하는 것을 분식회계라고 한다. 기업이 과장하려는 좋은 정보는 자산과 수익 등이며, 기업이 축소하려는 나쁜 정보는 부채와 비용 등이다. 따라서 분식회계는 기업이 자산과 수익을 실제보다 부풀리고 부채와 비용을 축소하여 보고하는 등의 회계조작을 뜻한다.

2. 우리나라 분식회계 기업에 대해 설명하시오.

풀이

우리나라의 분식회계 사례를 살펴보면, 1997년 한보철강의 6,920억원, 같은 해 기아자동차의 3조원, 1998년 동아건설의 7,140억원, 2000년 대우그룹 12개 계열사의 22조 9,000억원, 같은 해 현대건설의 3조 9,800억원, 2003년 SK글로벌의 1조 5,000억원 등이다.

3. 미국 분식회계 기업에 대해 설명하시오.

풀이

미국의 분식회계 사례로는 엔론(Enron)을 대표적인 예로 들 수 있다. 엔론은 재무구조를 건전하게 유지하기 위하여 비상장 합자회사를 설립하여 엔론의 부채와 손실을 합자회사에 넘기는 등의 분식회계를 자행하였다.

4. 분식회계정보의 생산에 대한 책임은 누가 지는가?

풀이

이 질문은 '누가 기업의 회계정보를 생산하는가?' 혹은 '누가 기업의 재무보고에 대한 책임을 지는가?'와 동일한 질문이다. 대우그룹의 사례를 살펴보면, 대우그룹의 계열사 사장들과 김우중 회장이 검찰에 구속되었다. 기업의 회계정보는 실제적으로는 기업

경리팀이 생산하지만 이에 대한 최종 책임은 경영자에게 있으므로, 대우그룹의 계열사 사장과 김우중 회장이 분식회계에 대한 책임을 지게 된 것이다.

5. 분식회계의 문제점은 무엇인가?

풀이

회계적인 측면에서 분식회계의 문제점은 유용하지 못한 회계정보, 즉 신뢰성이 결여된 회계정보가 생산되는 데 있다. 회계정보가 신뢰성을 상실하게 되면, 주주나 채권자는 기업의 회계정보를 믿지 못하므로 투자하거나 자금을 대여하지 않게 된다. 이와 같은 외부금융이 조달되지 않으면 기업은 자금난을 겪게 되고, 자금난이 심각한 수준까지 이르면 기업이 도산하게 된다. 세계 경제가 글로벌화되어 있는 상황에서, 신뢰성 없는 회계정보는 특정 국가의 경제에만 영향을 미치는 것이 아니라 전 세계적으로 파급되어 세계 경제를 붕괴시킬 수 있게 된다.

6. 분식회계의 대책방안으로 어떤 법이 미국에서 제정되었는가?

풀이

회계정보의 신뢰성을 평가하여 투자자에게 알려 주는 회계감사인(공인회계사)의 역할로 인해, 투자자는 기업의 회계정보를 신뢰하게 된다. 그러나 공인회계사와 기업이 담합함으로써 회계정보의 신뢰성에 금이 가는 사건이 발생하였다. 그 대표적인 사건이 엔론 사태이다. 미국 7위 기업인 엔론은 신뢰성이 결여된 회계정보를 생산하였고, 아서 앤더슨(Arthur Andersen)이라는 세계 굴지(Big 5)의 회계법인은 엔론과 결탁하여 신뢰성이 결여된 회계정보를 마치 신뢰성 있는 것처럼 감사의견서를 작성하여 보고하였다.

미국은 이러한 회계부정을 방치한다면 회계정보의 신뢰성 상실로 인한 자본시장 및 경제에 심각한 문제가 발생한다는 사실을 인지하고, 2002년도에 회계개혁법을 만들었다. 미국의 회계개혁법은 이 법을 발의한 Sarbanes 상원의원과 Oxley 하원의원의 이름을 따서 Sarbanes-Oxley Act라고 칭한다. 미국 회계개혁법의 주요 사항으로는 상장기업회계감독위원회, 회계감사인의 독립성, 기업의 책임, 재무공시의 강화 등이다.

우리나라도 기업들의 회계투명성과 투자자 보호를 위한 조치가 절실하게 되어, 미국 회계개혁법을 모델로 하여 자본시장과 금융투자업에 관한 법률(자본시장법), 주식회사 등의 외부감사에 관한 법률(외감법), 공인회계사법 등을 개정하였다.

OX 문제

chapter 1

1. 분식회계란 의도적으로 회계정보를 조작하는 것을 의미한다. (　　)

풀이 (O)
분식회계(粉飾會計)는 '회계정보의 조작'(accounting manipulation)을 의미한다.

2. 분식회계란 모든 회계정보를 과장하여 보고하는 것이다. (　　)

풀이 (X)
분식회계는 회계정보에 화장을 한다는 의미로서, 기업이 좋은 정보는 과장하고, 나쁜 정보는 축소시켜 보고하는 것이다.

3. 분식회계에서는 일반적으로 자산과 수익을 과장하고, 부채와 비용은 축소하여 보고한다. (　　)

풀이 (O)
분식회계에서 일반적으로 기업이 과장하려는 좋은 정보는 자산과 수익 등이며, 기업이 축소하려는 나쁜 정보는 부채와 비용 등이다

4. 분식회계정보를 생산한 책임은 회계감사를 수행한 회계법인에도 있다. (　　)

풀이 (X)
기업의 회계정보는 실제적으로는 기업 경리팀이 생산하지만 이에 대한 최종 책임은 경영자에게 있으므로, 분식회계정보 생산에 대한 책임은 기업의 경영인에게 있다.

5. 회계법인은 분식된 회계정보를 생산하지 않았으므로, 분식회계에 대한 책임을 회계법인에게 물을 수 없다. (　　)

풀이 (X)
회계법인이 분식된 회계정보를 생산한 데 대해서는 책임이 없지만, 분식회계 정보를 제대로 회계감사하지 못한 책임이 있다. 대우그룹 분식회계에 대해서는 산동회계법인

이, 그리고 엔론 분식회계에 대해서는 아서 앤더슨 회계법인이 부실 회계감사로 인하여 징계를 받았다.

6. 분식회계를 방지하려는 방안으로 Sarbanes-Oxley법이 미국에서 제정되었다. ( )

풀이 (O)

미국은 엔론과 월드콤 등의 분식회계 사태를 통하여 회계감사제도의 문제점을 발견하였다. 미국은 이러한 회계부정을 방치하게 될 경우에 회계정보의 신뢰성 상실로 인해 자본시장과 경제에 심각한 문제가 발생할 것임을 인지하고, 2002년도에 Sarbanes-Oxley법(회계개혁법)을 제정하였다.

7. 미국에서 제정된 Sarbanes-Oxley법의 내용은 아직 우리나라에 영향을 주지 않고 있다. ( )

풀이 (X)

우리나라도 기업들의 회계투명성 제고와 투자자 보호를 위해, 미국 Sarbanes-Oxley법의 주요 내용을 반영하여 "자본시장과 금융투자업에 관한 법률"(자본시장법), "주식회사 등의 외부감사에 관한 법률"(외감법), "공인회계사법" 등을 개정하였다.

8. 우리나라 분식회계 기업 중에서 분식회계의 규모가 가장 컸던 기업은 현대건설이다. ( )

풀이 (X)

우리나라의 분식회계 기업을 살펴보면, 1997년 한보철강의 6,920억원, 같은 해 기아자동차의 3조원, 1998년 동아건설의 7,140억원, 2000년 대우그룹 12개 계열사의 22조 9,000억원, 같은 해 현대건설의 3조 9,800억원, 2003년 SK글로벌의 1조 5,000억원 등이다.

9. 미국 엔론을 회계감사한 아서 앤더슨은 엔론의 분식회계를 알고도 묵인하였다. ( )

풀이 (O)

미국 엔론의 회계감사인은 세계 5대 회계법인(Big 5)의 하나인 아서 앤더슨(Arthur Andersen)이었다. 아서 앤더슨은 엔론을 회계감사하면서 동시에 컨설팅을 수행하여, 엔론으로부터 받은 컨설팅 수입이 회계감사 수임료를 훨씬 능가하게 되었다. 회계감사와 컨설팅 역할의 이해상충으로 인하여, 아서 앤더슨은 엔론의 분식회계를 감시하는 회계법인임에도 불구하고 적극적으로 엔론의 분식회계를 묵인하고 돕는 결과를 초래하여 결국 파산하였다.

10. 분식회계의 문제점은 회계정보의 신뢰성 상실이라고 볼 수 있다. (　　)

풀이 (O)

회계적인 측면에서 분식회계는 유용하지 못한 회계정보를 생산하여 보고하는 데 문제가 있다. 유용한 회계정보가 되기 위해서는 신뢰성을 가지고 있어야 하는데, 분식회계의 회계정보는 신뢰성이 결여되어 있다.

선다형 문제

chapter 1

1. 분식회계에 대한 설명 중 옳은 것은?

① 의도적인 회계정보의 조작을 의미한다.
② 밀가루 음식을 판매하는 분식집에서 행하는 회계를 뜻한다.
③ 모든 회계정보를 과장하여 보고하는 것을 말한다.
④ 좋은 회계정보를 보수적으로 축소하여 보고하는 것을 의미한다.

풀이 ①
분식회계는 회계정보를 의도적으로 조작하는 것을 말한다. 일반적으로 분식회계는 좋은 정보는 과장하고 나쁜 정보는 축소한다.

2. 대우그룹의 분식회계에 대한 설명 중 옳지 않은 것은?

① 분식회계 규모가 우리나라 분식회계 기업 중에서 가장 컸었다.
② 분식회계정보의 생산에 대한 책임은 회계감사한 산동회계법인에게 있다.
③ 부채를 장부에서 고의로 누락시키는 방법을 사용하였다.
④ 가짜 채권이나 부실채권을 받을 수 있는 채권으로 계상하였다.

풀이 ②
분식회계정보의 생산에 대한 책임은 분식회계 정보를 생산한 기업에게 있다. "이성희 금감원 대우조사감리반장은 '부채를 장부에서 고의로 누락시킨 금액이 15조원이며 이 중 해외 비밀계좌인 BFC에서 발견된 분식규모가 5~6조원에 달한다'고 말했다. BFC는 대우의 영국현지법인이 운영해 온 비밀계좌로, 이 계좌를 통해 부외거래가 집중적으로 이뤄진 셈이다. 대우는 또 가짜채권이나 부실채권을 받을 수 있는 채권으로 계상(4조원)했고, 가짜 재고자산 2조원어치를 장부에 올렸다." (한국경제 2000-09-15)

3. 미국의 분식회계 기업인 엔론(Enron)에 대한 설명 중 옳은 것은?

① 2000년 말 현재 엔론의 매출액은 미국 전체 기업들 중에서 7위이었다.
② 2001년 6월 말 현재 엔론의 자산총액은 6백 28억달러로서, 미국 내 최대 에너지그룹이었다.
③ '미국판 대우사태'라 불릴 만큼 초대형 기업파산 사태이었다.

④ 위의 설명은 모두 옳다.

풀이 ④

"사고 금액이나 분식회계, 경영진 모럴해저드(도덕적 해이) 등에서 '미국판 대우사태'라 불릴 만큼 대우그룹 사태와 여러모로 흡사한 초대형 기업파산 사태가 미국에서 발생, 월가를 밑둥채 뒤흔들고 있다… 엔론은 지난 해[2000년] 말 매출액이 미국 전체 기업들 가운데 랭킹 7위를 차지하고, [2001년] 6월 말 현재 자산총액이 6백 28억달러에 달하는 미국 내 최대 에너지그룹으로 잘 알려져 있다." (프레시안 2001-12-04)

4. 분식회계정보의 생산에 대한 책임은 누가 지는가?

① 분식회계 기업의 최고경영자
② 분식회계 기업의 회계감사인
③ 분식회계를 감독하는 정부기관
④ 위의 ①과 ② 모두

풀이 ①

분식회계정보의 생산에 대한 책임은 분식회계 기업의 최고경영자에게 있다.

5. 분식회계의 문제점은 무엇인가?

① 분식회계정보를 사용하는 투자자가 피해를 본다.
② 신뢰성 없는 정보가 생산되고 공시된다.
③ 신뢰성 없는 정보로 인해 자본시장이 위축될 수 있다.
④ 위의 설명은 모두 옳다.

풀이 ④

분식회계의 문제점은 신뢰성이 없는 정보가 제공된다는 점이다. 신뢰성이 없는 정보를 사용하는 투자자는 큰 피해를 보게 되며, 자본시장이 위축될 수 있다. 분식회계 정보가 전 세계적으로 만연할 경우에는 세계 경제의 붕괴가 야기될 수 있다.

6. 분식회계의 대책방안으로 어떤 법이 미국에서 제정되었는가?

① 셔먼법
② 클레이턴법
③ 사베인스 옥슬리법
④ 정답 없음

풀이 ③

엔론 사태의 결과로 Sarbanes-Oxley법이 2002년에 미국에서 제정되었다. 셔먼법과 클레이턴법은 불공정 상거래를 금지하기 위한 법이다.

7. 대우그룹이 자행한 분식회계 수법에 대한 설명 중 옳은 것은?

① 부채 고의 누락
② 가공채권과 부실채권 계상
③ 가공재고자산과 불용재고자산 계상
④ 위의 설명은 모두 옳다.

풀이 ④

"증권선물위원회는 대우계열사의 분식 유형에 대해, 부채 고의 누락, 가공채권과 부실채권 계상, 가공·불용 재고자산 계상, 가공·불요설비 계상, 가공 연구개발비 계상 등으로 분류했다." (매일경제 2000-09-15)

8. 대우그룹의 분식회계와 관련하여 증권선물위원회가 2000년 9월 15일에 발표한 내용 중 옳은 것은?

① 대우의 분식회계 규모는 12개 계열사 전체 자산규모 90조원의 25.4%에 해당한다.
② 1999년 11월 대우가 공시한 자기자본은 14조 3천억원이었다.
③ 워크아웃(기업개선작업) 관련 실사 결과, 대우의 자기자본은 마이너스 28조 6천억원으로 나타났다.
④ 위의 설명은 모두 옳다.

풀이 ④

"증권선물위원회가 [2000년 9월] 15일에 발표한 대우 계열 12개사의 분식회계 규모는 22조 9천억원. 이는 12개 계열사 전체 자산규모 90조원의 25.4%에 해당한다. 지난 해[1999년] 11월 대우측은 자기자본이 14조 3천억원이라고 제시했다. 그러나 워크아웃(기업개선작업) 관련 실사결과 자기자본은 마이너스 28조 6천억원으로 나타나 42조 9천억원의 차액이 발생했다." (한국경제 2000-09-15)

9. 미국 사베인스 옥슬리법의 내용 중 옳은 것은?

① 최고경영자 및 최고재무책임자의 재무보고에 대한 책임 강화
② 내부통제 강화
③ 외부감사 회계법인의 감사이외의 업무수행금지
④ 위의 설명은 모두 옳다.

풀이 ④
미국 회계개혁법인 사베인스 옥슬리법의 주요 사항으로는 상장기업회계감독위원회의 설치, 회계감사인의 독립성 제고, 기업의 책임 강화, 재무공시의 강화 등이다.

10. 분식회계 기업에 해당하지 않은 미국 기업은 어느 것인가?

① 엔론
② 포드자동차
③ 제록스
④ 월드콤

풀이 ②
20여개의 미국 대표기업들이 분식회계 스캔들에 휩싸였다. 엔론의 분식규모 5억 9천만 달러를 갱신한 38억 달러규모의 미국 2위 통신업체인 월드콤(MCI로 개명), 그리고 60억 달러 이상의 매출을 과대계상한 제록스 등이 대표적인 분식회계 기업들이다.

CHAPTER 2

회계의 기초개념

1. 회계의 목적
2. 회계시스템
3. 회계정보이용자
4. 회계의 가정과 원가제약
5. 회계용어

사례

삼정KPMG, '제7회 청소년 경영 · 경제 교육캠프' 개최

(매일경제 2019-08-02)

삼정KPMG는 지난 [2019년 8월] 1일부터 이틀간 역삼동 삼정KPMG 교육센터에서 40여명의 고등학생이 참여한 가운데 '제7회 청소년 경영 · 경제 교육캠프'를 개최했다고 2일 밝혔다. 이번 행사는 새로운 경제 주체가 될 청소년들을 대상으로 경영 및 경제학 교육을 통해 학생들이 건전한 경제의식을 함양하고 자신의 꿈과 비전을 고민해 보는 취지로 마련됐다.

교육은 지난 2013년 이후 매년 개최되고 있으며 캠프에 참여한 청소년은 총 340여명에 달한다. 주요 프로그램은 ▲국내 유수의 대학 교수진과 회계 전문가에게 배우는 경영 · 경제 교육과 ▲청소년들의 시민의식 향상을 위한 봉사활동 시간으로 진행된다.

김재욱 고려대 경영대학 교수는 '융합적 시각의 경영학의 미래'를 주제로 경영학의 전통적 의미 변화 및 타 학문과의 융합 추세에 대해 설명하면서 경영자로서 지녀야 할 소양에 대해 안내했다. 유병준 서울대 경영대학 교수는 '기업가 정신과 도전'을 주제로 기업가 정신의 의미에 대해 소개했으며, 학생들이 자가 진단을 통해 각자의 특성에 맞는 비즈니스 모델을 구상해 보는 시간을 마련했다.

이경우 연세대 경제학부 교수는 '세금, 복지, 그리고 나'를 주제로 강연을 진행했으며, 세금을 통한 재분배 및 복지제도의 이상적인 정도에 대해 논의하고 글로벌 사례를 함께 탐구했다. 또한 삼정KPMG 회계 전문가들이 발표자로 나서 생활 속의 경제, 경영 사례를 소개하고, 경영의 기본이 되는 회계의 기초 개념을 설명했다.

[기사 부분 인용]

조직은 주요 활동(영업활동)과 부수적인 활동을 통하여 발생하는 수많은 거래에 대해 회계처리를 하고 있다. 본장에서는 회계의 목적에 대해 알아보고, 회계처리의 산물인 회계보고서를 이용하는 정보이용자에 대해 설명한다. 또한 정보이용자의 상이한 사용목적에 따라 생산되는 회계보고서가 어떤 회계학 분야와 연관되어 있는지 살펴본다.

기업회계기준은 기업의 거래를 회계처리하는 지침을 제공한다. 본장은 이러한 기업회계기준의 바탕이 되는 회계의 기본가정과 제약요인에 대해 설명한다. 또한 회계에서 사용되고 있는 중요한 회계용어의 정의를 살펴본다.

1. 회계의 목적

회계의 주체가 되는 조직은 영리를 추구하는 영리조직과 영리가 아닌 공익을 추구하는 비영리조직으로 구분될 수 있다. 대표적인 영리조직으로는 기업이 있으며, 비영리조직으로는 정부·자선단체·학교·종교단체 등이 있다. 영리조직이나 비영리조직의 내부 정보이용자인 경영자들은 조직의 목표를 달성하기 위해 의사결정을 하며, 조직에 대해 이해관계를 가지고 있는 외부 정보이용자들도 자신의 효용을 극대화하기 위해 의사결정을 한다.

회계의 목적은 "정보이용자가 경제적인 의사결정을 하는 데 도움이 되는 유용한 정보를 제공하는 것"이다. 어떤 조직과 이해관계를 갖고 있는 사람은 그 조직의 정보를 의사결정에 이용하기 때문에, 정보이용자를 이해관계자라고 칭한다. 경제적인 의사결정은 돈에 관련된 의사결정을 말하며, 조직에 대한 의사결정은 일반적으로 경제적인 의사결정을 의미한다. 정보이용자가 어떤 조직에 대하여 경제적인 의사결정을 하기 위해서는 그 조직에 관한 "유용한 정보"가 반드시 필요하게 된다.

2. 회계시스템

회계는 정보이용자의 경제적인 의사결정을 돕기 위하여 조직의 거래자료로부터 유용한 정보를 산출하여 제공하는 시스템을 의미한다. 자료는 가공되지 않은 상태인 거래내용을 의미하며, 정보란 사용자가 이용할 수 있도록 가공된 자료를 뜻한다. 입력-처리-출력의 3요소를 갖고 있는 것을 시스템이라고 하는데, 이러한 시스템 개념을 회계에 적용하여 회계시스템이라고 한다.

회계시스템은 〈도표 2-1〉과 같이 조직의 거래자료를 회계처리과정에 입력하고 처리하여 회계정보를 출력하는 시스템이다. 산출된 회계정보는 조직의 회계보고서에 보고되며, 정보이용자는 이를 사용한다.

〈도표 2-1〉 회계시스템

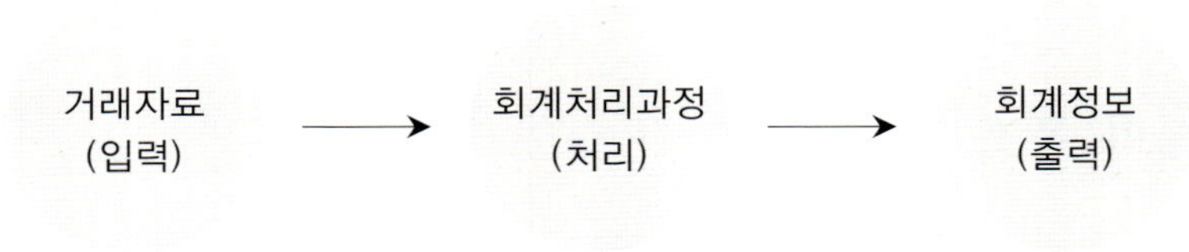

3. 회계정보이용자

회계정보이용자는 경영자 · 투자자(주주와 채권자) · 정부 · 기타 이용자 등으로 분류된다. 회계정보이용자 그룹은 서로 다른 의사결정을 하기 때문에 똑같은 회계정보를 원하지는 않는다. 〈도표 2-2〉에서 보는 바와 같이, 조직이 생산하는 회계정보를 포함하고 있는 회계보고서는 회계정보이용자 그룹에 따라 그 내용 및 형태가 달라지므로 상이한 이름으로 불린다.

3.1 경영자

영리 및 비영리 조직을 막론하고, 경영자는 경영 · 관리상의 의사결정을 하기 위해 회계정보를 필요로 한다. 예를 들면, 경영자는 제품 A의 판매가격을 얼마로 정해야 하는지, 제품 B와 C 중에서 어느 제품을 주력하여 생산 · 판매해야 하는지, 부품 D를 자가생산해야 하는지 혹은 외부 구매해야 하는지 등의 의사결정을 한다. 따라서 경영자가 원하는 회계정보는 경영자가 당면하는 의사결정의 종류에 따라 내용과 형식이 달라지므로, 경영관리목적의 회계보고

〈도표 2-2〉 회계보고서와 회계정보이용자

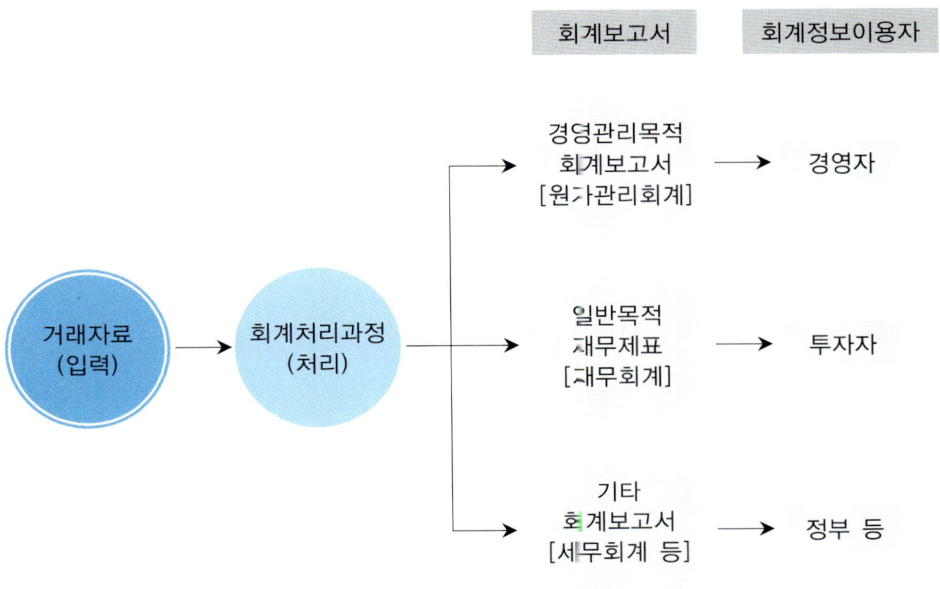

서는 일정한 형식을 필요로 하지 않는다.

경영관리목적의 회계보고서는 조직의 원가·관리회계시스템을 통하여 산출된다. 원가회계시스템은 제품원가에 대한 정보를 제공하며, 관리회계시스템은 의사결정 및 성과평가에 대한 정보를 제공한다. 이와 같이, 원가관리회계시스템은 경영자에게 정보를 제공한다. 즉, 원가관리회계의 목적은 내부정보이용자인 경영자에게 경영의사결정에 도움이 되는 유용한 정보를 제공하는 데 있다. 회계학 분야 중에서 제품원가계산에 대해 공부하는 분야는 원가회계이며, 의사결정 및 성과평가에 대해 연구하는 분야는 관리회계이다. 대학에서는 원가회계와 관리회계를 구분하여 회계과목을 제공할 수 있으나, 원가관리회계라는 회계과목으로 개설할 수도 있다.

3.2 투자자

넓은 의미로 볼 경우, 기업에 대한 투자자는 주주와 채권자를 포함하지만, 좁은 의미의 투자자는 주주를 의미한다. 주주와 채권자는 자신의 투자이익을 극대화시키는 기업을 선택하는 투자의사결정을 한다. 잠재적인 주주는 기업경영에 참여하거나 투자이익을 얻기 위해 기업이 발행한 주식을 소유하려 한다. 기존 주주는 추가적인 투자나 소유주식의 처분 및 유지 등에 관심을 가지고 있다. 대주주와는 달리, 기업에 대한 소유권이 작은 소액주주는 기업경영에 직접 참여하기보다는, 소유주식을 매각하여 이익을 얻거나 배당금을 얻기 위해 기업에 투자한다. 이러한 투자결정을 하기 위하여 주주는 회계정보를 필요로 한다.

한편, 채권자는 기업에 돈을 빌려준 자금대여자를 말하며, 은행·투자신탁회사·개인 등을 포함한다. 채권자들은 투자대상을 선택할 때, 여신의 안정성 및 부도위험을 평가하고자 한다. 즉, 채권자들은 기업이 대여금을 갚을 충분한 현금을 보유하고 있는지 혹은 기업이 부도를 낼 가능성이 있는지를 판단하기 위하여 회계정보를 필요로 한다.

기업은 투자자들로부터 자금을 유치하기 위하여 기업에 대한 회계정보를 생산하여 제공한다. 기업에 대해 투자하고 있는 기존투자자와 투자하려는 잠재적인 투자자의 숫자는 엄청나며, 각각의 투자자가 원하는 기업정보는 다를 수 있다. 그러므로 각각의 투자자가 원하는 회계정보의 내용을 기업이 일일이 제공한다는 것은 불가능하다. 또한, 기업에 따라 제공되는 회계보고서의 형식이 상이하다면, 투자자가 투자대상기업을 선택하는 데 어려움을 경험할 것이다. 따라서 다수의 투자자에게 공통적으로 필요한 회계정보내용을 일정한 형식에 따라 기업이 제공하도록 규정하는 회계법규가 필요하게 되었다. 기업이 투자자에게 제공하는 정보의 내용과 형식을 규정한 회계법규가 기업회계기준이다. 기업은 기업회계기준에 따라 회계처리한 내용을 기업회계기준에서 규정된 양식을 사용하여 제공한다.

경영관리목적으로 경영자에게 제공되는 회계보고서는 일정한 형식이 없지만, 투자자에게 제공되는 회계보고서는 일정한 형식이 정해져 있기에 이것을 일반목적 재무제표(이하 '재무제표')라고 한다. 기업이 기업의 회계정보인 재무제표를 투자자에게 제공하는 것을 공시라고 한다. 재무제표는 기업의 재무회계보고서를 일컫는데, 재무제표에는 재무상태표·포괄손익계산서·현금흐름표·자본변동표 등이 있다.

재무회계시스템은 투자자에게 정보를 제공하는 시스템을 말하며, 재무회계의 목적은 외부 정보이용자인 투자자에게 투자의사결정에 도움이 되는 유용한 정보를 제공하는 데 있다. 학문 분야로서의 재무회계는 투자자에게 정보를 제공하는 수단인 재무제표에 대해 연구하며, 회계원리, 중급재무회계, 고급재무회계의 과목으로 구성되어 있다.

이와 같이 기업 그 자체가 회계정보를 생산하여 제공하기 때문에, 기업은 실제 수치보다도 더 좋게 회계정보를 조작하려는 유인을 갖게 된다. 예를 들면, 어떤 기업의 2020년도 실제 이익과 자산이 각각 100억원 및 1,000억원이라면, 이것을 150억원과 1,500억원으로 상향보고하려는 동기를 갖는다. 이렇게 기업이 재무제표를 조작하려는 경향이 있다는 것을 투자자들도 알고 있으므로, 투자자는 모든 기업의 재무제표를 믿지 못해 투자를 기피하게 된다. 이런 상황이 심화되면, 자본시장이 붕괴되고 자금 조달은 불가능하게 되어, 세계 모든 기업이 도산하고 세계 경제는 파탄나게 된다.

이러한 문제를 막기 위해서는 기업이 공시한 정보의 신뢰성을 검증해주는 사람이 필요하게 된다. 기업의 재무제표를 감사하여 정보의 신뢰성을 검증해주는 사람을 회계감사인이라고 칭하는데, 공인회계사만이 기업을 회계감사할 수 있다. 공인회계사는 국가기관이 주관하는 시험에 합격하고 소정의 회계실무경험이 있는 사람에게만 부여되는 자격이므로, 회계전문가로 인정된다. 회계감사인이 기업 재무제표의 신뢰성 유무를 감사보고서를 통해 투자자에게 알려줌으로써, 투자자는 기업에 대해 투자를 할 수 있게 되고 자본시장의 붕괴는 방지된다. 이처럼 회계감사인은 자본시장에 있어서 매우 중요한 역할을 한다.

회계감사인은 기업이 기업회계기준에 따라 재무제표를 작성하였는지의 여부를 회계감사지침에 의거하여 감사하고 그 결과를 감사보고서로 발표한다. 기업의 재무제표를 감사할 때에 사용하는 회계감사방법에 대하여 연구하는 회계학 분야가 회계감사이다.

3.3 정부기관

정부기관인 국세청은 기업이 내야 할 세금을 결정하기 위하여 기업이 생산한 회계정보를 이용한다. 또한 정부는 재정적으로 부실한 금융기관들을 폐쇄하는 데 들어가는 비용이 얼마인가를 알기 위하여 금융기관들의 회계정보를 필요로 한다. 뿐만 아니라, 버스요금 등과 같은 공공요금이 적정한지 여부를 정부가 결정하기 위해 버스회사의 회계정보를 이용한다.

세무회계는 기업이 정부에 납부하는 조세를 결정하며 정부의 세금감면제도가 기업의 경제활동에 효과가 있는지 등을 연구하는 회계학 분야이다.

3.4 기타 정보이용자

위에서 설명한 정보이용자 이외에도 기업의 회계정보를 이용하는 정보이용자들이 있다. 종업원이나 노동조합은 고용계약을 협상할 때에 기업의 회계정보를 이용한다. 또한, 기업의 연금계획은 종업원들의 장래에 충분한 자원을 제공하는지, 기업의 주식을 살 수 있는 옵션을 종업원들에게 제공하고 있는지, 기업의 특정 사업부문이 부실하여 직업을 잃을 가능성이 있는지 등을 평가하기 위해서 종업원과 노동조합은 기업의 회계정보를 이용한다.

기업의 공급업자도 기업에 물품을 조달하는 계약을 체결하기 전에, 기업의 회계정보를 이용하여 기업의 재무적 안정성을 알기 원한다. 예를 들면, 공급업자는 기업이 물품대금을 지급할 수 있는 현금이 있는지, 기업이 공급업자에게 물품대금을 지급하기 전에 다른 채권자에게 먼저 지불할 금액은 얼마인지 등을 평가한다.

경쟁기업은 동일한 산업에 속한 다른 기업의 회계정보에 관심이 있다. 즉, 경쟁기업이 얼마나 많은 재고를 보유하고 있는지, 경쟁기업이 설비자산에 대한 투자를 하는지를 알고자 한다.

소비자도 구매의사결정을 하기 위하여 기업의 회계정보를 이용한다. 예를 들면, 소비자들은 기업이 망하지 않고 판매된 제품에 대해 애프터서비스를 오랫동안 제공할 수 있을 정도로 재무상태가 건전한지를 알기 원한다. 삼성자동차회사의 재무상태와 운영상태가 극도로 악화되어 프랑스의 르노자동차회사에 매각될 때에 삼성자동차 SM5의 판매가 극히 저조하였다는 사실이 이를 대변하고 있다.

회계의 현상을 연구하는 회계연구자도 기업의 회계정보를 이용한다. 예를 들면, 재무회계 연구자는 기업의 회계정보를 조사함으로써 회계처리방법의 변경이 회사의 주가에 미치는 영향을 연구한다. 회계감사 연구자는 기업의 이익조정행위가 외부감사인의 교체에 영향을 주는지를 연구하기 위하여 기업의 회계정보를 조사한다. 관리회계 연구자는 기업의 보상시스템이 운영성과에 영향을 주는지를 알기 위하여 회계정보를 이용한다. 세무회계 연구자는 국가 조세정책의 변화가 기업에 미치는 효과를 조사하기 위하여 기업의 회계정보를 분석한다.

4. 회계의 가정과 원가제약

재무제표는 재무회계의 최종적인 산출물로서, 기업이 기업회계기준에 따라 작성한 회계보고서이다. 기업회계기준은 거래를 회계처리하고 재무제표를 작성하는 기준을 말한다. 그러나 기업회계기준은 회계의 계속기업가정과 원가제약이라는 기반 위에 성립한다.

4.1 계속기업가정

계속기업가정이란 보고기업이 계속기업이며 예측가능한 미래에 영업을 계속할 것이라는 가정하에 재무제표를 작성하는 것을 말한다. 따라서 기업이 청산을 하거나 거래를 중단하려는 의도가 없으며, 또한 그럴 필요도 없다고 가정한다. 예를 들면, 기업의 유형자산을 조직이 청산할 경우의 청산가치가 아닌 역사적 원가로 보고하는 것은 계속기업가정에 의한 것이다.

그러나 만약 청산하거나 거래를 중단하려는 의도나 필요가 있다면, 재무제표는 계속기업과는 다른 기준에 따라 작성되어야 한다. 그러한 경우라면, 사용된 기준을 재무제표에 기술한다.

〈도표 2-3〉 계속기업가정

계속기업가정 :
재무제표는 보고기업이 계속기업이며 예측가능한 미래에 영업을 계속할 것이라는 가정하에 작성된다.

4.2 유용한 재무보고에 대한 원가제약

유용한 재무보고에 대한 원가제약을 적용함에 있어서, 특정 정보를 보고하는 효익이 그 정보를 제공하고 사용하는 데 발생한 원가를 정당화할 수 있을 것인지를 평가해야 한다.

재무정보의 제공자는 재무정보를 수집, 처리, 검증 및 전파하는 데 정보의 원가가 발생하며, 재무정보의 이용자들에게도 제공된 정보를 분석하고 해석하는 데 원가가 발생한다.

원가는 재무정보 제공자 및 이용자뿐만 아니라 회계기준제정기구가 가능한 새로운 재무보고 요구사항의 효익을 고려할 때 염두에 두어야 할 포괄적 제약요인이다.

〈도표 2-4〉 유용한 재무보고에 대한 원가제약

유용한 재무보고에 대한 원가제약 :
원가는 재무보고로 제공될 수 있는 정보에 대한 포괄적 제약요인이다. 재무정보의 보고에는 원가가 소요되고, 해당 정보 보고의 효익이 그 원가를 정당화하는 것이 중요하다.

5. 회계용어

회계에서 사용되는 용어는 고유한 의미를 가지고 있다. 이러한 회계용어는 회계의 개념체계를 구성하는 요소가 되며, 회계처리과정에서 사용되므로 그 구체적인 정의를 이해해야 한다.

5.1 자산

자산(asset)은 과거 사건의 결과로 기업이 통제하는 현재의 경제적 자원이다. 경제적 자원(economic resources)은 경제적 효익을 창출할 잠재력을 지닌 권리이다.

5.2 부채

부채(liability)는 과거 사건의 결과로 기업이 경제적 자원을 이전해야 하는 현재의무이다. 즉, 부채는 채권자에게 재화나 용역을 제공해야 할 채무 또는 의무를 말하며, 채권자의 청구권을 나타낸다.

5.3 자본

자본(owner's equity)은 기업의 자산에서 모든 부채를 차감한 후의 잔여지분이다. 자본청구권은 기업의 자산에서 모든 부채를 차감한 후의 잔여지분에 대한 청구권이다. 즉, 자본은 기업이 소유하고 있는 자산에 대한 소유주의 청구권을 나타낸다.

5.4 수익

수익(revenue)은 자산의 증가 또는 부채의 감소로서 자본의 증가를 가져오며, 자본청구권 보유자의 출자와 관련된 것을 제외한다. 다시 말하면, 기업이 고객에게 재화나 용역을 제공하고 그 대가로서 받는 가치를 말한다. 즉, 기업의 영업활동으로 인하여 발생한 자산의 증가나 부채의 감소를 뜻한다.

이러한 수익의 정의에 따라, 자본청구권 보유자로부터의 출자는 수익이 아니다.

5.5 비용

비용(expense)은 자산의 감소 또는 부채의 증가로서 자본의 감소를 가져오며, 자본청구권 보유자에 대한 분배와 관련된 것을 제외한다. 다시 말하면, 비용은 수익을 얻기 위하여 소비된 재화나 용역의 가치를 나타내며, 영업활동으로 인하여 발생한 자산의 감소나 부채의 증가를 의미한다.

이러한 비용의 정의에 따라, 자본청구권 보유자에 대한 분배는 비용이 아니다.

Reading Materials

[포럼] 회계투명성 강화 역행하는 금융위

(서울경제 2014-09-03)

금융위원회가 지난달 25일 외부감사 대상 주식회사의 자산규모를 현행 100억원 이상에서 120억원 이상으로 높이는 외부감사법 시행령 개정안을 입법예고했다. 경제성장 등 여건변화, 경기침체에 따른 중소기업의 어려운 경영사정 등을 감안해 외부감사 대상을 합리적으로 조정할 필요가 있다는 취지라고 한다.

중기 외부감사 대상 축소, 소탐대실 우려

하지만 이는 회계감사를 규제의 일환으로만 보는 지극히 편협되고 왜곡된 시각에서 비롯된 일이다. 외부감사의 목적은 다양한 외부 정보이용자를 보호하고 기업의 회계투명성과 공적(公的) 신뢰를 높이는 데 있다. 금융위가 이런 순기능을 무시한 채 외부감사 대상 기업의 자산기준을 높여 중소기업들의 감사보수 부담을 덜어주는 데만 집착한다면 소탐대실할 가능성이 크다.

금융위는 회계투명성 제고를 위해 지난해 하반기 회계제도개혁방안을 발표했다. 이번 입법예고안은 금융위의 이런 개혁의지가 후퇴했을 뿐만 아니라 그동안의 개혁과 반대로 가는 시대착오적 정책방안이라는 데 다름 아니다. 이는 결국 회계투명성에 대한 중소기업들의 인식을 무디게 해 회계감사 수수료 절감액보다 훨씬 큰 사회적·국가적 손실을 초래할 것으로 우려된다.

중소기업에 대한 시혜적 정책으로만 볼 게 아니다. 오히려 기업의 외부 정보이용자는 물론 해당 중소기업에 큰 피해를 줄 위험한 정책이다. 이런 주장과 관련, 회계사들이 수익감소를 우려해 반대한다고 폄훼하는 것은 숲은 보지 않고 나무만 보는 격이다. 국가경제 발전, 중소기업의 회계투명성 향상과 이해관계자 모두의 이익을 지키려는 목소리임을 이해해주기 바란다.

우리나라 기업들의 회계투명성은 경제협력개발기구(OECD) 회원국은 물론 세계 국가들과 비교해도 현저히 낮다는 것을 우리는 잘 알고 있다. 낮은 회계투명성 때문에 발생하는 신뢰저하는 코리아 디스카운트의 요인이 돼 경제활동 참가자 모두 피해를 당하게 된다.

우리나라에는 성장잠재력이 있지만 낮은 재무적 신뢰도 때문에 투자유치나 대출에 실패하는 유망 중소기업이 적지 않다. 그런 면에서 볼 때 자산규모와 관계없이 모든 기업에 회계감사를 받도록 하고 이해관계자가 아주 적은 기업에 한해 예외적으로 회계감사 대상에서 제외허주는 것이 올바른 정책방향이라 할 것이다.

신뢰도 하락 · 비용만 늘어 철회 검토를

비상장 중소기업에 대한 외부감사는 재무적 신뢰도를 높여 자본조달 비용을 낮춰준다. 내부통제에 대한 경영자문이나 세무자문을 얻는 효과도 작지 않다. 회계감사를 받지 않아 재무신뢰도가 낮아질 경우 투자자 · 금융회사 · 세무서 등 회계정보이용자들이 부담해야 할 사회적 리스크 비용을 감안한다면 감사보수는 기업이 반드시 회피해야 할 정도로 큰 부담이라고 할 수 없다는 연구결과도 있다. 외부감사를 회피하던 중소기업이 감사비용 절감효과의 몇 배 내지 몇십 배나 되는 재무 · 세무 · 경영상 손실을 보는 사례를 우리는 너무나 많이 목격해왔다.

정말로 중소기업을 도와주고 싶다면 회계감사 보수의 일정 비율에 세액 공제를 하거나 금리인하 혜택을 주는 게 효율적이다. 회계투명성 · 공익성을 높이면서 개별 중소기업의 어려움을 덜어줘 '두 마리 토끼'를 잡을 수 있다. 외부감사 대상 기업의 자산규모를 상향 조정하는 입법예고안은 철회돼야 마땅하다.

기업의 투명성 지키는 자본주의의 파수꾼
[직업의 발견 Top50(31)] 공인회계사(CPA)
(글로벌이코노믹 2014-11-21)

자본주의 사회에서 돈이 우선이라는 말에 단호히 'NO'라고 말할 자 누구인가. 하루에도 몇 번씩 돈을 세고, 돈을 말하고, 돈 벌 궁리를 하는 사람들, 그들을 돈밖에 모르는 사람이라고 손가락질 할 자 누구인가. 중요한 건, 돈을 어떻게 벌 것이며, 어떻게 돈을 다스릴 것인가의 문제다.

급속히 발전하는 정보화 시대에서 생산의 주체인 기업체와 대부분의 사회조직은 정보화로 운영되고 있으며 그만큼 투명성 또한 강조되고 있다. 이러한 시대의 영향을 받아 최근에 공인회계사(CPA)나 세무사에 도전하려는 젊은이가 증가하는 추세에 있고, 정보가 중요하게 다루어져야만 하기 때문에 세무회계의 의무와 역할도 전문화되고 있다. 산업사회에서 전문화된 분야는 취업전망이 밝다는 의미로 해석될 수 있어 세무회계 분야는 미래의 보증수표라 할 수 있다.

경제 규모의 확대에 따라 기업의 이해관계가 다양하고 복잡해지는 상황에서 공인회계사 역할은 독립적인 입장에서 이해관계의 조정은 물론 세무와 경영자문 업무에 이르기까지 광범위하다. 이러한 역할은 경제가 발전하고 전문화되면서 더욱 확대될 전망이다. 또한 자본시장의 개방, 사회간접자본 확충, 해외직접투자의 확대 등에 따라 공인회계사에 대한 수요는 폭발적으로 증대될 것으로 예측되어 정부는 공인회계사의 적절한 수급을 위해 선발인원을 단계적으로 증원한다는 방침을 세워 놓고 있다.

숫자로 기업의 미래를 알려주는, 자본주의 파수꾼 '회계사'는 전문직 중의 전문직이다. 공인회계사 등록회원 중 전업회계사는 65% 정도이며, 나머지 35%는 정부기관, 대학교, 상장법인 등에 진출하여 사회적 지위와 부를 보장받게 된다. 업무상 다양한 사람들을 만날 수 있으며 새로운 업무를 수행하는 경우가 많기 때문에 대인관계의 폭이 넓고 진취적 성격의 소유자라면 한번 도전해 볼 만한 최첨단 전문 직업이라고 할 수 있다.

기업 경영자는 재무제표(財務諸表 · 일정 기간 기업의 경영성적, 재정 상태를 이해관계인에게 보고하기 위하여 정기적으로 작성하는 회계보고서)를 인정된 회계원칙에 따라 작성하여 정보이용자(투자자)에게 제공할 필요가 있다. 정보이용자들은 이러한 정보를 활용하여 경제적으로 투자시 중요한 결정을 내리기 때문에 재무제표를 허위 또는 과장해서 작성할 가능성이 있다. 이러한 행위를 분식회계(粉飾會計)라고 하는데, 이런 기업 경영자의 눈가림 때문에 생겨난 직업이 회계사라고 볼 수 있다.

먼저 분식회계의 뜻을 알아보면, 분식의 분(粉)은 '가루, 혹은 단장, 분장하다'의 뜻을 담고 있고, 식(飾)은 '꾸미다'라는 뜻이 있다. 회계(會計)는 '셈을 하다'로 해석하여, 다시 말하여 '허위로 조작된 기업의 부풀리기 재무제표'인 것이다. 쉽게 말하면, 자기 기업에 돈이 없으면서 회계장부상 있다고 하는 경우와, 부채(빚)가 있는데 없는 것처럼 속이는 것이니 이런 회계에서의 꾸밈은 회계정보이용자들의 의사결정에 있어 잘못된 길로 인도하므로 사회경제적으로 막대한 손실을 끼치게 된다.

이런 사태를 방지하기 위하여 우리나라 주식회사는 주식회사의 외부감사에 관한 법률(외감법)에 의하여 자산 총액이 100억원 이상(2009년 기준)인 주식회사는 모두 공인회계사에 의한 외부감사를 받도록 규정하고 있으며, 공인회계사는 감사 대상 기업이 기업회계 기준에 따라 재무제표를 올바르게 작성하고 있는지에 대한 의견을 표명토록 하고 있다. 회계감사 업무는 법정감사는 물론 특수목적 감사, 자발적 감사, 기업진단업무, 회계서비스, 세무업무, 경영자문업무, 그 외 요즘은 '교토의정서'에 의한 온실가스 감축의무까지 숫자화된 정보를 다루는 모든 분야에서 다양한 역할을 하게 된다. [이하 생략]

"韓 회계투명성 10년째 하위… 기업들 내부감시 역할 부족"
(파이낸셜뉴스 2013-11-01)

국가경쟁력에 비해 상대적으로 낮은 평가를 받고 있는 한국의 회계투명성 수준을 끌어올리기 위해서는 투명성 평가방법에 반론을 제기하기보다 현 상황을 직시할 필요가 있다는 지적이 제기됐다.

1일 서울 사평대로 서울팔래스호텔에서 열린 한국회계학회 창립 40주년 심포지엄에서 '한국 회계투명성과 신인도 제고방안'이란 주제로 발표에 나선 송인만 성균관대 교수는 국내 회계업계가 회계투명성이 문제가 있음을 직시할 필요가 있다고 강조했다. 지난 9월 세계경제포럼(WEF)이 평가한 한국의 회계투명성 순위는 조사대상 148개국 가운데 91위를 기록했다. 지난해 75위에서 16단계나 추락했다. 스위스 국제경영개발원(IMD)의 평가도 60개국 중 58위로 전년 대비 17단계나 떨어졌다.

업계는 그간 IMD와 WEF 평가방법의 객관성과 정확성에 의문을 갖고 반론을 제기해왔다. 실제 이 두 기관 모두 회계정보이용자에게 자국의 회계투명성 수준에 대한 의견을 묻는 주관적 인식에 관한 항목의 설문응답으로 평가했기 때문이다.

하지만 송 교수는 "10년 넘도록 회계투명성 순위가 하위 5~10% 수준에 머무르고 있다는 점을 고려하면 단순 평가방법만의 문제는 아니다"라며 "한국 문화나 상황을 고려하지 않은 서구의 제도를 도입했지만 이를 실행되도록 하는 컨트롤 타워의 부재가 현 상황을 빚었다"고 진단했다.

그는 "당장 적은 자본으로 기업을 지배하는 대기업의 경우 내부거래나 부당지원 등 회계분식의 수단이 많다"며 "이를 해소하기 위해선 내부 문제제기 등이 필수인데 현 상황을 보면 감사위원회 등의 내부 감시기구의 역할이 미약하다"고 지적했다.

떨어지는 감사보고서 품질을 막기 위해선 '악순환의 고리'를 끊어야 한다는 주장도 나왔다. 회계 인력은 우수하지만 경영자가 이들을 선임하고 감사수수료를 지급하다 보니 독립성이 훼손되는 탓에 회계감사에 대한 가치가 하락하고 이에 따라 감사수수료와 감사 품질이 하락하는 악순환이 지속되고 있다는 것이다.

송 교수는 "악순환을 끊어내기 위해선 감사수수료의 일부를 증권시장이 부담하는 방법을 고민할 필요가 있다"며 "필요하다면 복수감사인 및 감사인 정기 교체 제도를 도입하는 것도 독립성 훼손에 따른 감사보고서 품질 저하를 막는 방법"이라고 강조했다.

규제에 대해서 그는 "정보이용자를 통한 감시기능을 확충할 필요가 있다"며 "충분한 권한을 지닌 독립적인 회계 · 감사의 컨트롤 타워, 즉 미국 상장기업 회계감독위원회(PCAOB)나 일본의 공인회계사감사심사위원회(CPAAOB)와 같은 기구의 창설이 필요하다"고 제안하기도 했다.

이어진 패널토론에선 현재 국내 기업들의 회계에 대한 인식전환과 정보이용자들의 회계관련 교육이 필요하다는 주장이 거듭 나왔다. 신용인 한국공인회계사회 부회장은 "국내 기업들은 회계제도를 규제라고 생각하고 있지만 사실 이는 자본조달을 위한 인프라"라며 "기업 스스로 회계투명성을 위한 투자를 해야 한다"고 강조했다.

전성빈 서강대 교수도 "재작년 국내 최고 기업이 회계법인에 지급한 감사보고서 수수료는 39억원 수준인 데 비해, 같은 기간 미국의 제너럴일렉트릭(GE)이 8,700만달러, 뱅크오브아메리카(BoA)는 9,600만달러로 1,000억원가량을 들였다"며 "국내 최고경영자(CEO)를 대상으로 한 회계교육이 절실하다"고 덧붙였다.

[제6회 국제회계포럼] "내부감사가 외부감사인 선임… 제2의 모뉴엘 사태 막는다"

(파이낸셜뉴스 2014-11-23)

앞으로 주식회사의 내부 감사가 외부감사인(회계법인)을 선임해야 하고, 대형 비상장사에도 상장사에 준하는 회계기준이 적용된다. 이와 함께 정부는 회계 투명성 등 기업의 회계에 대한 인식 전환에 주력할 방침이다.

정찬우 금융위원회 부위원장은 지난 21일 파이낸셜뉴스와 한국공인회계사회 공동주최로 서울 여의도 중소기업중앙회에서 열린 '제6회 국제회계포럼' 기조연설에서 이같이 밝혔다.

'양질의 회계정보, 개선되는 기업가치'란 주제로 열린 이날 포럼에서 정 부위원장은 "앞으로 경영진이 아닌 내부 감사가 외부감사인을 선임토록 하고, 기업이 감사인을 통해 재무제표 대리작성을 요청하는 행위를 금지해 외부감사인이 독립적으로 회계감사 업무를 수행할 수 있는 제도적 기반을 마련하겠다"고 강조했다.

최근 모뉴엘 사태로 기업의 회계투명성 강화 필요성에 대한 사회적 여론이 확대되는 가운데 나온 것이어서 주목된다. 실제 금융정책 당국은 지난 8월 감사인 지정대상을 확대했다. 예를 들어 부채비율이 200%를 초과한 상장회사 중 업계 평균 부채비율의 150%를 초과하고 이자보상배율이 1 미만의 요건을 모두 충족하는 회사는 당국이 정해주는 회계법인에 외부감사를 받아야 한다.

정 부위원장은 "투명하고 신뢰받는 회계를 작성·제공하는 것은 기업의 기본적 책무이며 결과적으로 기업 가치 상승으로 이어진다는 전반적 인식이 아직 부족하다"며 "기업은 회계 담당자만이 아니라 최고경영자도 회계정보에 관심을 갖고 책임성 있게 회계정보를 작성하려는 노력을 기울여 나가야 한다"고 강조했다. 그는 또 "신뢰받는 회계정보를 위해 원칙 없이 불투명하게 운영되는 비영리법인, 대형 비상장사에 대해서도 상장사에 준하는 회계기준을 적용하겠다"고 강조했다.

하지만 이날 포럼에선 기업의 회계작성 의무화가 정착하려면 외감법 관련 규정 신설과 구체화가 필요하다는 지적도 나왔다.

이날 국내 기업의 회계인프라 수준에 대한 연구 결과를 발표한 황인태 중앙대 교수는 "무려 1만 5,772개에 달하는 자산규모 500억원 미만인 소규모 기업의 경우 회계를 전담하는 직원 수도 적을 뿐만 아니라 개정이 잦은 회계기준을 완전히 소화해 재무제표를 작성하는 데 어려움이 예상된다"고 말했다.

더불어 주식회사의 재무제표 작성을 의무화하기 위해선 무엇보다 각 기업이 결산업무와 외부감사업무의 분리를 전제로 결산일정을 수립해야 한다는 구체적인 조언도 나왔다.

이날 각 기업을 대상으로 재무제표 작성 요령에 대한 강연에 나선 신장훈 삼정KPMG 전무는 "회사별로 각자에 맞는 진단을 통해 확인된 취약분야별로 개선방안을 수립해 운영할 필요가 있다"며 "인력, 시스템 등 결산인프라 부족에도 역량을 고려하지 않은 무리한 이사회, 주주총회 일정 등을 세우기 전에 최소한의 시간을 확보할 필요가 있다"고 강조했다.

무엇보다 구체적 회계처리 매뉴얼을 수립해 재무담당자의 판단 부담을 완화할 필요가 있다는 주장도 나왔다. 대부분 재무제표 대리작성 해소방안을 인력충원으로 인식하고 있지만 인력충원은 결산일정 단축과 시스템 고도화의 보완적 대안이라는 설명이다.

특히 이번 포럼에선 기업이나 회계정보이용자의 회계인프라 구축에 대한 인식 전환이 무엇보다 필요하다는 주장이 제기됐다. 권성수 한국회계기준원 상임위원은 "기업들은 재무제표 작성 능력이 떨어지는데도 정작 회계인프라 구축에 대해선 인색하다"며 "모뉴엘 사태에서 볼 수 있듯 회계정보 부실은 자금을 조달해주는 정보이용자의 손실로 이어지는 만큼 그 누구보다 정보이용자들이 나서서 각 기업으로 하여금 회계인프라에 투자하도록 해야 한다"고 강조했다.

서술형 문제

chapter 2

1. 회계의 목적은 무엇인가?

풀이

'조직에 대해 이해관계를 갖고 있는 정보이용자가 경제적인 의사결정을 하는 데 도움이 되는 유용한 정보를 제공하는 것'이다.

2. 회계정보이용자의 종류에 대해 설명하시오.

풀이

회계정보이용자는 경영자 · 투자자(주주와 채권자) · 정부 · 기타 이용자 등인데, 크게 외부정보이용자와 내부정보이용자로 분류된다. 외부정보이용자의 대표적인 예는 투자자이며, 내부정보이용자의 예는 경영자이다.

3. '일반목적 재무제표'에서 '일반목적'이란 무엇을 뜻하는가?

풀이

일반목적 재무제표(이하 '재무제표')는 '특수목적 회계보고서'와 구별되는 회계보고서이다. 특수목적(special purpose) 회계보고서는 특정한 정보이용자의 정보요구를 만족시키기 위해 작성된 보고서이다. 예를 들면, 경영관리목적으로 경영자에게 제공되는 회계보고서는 일정한 형식이 없으며, 경영자의 정보요구에 따라 작성된다. 그러나 일반목적(general purpose) 재무제표는 '모든 정보이용자에게 공통적으로' 중요한 회계정보를 제공할 수 있도록, 기업회계기준이 작성 방법과 내용을 규정한 회계보고서이다. 재무제표에는 재무상태표, 포괄손익계산서, 현금흐름표, 자본변동표가 있다.

4. 기업이 공시한 정보가 신뢰성이 없다면 자본시장이 붕괴된다. 이러한 자본시장의 붕괴를 방지하는 방법은 무엇인가?

풀이

기업의 회계정보가 신뢰성을 가지려면, 두 가지 조건이 만족되어야 한다. 첫째, 기업이 신뢰성 있는 회계정보를 생산할 수 있도록 내부통제시스템이 잘 작동해야 하며,

기업의 윤리가 잘 지켜져야 한다. 둘째, 기업을 회계감사하는 공인회계사의 독립성이 보장되도록 법규정이 마련되어야 하며, 공인회계사의 윤리의식이 확고해야 한다.

5. 계속기업가정에 대해 설명하시오.

풀이

계속기업가정이란 보고기업이 계속기업이며 예측가능한 미래에 영업을 계속할 것이라는 가정하에 재무제표를 작성하는 것을 말한다. 따라서 기업이 청산을 하거나 거래를 중단하려는 의도가 없으며, 그럴 필요도 없다고 가정한다. 예를 들면, 기업의 유형자산을 조직이 청산할 경우의 청산가치가 아닌 역사적 원가로 보고하는 것은 계속기업가정에 의한 것이다.

6. 유용한 재무보고에 대한 원가제약에 대해 설명하시오.

풀이

유용한 재무보고에 대한 원가제약이란 '원가는 재무보고로 제공될 수 있는 정보에 대한 포괄적 제약요인이다. 재무정보의 보고에는 원가가 소요되고, 해당 정보 보고의 효익이 그 원가를 정당화하는 것이 중요하다'는 뜻이다.

7. 재무제표 요소(자산, 부채, 자본, 수익, 비용 등)의 정의에 대해 설명하시오.

풀이

자산(asset)은 과거 사건의 결과로 기업이 통제하는 현재의 경제적 자원이다. 경제적 자원은 경제적 효익을 창출할 잠재력을 지닌 권리이다.

부채(liability)는 과거 사건의 결과로 기업이 경제적 자원을 이전해야 하는 현재의무이다. 즉, 부채는 채권자에게 재화나 용역을 제공해야 할 채무 또는 의무를 말하며, 채권자의 청구권을 나타낸다.

자본(owner's equity)은 기업의 자산에서 모든 부채를 차감한 후의 잔여지분이다. 즉, 자본은 기업이 소유하고 있는 자산에 대한 소유주의 청구권을 나타낸다.

수익(revenue)은 자산의 증가 또는 부채의 감소로서 자본의 증가를 가져오며, 자본청구권 보유자의 출자와 관련된 것을 제외한다.

비용(expense)은 자산의 감소 또는 부채의 증가로서 자본의 감소를 가져오며, 자본청구권 보유자에 대한 분배와 관련된 것을 제외한다.

OX 문제

chapter 2

1. 기업의 '이해관계자'는 '정보이용자'라고 칭한다. (　　)

풀이 (O)

기업에 대해 이해관계를 가지고 있는 내부 및 외부 이해관계자들은 자신의 효용을 극대화하는 경제적인 의사결정을 하기 위해 기업의 정보를 이용한다. 따라서 이해관계자(stakeholder)는 정보이용자(information user)와 동일한 의미로 사용된다.

2. 회계의 목적은 정보이용자가 이익을 추구하는 데 도움이 되는 유용한 정보를 제공하는 것이다. (　　)

풀이 (X)

정보이용자는 항상 이익을 추구하는 것은 아니며, 유용한 정보는 반드시 이익을 추구하는 데 도움이 되는 정보는 아니다. 예를 들면, 비영리조직의 내부 정보이용자인 경영자는 이익을 추구하는 것이 아니라, 비영리조직이 제공하는 공공 서비스에 더 관심을 가지고 있다.

3. 정보이용자는 크게 내부정보이용자와 외부정보이용자로 구분된다. (　　)

풀이 (O)

기업내부에 존재하는 정보이용자를 내부정보이용자, 그리고 기업외부에 있는 정보이용자를 외부정보이용자라고 한다.

4. 소액주주는 기업경영에 직접 참여하기보다는, 소유주식을 매각하여 이익을 얻거나 배당금을 얻기 위해 기업에 투자한다. (　　)

풀이 (O)

대주주는 기업경영에 참여하거나 투자이익을 얻기 위해 주식을 소유한다. 그러나 일반적으로 소액주주는 매각이익(혹은 자본이득) 및 배당금 등의 투자이익을 얻기 위해 투자한다.

5. 주주는 기업에 돈을 빌려준 자들을 말하며, 은행 · 투자신탁회사 · 개인 등을 포함한다. (　　)

풀이 (X)
기업에 돈을 빌려준 자를 채권자라 한다. 주주는 기업경영에 참여하거나 투자이익을 얻기 위해 주식을 소유한 자를 말한다.

6. 다수의 투자자에게 공통적으로 필요한 회계정보를 일정한 형식과 내용에 따라 기업이 제공하도록 규정하는 최상위의 회계법규를 기업회계기준이라 한다. (　　)

풀이 (O)
기업이 투자자에게 제공하는 정보의 내용과 형식을 규정한 최상위의 회계법규를 기업회계기준이라 한다. 기업은 기업회계기준(accounting standards)에 따라 회계처리한 내용을 기업회계기준에서 규정된 형식을 사용하여 제공한다.

7. 투자자에게 제공되는 회계보고서는 일정한 형식과 내용이 정해져 있기에 이것을 '일반목적 재무제표'라고 한다. (　　)

풀이 (O)
경영관리목적으로 경영자에게 제공되는 회계보고서는 일정한 형식이 없으므로 '특수목적 회계보고서'라고 한다. 그러나 투자자에게 제공되는 회계보고서는 일정한 형식이 정해져 있기 때문에 '일반목적 재무제표'(혹은 '재무제표')라고 칭한다.

8. 원가관리회계는 투자자에게 정보를 제공하는 재무제표에 대해 공부하고 연구하는 회계학 분야이다. (　　)

풀이 (X)
경영관리목적의 회계보고서는 조직의 원가 · 관리회계시스템을 통하여 산출된다. 원가관리회계는 원가계산, 의사결정 및 성과평가에 대한 회계학 분야이다. 투자자에게 정보를 제공하는 재무제표에 대해 공부하고 연구하는 회계학 분야는 재무회계이다.

9. 기업의 회계정보를 감사함으로써 공시된 정보의 신뢰성을 검증해주는 사람을 회계감사인이라고 칭하는데, 공인회계사와 세무사는 기업을 회계감사할 수 있다. (　　)

풀이 (X)
공인회계사만이 기업의 재무제표를 감사할 수 있으며, 세무사는 감사할 수 있는 자격이 없다.

10. 기업이 청산할 경우에도 계속기업가정에 따라 역사적 원가로 보고한다. (   )

풀이 (X)

기업이 청산하거나 거래를 중단하려는 의도나 필요가 있다면, 재무제표는 계속기업과는 다른 기준에 따라 작성되어야 한다.

선다형 문제

chapter 2

1. 기업의 '정보이용자'에 대한 설명 중 옳은 것은?

① 이해관계자라고 칭한다.
② 기업 내부와 외부에 존재하는 정보이용자로 크게 분류한다.
③ 경제적인 의사결정을 하기 위해 기업의 정보를 사용한다.
④ 위의 설명은 모두 옳다.

풀이 ④
정보이용자는 경제적인 의사결정을 하기 위해 기업의 정보를 이용하며, 기업에 대해 이해관계를 가지고 있기 때문에 이해관계자라고 칭한다. 정보이용자는 내부정보이용자와 외부정보이용자로 크게 분류한다.

2. 회계분야에 대한 설명 중 틀린 것은?

① 원가관리회계는 제품이나 서비스의 원가계산, 의사결정, 성과평가에 대해 주로 연구하는 분야이다.
② 재무회계는 투자자에게 정보를 제공하는 재무제표에 대해 주로 연구하는 분야이다.
③ 회계감사는 효과적인 회계감사 방법을 연구하는 분야이다.
④ 회계원리는 회계의 기본가정 및 개념에 대해 주로 연구하는 분야이다.

풀이 ④
회계원리는 재무회계 분야의 한 과목으로서, '기초 재무회계'에 해당한다. 따라서 회계원리는 회계분야라고 하기보다는 회계과목으로 보는 것이 타당하다.

3. 기업의 '정보이용자'에 대한 설명 중 틀린 것은?

① 정보이용자는 크게 내부정보이용자와 외부정보이용자로 구분된다.
② 소액주주는 기업경영에 직접 참여하며, 소유주식을 매각하여 이익을 얻거나, 배당금을 얻기 위해 기업에 투자한다.
③ 채권자는 기업에 돈을 빌려준 자들을 말하며, 은행 · 투자신탁회사 · 개인 등을 포함한다.

④ 주주는 기업경영에 참여하거나 투자이익을 얻기 위해 주식을 소유한 자를 말한다.

풀이 ②

소액주주는 기업을 경영할 만한 지식과 경험이 없으므로, 기업경영에 직접 참여하지 않는다.

4. 회계감사에 대한 설명 중 틀린 것은?

① 공인회계사는 회계감사를 할 자격이 있다.

② 학문적 분야로서의 회계감사는 효과적인 회계감사방법에 대해 주로 연구한다.

③ 기업이 공시한 회계정보의 신뢰성을 회계감사를 통해 검증한다.

④ 회계감사인은 기업의 재무제표 작성에 참여한다.

풀이 ④

회계감사인은 기업이 생산하고 공시한 회계정보에 대한 신뢰성을 검증하지만, 기업 회계정보를 생산하는 데 참여할 수 없다.

5. 재무회계에 대한 설명 중 틀린 것은?

① 재무회계는 투자자에게 정보를 제공하는 재무제표에 대해 주로 연구하는 분야이다.

② 재무회계와 관련된 정보이용자는 주로 외부정보이용자이다.

③ 경영자는 내부정보이용자이므로, 재무회계의 결과물인 재무제표를 거의 사용하지 않는다.

④ 투자자에게 제공되는 재무회계 보고서는 다수의 외부정보이용자가 이용할 수 있도록 일정한 형식과 내용을 갖추어야 하기 때문에, 이것을 '일반목적 재무제표'(혹은 '재무제표')라고 한다.

풀이 ③

재무회계는 외부정보이용자인 투자자에게 정보를 제공하는 재무제표에 대해 주로 연구하는 회계분야이다. 투자자에게 제공되는 재무회계 보고서를 '일반목적 재무제표'(혹은 '재무제표')라고 한다. 경영자는 내부정보이용자이지만, 재무회계 정보인 재무제표를 사용하여 기업경영에 관련된 의사결정을 한다.

6. 회계감사인에 대한 설명 중 틀린 것은?

① 공인회계사와 세무사는 회계감사를 할 자격이 있다.
② 회계감사인은 기업이 생산한 회계정보를 감사하는 자를 말한다.
③ 회계감사인은 기업이 공시한 회계정보의 신뢰성을 검증한다.
④ 회계감사인은 회계감사한 후에 감사보고서를 작성한다.

풀이 ①
세무사는 회계감사할 자격이 없다.

7. 자산에 대한 설명 중 옳은 것은?

① 과거 사건의 결과로 발생한다.
② 기업이 통제하고 있다.
③ 현재의 경제적 자원이다.
④ 위의 설명은 모두 옳다.

풀이 ④
자산(asset)은 과거 사건의 결과로 기업이 통제하는 현재의 경제적 자원이다.

8. 부채에 대한 설명 중 틀린 것은?

① 과거 사건의 결과로 발생한다.
② 타인자본이라고 칭한다.
③ 경제적 자원을 이전해야 하는 현재 및 미래의 의무이다.
④ 채권자의 청구권을 말한다.

풀이 ③
부채(liability)는 과거 사건의 결과로 기업이 경제적 자원을 이전해야 하는 현재의무이다. 재무관리 분야에서는 부채를 타인자본이라그 칭한다.

9. '계속기업가정'에 대한 설명 중 틀린 것은?

① 보고기업이 청산을 하거나 거래를 중단하려는 의도가 없으며, 그럴 필요도 없다고 가정한다.
② 보고기업이 예측가능한 미래에 영업을 계속할 것이라는 가정하에 재무제표는 작성된다.
③ 기업의 유형자산을 역사적 원가로 보고한다.
④ 기업이 청산될 상황에서도 계속기업가정을 준수한다.

풀이 ④

기업이 청산될 상황에서는 계속기업가정을 준수하면 안 된다. 즉, 청산될 가능성이 높은 기업의 경우에는 자산을 역사적 원가가 아닌 청산가치로 보고해야 한다.

10. 유용한 재무보고에 대한 원가제약에 대한 설명 중 옳은 것은?

① 원가는 재무보고로 제공될 수 있는 정보에 대한 포괄적 제약요인이다.
② 정보 보고의 효익이 그 원가를 초과할 경우에만 정보는 생산되고 공시된다.
③ 재무정보의 보고에는 원가가 소요되므로, 해당 정보 보고의 효익이 그 원가를 정당화하는 것이 중요하다.
④ 위의 설명은 모두 옳다.

풀이 ④

정보 보고의 효익이 그 원가를 능가할 경우에만, 정보는 생산되고 공시된다. 원가는 재무보고로 제공될 수 있는 정보에 대한 포괄적 제약요인이다. 재무정보의 보고에는 원가가 소요되므로, 해당 정보 보고의 효익이 그 원가를 정당화하는 것이 중요하다.

CHAPTER 3

회계순환과정 - 거래기록

1. 회계상의 거래
2. 회계등식
3. 계정
4. 분개와 전기

사례

신외감법 적용으로 2020년 달라지는 규정

(매일경제 2019-11-26)

대우조선해양의 분식회계로 인해 국내 회계제도에 대한 신뢰가 크게 추락하였고, 회계감사에 참여한 회계사들이 최대 3년 실형을 선고받는 초유의 사태가 발생하였다. 이로 인해 촉발된 회계제도의 개혁 요구로 인해 2017년 10월 '주식회사 등의 외부감사에 관한 법률'이 전면 개정되었고, 이에 발맞추어 '주식회사 등의 외부감사에 관한 법률 시행령'이 2018년 10월에 발표되어 2018년 11월부터 전면 시행되었다. 일각에서는 제정 수준의 개정이라는 평가가 있는 만큼 회계제도에 변화가 크다. 또한 시행 시기가 시행 즉시(2018년 11월)부터 2024년까지 다양하여 회사의 관심이 필요한 필요하다.

◆ 외부감사 대상 회사 확대

1. 유한회사를 외부감사 대상에 편입
2. 외부감사 대상 회사 변경

◆ 내부회계관리제도의 실효성 강화

회사의 대표자가 내부회계관리제도 운영 실태 등을 직접 주주총회 등에 보고하도록 하였고, 상장회사의 내부회계관리제도에 대한 인증 수준을 '감사'로 강화했다.

이번 개정과 관련하여 경제 단체와 정부 또는 한국공인회계사회의 갈등이 표면화하기도 하였다. 하지만 회계투명성 향상을 위해서는 기업과 정부, 한국공인회계사의 공통된 노력이 없이는 불가능하다. 기업에서도 변경된 외감법의 시행 시기를 잘 숙지하여 기업 내부 제도를 정비하고 투명한 회계 정보 산출과 공시를 위한 노력이 필요할 것이다. [기사 부분 인용]

회계순환과정이란 회계기간 중의 거래를 기록하고, 회계연도 말에 회계기록을 정리하여 재무제표를 작성하는 과정을 말한다. 이러한 회계과정은 매 회계연도에 동일하게 일어나므로 회계순환과정이라고 한다. 회계순환과정은 〈도표 3-1〉에서와 같이, '회계기간 중의 회계처리'와 '회계기말의 결산작업'이라는 두 개의 과정으로 나누어진다. 본장에서는 '회계기간 중의 회계처리'에 대하여 설명한다.

첫 번째 과정인 '회계기간 중의 회계처리'는 발생된 모든 거래를 분개하고 전기하는 것이다. 두 번째 회계처리과정은 회계연도 말에 일어나는데, 이 과정은 첫 번째 과정에서 기록된 거래를 계정별로 합산하여 시산표를 만들고, 수정분개를 통하여 정산표와 재무제표를 작성하며, 임시계정들을 마감하는 것이다.

〈도표 3-1〉 회계순환과정

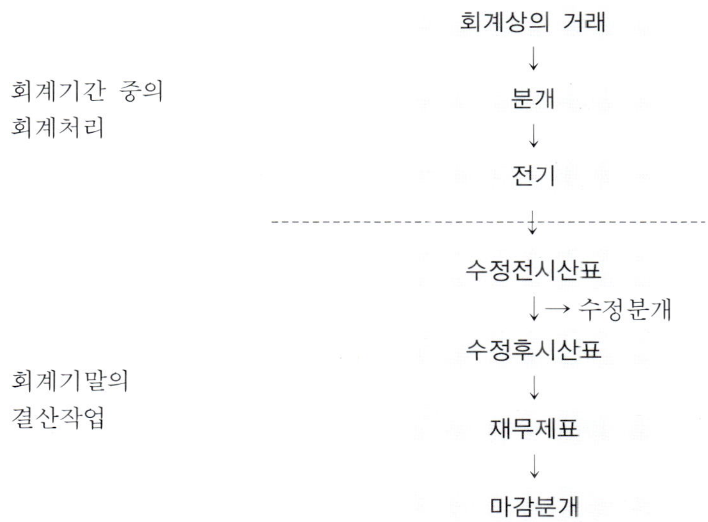

1. 회계상의 거래

회계상의 거래(transaction)란 기업의 자산 · 부채 · 자본 · 수익 · 비용계정에 증가 혹은 감소를 가져오며, 증감의 크기가 화폐단위로 측정 · 표현될 수 있는 사건을 말한다. 따라서 회계상의 거래는 회계기록의 대상이 된다.

일상생활에서 일컫는 거래는 일반적으로 회계상의 거래가 되지만, 항상 그런 것은 아니다. 예를 들면, 어떤 기업이 고객으로부터 상품의 주문을 받았다고 하자. 일상생활에서는 상품을 주문받을 때 거래가 이루어졌다고 말하지만, 주문을 받은 시점에서 기업의 자산・부채・자본・수익・비용계정이 증가되거나 감소되지 않으므로, 주문의 단순한 수주는 회계상의 거래가 아니며, 따라서 회계장부에 기록되지 않는다.[1)]

한편, 일상생활에서는 거래라고 말하지 않는 사건이 회계상의 거래가 되는 경우가 있다. 예를 들면, 화재로 인하여 기업이 소유하고 있는 건물이 소실되거나 도난을 당하여 창고에 있는 상품을 잃어버린 경우를 생각해보자. 사고를 당한 기업은 건물이나 상품에 손실이 발생했고 기업의 자산이 감소하였기 때문에, 이러한 사건은 회계상의 거래가 되며 회계장부에 기록해야 한다.

2. 회계등식

2.1 거래의 이원성

거래의 이원성(dual aspects of a transaction)이란 하나의 거래에는 원인과 결과(혹은 받는 것과 주는 것)와 같은 두 가지 면, 즉 양면성이 있음을 의미한다. 거래의 이원성은 복식부기와 회계등식의 모태가 되는 개념이다.

예를 들어, 용산전자상가에서 컴퓨터를 매매하는 조그마한 회사에서 컴퓨터 1대를 현금 100만원에 구입한 거래를 살펴보자. 회계는 회사가 마치 살아 움직이는 존재라고 가정하고, 회사의 활동을 기록하는 것이다. 컴퓨터회사를 나타내는 동그라미를 우리 눈앞에 그려 놓고, 이 거래를 통하여 동그라미 안으로 무엇이 들어오고 동그라미 밖으로 무엇이 나가는지를 생각해보자. 이 거래를 통하여, 컴퓨터 1대가 들어오고, 100만원 현금이 나간다. 이 거래의 원인과 결과를 분석해보면, 100만원짜리 컴퓨터 1대를 구입한 것이 거래의 원인이며, 현금 100만원을 준 것이 거래의 결과이다. 이 거래를 받는 것과

1) 이 사건이 회계상의 거래로 기록되기 위해서는 상품을 인도하는 시점이 되어야 한다.

주는 것으로 분석해보면, 받는 것은 100만원짜리 컴퓨터 1대이고, 주는 것은 현금 100만원이다.

2.2 복식부기

복식부기는 영어로 'double-entry book-keeping'이라고 한다. double은 '두 번'을, entry는 enter의 명사형으로서 '기입'을, bookkeeping은 '장부기록'을 뜻하므로, 'double-entry book-keeping'은 '두 번 기입하는 장부기록방식'을 의미한다. 이와 같이, 복식부기란 거래의 이원성인 원인과 결과의 두 가지 면을 동시에 기록함으로써 총 두 번 기록하는 방식을 말한다.

회계에서 기록하는 위치는 왼쪽과 오른쪽의 두 곳이며, 가운데 쪽은 기록하지 않는다. 따라서 거래의 원인을 한쪽에 기록한다면, 또 거래의 결과를 다른 쪽에 기록하여 총 두 번 기록하는 것이 복식부기이다. 위의 컴퓨터 판매 거래의 예에서, 컴퓨터 1대 판매를 한쪽에 기록하고 현금 100만원 수취를 다른 쪽에 또 한 번 기록하여 총 두 번 기록하는 것이 복식부기이다.

2.3 회계등식

복식부기는 거래의 원인과 결과를 각각 왼쪽 혹은 오른쪽에 기록함으로써 총 두 번 기록하는 방식이다. 위의 컴퓨터 현금판매 거래의 예에서 복식부기의 결과를 금액적으로 살펴보면, 왼쪽에 100만원 그리고 오른쪽에 100만원이 기록된다. 즉 '100만원=100만원'의 회계등식이 성립된다.

이를 정리하면, 거래의 이원성에 따라 원인과 결과를 기록하는 복식부기가 나타나고, 복식부기로 인하여 왼쪽(차변)과 오른쪽(대변) 양쪽에 동일한 금액을 기록하는 회계등식이 성립된다.

이와 같이, 하나의 거래를 복식부기를 사용하여 기록하면 왼쪽과 오른쪽의 금액이 동일하게 되므로 등식이 성립되는데, 이것을 회계등식(accounting equation)이라 한다. 회계등식을 재무상태표 등식(balance sheet equation)이라고도 하는데, 재무상태표의 왼쪽(자산을 나타냄)과 오른쪽(부채와 자본을 나타냄)의 금액이 동일하기 때문이다. 즉, 기업이 가지고 있는 자산은 기업의 부채와 자본의 합계와 같다.

그러나 재무상태표의 오른쪽부터 살펴보는 것이 재무상태표 등식의 이해에 도움이 된다. 기업은 소유주가 투자한 자본과 채권자로부터 빌린 부채를 사용하여 영업활동을 한다. 이렇게 조달된 자본과 부채는 기업의 영업활동에 사용되는 자원인 자산이 된다. 따라서 자본과 부채의 합계는 자산과 일치하게 된다. 자본은 소유주가 청구하는 권리를 나타내며, 부채는 채권자의 청구권을 나타낸다.

✣ 회계등식

자산=부채+자본
=채권자의 청구권+소유주의 청구권

예제 3-1

다음의 거래를 이용하여, 회계등식이 성립됨을 나타내시오.

① 9월 1일 신안여행사는 현금 ₩3천만을 출자하여 영업을 시작하다.
② 9월 2일 건물을 ₩1천8백만에 현금으로 구입하다.
③ 9월 5일 사무실 비품을 ₩7백만에 구입하고, 대금 중 반은 현금으로 지급하고 나머지 반은 외상으로 하다.
④ 9월 15일 외상으로 구입한 비품의 대금을 지급하다.

풀이

	자산			=	부채	+	자본
	현금	건물	비품		미지급금		자본금
①	+3천만			=			+3천만
②	−1천8백만	+1천8백만		=	0		
③	−3백5십만		+7백만	=	+3백5십만		
④	−3백5십만			=	−3백5십만		
	+5백만	+1천8백만	+7백만	=	0		+3천만

3. 계정

계정(account)이란 기업의 자산·부채·자본·수익·비용을 각각 체계적으로 기록하는 장소를 말한다. 모든 계정들을 모아 놓은 장부를 총계정원장(general ledger) 혹은 원장이라 한다.

계정의 양식은 〈도표 3-2〉와 같으나, 교육용으로는 〈도표 3-3〉과 같이 간단하게 T계정을 사용한다. 〈도표 3-2〉는 현금계정이며, 숫자 22는 원면을 나타내는데, 현금계정이 총계정원장의 22쪽에 있다는 것을 가리킨다. 일자란에는 거래일자를, 적요란에는 간단한 거래내용을 각각 기록한다. 분면은 계정에 기록된 거래가 분개장의 몇 쪽에 기록되어 있는가를 나타낸다. 해당 거래금액을 차변(혹은 대변)에 기록하고 계정잔액을 잔액란의 차변(혹은 대변)에 표시한다.

〈도표 3-2〉 계정의 양식

<table>
<tr><th colspan="6">현 금</th><th>22</th></tr>
<tr><th rowspan="2">일자</th><th rowspan="2">적 요</th><th rowspan="2">분면</th><th rowspan="2">차변</th><th rowspan="2">대변</th><th colspan="2">잔액</th></tr>
<tr><th>차변</th><th>대변</th></tr>
<tr><td></td><td></td><td></td><td></td><td></td><td></td><td></td></tr>
</table>

〈도표 3-3〉 T계정

현 금	

계정은 〈도표 3-4〉와 같이 재무상태표 계정과 손익계산서 계정으로 구분된다.

〈도표 3-4〉 계정의 분류

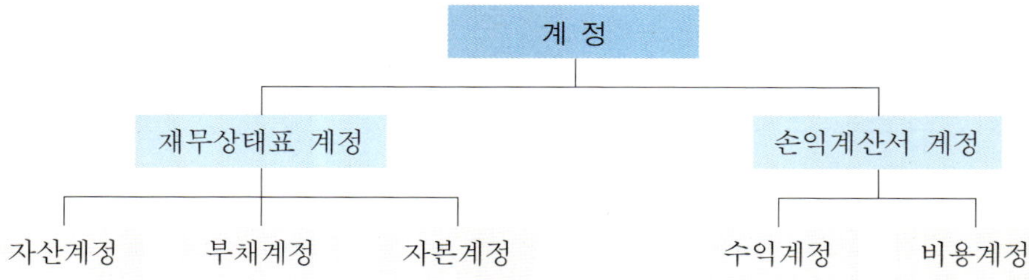

3.1 재무상태표 계정

재무상태표는 일정시점에서의 기업의 재무상태를 나타내는 재무제표이며, 대차대조표라고도 칭한다. 재무상태표 계정은 자산계정 · 부채계정 · 자본계정으로 나누어지고, 각 계정은 더 세분된다. 재무상태표 계정은 당해 회계연도 말에 계정의 잔액이 다음 회계연도 초의 잔액으로 이월되어 지속되기 때문에 영구계정(permanent account) 혹은 실질계정(real account)이라고 불린다.

3.2 손익계산서 계정

손익계산서는 일정기간 동안의 기업의 경영성과를 표시한다. 손익계산서 계정은 수익계정과 비용계정으로 분류되며, 각 계정은 더욱 세분된다. 손익계산서 계정은 회계연도 말에 계정의 잔액이 없어지고 다음 회계연도 초에 새롭게 시작되기 때문에 임시계정(temporary account) 혹은 명목계정(nominal account)이라고 한다. 수익은 자본을 증가시키며 비용은 자본의 감소를 가져온다. 또한 수익계정과 비용계정은 자본계정인 이익잉여금계정으로 마감되므로, 손익계산서와 재무상태표는 상호연계되어 있다.

3.3 계정기입방법

계정의 왼쪽을 차변(debit), 오른쪽을 대변(credit)이라 한다. 〈도표 3-5〉에서 보는 바와 같이, 자산의 증가와 비용의 발생은 차변에 기입하고, 부채 및 자본의 증가와 수익의 발생은 대변에 기록한다. 반대로, 자산과 비용의 감소는 대

〈도표 3-5〉 계정기입방법

자산계정	
증가	감소

부채계정	
감소	증가

자본계정	
감소	증가

비용계정	
증가	감소

수익계정	
감소	증가

변에 기입하고, 부채 · 자본 · 수익의 감소는 차변에 기록한다.

계정기입방법을 가장 쉽고 간단하게 기억하기 위해서는 회계등식을 생각하면 된다. 자산은 회계등식의 왼쪽에, 그리고 부채와 자본은 회계등식의 오른쪽에 위치하고 있다. 회계등식에서의 계정위치와 동일한 곳에 기록할 경우는 해당계정이 증가하는 경우이다. 즉, 자산계정을 증가시킬 경우에는, 회계등식에서 자산계정이 왼쪽에 있으므로, 자산계정의 왼쪽에 금액을 기록하면 된다. 또한 수익은 자본을 증가시키므로, 자본과 동일하게 기록하면 된다. 즉, 자본계정의 증가와 마찬가지로, 수익계정을 증가시킬 경우에는 수익계정의 오른쪽에 금액을 기록하면 된다.

4. 분개와 전기

거래를 기록하는 회계장부에는 분개장과 총계정원장이 있다. 거래는 먼저 분개장에 기록한 후에, 분개장의 기록을 총계정원장의 해당계정에 옮겨 기록하는데, 이를 전기라고 한다.

4.1 분개

분개장(journal)은 거래를 발생순서에 따라 기록하는 회계장부를 말한다. 'journal'은 원래 '일기장'이라는 의미였다. 일기장에 발생한 순서에 따라 일상생활에서의 일을 기록하듯이, 분개장에도 거래를 발생순서에 따라 기록한다.

거래를 분개장에 기록하는 것을 분개(journalizing)라고 한다. 분개할 때에 어느 계정의 차변 혹은 대변에 기입할 것인가를 결정하여 거래를 기록한다.

거래는 복식부기를 사용하여 분개장에 기록한다. 복식부기는 기업의 거래활동을 이원적으로 기록하기 때문에, 하나의 거래는 반드시 왼쪽과 오른쪽의 계정에 각각 기록된다.

예제 3-2

다음의 거래를 분개하시오.

① 10월 1일 홍익상사는 현금 ₩5천만을 출자하여 영업을 시작하다.
② 10월 3일 건물을 ₩3천만에 현금으로 구입하다.
③ 10월 15일 사무실 비품을 ₩5백만에 구입하고, 대금 중 ₩4백만은 현금으로 지급하고 나머지는 외상으로 하다.
④ 10월 20일 외상으로 구입한 비품의 대금을 지급하다.

풀이 위의 거래를 분개하기 전에 앞에서 학습한 대로, 각 거래가 회계등식을 만족하고 있는지를 살펴보자.

	자산			=	부채	+	자본
	현금	건물	비품		미지급금		자본금
①	+5천만			=			+5천만
②	−3천만	+3천만		=	0		
③	−4백만		+5백만	=	+1백만		
④	−1백만			=	−1백만		
	+1천5백만	+3천만	+5백만	=	0		+5천만

[예제 3-2]의 거래는 모두 회계등식을 만족시키고 있다. 현금·건물·비품계정은 자산계정이고, 미지급금계정은 부채계정에 속하며, 자본금계정은 자본계정이다.

〈도표 3-6〉 분개

일 자	적 요	원 면	차 변	대 변
10월 1일	현 금 자 본 금 현금출자하여 영업시작	22 62	50,000,000	 50,000,000
10월 3일	건 물 현 금 건물 구입	46 22	30,000,000	 30,000,000
10월 15일	비 품 현 금 미지급금 비품 구입	32 22 53	5,000,000	 4,000,000 1,000,000
10월 20일	미지급금 현 금 비품의 미지급금 지급	53 22	1,000,000	 1,000,000

4.2 전기

전기(posting)란 분개장에 기록한 거래를 총계정원장의 해당계정에 각각 옮겨 적는 것을 말한다. T계정에는 금액을 기록한다. 〈도표 3-7〉은 위의 첫 번째 분개를 전기한 것이다. 숫자 22와 62는 총계정원장의 쪽수인 원면을 나타낸다.

〈도표 3-7〉 전기

현 금	22
50,000,000	

자본금	62
	50,000,000

Reading Materials

chapter 3

회계상의 거래는 '두 얼굴의 사나이'
[머니위크] 송혁준의 회계 여행

(머니투데이 2007-12-29)

이제부터 본격적인 회계여행을 떠나보자. 여행의 첫 번째 관문은 회계상의 거래와 거래의 이중성이다. 모임이든 기업이든 돈을 계산하고 기록하는 것이 가장 골치 아프다. 하지만 거래의 이중성에 따른 회계의 기록방법(이를 복식부기라 한다)을 이해하면, 이전과는 달리 체계적이고 편리한 방식으로 돈의 계산과 기록을 할 수 있다. 뿐만 아니라 사업의 복잡한 거래에도 똑같이 적용이 가능하다. 회계기록 방법을 배우고 이해해야 하는 이유다. 그렇다면 기업의 경제활동 중 회계기록 측정의 대상이 되는 회계상의 거래와 거래의 이중성이란 무엇일까.

사업을 하다보면 다양한 경영활동이 연속적으로 이루어진다. 회계에서는 과연 경영활동에서 발생하는 모든 거래를 전부 기록하는 것일까. 정답은 어떤 거래는 회계를 기록해야 하고 어떤 거래는 회계기록이 필요가 없다는 것이다. 회계의 목적은 영업이나 경영활동에 따라 기업의 재무상태를 파악하고(대차대조표), 경영성과인 이익을 측정하여 보고하는 것이다(손익계산서). 따라서 회계에서 기록해야 할 것은 기업의 재산이나 재무 상태에 변화를 가져오는 경제적 사건이며, 이를 회계에서는 거래라고 한다.

다시 말하면 회계상의 거래는 다양한 경영활동 중에서 자산, 부채, 자본의 증감변화를 가져오는 거래이며, 그 변화의 크기를 금액으로 표시할 수 있어야 한다. 경영활동을 화폐단위로 측정할 수 있는 것만이 회계상의 거래로 인정하는 셈이다. 예를 들어 유능한 기술자 영입이나 차별화된 공정의 채택 등은 기업이나 사업을 하는 입장에서는 매우 중요한 경제적 자원의 변동일 수 있으나 금액으로 측정할 수 없기 때문에 회계상의 거래가 되지 못한다.

이러한 회계상의 거래는 우리가 상식적으로 알고 있는 거래 개념과 차이가 있다는 점을 이해해야 한다. 예를 들어 상품의 매매계약, 은행과의 차입계약 등은 일상적으로는 거래라고 하지만 회계상의 거래는 아니다.

반면에 현금의 도난과 분실, 화재나 재난으로 인한 상품의 멸실, 차입금에 대한 이자비용 등은 일상적으로는 거래라고 부르지 않지만 회계에서는 화폐적 측정이 가능하며 기업의 재무상태인 자산, 부채, 자본에 변화를 초래하므로 회계상의 거래에 해당된다. 결론적으로 어떠한 경제적 사건이 회계상의 거래가 되기 위해서는 해당 거래로 인하여 자산, 부채, 자본의 변화를 초래하고 금액으로 측정할 수 있어야 한다.

회계의 출발점은 기업이나 사업에서 무수하게 발생하는 다양한 경영활동이나 경제적 사건 중 회계상의 거래를 식별하는 것이다. 회계상의 거래를 바탕으로 거래의 이중성을 살펴보면, 거래는 두 얼굴을 지녔다고 생각하면 된다.

일상생활에서 발생하는 거의 모든 사건에는 원인과 결과가 있다. 열심히 노력한다면(원인), 반드시 성공할 수 있다(결과). 하지만 지나치게 무리를 하면(원인), 병을 얻게 된다(결과) 등이 일상적인 사건의 예이다. 마찬가지로 회계상의 거래에도 반드시 원인과 결과가 존재한다.

모든 회계상의 거래에도 자산, 부채, 자본의 변화를 초래하는 원인과 결과라는 두 가지 속성이 함께 들어 있다. 예를 들어 은행으로부터 100만원을 차입한 거래의 경우를 분석해보자. 은행에서 빌렸기 때문에(원인-부채증가), 현금이 100만원이 늘었다(결과-자산증가)고 볼 수 있다. 건물을 구입하고 현금을 1억원 지급한 거래의 경우에도 건물을 구입하였으므로(원인-자산의 증가), 현금을 지급하였다(결과-자산의 감소)로 분석할 수 있다.

이처럼 모든 회계상의 거래에서는 한쪽은 원인이 되고, 다른 쪽은 결과가 됨을 반드시 기억해야 한다. 모든 회계상의 거래는 하나의 거래가 원인과 결과라는 두 얼굴을 동시에 가지고 있으며 이를 거래의 이중성이라고 한다. 회계기록 방법의 가장 큰 특징은 바로 거래의 이중성에 기초하여 원인과 결과를 동시에 기록한다는 것이다.

이를 회계에서는 복식부기라고 하는데, 복식부기란 거래의 이중성에 따라 거래의 양면을 기록하는 방법이다. 이러한 복식부기는 거래의 이중성에 따라 기록되므로 거래의 원인과 결과를 알게 해주며, 특정 자산이나 부채의 변동 원인과 결과를 파악할 수 있다는 장점이 있다.

이에 비해 단식부기는 일상적으로 사용되는 초보적인 기록방법으로 거래의 이중성에 따른 원인과 결과를 동시에 고려하지 않고 단순히 현금의 수입이나 지출만을 기록하는 방식이다. 단식부기는 거래의 어느 한 쪽만을 기록하기 때문에 모든 자산, 부채, 자본의 증감변동을 정확하게 파악할 수 없다. 따라서 기업이나 사업에서 특정시점의 재무상태와 일정기간의 경영성과를 정확하게 알려면 거래의 이중성을 고려하여 거래의 원인과 결과라는 양면을 모두 기록하는 회계기록 방법인 복식부기를 사용해야 한다.

[정문재의 크로스로드] 기업회계와 사회회계

(뉴시스(NEWSis) 2013-06-11)

우리는 '경제적 인간(Homo Economicus)'이자 '호혜적 인간(Homo Reciprocans)'이다. 경제적 인간을 움직이는 동인은 '이기심'이다. 반면 호혜적 인간의 핵심 개념은 '협력'이다. "어느 것이 옳으냐"는 질문은 "성선설(性善說)과 성악설(性惡說) 가운데 어느 게 맞느냐"고 묻는 것과 마찬가지다. 둘 다 옳다. 이기심에 따라 움직일 때도 많지만 협력을 중시할 때도 적지 않다. 상황에 따라 어느 한쪽이 도드라질 뿐이다.

인간이 회계를 개발한 데는 '이기심'의 영향이 크지만 '협력'도 무시할 수 없는 원인이라고 봐야 한다. 외상으로 물건을 가져간 상대방에게 들이밀 증거도 필요했겠지만 객관적인 기록을 바탕으로 원활한 거래를 도모하려는 의도도 크게 작용했다.

인간이 사회를 구성하는 것과 동시에 회계가 태어났을지도 모른다. 회계관련 기록은 이미 7,000여 년 전에 등장했다. 고대 바빌로니아 유적에서도 회계장부를 찾아볼 수 있다. 곡물이나 가축의 수량 등을 꼼꼼히 적어 놓고 있다.

로마의 아우구스투스 황제는 거래가 아니라 자신의 기부 행위를 기록하기 위해 회계를 이용했다. 퇴역 군인과 시민들에게 나눠준 부동산과 현금, 국고(國庫)로 집어넣은 보조금, 검투사 경기 지원금 등을 하나하나 빼먹지 않고 연대(年代) 순으로 정리했다. 이런 기록은 의사 결정 및 자금 집행을 위한 자료로 활용됐다.

회계시스템은 중세 때 혁명적인 변화를 맞는다. 바로 '복식부기' 때문이다. 이탈리아의 수학자 루카 파치올리는 1494년 '산술·기하·비율 및 비례 총람'이라는 책을 통해 복식부기를 널리 보급했다. 파치올리는 이미 13세기부터 활용되던 복식부기를 대중화한 일등공신이다. 파치올리는 자신의 저서를 통해 "베네치아(Venezia) 방식의 복식부기가 제일 좋은 방법"이라고 추천했다.

복식부기의 가장 큰 공(功)으로는 상인 계급에 대한 공신력을 크게 높였다는 것을 꼽을 수 있다. 투명하고 정확한 원칙은 회계정보에 대한 신뢰를 끌어올렸다. 회계정보 작성과정뿐만 아니라 회계감사의 효율성도 제고됐다. 이에 따라 복식부기는 '자본주의의 산파(産婆)'로 평가되기도 한다.

현대 회계시스템은 복식부기를 기반으로 한다. 하지만 기업의 재무회계는 이해 관계자들이 요구하는 모든 정보를 제공하지 못한다. 정부는 기업들이 활용하는 재무회계와는 별개로 세무회계를 요구한다. 재무회계와 세무회계의 목적은 다르다. 재무회계를 그대로 사용할 경우 정부의 경제 및 조세정책을 수립, 집행하는 데 어려움이 따른다. 그래서 세무회계를 이용한다.

대표적인 차이가 수익과 비용의 인식 문제다. 마케팅 경쟁이 치열한 업종의 경우 기업들은 접대비를 많이 지출한다. 하지만 세무회계에서는 지하경제 확대 우려 등 여러 이유 때문에 접대비 가운데 일부만 비용으로 인정해준다. 나머지는 수익으로 인식하기 때문에 기업의 세금 부담은 자연스레 늘어난다.

원자력 발전소 부품 비리 문제로 원전의 안전성 자체에 대한 의문이 증폭되고 있다. 원전의 사고 확률은 아주 낮다. 하지만 후쿠시마 원전 사고에서 드러났듯 일단 사고가 터지면 쉽사리 수습하기 어려운 초대형 피해를 낳는다.

우리는 전수 검사를 필요로 할 정도로 원자력 발전소를 아예 불량 부품으로 도배하다시피 했다. 불안이 고조되는 것은 당연하다. 이에 따른 사회적 비용도 만만치 않다. 다른 경제주체들에게 손실을 끼치면서도 그에 대한 보상은 제공되지 않는 '외부 비경제(external diseconomies)' 현상이다.

원자력 발전 옹호론자들은 "원전은 발전 원가가 제일 낮기 때문에 가장 합리적인 선택"이라고 말한다. 하지만 원전 발전 원가에는 '외부 비경제'에 따른 비용이 빠져 있다. 국민 불안 등 각종 사회적 비용을 반영할 경우 원전의 발전 원가는 턱없이 높은 수준으로 뛰어오를 수도 있다.

원자력 발전처럼 사회적 파장이 큰 문제에 대해서는 그 비용까지 고려한 '사회회계'를 도입해야 한다. 막대한 사회적 비용이 발생하는데도 기업은 재무회계상 비용이 아니라는 이유로 무시한다. '경제적 인간'의 모습만 보일 뿐 '호혜적 인간'의 향기는 느낄 수 없다.

회계는 경제적 가치를 지닌 정보를 정확히 파악함으로써 최적의 의사결정을 돕기 위한 것이다. 이를 외면하면 분식(粉飾)회계로 지탄의 대상이 된다. 사회적 비용을 고려치 않은 발전 원가도 '사회회계' 기준으로는 명백한 분식행위다.

서술형 문제

chapter 3

1. 회계상의 거래를 정의하시오.

풀이

회계상의 거래(transaction)는 기업의 자산・부채・자본・수익・비용계정에 증가 혹은 감소를 가져오며, 증감의 크기가 화폐단위로 측정・표현될 수 있는 사건을 말한다. 따라서 회계상의 거래는 회계기록의 대상이 된다.

2. 거래의 이원성, 복식부기, 회계등식을 각각 정의하고, 이들의 관계에 대해 설명하시오.

풀이

거래의 이원성(dual aspects of a transaction)이란 하나의 거래에는 원인과 결과(혹은 받는 것과 주는 것)와 같은 두 가지 면, 즉 양면성이 있음을 의미한다. 거래의 이원성은 복식부기와 회계등식의 모태가 되는 개념이다.

복식부기(double-entry book-keeping)는 거래의 이원성인 원인과 결과의 두 가지 면을 동시에 기록함으로써 총 두 번 기록하는 방식을 말한다. 회계에서 기록하는 위치는 왼쪽과 오른쪽의 두 곳이며, 가운데 쪽은 기록하지 않는다. 따라서 거래의 원인을 한 쪽에 기록한다면, 또 거래의 결과를 다른 쪽에 기록하여 총 두 번 기록하는 것이 복식부기이다.

회계등식(accounting equation)은 하나의 거래를 복식부기를 사용하여 기록하면 왼쪽과 오른쪽의 금액이 동일하게 되어 등식이 성립되는 것을 말한다. 회계등식을 재무상태표 등식(balance sheet equation)이라고도 하는데, 재무상태표의 왼쪽(자산을 나타냄)과 오른쪽(부채와 자본을 나타냄)의 금액이 동일하기 때문이다. 즉, 기업이 가지고 있는 자산은 기업의 부채와 자본의 합계와 같다.

이를 정리하면, 거래의 이원성에 따라 원인과 결과를 기록하는 복식부기가 나타나고, 복식부기로 인하여 왼쪽(차변)과 오른쪽(대변) 양쪽에 동일한 금액이 나타나는 회계등식이 성립된다.

3. 다음의 자료를 이용하여, 회계등식이 성립됨을 나타내시오.

① 10월 1일 홍익상사는 현금 ₩5천만을 출자하여 영업을 시작하다.
② 10월 3일 건물을 ₩3천만에 현금으로 구입하다.
③ 10월 15일 사무실 비품을 ₩5백만에 구입하고, 대금 중 ₩4백만은 현금으로 지급하고 나머지는 외상으로 하다.

풀이

	자산			=	부채	+ 자본
	현금	건물	비품		미지급금	자본금
①	+5천만			=		+5천만
②	−3천만	+3천만		=		
③	−4백만		+5백만	=	+1백만	
	+1천6백만	+3천만	+5백만	=	+1백만	+5천만

4. 분개와 전기의 차이점을 설명하시오.

풀이

분개(journalizing)는 거래를 분개장에 기록하는 것을 말한다. 분개장(journal)은 거래를 발생순서에 따라 기록하는 장부이며, 발생한 거래의 일기장과 같다. 전기(posting)는 분개장에 기록한 거래를 총계정원장의 해당 계정으로 옮겨 적는 것을 말한다. 총계정원장(general ledger)은 모든 계정을 모아 놓은 장부로서, 각 계정의 잔액을 파악할 수 있다.

5. 다음은 신안상사가 9월에 행한 거래를 기록한 총계정원장이다. 총계정원장에 기록된 내용을 바탕으로 신안상사의 9월 거래에 대한 분개를 행하시오.

현 금			22
9/1	15,000	9/7	8,000
		9/11	1,500
		9/16	450

소모품			30
9/16	450		

건 물			46
9/7	8,000		

비 품			32
9/11	6,500		

미지급금			53
		9/11	5,000

자본금			62
		9/1	15,000

풀이

일 자	적 요	원 면	차 변	대 변
9월 1일	현 금	22	15,000	
	자 본 금	62		15,000
	현금 출자하여 영업시작			
9월 7일	건 물	46	8,000	
	현 금	22		8,000
	건물 구입			
9월 11일	비 품	32	6,500	
	현 금	22		1,500
	미지급금	53		5,000
	비품 구입			
9월 16일	소 모 품	30	450	
	현 금	22		450
	소모품 구입			

6. 다음의 분개를 전기하시오.

분개장 1쪽

일 자	적 요	원 면	차 변	대 변
11월 1일	현 금	22	90,000,000	
	자 본 금	62		90,000,000
	현금 출자하여 영업시작			
11월 3일	토 지	48	5,000,000	
	현 금	22		5,000,000
	토지 구입			
11월 15일	비 품	32	2,500,000	
	현 금	22		500,000
	미지급금	53		2,000,000
	비품 구입			
11월 20일	건 물	46	10,000,000	
	현 금	22		10,000,000
	건물 구입			
11월 30일	미지급금	53	2,000,000	
	현 금	22		2,000,000
	비품 미지급금 지급			

풀이

현 금	22
11/1 9천만	11/3 5백만 11/15 5십만 11/20 1천만 11/30 2백만

비 품	32
11/15 2백5십만	

건 물	46
11/20 1천만	

토 지	48
11/3 5백만	

미지급금	53
11/30 2백만	11/15 2백만

자본금	62
	11/1 9천만

7. 다음의 거래를 분개하고 전기하시오.

① 1월 2일 김갑돌은 현금 ₩10,000,000으로 세무사를 개업하다.
② 1월 2일 임차료 6개월분 ₩600,000을 현금으로 지급하다.
③ 1월 3일 사무실 비품 ₩500,000을 반은 현금으로 지급하고 나머지는 외상으로 하다.
④ 1월 10일 사무실 비품에 대한 외상을 갚다.

풀이

분개장 1쪽

일 자	적 요	원 면	차 변	대 변
1월 2일	현 금 자 본 금 현금 출자하여 영업시작	22 62	10,000,000	 10,000,000
1월 2일	선급임차료 현 금 임차료 6개월분 선급	27 22	600,000	 600,000
1월 3일	비 품 현 금 미지급금 비품 구입	32 22 53	500,000	 250,000 250,000
1월 10일	미지급금 현 금 비품 미지급금 지급	53 22	250,000	 250,000

총계정원장

현 금 22

1/2	1,000만	1/2	60만
		1/3	25만
		1/10	25만

선급임차료 27

1/2	60만		

비 품 32

1/3	50만		

미지급금 53

1/10	25만	1/3	25만

자본금 62

		1/2	1,000만

OX 문제

chapter 3

1. 상품매매회사의 회계순환과정은 구매활동, 판매활동 및 현금회수활동에 대한 회계처리가 순환되는 것을 말한다. (　　)

풀이 (X)

구매활동, 판매활동 및 현금회수활동은 상품매매회사의 영업순환과정(operating cycle)을 말한다. 회계순환과정(accounting cycle)은 회계기간 중의 거래를 기록하고, 회계연도 말에 회계기록을 정리하여 재무제표를 작성하는 과정을 말한다. 이러한 회계과정은 매 회계연도에 동일하게 일어나므로 회계순환과정이라고 한다.

2. 회계순환과정은 '회계기간 중의 회계처리'와 '회계기말의 결산작업'으로 구분된다. (　　)

풀이 (O)

회계순환과정의 첫 번째 과정인 '회계기간 중의 회계처리'는 발성된 모든 거래를 분개하고 전기하는 것이다. 두 번째 과정은 회계연도 달에 일어나므로 '회계기말의 결산작업'이라 한다. 두 번째 과정은 첫 번째 과정에서 기록된 거래를 계정별로 합산하여 수정전시산표를 만들고, 수정분개를 통하여 수정후시산표와 재무제표를 작성하며, 임시계정들을 마감하는 것이다.

3. 일상생활에서 일컫는 거래는 항상 '회계상의 거래'가 된다. (　　)

풀이 (X)

일상생활에서 말하는 거래는 항상 회계상의 거래가 되는 것은 아니다. 예를 들면, 일상생활에서는 상품을 주문받을 때 거래가 이투어졌다고 말하지만, 주문을 받은 시점에서 기업의 자산 · 부채 · 자본 · 수익 · 비용계정이 증가되거나 감소되지 않으므로, 주문의 단순한 수주는 회계상의 거래가 아니며, 따라서 회계장부에 기록되지 않는다.

4. 거래의 이원성이란 거래에는 2명의 거래상대방인 판매자와 구매자가 있다는 의미이다. (　　)

풀이 (X)

거래의 이원성(dual aspects of a transaction)이란 하나의 거래에는 원인과 결과(혹은 받는 것과 주는 것)와 같은 두 가지 면, 즉 양면성이 있음을 의미한다. 거래의 이원성은 복식부기와 회계등식의 모태가 되는 개념이다.

5. 복식부기는 거래의 이원성인 원인과 결과의 두 가지 면을 동시에 기록함으로써 총 두 번 기록하는 방식을 말한다. (　　)

풀이 (O)

복식부기는 영어로 'double-entry book-keeping'이라고 한다. double은 '두 번'을, entry는 enter의 명사형으로서 '기입'을, bookkeeping은 '장부기록'을 뜻하므로, 'double-entry book-keeping'은 '두 번 기입하는 장부기록방식'을 의미한다.

회계에서 기록하는 위치는 왼쪽과 오른쪽의 두 곳이며, 가운데 쪽은 기록하지 않는다. 따라서 거래의 원인을 한쪽에 기록한다면, 또 거래의 결과를 다른 쪽에 기록하여, 총 두 번 기록하는 것이 복식부기이다.

6. 복식부기를 사용하여 하나의 거래를 기록하면 왼쪽과 오른쪽의 금액이 동일하게 되므로 등식이 성립되는데, 이것을 회계등식이라 한다. (　　)

풀이 (O)

거래의 이원성에 따라 원인과 결과를 기록함으로써 총 2번 기록하는 복식부기가 나타나고, 복식부기로 인하여 왼쪽(차변)과 오른쪽(대변) 양쪽에 기록된 금액이 동일하게 되는 회계등식이 성립된다.

7. 자산 · 부채 · 자본 · 수익 · 비용 등의 모든 계정들을 모아 놓은 장부를 분개장이라 한다. (　　)

풀이 (X)

분개장은 거래를 발생순서에 따라 기록하는 회계장부를 말한다. 자산 · 부채 · 자본 · 수익 · 비용 등의 모든 계정들을 모아 놓은 장부는 총계정원장 혹은 원장이라 한다.

8. 재무상태표 계정은 영구계정이라고 하며, 자산계정 · 부채계정 · 자본계정으로 나누어진다. (   )

풀이 (O)

재무상태표 계정(balance sheet account)은 자산계정 · 부채계정 · 자본계정으로 나누어지고, 각 계정은 더 세분된다. 재무상태표 계정은 당해 회계연드 말에 계정의 잔액이 다음 회계연도 초의 잔액으로 이월되어 지속되기 때문에 영구계정(permanent account) 혹은 실질계정(real account)이라고 불린다.

9. 손익계산서 계정은 회계연도 말에 계정의 잔액이 없어지고 다음 회계연도 초에 새롭게 시작되기 때문에 임시계정이라고 한다. (   )

풀이 (O)

손익계산서 계정(income statement account)은 다음 회계연도 초에 계정잔액이 다시 새롭게 0으로 시작되기 때문에 임시계정(temporary account) 혹은 명목계정(nominal account)이라고 한다.

10. 거래는 먼저 총계정원장에 기록한 후에 분개장에 옮겨 기록하는데, 이를 전기라고 한다. (   )

풀이 (X)

거래를 기록하는 회계장부에는 분개장과 총계정원장이 있다. 거래는 먼저 분개장에 기록한 후에, 분개장의 기록을 총계정원장의 해당 계정에 옮겨 기록하는데, 이를 전기라고 한다.

선다형 문제

1. 다음은 복식부기에 대한 설명이다. 맞는 것은?

① 복식부기는 하나의 거래를 분개장과 총계정원장에 각각 기록함으로써 두 번 기록한다는 것을 의미한다.

② 복식부기는 거래의 이원성인 원인과 결과(혹은 받는 것과 주는 것)의 두 가지 측면을 회계장부의 왼쪽 혹은 오른쪽에 각각 기록함으로써 두 번 기록한다는 개념이다.

③ 복식부기와 회계등식은 서로 관련되지 않은 개념이다.

④ 복식부기를 사용하면 자동적으로 발생주의를 선택하게 된다.

풀이 ②

복식부기는 하나의 거래를 분개장과 총계정원장에 각각 기록한다는 것을 의미하는 것이 아니라, 하나의 거래를 회계장부의 왼쪽과 오른쪽에 각각 기록함으로써 총 두 번 기록한다는 개념이다. 거래의 이원성, 복식부기, 회계등식은 서로 연관되어 있다. 인식기준은 '언제 기록하느냐'에 대한 개념이며, 복식부기는 '어떻게 기록하느냐'에 대한 개념으로서 두 가지 개념은 서로 다른 것이다. 인식기준의 종류에는 현금주의, 수정발생주의, 발생주의 등이 있다. 따라서 현금주의에서도 복식부기를 선택할 수 있다.

2. 다음은 복식부기와 관련된 설명이다. 틀린 것은?

① 거래의 이원성이란 하나의 거래가 원인과 결과와 같은 양면성을 가지고 있음을 의미한다.

② 복식부기란 하나의 거래를 분개장과 총계정원장에 각각 기록함으로써 총 두 번 기록하는 것을 의미한다.

③ 복식부기에서 기록하는 장소는 왼쪽과 오른쪽의 두 곳이며, 가운데는 기록하지 않는다.

④ 복식부기란 거래의 이원성에 따라 한 장부에 거래의 원인과 결과를 동시에 기록하는 방식이다.

풀이 ②

복식부기란 거래의 이원성에 따라, 거래의 원인과 결과를 장부의 왼쪽과 오른쪽에 동시에 기록함으로써 총 2번 기록하는 방식이다.

3. 다음은 회계등식에 대한 설명이다. 틀린 것은?

① 회계등식은 발생주의를 선택하여 거래를 기록함으로서, 왼쪽과 오른쪽에 기록된 금액이 동일하게 됨을 의미한다.
② 회계등식은 대차평균의 원리에 의해 나타난다.
③ 회계등식은 '자산=부채+자본'이다.
④ 회계등식을 재무상태표 등식이라고도 칭한다.

풀이 ①

회계등식은 복식부기를 사용하여 거래를 기록함으로써, 왼쪽과 오른쪽에 기록된 금액이 동일하게 됨을 의미한다.

4. 다음은 회계순환과정에 대한 설명이다. 틀린 것은?

① 회계순환과정은 '회계기간 중의 회계처티'와 '회계기달의 결산작업'이라는 두 개의 과정으로 나누어진다.
② '회계기간 중의 회계처리'는 발생된 거래를 분개하고 전기하는 과정이다.
③ '회계기말의 결산작업'은 시산표를 만들고, 수정분개를 통하여 재무제표를 작성하고, 계정들을 마감하는 과정이다.
④ 회계순환과정은 영업순환과정과 동일한 과정이다.

풀이 ④

영업순환과정은 상품매매회사가 영업활동을 위해 재고자산을 구매하고, 구매한 재고자산을 판매한 후에 이를 현금으로 회수하는 과정을 말한다. 따라서 영업순환과정은 회계순환과정과 동일하지 않다.

5. 다음은 발생주의에서의 회계거래에 대한 설딩이다. 틀린 것은?

① 회계상의 거래란 조직의 자산 · 부채 · 자본 · 수익 · 비용계정에 증감을 가져오는 사건을 말한다.
② 회계상의 거래란 화폐단위로 측정될 수 있는 사건을 말한다.
③ 회계상의 거래는 회계기록의 대상이 된다.
④ 거래처로부터 전화 주문을 받은 경우에 이를 회계상의 거래로 인식하여 즉시 수익으로 기록한다.

풀이 ④

주문시점에 아직 수익이 가득되지 않았으므로, 거래처로부터의 단순한 전화 주문을 수익으로 기록할 수 없다. 주문된 상품을 인도하는 시점에서 수익이 가득되었다고 간주되므로, 인도시점에 거래로 인식하여 수익으로 기록해야 한다.

6. 다음은 계정에 대한 설명이다. 틀린 것은?

① 계정은 재무상태표 계정, 손익계산서 계정, 자본변동표 계정으로 크게 나뉜다.
② 계정이란 자산 · 부채 · 자본 · 수익 · 비용을 기록하는 장소이다.
③ 모든 계정이 들어 있는 장부를 총계정원장 혹은 원장이라 한다.
④ 교육목적으로는 T를 사용하여 계정을 표시한다.

풀이 ①

계정은 재무상태표 계정과 손익계산서 계정의 두 종류로 크게 나뉜다.

7. 다음은 계정에 대한 설명이다. 맞는 것은?

① 재무상태표 계정은 자산계정 및 부채계정으로 분류된다.
② 회계연도 말에 재무상태표 계정의 잔액은 다음 회계연도로 이월된다.
③ 손익계산서 계정은 수익계정 · 비용계정 · 당기순이익계정으로 분류된다.
④ 회계연도 말에 손익계산서 계정의 잔액은 다음 회계연도로 이월된다.

풀이 ②

재무상태표 계정은 자산계정 · 부채계정 · 자본계정으로 분류되며, 재무상태표 계정의 잔액은 다음 회계연도로 이월된다. 수익계정과 비용계정으로 분류되는 손익계산서 계정은 그 잔액이 다음 회계연도로 이월되지 않고, 마감분개를 통하여 계정 잔액이 없어지고 다음 회계연도에는 0으로 다시 시작되기 때문에, 임시계정 혹은 명목계정이라고 한다.

8. 다음은 계정기입방법에 대한 설명이다. 틀린 것은?

① 수익의 증가는 대변에 기입한다.
② 자산의 증가는 차변에 기입한다.
③ 부채의 증가는 대변에 기입한다.
④ 자본의 증가는 차변에 기입한다.

풀이 ④

자본의 증가는 대변(오른쪽)에 기입한다.

9. 다음은 계정기입방법에 대한 설명이다. 틀린 것은?

① 수익의 감소는 대변에 기입한다.
② 비용의 감소는 대변에 기입한다.
③ 자산의 감소는 대변에 기입한다.
④ 자본의 감소는 차변에 기입한다.

풀이 ①

수익의 감소는 차변(왼쪽)에 기입한다.

10. 다음은 분개와 전기에 대한 설명이다. 틀린 것은?

① 거래는 발생한 순서에 따라 분개장에 기록하는데, 이를 분개라고 한다.
② 전기란 분개장에 기록한 거래를 총계정원장의 해당 계정에 각각 옮겨 적는 것을 말한다.
③ 전기할 때, 분개장의 차변(대변)에 기록된 내용은 총계정원장의 해당 계정의 차변(대변)에 기록한다.
④ 분개장에 기록된 내용이 총계정원장의 해당 계정에 동일하게 기록되므로, 총계정원장을 사용하지 않고 분개장만 사용해도 전혀 문제가 없다.

풀이 ④

모든 계정의 잔액을 파악하기 위해서는 총계정원장을 사용해야 한다. 즉, 분개장만 사용해서는 계정 잔액을 파악하기가 어렵다. 분개장은 특정 날짜에 발생한 거래를 살펴보는 데 편리한 장부이다.

CHAPTER 4

회계순환과정 - 결산

1. 시산표
2. 수정분개
3. 정산표
4. 손익계산서와 재무상태표
5. 마감분개

사례

교육부, '사학 혁신' 칼 빼들었다

(매일경제 2019-12-18)

교육부는 앞으로 사립학교 설립자나 친족 등이 학교법인의 개방이사를 할 수 없도록 하는 내용을 담은 사립학교법 시행령을 개정하기로 했다. 또 사립학교 재단의 임원이 친인척으로 구성돼 있으면 친족 관계를 모두 공개해야 하는 등 관련 법령도 고치기로 했다. 특히 교육부는 사학법인 임원이 그간 비리 등으로 결격 사유가 발생하더라도 임원직을 유지할 수 있었던 일련의 사례들을 감안해, 앞으로는 임원직을 즉시 상실하도록 법 개정을 추진한다.

교육부는 18일 오전 정부서울청사에서 '제15차 교육신뢰회복추진단(이하 추진단) 회의'를 열고 이런 내용을 담은 '교육신뢰회복을 위한 사학혁신 추진방안(이하 사학혁신방안)'을 발표했다.

교육부는 사학의 부정 · 비리에 대해 엄정한 조사감사 기조를 유지하는 한편, 이러한 부정 비리를 근원적으로 해결하기 위한 사학혁신 방안에 5개 분야 26개 제도개선 과제를 담았다고 밝혔다.

5개 분야는 △사학 회계 투명성 제고, △사학 법인 책무성 강화, △사학 운영 공공성 확대, △사립교원 권리보호 지원, △교육부 자체혁신이다.

또 적립금의 교육투자 확대를 위해 기금운용심의회에 교직원 · 학생 참여를 의무화하고, 주기적 점검 및 사용계획 공개 등을 추진하는 한편 회계부정 발생대학에 대해서는 교육부장관이 외부 회계 감사기관을 지정할 수 있도록 근거를 마련한다는 방침이다.

[기사 부분 인용]

앞 장에서는 첫 번째 회계순환과정인 '회계기간 중의 회계처리'에 대하여 설명하였다. 본장에서는 두 번째 회계순환과정인 '회계기말의 결산작업'에 대하여 설명한다. 회계기말에 수행되는 결산작업은 수정전시산표, 수정분개, 수정후시산표를 만든 후에 재무제표를 작성하고, 임시계정들을 마감하는 일련의 과정을 말한다.

1. 시산표

결산작업(closing)이란 회계기말에 재무제표를 작성하고, 각 계정을 마감하는 일련의 과정을 말한다. 즉, 결산은 〈도표 3-1〉의 회계순환과정에서 보듯이 수정전시산표, 수정분개, 수정후시산표, 재무제표 작성, 마감분개 등의 순서에 따라 작업이 행해진다.

시산표(trial balance)는 회계연도 말에 그동안 회계기간 중에 발생한 거래들이 정확하게 계정에 기록되었는지를 단순히 점검하는 표로서, 결산을 시작하는 첫 단계이다. 시산표를 통하여 대부분의 기록상 오류가 발견되지만, 처음부터 누락된 거래이거나, 차변 및 대변의 금액이 똑같이 틀리게 기록된 경

〈도표 4-1〉 수정전 합계잔액시산표

합계잔액시산표

신안컨설팅　　20×1년 12월 31일　　(단위 : 원)

차변 잔액	차변 합계	계정과목	대변 합계	대변 잔액
₩1,190,000	₩4,000,000	현 금	₩2,810,000	
0	600,000	외상매출금	600,000	
200,000	600,000	단기금융상품	400,000	
	800,000	단기차입금	1,000,000	₩200,000
		자 본 금	2,000,000	2,000,000
		매 출	1,000,000	1,000,000
600,000	600,000	급 여		
1,200,000	1,200,000	임 차 료		
10,000	10,000	이 자 비 용		
₩3,200,000	₩7,810,000	합 계	₩7,810,000	₩3,200,000

우에는 오류가 발견되지 않는다.

시산표는 총계정원장에 있는 모든 계정의 차변합계, 대변합계, 잔액을 사용하여 작성하는데, 그 종류로는 합계시산표, 잔액시산표, 합계잔액시산표가 있다. 합계시산표는 각 계정의 차변합계액과 대변합계액을 나타낸 시산표이며, 잔액시산표는 각 계정의 잔액만을 열거한 시산표이다. 합계잔액시산표는 〈도표 4-1〉과 같이 각 계정의 차변과 대변의 합계액과 잔액을 모두 나타낸다. 시산표는 자산, 부채, 자본, 수익, 비용계정의 순서로 열거한다.

2. 수정분개

기업은 현금주의가 아닌 발생주의를 택하고 있으므로 수정분개가 필요하다. 수정분개(adjusting entries)는 기업의 회계연도 말의 자산 · 부채 · 자본 · 수익 · 비용을 올바르게 기록하도록 하는 것으로, 발생항목 · 이연항목 · 추정항목이 수정분개의 대상이 된다.

2.1 발생항목

발생항목(accrued item)은 당해연도부터 시작하여 다음 연도 특정시점까지 비용이나 수익이 발생하지만 현금지급이나 현금수취는 다음 연도에 일어나는 항목으로서, 당해연도 기말에 아직 장부에 기록되지 않은 항목이다. 결산시에 당해연도분에 해당하는 금액을 기록함으로써 수정하며, 미지급비용(예 : 미지급이자비용)과 미수수익(예 : 미수이자수익)이 대표적인 예에 해당한다.

미지급비용(accrued expense)은 당해연도부터 다음 연도까지 발생하는 비용이지만, 아직 지급되지 않아서 장부에 기록되지 않은 비용을 말한다. 이에 대한 수정분개로서, 당해연도 비용 발생분에 해당하는 금액만큼 차변에 비용과 대변에 부채(미지급비용)를 기록한다. 예를 들어, 당해연도 말에 미지급인건비가 1,000만원일 경우 아래와 같이 수정분개한다.

(차) 인 건 비	1,000만원	(대) 미지급인건비	1,000만원

미수수익(accrued revenue)은 당해연도부터 다음 연도까지 용역을 제공함으로써 획득되는 수익이지만, 아직 현금수취 및 기록이 되어 있지 않은 수익을 말한다. 이에 대한 수정분개로서, 당해연도 수익 발생분에 해당하는 금액만큼 차변에 자산(미수수익)과 대변에 수익을 기록한다. 예를 들어, 당해연도 말에 미수이자수익이 500만원일 경우 아래와 같은 수정분개가 필요하다.

(차) 미수이자수익	500만원	(대) 이 자 수 익	500만원

2.2 이연항목

이연항목(deferred item)은 당해연도에 현금지급(현금수취)이 일어나고 다음 연도에 비용(수익)의 발생이 완료되는 경우로서, 선급비용(예 : 선급보험료)과 선수수익(예 : 선수임대수익)이 대표적인 예이다. 이연항목에 대한 수정은 아래의 3단계를 따르면 된다.

◎ 이연항목의 수정을 위한 3단계

(1) 수정 1단계 : 현금지급시(혹은 현금수취시)의 분개를 파악
(2) 수정 2단계 : 회계기말에 비용 및 자산(혹은 수익 및 부채)의 잔액을 파악
(3) 수정 3단계 : 2단계에서 파악한 잔액이 되도록, 1단계에서의 금액을 수정

선급비용(prepaid expense)은 당해연도에 현금을 먼저 지급하고 사용이나 소모는 다음 연도까지 이루어지는 항목이다. 이에 대한 수정분개로서, 당해연도 말까지 사용된 부분은 당기의 비용으로 계상하고 미사용된 부분은 자산으로 기록하도록, 현금지급시에 이미 기록한 분개를 수정해야 한다. 예를 들어, 12월 1일에 12개월분 보험료 120만원을 선급하였을 때 차변에 선급보험료 120만원, 대변에 현금 120만원으로 기록하였다고 하자(수정 1단계).[1)] 그러

1) 12월 1일에 12개월분 보험료 120만원을 미리 지급하였을 때, 12개월이 지나면 120만원을 모두 사용한다고 생각하여 120만원을 보험료로 기록할 수도 있다. 즉, 차변에 보험료 120만원, 대변에 현금 120만원으로 기록한다(수정 1단계). 이 경우에도 수정 2단계(12월 31일 현재, 보험료 잔액 10만원, 선급보험료 잔액 110만원)는 동일하다. 3단계에서는 2단계에서의 보험료

면, 12월 31일 현재에 1개월분 보험료를 올해에 사용하였으므로, 보험료 잔액은 10만원이 되어야 한다(수정 2단계). 또한, 11개월분 보험료는 내년에 사용할 것이므로 선급보험료 잔액은 110만원이 되어야 한다(수정 2단계). 따라서 대변에 선급보험료를 10만원 감소시키고, 차변에 보험료를 10만원으로 기록하는 수정분개가 필요하다(수정 3단계).

(차) 보 험 료	10만원	(대) 선급보험료	10만원

선수수익(unearned revenue)은 당해연도에 현금을 미리 수취하고 용역을 다음 연도까지 제공하는 경우이다. 이에 대한 수정분개로서, 당해연도 말까지 제공한 용역은 수익으로 계상하고 다음 연도에 제공해야 할 부분은 부채로 기록하도록, 현금 수취시에 이미 기록한 분개를 수정해야 한다. 예를 들어, 11월 1일에 6개월분 임대수익 60만원을 미리 받았을 때 차변에 현금 60만원, 대변에 선수임대수익 60만원으로 기록하였다고 하자(수정 1단계).[2] 그러면, 12월 31일 현재에 2개월분 임대서비스는 올해에 제공하였으므로 임대수익 잔액은 20만원이 되어야 한다(수정 2단계). 또한, 4개월분 임대수익은 내년에 서비스를 제공해야 하므로 선수임대수익 잔액은 40만원이 되어야 한다(수정 2단계). 따라서 차변에 선수임대수익을 20만원 감소시키고, 대변에 임대수익을 20만원으로 기록하는 수정분개가 필요하다(수정 3단계).

(차) 선수임대수익	20만원	(대) 임 대 수 익	20만원

잔액 10만원 및 선급보험료 잔액 110만원으로 맞추어 주기 위하여, 대변에 보험료를 110만원 감소시키고, 차변에 선급보험료 110만원을 기록하는 수정분개를 한다.

2) 12월 1일에 6개월분 임대수익 60만원을 미리 수취하였을 때, 6개월이 지나면 60만원에 대한 임대서비스를 모두 제공한다고 생각하여 60만원을 임대수익으로 기록할 수도 있다. 즉, 차변에 현금 60만원, 대변에 임대수익 60만원으로 기록한다(수정 1단계). 이 경우에도 수정 2단계(12월 31일 현재, 임대수익 잔액 20만원, 선수임대수익 잔액 40만원)는 동일하다. 3단계에서는 2단계에서의 임대수익 잔액 20만원 및 선수임대수익 잔액 40만원으로 맞추어 주기 위하여, 차변에 임대수익을 40만원 감소시키고, 대변에 선수임대수익 40만원을 기록하는 수정분개를 한다.

2.3 추정항목

추정항목(estimated item)은 당기의 수익창출에 관련된 비용이지만 정확한 금액을 산정할 수 없어서 추정에 의하여 비용을 계산하는 항목으로서, 대표적인 예로는 감가상각비, 대손상각비 등을 들 수 있다.

예를 들어, 우리 회사가 건물을 10억원에 구입하고 내용연수(사용연도)인 20년을 사용한 후에 잔존가치(사용연도 후에 남아 있는 가치)가 0원이라고 추정하고, 매년 동일한 금액으로 건물을 감가상각하는(가치가 감소하여 없어지는) 정액법을 택한다면, 매년 감가상각비는 5천만원(=10억원÷20년)이 된다. 이와 같이, 감가상각비는 추정치인 내용연수와 잔존가치에 의해 산출되기 때문에, 추정항목이라고 하며 아래와 같이 수정분개한다. 수정분개시에 차변에는 비용계정인 감가상각비를 기록하고, 대변에는 자산의 차감계정인 감가상각누계액을 기록한다.

(차) 감가상각비	5,000만원	(대) 감가상각누계액	5,000만원

예제 4-1

기업 A의 회계기간은 20×1년 3월 1일부터 20×1년 3월 31일까지라고 가정하자. 다음의 사항이 회계기말에 아직 수정되지 않았다고 가정하고, 수정분개를 하시오.

① 3월분 이자비용 ₩2,000을 아직 지급하지 않고 있다.

② 3월분 이자수익 ₩2,500을 아직 받지 못하였다.

③ 3월 1일에 6개월분 임차료 ₩12,000(월 임차료 ₩2,000)을 미리 현금으로 지급하고, 다음과 같이 분개하였다.

(차) 임 차 료	12,000	(대) 현 금	12,000

④ 3월 1일에 6개월분 이자수익 ₩15,000(월 이자수익 ₩2,500)을 미리 현금으로 수취하고 다음과 같이 분개하였다.

(차) 현 금	15,000	(대) 이 자 수 익	15,000

풀이 수정사항 ①은 수정항목 중 발생항목으로서, 아직 현금을 지급하지 않은 미지급비용(accrued expense)을 나타낸다. 비용 2,000원이 발생하였지만 기록되지 않았기에 비용의 발생을 기록해야 하며, 아직 현금을 지급하지 않았기에 부채의 증가로 기록해야 한다.

수정분개 ① : (차) 이 자 비 용	2,000	(대) 미지급이자	2,000

수정사항 ②는 수정항목 중 발생항목으로서, 아직 현금을 수취하지 않은 미수수익을 나타낸다. 수익 2,500원이 발생하였지만 아직 기록되지 않았기 때문에 수익의 발생을 기록해야 하며, 아직 현금을 수취하지 않았기 때문에 받을 권리를 나타내는 자산의 증가로 기록해야 한다.

수정분개 ② : (차) 미 수 이 자	2,500	(대) 이 자 수 익	2,500

수정사항 ③은 수정항목 중 이연항목으로서, 미래에 발생할 비용에 대해 미리 현금을 지급하고 전액을 당해 회계기간의 비용인 임차료로 기록하였다. 즉, ③에서 이미 기록된 임차료를 수정하지 않으면 당해 회계기간에 발생한 실제 임차료보다 과대하게 기록될 것이다.

이연항목의 수정 1단계는 현금지급시의 분개를 파악하는 것으로서, (차) 임차료 12,000 (대) 현금 12,000으로 기록되었다. 수정 2단계는 회계기말인 3월 31일에 비용 및 자산의 잔액을 파악하는 것으로서, 아래의 그림을 사용하면 편리하다. 3월 31일 현재, 임차료 잔액은 2천원, 선급임차료 잔액은 1만원이다. 수정 3단계는 수정 2단계 잔액이 되도록 수정 1단계 금액을 수정해야 한다. 즉, 대변에 임차료 1만원을 감소시키고, 차변에 선급임차료 1만원을 기록해야 한다.

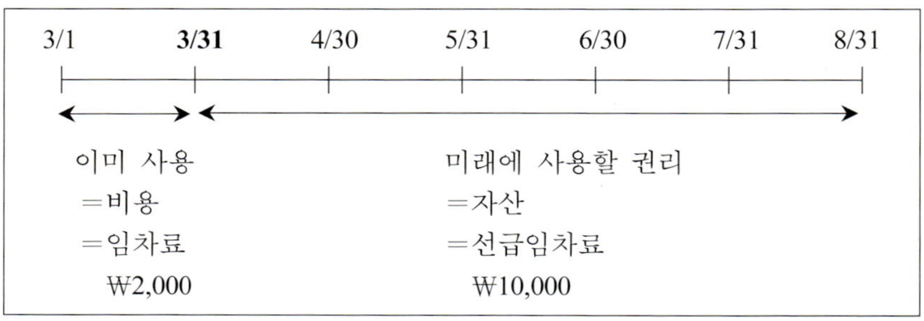

수정분개 ③ : (차) 선급임차료	10,000	(대) 임 차 료	10,000

수정사항 ④는 수정항목 중 이연항목으로서, 미래에 발생할 수익에 대하여 미리 현금을 수취하고 전액을 당해 회계기간의 수익인 이자수익으로 기록하였다. 즉, ④에서 이미 기록된 이자수익을 수정하지 않으면 당해 회계기간에 발생한 실제 이자수익보다 과대하게 기록될 것이다.

이연항목의 수정 1단계는 현금수취시의 분개를 파악하는 것으로서, (차) 현금 15,000 (대) 이자수익 15,000으로 기록되었다. 수정 2단계는 회계기말인 3월 31일에 수익 및 부채의 잔액을 파악하는 것이다. 아래의 그림을 보면, 3월 31일 현재, 이자수익 잔액은 2,500원, 선수이자수익 잔액은 12,500원이다. 수정 3단계는 수정 2단계 잔액이 되도록 수정 1단계 금액을 수정해야 한다. 즉, 차변에 이자수익 12,500원을 감소시키고, 대변에 선수이자수익 12,500원을 기록해야 한다.

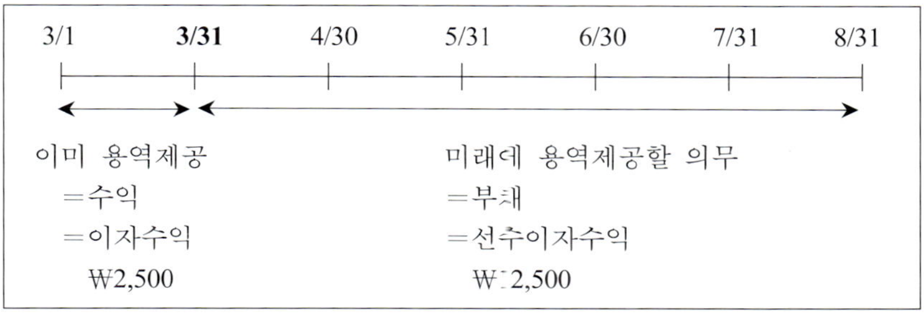

수정분개 ④ : (차) 이 자 수 익	12,500	(대) 선수이자수익	12,500

3. 정산표

수정분개는 시산표의 기말 계정잔액에 영향을 주기 때문에, 수정분개의 결과를 포함하는 수정후시산표가 작성된다. 정산표(work sheet)는 수정전시산표와 수정분개를 바탕으로 수정후시산표를 작성하고, 수정후시산표로부터 손익계산서와 재무상태표를 작성하는 작업표이다. 정산표 작성은 반드시 필요하지는 않지만, 재무제표인 손익계산서와 재무상태표를 작성하기 위한 일련의 과정을 나타내므로 도움이 된다.

예제 4-2

〈도표 4-1〉의 합계잔액시산표 작성 후에 다음의 수정사항이 추가되었다. 수정분개를 하고 정산표를 작성하시오.

① 기말 현재 다음 연도분의 임차료는 ₩1,000,000이다.
② 기말 현재 아직 받지 않은 이자수익은 ₩6,000이다.

풀이 〈도표 4-1〉의 합계잔액시산표를 살펴보면, 임차료 1,200,000원이 차변에 기록되어 있으므로, 임차료를 현금으로 지급하였을 때 다음과 같이 기록되었음을 알 수 있다.

(차) 임 차 료 1,200,000 (대) 현 금 1,200,000

따라서 수정사항 ①은 수정항목 중 이연항목으로서, 미래에 발생할 비용에 대해 현금을 지급하고 전액을 당기의 비용인 임차료로 기록하였다. 이연항목의 수정 1단계는 현금지급시의 분개를 파악하는 것으로서, (차) 임차료 1,200,000 (대) 현금 1,200,000으로 기록되었다. 수정 2단계는 회계기말인 12월 31일에 비용 및 자산의 잔액을 파악하는 것이다. 12월 31일 현재, 임차료 잔액은 200,000원, 다음 연도분의 임차료인 선급임차료의 잔액은 1,000,000원이다. 수정 3단계는 수정 2단계 잔액이 되도록 수정 1단계 금액을 수정해야 한다. 즉, 대변에 임차료 1,000,000원을 감소시키고, 차변에 선급임차료 1,000,000원을 기록해야 한다.

수정분개 ① : (차) 선급임차료 1,000,000 (대) 임 차 료 1,000,000

수정사항 ②는 수정항목 중 발생항목으로서, 미수수익의 발생에 대한 수정사항이다. 미수수익은 수익이 발생하였지만 기록되지 않았으므로, 수익으로 기록되어야 하는 항목이다. 수익이 발생하였지만 아직 현금을 수취하지 않았기 때문에 기업이 받을 권리인 자산의 증가로 기록되어야 한다. 그러므로 수정사항 ②를 위해서는 자산계정인 미수이자를 6,000원 증가시키는 기록과 수익계정인 이자수익 6,000원의 발생을 기록하는 수정분개가 필요하다.

수정분개 ② : (차) 미 수 이 자 6,000 (대) 이 자 수 익 6,000

수정전시산표에 수정분개를 반영하면 수정후시산표가 작성된다(〈도표 4-2〉 참조). 수정후시산표의 계정 중에서 손익계산서 계정을 택하여 손익계산서 칼럼의 차변과 대변에 기록하면, 손익계산서 칼럼의 차변과 대변의 합계가 일치하지 않음을 볼 수 있다.

손익계산서 칼럼의 차변합계는 총비용을 나타내며, 대변합계는 총수익을 나타낸다. 총수익에서 총비용을 차감하면 당기순이익(혹은 당기순손실)이 계산된다. 즉, 손익계산서의 대변과 차변의 차이는 당기순이익(혹은 당기순손실)을 뜻한다.

〈도표 4-2〉 정산표

정산표

신안컨설팅 20×1년 12월 31일 (단위 : 천원)

계정과목	수정전 시산표		수정분개		수정후 시산표		손익계산서		재무상태표	
	차변	대변	차변	대변	차변	대변	차변	대변	차변	대변
현금	1,190				1,190				1,190	
단기금융상품	200				200				200	
단기차입금		200				200				200
자본금		2,000				2,000				2,000
매출		1,000				1,000		1,000		
급여	600				600		600			
임차료	1,200			1,000	200		200			
이자비용	10				10		10			
합계	3,200	3,200								
선급임차료			1,000		1,000				1,000	
미수이자			6		6				6	
이자수익				6		6		6		
합계			1,006	1,006	3,206	3,206	810	1,006	2,396	2,200
당기순이익							196			196
합계							1,006	1,006	2,396	2,396

〈도표 4-2〉의 정산표에서, 수익의 합계는 1,006,000원이며 비용의 합계는 810,000원이므로 당기순이익은 196,000원이다. 당기순이익은 정산표에서 재무상태표 칼럼의 대변에 기록되는데, 그 까닭은 당기순이익이 자본을 증가시켜 주기 때문이다. 만약 당기순손실이 나타났다면, 당기순손실은 자본을 감소시키므로 당기순손실을 재무상태표 칼럼의 차변에 기록해야 한다.

4. 손익계산서와 재무상태표

정산표의 손익계산서 칼럼에 기록된 내용을 바탕으로 손익계산서를 작성하고, 재무상태표 칼럼에 기록된 내용을 이용하여 재무상태표를 작성한다. 손익계산서는 회계기간의 영업성과를 나타내므로 '20×1년 1월 1일부터 20×1년 12월 31일까지'의 기간을 명시한다(〈도표 4-3〉 참조).

반면에 재무상태표는 일정시점에 있어서의 재무상태를 나타내므로 '20×1년 12월 31일'이라는 시점을 명시한다(〈도표 4-4〉 참조). 당기순이익 196,000원은 자본항목인 이익잉여금을 증가시키는 것으로 나타난다.

〈도표 4-3〉 손익계산서

손익계산서

신안컨설팅 20×1년 1월 1일~20×1년 12월 31일 (단위 : 원)

매　　출		₩1,000,000
판매비와관리비		
급　　여	₩600,000	
임 차 료	200,000	(800,000)
영 업 이 익		200,000
영업외수익		
이 자 수 익		6,000
영업외비용		
이 자 비 용		(10,000)
당기순이익		₩196,000

〈도표 4-4〉 재무상태표

재무상태표

신안컨설팅 20×1년 12월 31일 (단위 : 원)

자산		**부채**	
현　　금	₩1,190,000	단기차입금	₩200,000
단기금융상품	200,000	**자본**	
미 수 이 자	6,000	자 본 금	2,000,000
선급임차료	1,000,000	이익잉여금(당기순이익)	196,000
자산총계	₩2,396,000	부채와 자본총계	₩2,396,000

5. 마감분개

계정에는 임시계정과 영구계정이 있다. 임시계정의 잔액은 회계기말에 마감되기 때문에 0이 되고, 다음 회계연도 초에 계정잔액이 0에서 다시 시작된다. 이에 속하는 계정은 손익계산서 계정으로서, 수익계정 · 비용계정 · 집합손익계정이 있다. 한편, 영구계정은 그 잔액이 다음 회계연도 초에 이월되어 계속되는 재무상태표 계정으로서, 자산계정 · 부채계정 · 자본계정이 이에 속한다. 영구계정의 잔액은 당기 회계연도 말에 차기 회계연도로 옮기는 '차기이월'을 하고, 차기 회계연도 초에 그 잔액을 전기 회계연도에서부터 옮기는 '전기이월'을 한다. 이때 분개는 필요 없고, 각 영구계정 안에서 차기이월 및 전기이월을 기록한다.

5.1 수익계정의 마감

수익계정의 잔액은 대변에 있다. 수익계정의 대변 잔액을 0으로 만들기 위해, 각 수익계정의 잔액을 각 수익계정의 차변에 기록하고, 임시계정인 집합손익계정의 대변에 기록한다. 이렇게 기록함으로써, 각 수익계정의 잔액은 0이 되며, 모든 수익계정의 잔액은 집합손익계정의 대변에 기록된다.

(차)	매 출	1,000,000	(대) 집 합 손 익	1,006,000
	이 자 수 익	6,000		

5.2 비용계정의 마감

수익계정의 잔액은 차변에 있다. 비용계정의 차변 잔액을 0으로 만들기 위해, 각 비용계정의 잔액을 각 비용계정의 대변에 기록하고, 집합손익계정의 차변에 기록한다. 이렇게 기록함으로써, 각 비용거정의 잔액은 0이 되며, 모든 비용계정의 잔액은 집합손익계정의 차변에 기록된다.

(차) 집 합 손 익	810,000	(대) 급 여	600,000
		임 차 료	200,000
		이 자 비 용	10,000

5.3 집합손익계정의 마감

집합손익계정(income summary)은 결산을 하기 위한 임시계정이다. 집합손익계정의 차변은 총비용을, 대변은 총수익을 나타낸다. 집합손익계정의 대변과 차변의 차이는 총수익과 총비용의 차이인 당기순이익(혹은 당기순손실)을 의미한다. 집합손익계정의 대변에 잔액이 남으면(즉, 집합손익계정의 대변이 차변보다 크면) 당기순이익을 나타내며, 차변잔액은 당기순손실을 나타낸다. 집합손익계정도 임시계정이므로 계정이 마감되어야 하는데, 마감할 때 집합손익계정의 상대계정은 자본계정인 이익잉여금계정이다.

집합손익계정의 대변잔액인 ₩196,000은 당기순이익을 나타낸다. 집합손익계정의 대변잔액을 없애고, 이 금액을 자본계정인 이익잉여금계정으로 옮기기 위해서는 다음과 같은 분개가 필요하다.

(차) 집 합 손 익	196,000	(대) 이익잉여금	196,000

Reading Materials

chapter 4

회계장부만 투명해져도 등록금 낮출 수 있어

(한국경제 2011-06-15)

수도권의 A대학은 몇 년 전 결산보고서에 학생회관 건축비로 3.3㎡당 510만원을 썼다고 기록했다. 당시 조달청이 가이드라인으로 제시한 대학 건축비 360만원보다 42%(150만원)나 비싸다. 대학 측은 공개입찰을 거치지도 않았고 예·결산을 자문하는 대학평의원회에는 관련 정보도 주지 않았다.

23개 학자금 대출 제한 대학 중 한곳인 선교청대(옛 성민대)는 2010회계연도 결산서에 재단·학교 합산 자금계산서만 첨부했다. 재단과 교비를 분리해 대차대조표와 손익계산서, 부속서류 등을 공시해야 하지만 지키지 않았다. 탐라대, 제주산업정보대, 상지영서대 등은 아예 결산보고서를 내지 않았다. 등록금이 치솟는 이유 중 하나는 대학들의 엉터리 회계 때문이라는 지적이 많다. 대학 회계는 난수표처럼 복잡해 전문가들조차 알아보기 쉽지 않다. 등록금 전용이나 예산 뻥튀기 논란이 끊이지 않는 이유다.

복잡·난해한 대학 회계

학부모 A씨는 자녀가 지원하려는 단국대가 얼마나 내실 있는지를 알아보기 위해 홈페이지를 찾았지만 지난해 결산공고를 찾을 수 없었다. 학교에 수차례 전화를 걸어 안내를 받으며 학교소개→조직·기관→행정부서→경리과 항목까지 들어가니 결산서류가 보였다. 대학들의 결산공고는 복잡할 뿐 아니라 찾기도 어렵다.

대학 결산공고는 크게 법인·교비·수익사업·산학협력단·부속병원 회계 등으로 구분된다. 교비 회계는 다시 기금 회계와 등록금 회계로 나뉜다. 각 항목을 보면 자금계산서 대차대조표 운영계산서 합계잔액시산표가 있고, 부속명세서만 해도 수십 장이다.

조전혁 한나라당 의원은 “학교 회계와 재단 회계를 분리해놓은 나라는 세계 어디에도 없다”며 “학생들에게 들어가는 돈이 얼마인지 알 수 없다”고 지적했다. 류지성 삼성경제연구소 연구전문위원은 “대학의 관리비용을 줄이려면 회계 투명화가 먼저 이뤄져야 한다”고 말했다. 연덕원 한국대학교육연구소 연구원은 “예산 공시에 나오는 산출 근거 형식이 대학마다 천차만별”이라고 지적했다. 배길수 고려대 경영학과 교수는 “대학은 공공기관인 만큼 회계정보를 자세히 공개해야 한다”고 설명했다.

관리 · 감독 제대로 안 이뤄져

지난해 동국대 교비 회계에 적힌 적립금은 3,527억원. 2009년의 727억원에 비해 다섯 배가량 급증했다. 하지만 토지 재평가 차익(2,860억원)을 뺀 적립금은 667억원이다. 재평가 적립금은 실제 보유하고 있는 자금이 아닌데도 회계규정상 표현할 방법이 없어 이 학교는 적립금을 대폭 늘렸다는 오해를 받았다.

고려대 홈페이지에 공시된 산학협력단 운영계산서에는 산학협력수익, 지원금 수익 등 수익의 세부 항목을 보려면 ‘주석’을 참조하라고 표시돼 있다. 하지만 결산공고 어디를 봐도 주석은 찾아볼 수가 없다.

현재 각 대학 홈페이지에 공시돼 있는 회계관련 자료 중 상당수는 믿을 수 없다. 교육과학기술부 사립대학제도과 관계자는 “수입과 지출이 맞아떨어지지 않는 곳도 있다”며 “매년 정정과 수정을 많이 하지만 현실적으로 세부적인 부분까지 자세히 들여다보기는 힘들다”고 말했다. 이렇다보니 대학이 마음대로 쓸 수 있는 임의적립금을 어떻게 쌓았는지 파악이 되지 않는다. 회계자료를 기한 내 공시하지 않아도 과태료 부과 외에는 처벌 규정이 없다. 상장기업이라면 퇴출 사유다. [이하 생략]

[사회] '벌거벗은 회계' 겁내는 LH공사

(위클리경향 2010-11-02)

과거 주공 부실회계시스템 고수… 각종 사업손실 은폐의혹

부실한 회계시스템을 사용하고 있다는 비판을 받고 있는 LH공사(한국토지주택공사)가 새로운 회계시스템 개발을 아직 진행하지 않고 있다. 이에 따라 앞으로 상당 기간 LH공사의 정확한 부실 원인 및 규모를 밝혀낼 수 없을 것으로 보인다. LH공사는 올해 국정감사에서 국회의원들의 지적에 따라 '울며 겨자 먹기' 식으로 새 회계시스템 도입을 위한 컨설팅 용역을 최근 발주했다. 하지만 새 회계시스템을 도입해야 하는지, 말아야 하는지 컨설팅 용역 결과가 나오면 최종적으로 결정하기로 함에 따라 지금으로서는 새 회계시스템 도입 일정이 사실상 제시되지 않은 상태다.

구 토지공사와 구 주택공사가 통합해 설립된 LH공사는 지난해 10월 정식 출범했다. 통합 이전 국토해양부는 회계컨설팅 전문업체인 딜로이트에 LH공사의 회계시스템으로 구 토공시스템과 구 주공시스템 중 어느 것을 채택해야 할지, 아니면 신규 회계시스템을 개발해 사용해야 할지 의뢰했다. 딜로이트는 용역보고서에서 LH공사에 회계시스템을 새로 개발해 사용하도록 권했다. 다만 신규 시스템 개발까지 기존의 구 토공 시스템(e地s)과 구 주공 시스템(통합재무)을 개선해서 사용토록 했다. 이에 따라 LH공사는 토공 시스템에 2억 6,000만원, 주공 시스템에 6,000만원을 투자해 각각의 시스템을 개선시켰다.

하지만 LH공사는 기능이 개선된 토공과 주공의 회계시스템을 30일만 함께 사용하다가 갑자기 주공 회계시스템으로 단일화해 현재까지 사용하고 있다. 이와 관련, 감사원은 LH공사에 대한 감사처분 결과요구서에서 "한국토지주택공사 사장은 전산정보시스템 통합이 비효율적으로 추진되어 예산이 낭비되고 업무에 장애가 되는 일이 없도록 통합시스템 구축업무를 철저히 하라"고 주의 조치했다.

LH공사가 주공 회계시스템을 서둘러서 공사의 회계시스템으로 결정한 이유는 무엇일까. LH공사 관계자는 “한동안 양쪽 시스템을 사용하다보니까 자료 양식 등이 서로 달라 불편했다”면서 “위에서 하나로 통합하라는 지시도 있었고, 관련 부서의 의견을 물어서 결정했다”고 말했다.

회계감사 오류사례 80% ‘주공사업’

하지만 일각에서는 새 회계시스템이 도입되면 과거 주공이 진행했던 사업과 관련해 모든 문제점이 드러나는 것이 두려웠기 때문일 것이라고 의혹을 제기하고 있다. 이와 관련, 국회 국토해양위 관계자는 “주공은 지난 10년간 임대주택 건설에 31조원을 투입했으나, 회계장부상 임대주택 자산은 24조원에 불과했다”며 “주공의 임대주택 건설부문의 부실에 대한 원인을 규명하려 해도 회계시스템이 부실해 원인을 규명할 수 없었다”고 토로했다. 이 관계자는 “국회가 회계관련 자료를 요구하면 LH공사는 전산자료는 뽑을 수 없고, 엑셀 작업을 해서 주겠다고 했다”며 “엑셀 작업은 숫자를 중간에서 바꿀 수도 있다”고 말했다.

실제로 전문가들에 따르면 2004년에 도입된 주공의 회계시스템(도입 비용 36억원)은 2008년에 도입한 토공의 회계시스템(도입 비용 82억원)보다 기능이 떨어지는 것으로 진단됐다. 이와 관련해 국회 국토해양위 전여옥 의원(한나라당)은 “과거 주공의 회계시스템 부실 논란이 끊이지 않는데도 이처럼 문제가 많은 부실한 회계시스템을 LH공사가 계속 사용하는 것은 옛 재무결과를 왜곡시키는 것은 물론이고 재무 부실을 키울 수 있다”고 지적했다.

주공의 회계시스템이 문제가 있다는 것은 LH공사 감사실과 외부 회계감사기관인 삼일회계법인이 공동으로 2009년 10월부터 12월까지 재무상태 등에 대한 감사를 통해 발표한 보고서(‘2009년 결산감사 결과 보고’)에 잘 나타나 있다. 감사보고서에 따르면 회계 오류로 제시된 10개 지적사항 중 8개가 주공이 사업을 담당한 곳이었다.

국토해양위 심재철 의원(한나라당)은 “최근 국책사업으로 재정문제가 심각해졌다고 말하는데, 사업별 구분회계도 안되고 내부 회계시스템도 허술하기 짝이 없으면서 어떻게 국책사업으로 발생하는 부채가 얼마인지 가려낼 수 있었는지 의아스럽다"며 "정확하고 투명한 회계관리를 통해 국민적 신뢰감을 얻도록 노력하는 것이 급선무"라고 말했다.

법원판결 불구 분양원가 공개 미뤄

주공 회계시스템이 부실하다는 것은 과거에도 지적됐다. 지난 2007년 당시 박세흠 주공 사장은 기자들에게 "주공의 회계시스템이 이 정도일 줄은 몰랐다"고 밝히기도 했다. 주공 회계시스템의 한계로 인해 실시간 사업별 회계도 어렵고 원가계산도 힘들었다는 얘기다.

이와 관련해 일각에서는 주공이 아파트 원가 공개를 하지 않는 이유가 조성원가 체계를 제대로 산출하지 못하는 부실한 회계시스템 때문이 아니냐는 의혹을 제기하고 있다. 대법원은 주공에 대해 "분양가 산출은 비공개 대상으로 볼 수 없다"며 원가를 공개하도록 판결했다. 하지만 주공은 여태껏 아파트 분양원가를 공개하지 않고 있다. 주공측은 "아파트 원가가 공개되면 부당하게 챙긴 이익을 반환하라는 소송이 이어질 수 있다"며 파장을 두려워해 공개를 미루고 있다고 비공식적으로 답했다. 하지만 주공의 '원가 비공개' 논리는 군색하다. 서울시 산하 지방공기업인 SH공사는 상암 · 발산 · 장지지구 등에서 아파트 분양원가를 공개한 바 있기 때문이다.

국회 국토해양위 관계자는 "단순한 사업실적 집계 및 예산 통제 등 기초통계 DB(데이터베이스)조차 도출되지도, 검증되지도 못하는 시스템을 갖고 도대체 어떻게 사업계획을 관리하고, 사업수지를 통제하려는 것인지 납득할 수 없다"고 말했다.

전문가들은 LH공사의 부실한 회계시스템이 하루 빨리 새로운 시스템으로 변경돼야 한다고 지적하고 있다. 국회 국토해양위 김진애 의원(민주당)은 "LH공사 부실의 근본적인 원인은 투명한 사업별 회계 없이 단순 물량 단위로 방만한 사업을 추진한 탓"이라며 "LH공사는 여러 부문에 혼재되어 있는 불분명한 사업별 회계를 독립시켜 공개하고, 정당한 절차와 투명한 방법으로 재무건전성을 확보해야 할 것"이라고 주장했다. [이하 생략]

서술형 문제

chapter 4

1. 시산표의 역할에 대해 설명하시오.

풀이

시산표(trial balance)는 회계연도 말에 그동안 회계기간 중에 발생한 거래들이 정확하게 계정에 기록되었는지를 단순히 점검하는 표로서, 결산을 시작하는 첫 단계이다. 시산표를 통하여 대부분의 기록상 오류가 발견되지만, 처음부터 누락된 거래이거나, 차변 및 대변의 금액이 똑같이 틀리게 기록된 경우에는 오류가 발견되지 않는다.

2. 회계기말에 시행되는 결산작업의 순서를 설명하시오.

풀이

회계기말에 수행되는 결산작업은 수정전시산표, 수정분개, 수정후시산표를 만든 후에 재무제표를 작성하고, 임시계정들을 마감하는 일련의 과정을 말한다.

3. 임시계정과 영구계정의 차이점을 설명하시오.

풀이

임시계정의 잔액은 회계기말에 마감되기 때문에 0이 되고, 다음 회계연도 초에 계정잔액이 0에서 다시 시작된다. 이에 속하는 계정은 손익계산서 계정으로서, 수익계정 · 비용계정 · 집합손익계정이 있다. 한편, 영구계정은 그 잔액이 다음 회계연도 초에 이월되어 계속되는 재무상태표 계정으로서, 자산계정 · 부채계정 · 자본계정이 이에 속한다. 단, 배당금계정은 재무상태표 계정이지만 임시계정이다.

4. 다음의 분개장에 기록된 거래를 이용하여, 수정전시산표를 작성하시오.

분 개 장 1쪽

일 자	적 요	원 면	차 변	대 변
11월 1일	현 금	22	90,000,000	
	자 본 금	62		90,000,000
	현금 출자하여 영업시작			
11월 3일	토 지	48	5,000,000	
	현 금	22		5,000,000
	토지 구입			
11월 15일	비 품	32	2,500,000	
	현 금	22		500,000
	미지급금	53		2,000,000
	비품 구입			
11월 20일	건 물	46	10,000,000	
	현 금	22		10,000,000
	건물 구입			
11월 30일	미지급금	53	2,000,000	
	현 금	22		2,000,000
	비품 미지급금 지급			

풀이

현 금 22

차변	대변
11/1 9천만	11/3 5백만
	11/15 5십만
	11/20 1천만
	11/30 2백만

비 품 32

차변	대변
11/15 2백5십만	

건 물 46

차변	대변
11/20 1천만	

토 지 48

차변	대변
11/3 5백만	

미지급금 53

차변	대변
11/30 2백만	11/15 2백만

자본금 62

차변	대변
	11/1 9천만

합계잔액시산표

OO회사 20×1년 11월 30일 (단위 : 천원)

차 변		계정과목	대 변	
잔 액	합 계		합 계	잔 액
₩72,500	₩90,000	현 금	₩17,500	
2,500	2,500	비 품		
10,000	10,000	건 물		
5,000	5,000	토 지		
	2,000	미 지 급 금	2,000	
		자 본 금	90,000	₩90,000
₩90,000	₩109,500	합 계	₩109,500	₩90,000

5. 인천상회에 대한 수정사항에 대하여 분개하시오.

① 결산일에 당기분 전화료 ₩50,000을 납부하지 않고 있다.

② 수정전시산표의 보험료계정 차변에 계상되어 있는 ₩120,000 중 ₩30,000은 다음 회계기간에 해당하는 것이다.

풀이

수정사항 ①은 수정항목 중 발생항목으로서, 아직 현금을 지급하지 않은 미지급비용(accrued expense)을 나타낸다. 비용 50,000원이 발생하였지만 기록되지 않았기에 비용의 발생을 기록해야 하며, 아직 현금을 지급하지 않았기에 부채의 증가로 기록해야 한다.

수정분개 ① : (차) 전 화 료 50,000 (대) 미지급전화료 50,000

수정사항 ②는 수정항목 중 이연항목으로서, 미래에 발생할 비용에 대해 미리 현금을 지급하고 전액 120,000원의 선급비용(prepaid expense)을 당해 회계기간의 비용(보험료)으로 기록하였다. 이연항목의 수정 1단계는 현금지급시의 분개를 파악하는 것으로서, (차) 보험료 120,000 (대) 현금 120,000으로 기록되었다. 수정 2단계는 회계기말 현재에 비용 및 자산의 잔액을 파악하는 것으로, 보험료 잔액은 90,000원, 다음 연도분의 보험료인 선급보험료의 잔액은 30,000원이다. 수정 3단계는 수정 2단계 잔액이 되도록 수정 1단계 금액을 수정해야 한다. 즉, 대변에 보험료 30,000원을 감소시키고, 차변에 선급보험료 30,000원을 기록해야 한다.

수정분개 ② : (차) 선급보험료 30,000 (대) 보 험 료 30,000

OX 문제

chapter 4

1. 시산표를 통하여 모든 거래기록의 오류가 발견된다. (   )

풀이 (X)
시산표(trial balance)를 통하여 대부분의 기록상 오류가 발견되지만, 처음부터 누락된 거래이거나, 차변 및 대변의 금액이 똑같이 틀리게 기록된 경우에는 오류가 발견되지 않는다.

2. 마감분개 후에 작성할 수 있는 "마감후 잔액시산표"상의 계정과 수정분개 후에 작성하는 "수정후 잔액시산표"상의 계정은 동일하다. (   )

풀이 (X)
마감분개 후에는 수익계정, 비용계정 및 배당금계정의 잔액이 0이 되기 때문에, 마감후 잔액시산표상에 나타나지 않는다. 그러나 수정후 잔액시산표상에는 수익계정, 비용계정 및 배당금계정이 표시된다.

3. 수정분개는 발생주의를 사용하고 있기 때문에 필요한 절차이다. (   )

풀이 (O)
기업은 현금주의가 아닌 발생주의를 택하고 있으므로 수정분개(adjusting entries)가 필요하다.

4. 이연항목은 당해연도부터 시작하여 다음 연도 특정시점까지 비용이나 수익이 발생하지만 현금지급이나 현금수취는 다음 연도에 일어나는 수정분개 항목이다. (   )

풀이 (X)
발생항목(accrued item)은 당해연도부터 시작하여 다음 연도 특정시점까지 비용이나 수익이 발생하지만 현금지급이나 현금수취는 다음 연도에 일어나는 항목으로서, 당해연도 기말에 아직 장부에 기록되지 않은 항목이다. 결산시에 당해연도분에 해당하는 금액을 기록함으로써 수정된다.

5. 이연항목은 당해연도에 현금지급(혹은 현금수취)이 일어나고 다음 연도에 비용(혹은 수익)의 발생이 완료되는 수정분개 항목으로서, 선급비용과 선수수익이 대표적인 예이다. (　　)

풀이 (O)

이연항목(deferred item)에는 선급비용(prepaid expense)과 선수수익(unearned revenue)이 있다. 선급비용은 당해연도에 현금을 먼저 지급하지만, 다음 연도까지 사용이나 소모가 되는 항목이다. 선수수익은 당해연도에 현금을 미리 수취하지만, 용역을 다음 연도까지 제공하는 경우이다.

6. 추정항목은 당기의 수익창출에 관련된 비용이지만 정확한 금액을 산정할 수 없어서 추정에 의하여 비용을 계산하는 수정분개 항목이다. (　　)

풀이 (O)

추정항목(estimated item)은 기말에 추정에 의하여 비용을 계산하는 수정분개 항목으로서, 대표적인 예로는 감가상각비, 대손상각비 등을 들 수 있다.

7. 정산표는 수정전시산표와 수정분개를 바탕으로 수정후시산표를 작성하고, 수정후시산표로부터 손익계산서와 재무상태표를 작성하는 작업표이지만, 정산표 작성은 반드시 필요한 과정은 아니다. (　　)

풀이 (O)

정산표(work sheet)는 수정전시산표, 수정분개, 수정후시산표, 손익계산서, 재무상태표 등의 칸(column)으로 구성된 작업표이다. 정산표 작성은 반드시 필요하지는 않지만, 손익계산서와 재무상태표를 작성하기 위한 일련의 과정을 나타내므로 도움이 된다.

8. 수정분개와 마감분개는 현대의 회계가 발생주의를 택하고 있기 때문에 필요한 분개이다. (　　)

풀이 (X)

수정분개(adjusting entry)는 현금주의가 아닌 발생주의를 택하고 있기 때문에 필요한 분개이다. 그러나 마감분개(closing entry)는 수익계정, 비용계정 및 배당금계정 등의 임시계정의 잔액을 0으로 만드는 분개이므로, 발생주의로 인하여 필요한 분개는 아니다.

9. 수익계정을 마감하기 위해서는, 수익계정의 잔액을 각 수익계정의 차변에 기록하고, 집합손익계정의 대변에 기록한다. (　　　)

풀이 (O)

수익계정의 잔액을 각 수익계정의 차변에 기록하고, 임시계정인 집합손익계정(income summary)의 대변에 기록한다. 이렇게 기록함으로써, 각 수익계정의 잔액은 0이 되며, 모든 수익계정의 잔액은 집합손익계정의 대변에 기록된다.

10. 집합손익계정의 대변이 차변보다 커서 대변 잔액이 되는 경우, 당기순손실을 의미한다. (　　　)

풀이 (X)

집합손익계정의 대변잔액은 당기순이익을, 차변잔액은 당기순손실을 나타낸다. 임시계정인 집합손익계정은 자본계정인 이익잉여금계정으로 마감된다.

선다형 문제

chapter 4

1. 다음은 회계의 인식기준에 대한 설명이다. 맞는 것은?

① 회계의 인식기준이란 수익이나 비용 및 이와 관련된 자산과 부채를 어느 시점에서 회계장부에 기록할 것인가를 결정하는 기준을 말한다.
② 인식기준에는 현금주의와 발생주의의 두 종류가 있다.
③ 현재 우리나라 정부의 예산회계는 발생주의를 따르고 있다.
④ 현재 우리나라의 기업회계는 수정발생주의를 따르고 있다.

풀이 ①

인식기준(accounting basis)은 현금주의, 발생주의, 수정발생주의 등으로 구분된다. 우리나라 정부의 예산회계는 현금주의를 따르고 있으며, 기업회계는 발생주의를 따르고 있다.

2. 다음은 현금주의 인식기준에 대한 설명이다. 틀린 것은?

① 현금주의에서 현금의 유입은 수입으로, 현금의 유출은 지출로 기록한다.
② 현금주의는 현금의 유입이나 유출이 있을 때 회계거래로 인식한다.
③ 현금주의는 단순하고 편리하기 때문에 소규모의 개인회사에서 사용된다.
④ 현금주의는 재무상태나 성과평가를 위한 원가정보도 잘 제공한다.

풀이 ④

현금주의(cash basis)는 재정상태나 성과평가를 위한 원가정보를 잘 제공하지 못하는 단점이 있다.

3. 다음은 발생주의 인식기준에 대한 설명이다. 틀린 것은?

① 발생주의는 경제적 자원의 변동이 있을 때 회계거래로 인식한다.
② 발생주의에서 수익은 미래 경제적 효익이 증가하고 이를 신뢰성 있게 측정할 수 있을 때 인식한다.
③ 발생주의에서 비용은 미래 경제적 효익이 감소하고 이를 신뢰성 있게 측정할 수 있을 때 인식한다.
④ 발생주의는 현금을 포함하는 모든 경제적 자원의 변동을 기록하기 때문에

예산통제에 적합하다.

풀이 ④

발생주의(accrual basis)에 비해, 현금주의는 단순하고 편리하며, 예산통제에 잘 활용될 수 있다.

4. 다음은 현금주의와 발생주의에 대한 설명이다. 틀린 것은?

① 발생주의에서는 현금주의와의 차이로 인한 항목들(발생항목, 이연항목, 추정항목)에 대하여 기말에 수정분개를 해야 한다.

② 발생주의에서는 수익과 비용의 측정과 수익과 비용의 대응이 가능하게 되어 기업운영에 대한 정보를 잘 제공할 수 있다.

③ 현금주의에서는 감가상각비 등의 비용을 기록함으로써 회계기간에 발생한 총비용을 알 수 있다.

④ 발생주의에서는 현금주의에 비하여 재무상태에 관한 정보를 더 효율적으로 제공할 수 있다.

풀이 ③

현금주의에서는 감가상각비가 비현금성 비용이그로 이를 기록하지 않는다.

5. 다음은 시산표에 대한 설명이다. 틀린 것은?

① 시산표는 회계연도 말에 그동안 회계기간 중에 발생한 거래들이 정확하게 계정에 기록되었는지를 점검하는 표이다.

② 시산표는 각 계정의 차변의 합과 대변의 합이 일치하는지를 보여주며, 결산을 시작하는 첫 단계이다.

③ 시산표를 통하여 모든 오류가 발견될 수 있다.

④ 시산표의 내용에 따른 분류에는 합계시산표 · 잔액시산표 · 합계잔액시산표가 있다.

풀이 ③

처음부터 누락된 거래이거나, 차변 및 대변의 금액이 똑같이 틀리게 기록된 경우에는 시산표를 작성해도 오류가 발견되지 않는다.

6. 다음은 수정분개에 대한 설명이다. 틀린 것은?

① 수정분개는 회계연도 말의 자산 · 부채 · 자본 · 수익 · 비용을 올바르게 기록하기 위해 필요한 과정이다.

② 수정분개는 현대의 회계가 현금주의가 아닌 발생주의를 택하고 있기 때문

에 필요한 과정이다.

③ 수정분개 대상항목은 크게 이연항목, 발생항목, 추정항목으로 구분된다.

④ 수정분개는 마감분개와 같은 개념이다.

풀이 ④

마감분개는 손익계산서 계정인 수익계정과 비용계정을 다음 회계연도에 새로 사용하기 위하여 계정잔액을 0으로 만드는 분개이므로, 수정분개와는 다른 개념이다.

7. 다음은 수정분개에 대한 설명이다. 틀린 것은?

① 이연항목은 당해연도에 현금이 먼저 수취(혹은 지출)된 후에 관련 수익(혹은 비용)이 나타나고, 차기연도에 관련 수익(혹은 비용)이 이연되어 완료되는 항목이다.

② 이연항목에는 선수수익과 선급비용이 있는데, 선수수익은 수익계정이며 선급비용은 비용계정이다.

③ 발생항목은 당해연도에 수익(혹은 비용)이 발생되지만 관련 현금은 차기연도에 수취(혹은 지출)되는 항목으로서, 미수수익과 미지급비용이 이에 해당된다.

④ 추정항목은 추정에 의해 금액이 결정되는 비용으로서 감가상각비와 대손상각비 등을 말한다.

풀이 ②

선수수익은 부채계정이며 선급비용은 자산계정이다.

8. 내년도에 만기가 될 때 받을 이자수익 ₩18,000 중 당기에 귀속되지만 당기말 현재 아직 받지 않은 이자수익은 ₩6,000이다. 이에 대한 올바른 수정분개는?

① (차) 미수이자 18,000 (대) 이자수익 18,000

② (차) 미수이자 12,000 (대) 이자수익 12,000

③ (차) 이자수익 18,000 (대) 미수이자 18,000

④ (차) 미수이자 6,000 (대) 이자수익 6,000

풀이 ④

미수수익(accrued revenue)의 발생에 대한 수정사항이다. 미수수익은 수익이 발생하였지만 기록되지 않았으므로, 수익으로 기록되어야 하는 항목이다. 수익이 발생하였지만 아직 현금을 수취하지 않았기 때문에, 기업이 받을 권리인 자산의 증가로 기록되어야 한다. 그러므로 자산계정인 미수이자를 6,000원 증가시키는 기록과 수익계정인 이자수익 6,000원의 발생을 기록하는 수정분개가 필요하다.

9. 내년 1월에 지급될 인건비 1,500만원 중에서 당기말인 12월에 해당하는 인건비가 1,000만원일 경우, 필요한 수정분개는?

① (차) 미지급인건비 1,500만원 (대) 인 건 비 1,500만원
② (차) 인 건 비 1,500만원 (대) 미지급인건비 1,500만원
③ (차) 미지급인건비 1,000만원 (대) 인 건 비 1,000만원
④ (차) 인 건 비 1,000만원 (대) 미지급인건비 1,000만원

풀이 ④

미지급비용(accrued expense)은 당해연도부터 다음 연도까지 발생하는 비용이지만, 아직 지급되지 않아서 장부에 기록되지 않은 비용을 말한다. 이에 대한 수정분개로서, 당해연도 비용 발생분에 해당하는 금액만큼 차변에 비용(인건비 1,000만원)과 대변에 부채(미지급인건비 1,000만원)를 기록한다.

10. 올해 12월 1일에 12개월분 보험료 120만원(월 10만원)을 선급하였을 때 차변에 선급보험료 120만원, 대변에 현금 120만원으로 기록하였다. 당기말인 12월 31일에 필요한 수정분개는?

① (차) 보 험 료 110만원 (대) 선급보험료 110만원
② (차) 보 험 료 10만원 (대) 선급보험료 10만원
③ (차) 선급보험료 10만원 (대) 보 험 료 10만원
④ (차) 보 험 료 10만원 (대) 현 금 10만원

풀이 ②

선급비용(prepaid expense)은 당해연도에 현금을 먼저 지급하고, 다음 연도까지 사용이나 소모되는 이연항목이다. 이에 대한 수정분개로서, 당해연도 말까지 사용된 부분은 당기의 비용(보험료)으로 계상하고 미사용된 부분은 자산(선급보험료)으로 기록하도록, 현금지급시에 이미 기록한 분개를 수정해야 한다.

이연항목의 수정 3단계를 적용해 보자. 12월 1일에 12개월분 보험료 120만원을 선급하였을 때 차변에 선급보험료 120만원, 대변에 현금 120만원으로 기록하였다(수정 1단계). 그러면, 12월 31일 현재에 1개월분 보험료를 올해에 사용하였으므로, 보험료 잔액은 10만원이 되어야 한다(수정 2단계). 또한, 11개월분 보험료는 내년에 사용할 것이므로 선급보험료 잔액은 110만원이 되어야 한다(수정 2단계). 따라서 대변에 선급보험료를 10만원 감소시키고, 차변에 보험료를 10만원으로 기록하는 수정분개가 필요하다(수정 3단계).

CHAPTER 5

재무보고와 기업회계기준

1. 재무보고
2. 기업회계기준
3. 재무제표의 종류
4. 재무제표의 상호연관성

사례

은성수 "회계처리기준… 불확실성 최대한 줄일 것"

(매일경제 2019-10-31)

은성수 금융위원장은 31일 "회계처리기준 적용과 관련해 기업의 불확실성을 최대한 줄여주는 노력을 지속적으로 해나갈 필요가 있다"고 강조했다.

은 위원장은 한국공인회계사회 · 대한상공회의소 주관으로 이날 오전 여의도 63컨벤션센터에서 열린 '제2회 회계의 날' 기념식에서 축사를 통해 "기업 현장에서는 여전히 회계처리 적용 등을 둘러싸고 갈등과 우려의 목소리가 크다"며 이같이 밝혔다.

은 위원장은 "기업 등이 관련 기관에 회계기준을 질의하면 전문가적 판단 사항임을 들어 답변에 소극적이거나 늦게 회신을 한다"고 회계처리와 관련한 현장 갈등 사례를 소개하면서 "금융위를 비롯해 금감원, 회계기준원은 기업에 실질적인 도움을 줄 수 있도록 질의에 대해 회계기준 적용 방법 등을 적극 제공해 나가겠다"고 약속했다.

은 위원장은 또 "올해 말부터 상장사 감사인 주기적 지정제 등 주요 회계개혁 조치가 본격적으로 시행될 예정"이라며 기업, 감사인 등 시장의 자발적 참여도 당부했다.

회계의 날은 회계개혁법인 새 외부감사법이 제정 · 공포된 2017년 10월 31일을 기념하기 위해 제정된 것으로 올해로 두 번째 행사가 열렸다. [기사 부분 인용]

본장에서는 재무보고와 기업회계기준에 대하여 설명한다. 재무보고란 기업이 기업에 대한 회계정보를 생산하고 공시하는 것을 말한다. 기업회계기준은 기업이 회계처리와 재무보고를 할 때에 준수해야 하는 가이드라인에 해당하는 것이다.

1. 재무보고

1.1 재무보고의 책임

재무보고의 책임은 기업의 경영인에게 있다. 앞 장에서 살펴보았듯이, 대우그룹의 재무보고에 대한 책임은 대우그룹의 최고경영인인 김우중 회장에게 있었으므로, 대우그룹의 분식회계에 대한 책임을 지고 사법처리를 받은 것이다. 그 당시 대우그룹을 회계감사한 산동회계법인이 징계를 받은 것은 재무보고의 책임을 이행하지 못해서가 아니라, 부실 회계감사를 수행한 것에 대하여 책임을 물은 것이다.

1.2 재무보고의 이유

기업이 재무보고를 하는 이유는 무엇일까? 재무보고를 하는 데 아무런 어려움이 없고 비용이 발생되지 않는다면, 기업은 재무보고를 기꺼이 할 것이다. 그러나 기업이 재무보고를 하기 위해서는 많은 경제적 자원, 즉 많은 돈이 소요된다.

회계정보를 생산하여 보고하는 데 어떻게 하여 경제적 자원이 들어갈까? 거래로 인하여 기업이 갖고 있는 재무상태와 영업성과는 영향을 받게 되고, 기업의 자산, 부채, 자본, 수익, 비용은 변동하게 된다. 수많은 거래를 일일이 기록하여 회계정보를 생산하고, 기업의 재무상태와 영업성과를 정보이용자에게 보고하는 데 많은 비용을 지출해야 한다.

이와 같이 엄청난 비용이 소요됨에도 불구하고, 기업이 재무보고를 하는 이유는 무엇일까? 재무보고에는 강제적인 재무보고와 자발적인 재무보고가 있다. 법의 요구에 의해 기업이 재무보고를 해야만 하는 것이 강제적인 재무보고이고, 기업의 자발적인 의지에 의해 재무보고를 하는 것은 자발적인 재무보고이다. 강제적인 재무보고를 규정하는 법에는 상법, 세법, 자본시장법, 주식회사 등의 외부감사에 관한 법률('외감법'이라 한다) 등이 있다.

기업이 자발적으로 재무보고를 하는 이유는 재무보고가 수탁기능(stewardship function)과 정보제공기능(information perspective)을 가지고 있기 때문이다. 현대의 대표적인 기업형태인 주식회사를 예로 들어, 재무보고의 수탁기능과 정보제공기능을 설명해보자. 주식회사의 가장 큰 특징은 소유주와 경영인이 분리되어 있는 '소유와 경영의 분리'이다. 주식회사의 소유주는 다수의 주주로 구성되어 있으며,[1] 주주는 회사를 경영할 능력이 없으므로 경영인을 임명하여 기업을 경영하게 하는데, 경영인은 소유권이 거의 없다. 여기서 소유주를 '부탁하는 사람'이라는 뜻으로 위탁인(principal)이라 하고, 경영인을 '부탁을 받은 사람'이라는 뜻으로 수탁인(agent 혹은 steward)이라 한다. 수탁인의 영어 명칭인 'agent'는 '대리인'의 의미이며, 'steward'는 '관리인'의 의미이다.

수탁인인 경영인은 수탁책임을 잘 이행했는지를 위탁인인 주주에게 알려주어야 한다. 경영인의 수탁책임의 이행여부는 재무보고를 통하여 알려지기 때문에, 이러한 재무보고의 기능을 수탁기능이라 한다.

재무보고의 또 다른 기능은 정보제공기능이다. 앞서 설명한 바와 같이, 기업이 회계정보의 생산과 공시에 많은 비용을 감수하고 재무보고를 하는 보다 근본적인 이유는 투자자를 기업에 유치하기 위해서이다. 기업의 정보를 투자자에게 제공하여, 투자자로 하여금 그 기업에 투자하도록 유인하는 것이다. 기업에 투자자금이 올바른 시점에 유입되지 않으면, 기업은 필요로 하는 현금지출을 감당하지 못하게 되어 유동성 문제가 발생하고, 심각한 경우에는 기업이 도산하게 된다.[2]

---

1) 우리나라 재벌기업의 경우는 미국의 전형적인 주식회사와 기업 소유구조면에서 상이하다. 우리나라 재벌은 기업의 소유주이며, 동시에 경영인이지만, 미국 주식회사의 경우에는 소유주와 경영인이 분리되어 있다.

2) 유동성 문제의 대표적인 경우가 흑자도산이다. 흑자도산이란 기업이 흑자임에도 불구하고 현금이 없기 때문에 도산하는 것을 말한다.

◎ 재무보고의 이유

- 경영인의 수탁책임 이행여부를 재무보고를 통하여 알 수 있음 ⇒ 수탁기능
- 기업에 투자를 유치하기 위하여, 자기 기업에 대한 회계정보를 자발적으로 제공함 ⇒ 정보제공기능

기업의 회계정보를 자발적으로 공시하면 우량한 회사로, 그렇지 않으면 불량한 회사로 알려지기 때문에, 기업은 자발적으로 재무보고를 하게 된다는 신호효과(signaling effect) 이론도 정보제공기능을 뒷받침한다.

2. 기업회계기준

기업의 회계처리는 일반적으로 인정된 회계원칙(generally accepted accounting principle : GAAP)에 따라 이루어져야 한다. 일반적으로 인정된 회계원칙은 계층구조를 가지고 있어, 상위의 GAAP와 하위의 GAAP가 서로 상충될 때에는 상위의 GAAP가 우선한다. 기업회계기준은 GAAP 중에서 최상위에 위치하는 회계원칙을 말한다. 재무보고의 근본적인 이유는 투자자에게 정보를 제공하는 것이다. 투자자로 하여금 기업에 투자하도록 유인하기 위해서는 모든 투자자의 정보요구에 부합하는 재무보고를 해야 하는데, 이는 현실적으로 불가능하다. 차선적인 대안은 회계처리와 재무보고의 원칙을 정하고 이에 따라 투자자에게 정보를 제공하는 것이다. 이처럼 회계처리와 재무보고의 원칙을 규정해 놓은 것을 기업회계기준이라 한다.

◎ 기업회계기준

GAAP(Generally Accepted Accounting Principles : 일반적으로 인정된 회계원칙) 중에서 최상위에 위치하는 회계원칙

기업에 투자유치를 하기 위해서는 모든 투자자의 정보요구를 만족하는 재무보고를 해야 하는데, 현실적으로 불가능함

→

회계처리와 재무보고를 위한 원칙, 기업회계기준이 필요

2.1 우리나라 기업회계기준 제정기관[3)]

우리나라 기업회계기준을 제정하는 기관은 회계기준위원회(Korea Accounting Standards Board : KASB)이며, 회계기준위원회는 한국회계기준원(Korea Accounting Institute : KAI)에 의해 설치되었다.

○ 한국회계기준원

- 우리나라 기업회계기준을 제정하는 민간부문(private sector) 기관
- 1997년 말 국가부도사태("IMF 사태")시, IMF 및 Word Bank 등이 경영투명성과 회계투명성 결여를 지적

⇒ 회계투명성 결여는 민간부문이 아닌 공공부문에서 기업회계기준을 만들었기 때문이라고 주장

사단법인 한국회계기준원은 '주식회사 등의 외부감사에 관한 법률' 제5조와 같은 법 시행령(이하 '영'이라 한다) 제7조에 따라 주식회사의 회계처리기준의 제정, 개정, 해석과 질의회신 등 관련 업무를 금융위원회로부터 위탁받았다. 한국회계기준원은 영 제7조와 정관의 규정에 따라 회계처리기준에 관한 사항을 심의 · 의결하기 위하여 회계기준위원회를 설치하여 운영하고 있다.

우리나라 기업회계기준은 기업과 경제의 성장과 함께 발전해 왔다. 그러나 그 기준의 제정 권한 또는 승인 권한이 정부 등에 있었던 과거에는 정부의 정책 목적에 영향을 받아 일관성이나 국제적 정합성이 결여되었다는 평가를 받았다.

1998년 9월 대한민국 정부와 세계은행은 회계정보의 신뢰성과 기업경영의 투명성을 높이기 위하여 독립된 민간 회계기준제정기구를 설립하기로 합의하였다. 이에 따라 1999년 6월 30일에 13개 회원사가 참여하여 한국회계기준원의 설립을 위한 발기인 대회 겸 창립총회를 열고 1999년 9월 1일에 한국회계기준원을 개원하였다.

---

3) 기업회계기준 전문(회계기준위원회 2011)을 수정하여 인용하였다.

한국회계기준원은 정관의 규정에 따라 그 내부에 한국회계기준원의 원장이 겸임하는 위원장 1명, 상임위원 1명과 비상임위원 5명으로 구성된 회계기준위원회를 설치하여 운영하고 있다.

한국회계기준원은 회계기준위원회의 자문에 응하기 위해 정관의 규정에 따라 회계기준자문위원회를 두고 있다. 회계기준자문위원회는 위원장과 19명 이내의 비상임위원으로 구성되는데, 회계기준위원회의 상임위원이 회계기준자문위원회의 위원장을 겸임하고 있다. 회계기준자문위원회는 새로운 기업회계기준 등의 제정 필요성, 기존에 공표된 기업회계기준 등의 재검토 필요성, 회계기준위원회의 구조 및 운영절차, 회계기준위원회 연구과제팀의 조직과 구성 등에 대해 회계기준위원회에 조언을 하며, 기준서별로 구성되는 소위원회에 참여하여 기준의 제정·개정과 관련된 의견을 제시할 수 있다.

2.2 한국채택국제회계기준[4)]

한국채택국제회계기준은 회계기준위원회가 국제회계기준(International Financial Reporting Standards : IFRS)을 근거로 제정한 회계기준이다. 한국채택국제회계기준을 구성하는 기업회계기준서는 원칙적으로 목적, 적용범위, 회계처리방법, 공시, 부록 등으로 구성된다.

국제회계기준위원회(International Accounting Standards Board : IASB)
- 1973년 6월 29일에 영국 런던에서 10개 국가(미국·영국·호주·캐나다·프랑스·독일·일본·멕시코·네덜란드·아일랜드)가 참여하여 설립
- 국제회계기준(International Financial Reporting Standards : IFRS) 제정기관

한국채택국제회계기준을 구성하는 기업회계기준해석서는 기업회계기준서에서 명시적으로 언급되지 않은, 새롭게 인식된 재무보고문제에 대하여 지침을 제공한다. 또한 구체적인 지침이 없다면 잘못 적용될 수 있는 내용에 대한 권위 있는 지침을 제공한다. 한국채택국제회계기준을 구성하는 기업회계기준해석서는 참조, 배경, 적용범위, 회계논제, 결론, 시행일, 경과규정 등

4) 기업회계기준 전문(회계기준위원회 2011)을 인용하였다.

으로 구성된다.

3. 재무제표의 종류

재무보고의 중요한 수단이 되는 재무제표는 모든 정보이용자를 대상으로 하기 때문에 일반목적 재무제표(general-purpose financial statement)라고 한다. 재무제표에는 재무상태표, 손익계산서, 자본변동표, 현금흐름표가 있다.

〈도표 5-1〉 재무제표의 종류

재무제표

재무상태표	손익계산서	자본변동표	현금흐름표
특정시점의 재무상태(자산, 부채, 자본)를 나타냄	특정기간의 영업성과를 나타냄	특정기간의 자본변동을 나타냄	특정기간의 현금흐름(현금유입과 현금유출)을 나타냄

3.1 재무상태표

재무상태표(statement of financial position)는 기업의 특정시점에서의 재무상태인 자산・부채・자본을 나타낸다. 재무상태표의 형식에는 계정식(account form)과 보고식(report form)이 있다. 다음의 데이터뱅크(주)의 재무상태표는 계정식으로서, 왼쪽에 자산, 오른쪽에 부채와 자본을 표시한다. 보고식은 자산, 부채, 자본을 위에서 아래로 차례대로 표시하는 형태를 말한다.

일반적으로 자산과 부채는 각각 1년을 기준으로 유동과 비유동으로 구분하여 표시하는데, 이것을 유동성배열법이라고 한다. 유동자산(current asset)은 1년 이내에 현금화되거나 소비되는 자산을 말하며, 비유동자산(noncurrent asset)은 1년 후에 현금화되거나 소비되는 자산을 말한다. 유동부채(current liability)는 유동자산을 이용하여 1년 이내에 갚는 부채를 말한다. 비유동부채(noncurrent liability)는 1년 후에 만기가 도래하는 부채를 말한다.

다음의 데이터뱅크(주)의 재무상태표는 총자산 315,000원, 총부채 111,000

원, 총자본 204,000원을 표시하고 있으며, 회계 등식(자산=부채+자본)이 성립됨을 보여주고 있다.

재무상태표

데이터뱅크(주)	20×1년 12월 31일 현재		(단위 : 원)
〈자산〉		〈부채〉	
현 금	220,000	매 입 채 무	10,000
매 출 채 권	80,000	미지급이자	1,000
소 모 품	15,000	차 입 금	100,000
		부채총계	111,000
		〈자본〉	
		자 본 금	150,000
		이익잉여금	54,000
		자본총계	204,000
자산총계	315,000	부채와 자본총계	315,000

3.2 손익계산서

손익계산서(income statement)는 기업의 특정기간 동안의 영업성과를 나타낸다. 손익계산서의 형식에는 단일단계 손익계산서(single-step income statement)와 다단계 손익계산서(multiple-step income statement)가 있다. 다음의 손익계산서는 단일단계 손익계산서로서, 단순하게 수익·비용·당기순이익(=총수익−총비용)을 표시하며, 용역회사(service company)에 적합한 손익계산서 형태이다.

다음의 데이터뱅크(주)의 손익계산서는 수익(용역매출) 480,000원에서 총비용(임차료, 급여, 운송비, 소모품비, 이자비용의 합계) 411,000원을 차감한 결과인 당기순이익 69,000원을 나타내고 있다.

다단계 손익계산서는 매출총이익·영업이익·계속사업이익·법인세차감전계속사업이익·당기순이익 등과 같이 여러 단계의 이익수치가 표시되며, 상품매매회사(merchandising company) 혹은 제조회사(manufacturing company)에 적합한 손익계산서 형태이다.

손익계산서

데이터뱅크(주)	20×1.1.1 ~ 20×1.12.31	(단위 : 원)
수익 :		
용 역 매 출		480,000
비용 :		
임 차 료	200,000	
급 여	150,000	
운 송 비	25,000	
소 모 품 비	35,000	
이 자 비 용	1,000	411,000
당기순이익		69,000

3.3 자본변동표

자본변동표(statement of owners' equity)는 기업의 특정기간 동안의 자본변동을 나타낸다. 각 자본항목의 기초잔액, 증감내역, 기말잔액을 표시한다. 주식회사의 자본항목에는 자본금·자본잉여금·자본조정·기타포괄손익누계액·이익잉여금이 있는데, 다음의 데이터뱅크(주)의 자본변동표는 자본항목 중 자본금과 이익잉여금만 있는 간단한 구조이다.

데이터뱅크(주)는 20×1년 1월 1일에 설립되었으므로, 자본금과 이익잉여금의 기초잔액은 각각 0원이다. 자본금은 20×1년에 150,000원의 주식발행으로 인해 기말잔액은 150,000원이 되었다. 이익잉여금의 증가항목은 당기순이익 69,000원, 차감항목은 배당금 15,000원으로서 기말잔액은 54,000원이 되었다. 총자본의 기말잔액은 자본금 기말잔액 150,000원과 이익잉여금 기말잔액 54,000원이 합해져서 204,000원이 되었다.

자본변동표

데이터뱅크(주) 20×1.1.1 ~ 20×1.12.31 (단위 : 원)

	자본금	이익잉여금	총계
20×1.1.1	0	0	0
주 식 발 행	150,000		150,000
당기순이익		69,000	69,000
배 당 금		(15,000)	(15,000)
20×1.12.31	150,000	54,000	204,000

3.4 현금흐름표

현금흐름표는 기업의 특정기간 동안의 현금흐름(현금유입과 현금유출)을 나타낸다. 현금흐름은 영업활동 현금흐름, 투자활동 현금흐름, 재무활동 현금흐름으로 구분하며, 현금흐름표 하단부에 현금증감액, 기초현금, 기말현금의 내역을 나타낸다.

아래의 데이터뱅크(주)의 영업활동 현금흐름은 현금유입(현금매출) 400,000원과 현금유출(현금영업비용) 415,000원으로 인해 (−)15,000원이며, 투자활동 현금흐름은 0원이다. 재무활동 현금흐름은 현금유입(차입금) 100,000원, 현금유입(유상증자) 150,000원, 현금유출(배당금) 15,000원으로 (+)235,000원이다. 20×1년의 현금증가는 220,000원, 기초현금은 0원으로 기말현금은 220,000원이 된다.

현금흐름표

데이터뱅크(주)	20×1.1.1~20×1.12.31	(단위 : 원)
영업활동 현금흐름		
현 금 매 출	400,000	
현금영업비용	(415,000)	(15,000)
투자활동 현금흐름	0	0
재무활동 현금흐름		
차 입 금	100,000	
유 상 증 자	150,000	
배 당 금	(15,000)	235,000
현금의 증가		220,000
기초현금		0
기말현금		220,000

4. 재무제표의 상호연관성

재무제표들 중에서 재무상태표만 특정시점의 회계보고서이며, 나머지 재무제표는 특정기간 동안의 회계보고서이다. 특정시점의 회계보고서를 정태보고서(static financial statement), 그리고 특정기간 동안의 회계보고서를 동태보고서(dynamic financial statement)라고 한다.

재무제표를 인식기준에 따라 분류하면, 현금흐름표는 현금주의 회계보고서이며 나머지 재무제표는 발생주의 재무제표이다. 회계를 역사적 관점에서 살펴보면, 과거의 현금주의 회계에서 현대의 발생주의 회계로 발전하였다. 그러나 현금흐름이 중요한 정보임을 뒤늦게 깨닫게 되어, 1987년도부터 현금흐름표가 요구되었다. 현금흐름표가 재무제표에 포함된 것은 일종의 현금주의로 복귀된 현상을 나타낸다.

재무제표는 서로 연관되어 있으며, 이러한 현상을 상호연관성(articulation)이라고 한다. 손익계산서의 당기순이익은 자본변동표의 기말자본에 반영되어 있으며, 자본변동표의 기말자본은 재무상태표의 총자본과 동일한 금액이다. 또한 현금흐름표의 기말현금은 재무상태표의 현금항목과 동일한 금액이다. 이와 같이 재무제표는 상호연관되어 있으므로, 예를 들어 손익계산서의 수익항목에 오류가 있으면 모든 재무제표가 틀려진다.

〈도표 5-2〉 재무제표의 상호연관성

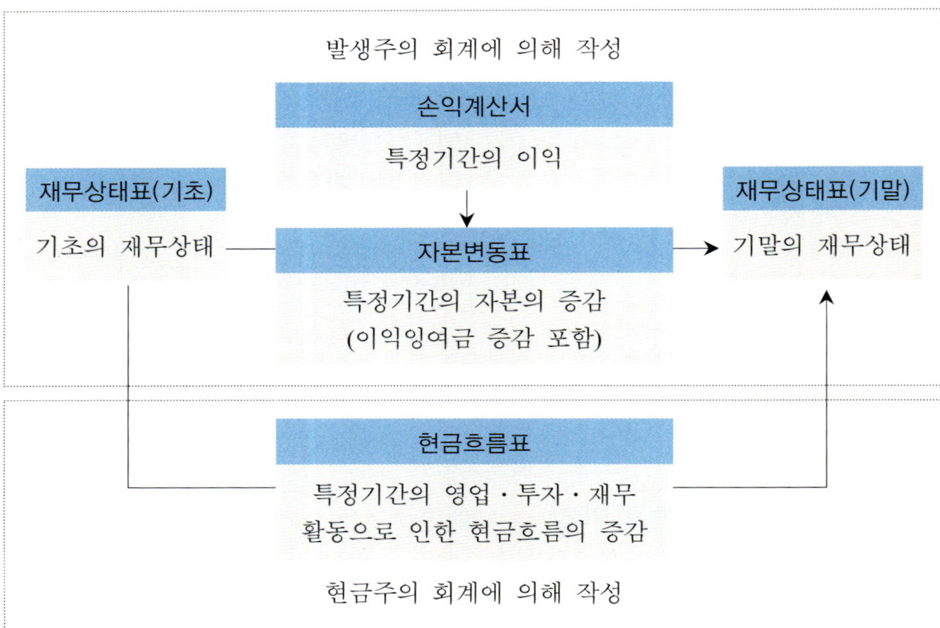

Reading Materials

chapter 5

"한국채택국제회계기준은 IFRS와 차이 없다"

(조세일보 2013-05-22)

우리나라는 국제회계기준위원회(IASB)가 제정한 IFRS를 수정 없이 도입하는 전면 채택 방식을 취하고 있으므로 한국채택국제회계기준(K-IFRS)은 IFRS와 차이가 없다는 보고서가 나왔다.

금융감독원과 한국회계기준원은 22일 '최근의 국제회계기준 적용 관련 참고자료'를 통해 우리나라가 지난 2011년 도입한 K-IFRS에 따라 작성된 재무제표는 IFRS를 준수한 것과 동일한 것으로 간주된다고 밝혔다. 다만 우리나라가 IFRS를 일부 수정할 수 있으나 이러한 수정은 국제회계기준위원회와의 저작권 계약상 허용된 범위 내에서만 가능하다고 덧붙였다.

금감원과 회계기준원이 밝힌 수정이 허용된 범위는 △추가적 공시사항 요구 △IFRS가 복수의 회계처리 대안을 허용하는 경우 그중 특정한 대안만으로 제한 △기준서의 명칭 또는 번호체계의 수정으로 되어 있다. 금감원과 회계기준원은 현재까지 국내 회계환경을 감안하여 허용된 범위 내에서 추가 공시를 요구한 사항은 있으나 IFRS에 대한 예외사항은 없다고 설명했다.

추가 공시를 요구한 사항은 △영업손익 공시 의무화 및 산정기준 명시 △상법상 요구사항인 이익잉여금처분계산서 주석 공시 △2011~2012년 분·반기 중 연결재무제표 작성 면제 회사에 대한 지분법 정보 추가 공시로 되어 있다.

특히 건설·조선업종의 K-IFRS 적용과 관련, 금감원과 회계기준원은 건설업종의 해외플랜트 도급공사에 대하여 진행률에 따라 수익을 인식하는 것은 현행 IFRS와 종전 기업회계기준에서 동일하게 규정하고 있는 사항이라고 설명했다. 또 조선업종의 경우 환위험 헤지를 위한 파생상품 거래에 대하여 공정가치위험회피회계 방식을 적용하여 왔는데 이는 현행 IFRS에서 정하고 있는 사항이라고 덧붙였다.

K-IFRS의 영업손익 구분 불분명 여부와 관련, 금감원과 회계기준원은 IFRS 원문에서는 영업손익 공시에 대한 기준이 없어 기업간 비교가능성 저하 등의 문제가 제기돼 지난해 10월 K-IFRS를 개정해 영업손익 공시를 의무화하고 종전 기업회계기준과 동일한 산정기준을 적용토록 했다고 말했다.

영업이익은 수익(매출액)에서 매출원가를 빼고 판매비와관리비를 제하는 것으로 되어 있어 일부 기업의 영업손익 구분 불분명 논란은 기준의 미비 또는 차이 문제가 아니라고 금감원과 회계기준원은 설명했다.

회계 투명성 강화 위해 회계기준원 예산 확충 추진

(조세일보 2013-08-29)

회계 산업의 투명성을 높이고 정부 지원을 강화하기 위해 한국회계기준원 예산을 늘리는 법안이 추진된다.

한국에 국제회계기준(IFRS)이 도입된 지 2년, 그동안 정부는 회계법인의 품질감리를 강화하고 잘못된 외부감사 관행을 바로잡는 등 노력을 기울여왔으나 예산 부족의 문제에 부딪쳐왔다.

국회 정무위원회 김정훈 위원장은 '주식회사의 외부감사에 관한 법률' 개정안을 발의, 유가증권(주식 및 채권 등) 발행 기업이 금융감독원에 내는 분담금 중 8%를 회계기준원 예산에 편입하도록 추진한다고 29일 밝혔다. 현행 금감원이 징수하는 분담금 중 5%가 회계기준원 예산에 편입되고 있다.

회계기준원은 회계기준의 제정 및 개정 업무를 수행하는 기관이다. 금융위원회 산하 공공 기관으로 외환위기 이후 국제통화기금(IMF)의 권고에 따라 설립됐다. 특히 국제회계기준위원회(IASB)와 업무 협력을 하면서 해마다 납부하는 기부금(약 70만달러) 재원은 올해 안에 고갈될 처지에 놓였다.

김정훈 위원장은 "IASB와의 협력이 국익 확보 차원에서 매우 중요한 과제이며 운영에 필요한 재원이 부족한 실정"이라고 말했다. 서태종 금융위 자본시장국장은 "IASB에서 우리의 목소리를 내고 회계 산업의 투명성을 높이기 위해서는 예산과 관련한 문제가 해결돼야 한다. 2003년 이후 인력 보강도 거의 이뤄지지 않아 직원들 사기가 꺾이고 있다"고 지적했다.

만일 개정안이 국회에서 통과될 경우 회계기준원 예산은 1년에 약 15억원 확충될 것으로 추산된다. 김정훈 위원장은 "회계기준원이 회계 투명성 제고뿐 아니라 국제회계기구 진출에 큰 기여를 할 것으로 본다"며 개정안 발의의 의의에 대해 설명했다.

서술형 문제

chapter 5

1. 재무보고의 책임은 누가 갖고 있는가?

풀이

재무보고(financial reporting)의 책임은 기업의 경영인에게 있다. 예를 들면, 대우그룹의 재무보고에 대한 책임은 대우그룹의 최고경영인인 김우중 회장에게 있었으므로, 김우중 회장이 대우그룹의 분식회계에 대한 책임을 지고 사법처리를 받은 것이다. 그 당시 대우그룹을 회계감사한 산동회계법인이 징계를 받은 것은 재무보고의 책임을 이행하지 못해서가 아니라, 부실한 회계감사를 했기 때문이다.

2. 재무보고를 하는 두 가지 이유에 대하여 설명하시오.

풀이

기업이 자발적으로 재무보고를 하는 이유는 재무보고가 수탁기능(stewardship function)과 정보제공기능(information perspective)을 가지고 있기 때문이다. 주식회사의 경우, 수탁자인 경영인은 수탁책임 이행여부를 위탁자인 주주에게 재무보고를 통해 알려준다. 이러한 재무보고의 기능을 수탁기능이라 한다.

재무보고의 또 다른 기능은 정보제공기능이다. 기업이 회계정보의 생산과 공시에 많은 비용을 감수하고 재무보고를 하는 보다 근본적인 이유는 투자자를 기업에 유치하기 위해서이다. 재무보고를 통하여 기업 정보를 투자자에게 제공하여, 투자자로 하여금 그 기업에 투자하도록 유인하는 것이다.

3. 우리나라 기업회계기준 제정기관에 대하여 설명하시오.

풀이

우리나라 기업회계기준을 제정하는 기관은 회계기준위원회(Korea Accounting Standards Board : KASB)이며, 독립적인 민간 회계기준제정기구이다. 민간위원 7인으로 구성되어 있는 회계기준위원회는 한국회계기준원(Korea Accounting Institute : KAI)에 의해 설치되었다.

국가부도사태 이후, 1998년 9월에 대한민국 정부와 세계은행은 회계정보의 신뢰성과 기업경영의 투명성을 높이기 위하여 독립된 민간 회계기준제정기구를 설립하기로 합의하였다. 이에 따라 1999년 9월 1일에 한국회계기준원이 설립되었다.

4. 한국채택국제회계기준을 사용하는 이유에 대하여 설명하시오.

풀이

1997년 말 국가부도사태를 경험한 우리나라는 회계투명성의 중요성과 필요성에 대해 절감하였다. 우리나라는 세계은행(World Bank)의 권고에 따라 국제회계기준을 채택하게 되었으며, 우리나라가 번역하여 사용하는 국제회계기준을 한국채택국제회계기준(K-IFRS)이라고 한다. 국제적으로 통일된 회계기준을 사용하게 되면, 다음과 같은 장점이 있다 : ① 외국 자본시장에의 용이한 접근 및 자본조달, ② 회계투명성 개선으로 인한 저렴한 자본비용 등.

5. 재무제표의 종류와 특징에 대하여 설명하시오.

풀이

재무보고의 중요한 수단이 되는 재무제표는 모든 정보이용자를 대상으로 하기 때문에 일반목적 재무제표(general-purpose financial statement)라고 한다. 재무제표에는 재무상태표, 손익계산서, 자본변동표, 현금흐름표가 있다.

재무상태표(statement of financial position ; balance sheet)는 특정시점에서의 재무상태인 자산 · 부채 · 자본을 나타내며, 손익계산서(income statement)는 특정기간 동안의 영업성과를 보고한다. 자본변동표(statement of owners' equity)는 특정기간 동안의 자본변동을 나타내며, 현금흐름표(statement of cash flows)는 특정기간 동안의 현금흐름(현금유입과 현금유출)을 보고한다.

6. 재무제표의 상호연관성에 대하여 설명하시오.

풀이

재무제표는 서로 연관되어 있으며, 이러한 현상을 상호연관성(articulation)이라고 한다. 손익계산서의 당기순이익은 자본변동표의 기말자본에 반영되며, 자본변동표의 기말 총자본은 재무상태표의 총자본과 같다. 또한 현금흐름표의 기말현금은 재무상태표의 현금항목과 동일한 금액이다. 이와 같이 재무제표는 상호연관되어 있으므로, 하나의 재무제표에 오류가 있으면 모든 재무제표가 틀리게 된다.

OX 문제

chapter 5

1. 경영자가 수탁책임을 이행했는지의 여부는 재무보고를 통하여 주주에게 알려지기 때문에, 이러한 재무보고의 기능을 수탁기능이라 한다. (   )

풀이 (O)
수탁자인 경영인은 수탁책임을 잘 이행했는지를 위탁자인 주주에게 재무보고를 통해 보고한다. 이러한 재무보고의 기능을 수탁기능이라 한다.

2. 주식회사의 가장 큰 특징은 소유주와 경영자가 분리되어 있다는 '소유와 경영의 분리'이다. (   )

풀이 (O)
주식회사의 소유주는 다수의 소액주주로 구성되어 있으며,[5] 소액주주는 회사를 경영할 능력이 없으므로 전문경영인으로 하여금 기업을 경영하게 한다. 일반적으로 전문경영인은 소유권이 거의 없다.

3. 기업은 재무보고를 통하여 기업 정보를 투자자에게 제공하여, 투자자로 하여금 그 기업에 투자하도록 유인하는 것이다. 이것을 재무보고의 정보제공기능이라 한다. (   )

풀이 (O)
기업이 회계정보의 생산과 공시에 많은 비용을 감수하고 재무보고를 하는 또 다른 근본적인 이유는 투자자를 기업에 유치하기 위해서이다. 이러한 재무보고의 기능을 정보제공기능이라 한다.

---

5) 우리나라 재벌기업과 미국의 전형적인 주식회사는 기업 소유구조 측면에서 상이하다. 우리나라 재벌은 기업의 소유주이며 동시에 경영인이지만, 미국 주식회사의 경우에는 소유주와 경영인이 분리되어 있다.

4. 적자도산이란 기업이 이익을 창출함에도 불구하고 현금이 부족하기 때문에 도산하는 것을 말한다. (　　)

풀이 (X)
기업에 투자자금이 올바른 시점에 유입되지 않으면, 기업은 필요로 하는 현금지출을 감당하지 못하게 되어 유동성 문제가 발생하고, 심각한 경우에는 기업이 도산하게 된다. 흑자도산이란 기업이 이익을 창출함에도 불구하고 현금이 부족하기 때문에 도산하는 것을 말한다.

5. 기업이 자발적으로 재무보고를 하게 된다는 이론을 신호효과(signaling effect) 이론이라 한다. (　　)

풀이 (O)
기업의 회계정보를 자발적으로 공시하면 우량한 회사로, 그렇지 않으면 불량한 회사로 알려지기 때문에, 기업은 자발적으로 재무보고를 하게 된다는 신호효과(signaling effect) 이론도 재무보고의 정보제공기능을 뒷받침한다.

6. 기업회계기준은 "일반적으로 인정된 회계원칙" 중에서 최상위에 위치하는 회계원칙을 말한다. (　　)

풀이 (O)
기업의 회계처리는 일반적으로 인정된 회계원칙(generally accepted accounting principle : GAAP)에 따라 이루어져야 한다. 일반적으로 인정된 회계원칙은 계층구조를 가지고 있어, 상위의 GAAP와 하위의 GAAP가 서로 상충될 때에는 상위의 GAAP가 우선한다. 기업회계기준은 GAAP 중에서 최상위에 위치하는 회계원칙을 말한다.

7. 우리나라 기업회계기준을 제정하는 기관은 한국회계기준원의 회계기준위원회이며, 민간 회계기준제정기구이다. (　　)

풀이 (O)
우리나라의 회계기준위원회는 7인의 민간위원으로 구성되어 있으므로, 민간 회계기준제정기구이다.

8. 한국채택국제회계기준은 우리나라의 회계기준위원회가 국제회계기준을 근거로 제정한 회계기준이다. (　　)

풀이 (O)
우리나라는 세계은행(World Bank)의 권고에 따라 국제회계기준을 채택하게 되었으며, 우리나라가 번역하여 사용하고 있는 국제회계기준을 "한국채택국제회계기준"(K-IFRS)이라고 한다.

9. 재무제표는 모두 발생주의를 채택하여 작성되고 있다. (　　)

풀이 (X)
재무제표 중에서 현금흐름표는 현금주의로 작성되고 있다.

10. 하나의 재무제표에 오류가 있다면, 이 오류는 다른 재무제표에 영향을 미치지 않는다. (　　)

풀이 (X)
재무제표는 서로 연관되어 있기 때문에, 특정 재무제표의 오류는 다른 재무제표도 틀리게 만든다.

선다형 문제

chapter 5

1. 다음은 기업의 재무제표에 대한 설명이다. 틀린 것은?

① 재무제표는 재무상태표, 손익계산서, 현금흐름표 및 자본변동표로 구성되며, 발생주의 인식기준으로 작성된다.
② 재무상태표는 특정 시점의 자산, 부채, 자본 등의 재무상태를 나타낸다.
③ 손익계산서는 특정 기간의 영업성과를 보여준다.
④ 자본변동표는 특정 기간의 자본항목 변동내역을 나타낸다.

풀이 ①
현금흐름표는 현금주의로 작성된다.

2. 다음은 재무제표의 상호연관성에 대한 설명이다. 틀린 것은?

① 손익계산서의 당기순손익은 자본변동표의 이익잉여금 항목에 표시된다.
② 자본변동표의 기말 자본총계는 재무상태표의 자본총계로 나타난다.
③ 손익계산서의 당기순손익은 재무상태표의 이익잉여금에 포함된다.
④ 재무제표는 서로 독립적인 관계이므로, 특정 재무제표의 오류는 다른 재무제표에 영향을 주지 않는다.

풀이 ④
재무제표는 서로 연관되어 있으므로, 특정 재두제표의 오류는 다른 재무제표에도 영향을 준다.

3. 경제적인 의사결정을 할 때, 누가 기업의 재무제표를 사용하는가?

① 경영자
② 채권자
③ 주주
④ 위의 모든 사람

풀이 ④
기업의 재무제표는 내부정보이용자 및 외부정부이용자 모두가 경제적인 의사결정시에 사용한다.

4. 기업의 일반목적 재무제표가 아닌 것은?

① 재무상태표
② 현금예산서
③ 손익계산서
④ 자본변동표

풀이 ②
기업의 일반목적 재무제표는 재무상태표, 손익계산서, 현금흐름표, 자본변동표이다.

5. 재무상태표에 대한 설명 중 맞는 것은?

① 특정시점에서의 자산, 부채, 자본에 대한 내역을 보여준다.
② 특정기간 동안의 영업성과를 나타낸다.
③ 특정기간 동안의 자본항목 변동을 나타낸다.
④ 특정시점에서의 현금흐름을 나타낸다.

풀이 ①
재무상태표는 특정시점에서의 재무상태인 자산 · 부채 · 자본을 나타낸다.

6. 재무상태표에 대한 설명 중 틀린 것은?

① 재무상태표의 형식에는 계정식과 보고식이 있다.
② 특정시점에서의 자산, 부채, 자본에 대한 내역을 보여준다.
③ 유동자산은 1년 이내에 현금화되거나 소비되는 자산을 말한다.
④ 비유동부채는 1년 이내에 만기가 되는 부채를 말한다.

풀이 ④
비유동부채는 1년 이후에 만기가 도래하는 부채를 말한다.

7. 손익계산서에 대한 설명 중 맞는 것은?

① 특정시점에서의 자산, 부채, 자본에 대한 내역을 보여준다.
② 특정기간 동안의 영업성과를 나타낸다.
③ 특정기간 동안의 자본항목 변동을 보여준다.
④ 특정기간 동안의 현금흐름을 나타낸다.

풀이 ②
손익계산서는 특정기간 동안의 영업성과를 나타낸다.

8. 우리나라 기업회계기준 제정기관에 대한 설명 중 틀린 것은?

① 한국회계기준원의 회계기준위원회는 기업회계기준 제정기관이다.
② 한국회계기준원의 회계기준위원회는 민간기관이 아닌 공공기관이다.
③ 한국회계기준원의 회계기준위원회가 설립되기 전에는 기업회계기준이 공공기관에서 제정되었다.
④ 한국회계기준원의 회계기준위원회는 회계투명성을 제고하기 위하여 국가부도사태 이후에 설립되었다.

풀이 ②
한국회계기준원의 회계기준위원회는 민간 회계기준제정기관이다.

9. 우리나라 한국채택국제회계기준에 대한 설명 중 틀린 것은?

① 우리나라의 고유한 특성을 많이 반영하여 제정된다.
② 국제회계기준을 근거로 제정된다.
③ 민간부문인 한국회계기준원의 회계기준위원회에 의해 제정된다.
④ 2011회계연도부터 상장기업에 적용되었다.

풀이 ①
한국채택국제회계기준은 국제회계기준을 번역하여 사용하고 있으므로, 우리나라의 고유한 특성이 반영되지는 않는다.

10. 국제적으로 통일된 회계기준인 국제회계기준을 사용하는 경우에 나타날 수 있는 현상이 아닌 것은?

① 국제회계기준은 원칙주의이므로 전문가의 판단이 중시되지 않는다.
② 외국 증권시장에의 접근이 용이해진다.
③ 국가간 재무제표의 비교가능성이 개선된다.
④ 회계투명성이 개선된다.

풀이 ①
국제회계기준은 일반원칙을 강조하는 원칙주의(principles-based approach)를 따르고 있으므로 전문가의 판단이 중시된다.

CHAPTER 6

현금과 단기금융자산

1. 내부통제
2. 현금및현금성자산
3. 단기금융상품
4. 단기금융자산
5. 매출채권
6. 기타유동자산

사례

S전자주식회사의 유동자산(1)

재무상태표

제50기 2018.12.31 현재
제49기 2017.12.31 현재
제48기 2016.12.31 현재 (단위 : 백만원)

	제50기	제49기	제48기
자산			
유동자산	80,039,455	70,155,189	69,981,128
현금및현금성자산	2,607,957	2,763,768	3,778,371
단기금융상품	34,113,871	25,510,064	30,170,656
매출채권	24,933,267	27,881,777	23,514,012
미수금	1,515,079	2,201,402	2,319,782
선급금	807,262	1,097,598	814,300
선급비용	2,230,628	2,281,179	2,375,520
재고자산	12,440,951	7,837,144	5,981,634
기타유동자산	1,390,440	582,257	743,163
매각예정분류자산			283,690

2.5 현금및현금성자산

현금및현금성자산은 보유중인 현금, 요구불예금 및 취득일 현재 확정된 금액의 현금으로 전환이 용이하고 가치변동의 위험이 경미한 매우 유동적인 단기 투자자산으로 구성되어 있습니다.

2.6 금융자산

2018년 1월 1일부터 회사는 다음의 측정 범주로 금융자산을 분류합니다.

금융자산은 금융자산의 관리를 위한 사업모형과 금융자산의 계약상 현금흐름 특성에 근거하여 분류합니다.

공정가치로 측정하는 금융자산의 손익은 당기손익 또는 기타포괄손익으로 인식합니다. 채무상품에 대한 투자는 해당자산을 보유하는 사업모형에 따라 당기손익 또는 기타포괄손익으로 인식합니다.

[금융감독원 전자공시시스템(dart.fss.or.kr)에서 인용]

자산은 〈도표 6-1〉과 같이, 유동성에 따라 유동자산과 비유동자산으로 나누고, 비유동자산은 투자자산, 유형자산, 무형자산, 기타비유동자산으로 분류된다. 1년 이내에 현금화되거나 소비될 것으로 기대되는 자산을 유동자산(current asset)이라 하며, 유동자산이 아닌 자산을 비유등자산(noncurrent asset)이라 한다.

유동자산은 현금및현금성자산, 단기금융상품, 단기금융자산, 매출채권, 재고자산, 기타유동자산으로 구분할 수 있다. 본장에서는 재고자산을 제외한 유동자산에 대해, 그리고 다음 장에서는 재고자산에 대해 설명한다.

〈도표 6-1〉 자산의 유동성에 따른 분류

자 산	
유동자산	
비유동자산	투자자산
	유형자산
	무형자산
	기타비유동자산

1. 내부통제

1.1 내부통제의 목적

내부통제(internal control)의 목적은 조직이 효율적으로 운영되도록 하는 것이며, 다음의 기능을 행함으로써 그 목적이 달성된다.

① 자산의 보호(safeguard assets)
② 회계정보의 정확한 처리(process information accurately)
③ 법과 규정의 준수(ensure compliance with laws and regulations)

기업은 위에서 서술한 내부통제의 목적을 달성할 수 있도록, 다음과 같은 일을 수행한다.

① 거래는 경영자의 승인에 의해 집행한다.
② 회계원칙에 따라 재무제표를 작성한다.
③ 자산에의 접근은 경영자의 승인에 의해서만 허용한다.
④ 주기적인 실사에 의하여 실제 자산과 기록을 비교한다.

1.2 업무분장

내부통제에 있어서 가장 중요한 개념은 어느 한 개인 혹은 한 부서에 모든 권한을 부여해서는 안 된다는 것이다. 이 개념은 업무분장(separation of responsibilities)을 의미한다. 예를 들어, 현금을 수취하는 직원은 현금수취를 기록하게 하면 안 된다. 만약 위의 두 가지 일을 분장하지 않으면, 직원은 현금을 훔치고 회계기록을 조작할 것이다.

1.3 내부통제의 사례

다음은 우리나라에서 적용된 내부통제의 실제적인 사례를 보여준다. 은행의 자산을 보호하기 위하여 취해진 '명령휴가제도'에 대한 신문기사이다.

"그동안 일반직원에게만 적용해 왔던 명령휴가제도가 은행 부장이나 지점장에 대해서도 도입되고, 영업부서의 자체 감사기능이 대폭 강화된다. 은행감독원 한석우 부원장보는 15일 전국 30개 시중은행과 지방은행, 특수은행 검사부장이 참석한 가운데 개최된 회의에서 부(실)점장도 불시에 휴가를 보낼 수 있는 근거를 자체 규정에 마련하라고 지시했다. 이 제도가 도입되면 부점장이 언제든지 휴가명령을 받고 일시적으로 업무에서 떠나게 돼 금융사고 등 불법 및 변칙 업무처리 실태가 드러나게 되는 등 내부통제기능이 강화될 것으로 기대되고 있다. 은감원은 이와 함께 금융기관에 대한 검사 때 내부통제제도가 제대로 준수되지 않는 경우 관련자는 물론 해당기관에 대해 강력한 제재조치를 취할 방침이다." (조선일보, 1995.12.16)

2. 현금및현금성자산

2.1 현금및현금성자산의 정의

현금(cash)은 통화 · 통화대용증권 · 요구불예금을 포함한다. 통화는 우리나라 화폐와 외국화폐를 뜻한다. 통화대용증권이란 타인발행 당좌수표, 자기앞수표, 송금환, 우편환 등 즉시 현금과 교환가능한 증서이다. 요구불예금은 당좌예금 · 보통예금을 뜻한다.

현금성자산(cash equivalent)이 되기 위해서는 ① 큰 거래비용 없이 현금으로 전환이 쉽고, ② 이자율 변동에 따른 가치변동의 위험이 크지 않으며, ③ 취득 당시에 만기가 3개월 이내에 도래해야 한다는 조건을 만족해야 한다. 예를 들어, 취득 당시 만기가 3개월 이내에 도래하는 채권 및 단기금융상품 등을 현금성자산이라 한다.

기업이 은행과 당좌거래약정을 맺고 당좌예금계좌를 개설하면, 기업은 수표를 발행할 수 있다. 당좌예금은 재무상태표상에 현금및현금성자산으로 보고되지만, 회계실무에서는 현금과 당좌예금을 구별하여 계정을 설정하는 것이 일반적이다.

예제 6-1

신안상사의 6월중의 거래를 분개하시오.

① 홍익은행과 당좌거래약정을 체결하고 현금 ₩5,000,000을 당좌예입하다.
② 사무용 비품 ₩400,000을 구입하고, ₩300,000을 현금으로 지급하고 나머지 대금은 수표로 지급하다.
③ 종업원 김갑돌에게 6월분 급료 ₩1,000,000을 수표로 지급하다.
④ 전기료 ₩100,000을 수표로 지급하다.
⑤ 건물을 빌려주고 6월분 임대수익 ₩500,000을 신안은행 발행 자기앞수표로 받다.
⑥ 조치원상사로부터 6월분 이자 ₩200,000을 받아 홍익은행에 바로 입금하다.

풀이

	차변	금액	대변	금액
①	(차) 당좌예금	5,000,000	(대) 현금	5,000,000
②	(차) 비품	400,000	(대) 현금	300,000
			당좌예금	100,000

③ (차) 급 료	1,000,000	(대) 당 좌 예 금	1,000,000
④ (차) 전 기 료	100,000	(대) 당 좌 예 금	100,000
⑤ (차) 현 금	500,000	(대) 임 대 수 익	500,000
⑥ (차) 당 좌 예 금	200,000	(대) 이 자 수 익	200,000

2.2 소액현금제도

현금은 도난, 분실, 횡령의 위험이 높으므로 기업은 현금을 특별히 주의하여 관리할 필요가 있다. 제일 효과적인 현금관리방법은 입금되는 모든 현금을 은행에 예금하고, 모든 지출은 수표로 처리하는 방법이다. 그러나 기업운영에 필요한 일상적인 교통비·우편료 등의 소액지출도 모두 수표로 지출한다면 편리하지 못할 것이다. 그러므로 기업에서는 일상적으로 필요한 소액현금 지출을 위하여 일정한 현금을 기금으로 설정하여 운영하는데, 이것을 소액현금제도(petty cash system)라고 하며, 소액현금계정을 사용하여 회계처리한다.

예제 6-2

신안상사는 6월 1일 소액현금제도를 시행하기 위하여 ₩300,000을 수표를 발행하여 소액현금관리자에게 입금하였다. 필요한 분개를 하시오.

풀이 (차) 소 액 현 금 300,000 (대) 당 좌 예 금 300,000

소액현금은 소액현금관리자의 책임하에 지출되는데, 소액현금에서 현금을 지출할 때 소액현금계정에 기록하지 않는다. 일정한 기간이 지난 후에 소액현금에 대한 사용내역을 소액현금관리자가 회계부서에 제출하고 부족한 현금을 보충받는데, 이때 비로소 비용의 발생과 당좌예금의 감소로 기록한다. 소액현금계정에 기록할 때는 소액현금을 처음 설정하거나, 설정된 소액현금을 증가시키거나 감소시킬 경우뿐이다.

예제 6-3

신안상사의 소액현금관리자는 6월 30일에 다음과 같은 6월분 소액현금 사용내역을 회계부서에 제출하고, 사용금액 ₩250,000을 수표로 보충받았다. 사용금액은 교통비 ₩100,000과 잡비 ₩150,000이었다. 6월 30일자 분개를 하시오.

풀이

(차)	교 통 비	100,000	(대) 당 좌 예 금	250,000
	잡 비	150,000		

교통비와 잡비의 비용으로 인한 현금지출이 있을 때, 소액현금을 지출하지만 소액현금의 감소로 기록하지 않는다. 6월 30일에 소액현금을 보충받았을 때, 비용의 발생과 당좌예금의 감소로 기록한다.

[예제 6-3]에서와 같이 사용금액만큼 소액현금을 보충해줌으로써, 소액현금의 최초 설정금액으로 다시 만들어주는 제도를 정액소액현금제도라고 한다. 정액소액현금제도에서는 지출금액과 보충금액이 동일하므로 소액현금계정의 잔액은 최초 설정금액과 항상 동일하다. 소액현금계정의 잔액은 재무상태표상에서 소액현금으로 보고되는 것이 아니라, 현금및현금성자산에 포함되어 보고된다.

2.3 현금과부족

기업이 실제로 보유하고 있는 현금과 장부상의 현금잔액은 일치해야 하지만 어떤 이유로 인해 일치하지 않을 수 있는데, 이것을 현금과부족(cash short and over)이라 한다. 불일치한 금액은 임시계정인 현금과부족계정에 기록하는데, 실제 현금보유액을 기준으로 현금계정을 조정한다.

예를 들어, 실제 현금보유액이 현금계정의 잔액보다 적다면 현금과부족계정의 차변에 기록하고, 반대의 경우라면 현금과부족계정의 대변에 기록한다. 현금과부족의 원인이 밝혀지면, 규명된 금액을 현금과부족계정에서 해당된 계정으로 대체한다. 결산시점까지 현금과부족의 원인이 규명되지 않을 경우는 현금과부족계정에 잔액이 존재한다. 회계기말에 현금과부족계정의 잔액이 차변잔액이면 잡손실로, 현금과부족계정의 잔액이 대변잔액이면 잡수익으로 대체하는 수정분개를 행한다.

예제 6-4

홍익상사는 20×1년 1월 1일부로 정액소액현금제도를 채택하고 정액전도금은 ₩500,000으로 하였다. 20×1년 1월 31일까지 교통비 ₩150,000과 소모품비 ₩100,000의 지출이 있었으나, 소액현금잔액은 ₩200,000이었다. 소액현금관리자는 1월 31일에 소액현금 사용내역을 회계부서에 제출하고 ₩300,000을 보충받았다. 2월 15일에 현금부족 ₩50,000의 원인이 영업비인 것으로 밝혀졌다. ① 1월 31일과 ② 2월 15일에 필요한 분개를 하시오.

풀이

① (차)	교 통 비	150,000	(대) 당 좌 예 금	300,000
	소 모 품 비	100,000		
	현금과부족	50,000		
② (차)	영 업 비	50,000	(대) 현금과부족	50,000

2.4 은행계정조정표

현금관리를 위해서 기업은 은행에 당좌예금계좌를 개설하고 수표로 대금을 결제하는 것이 일반적이다. 그러나 일정한 시점에서 당좌예금잔액에 대한 기업의 기록이 은행의 기록과 다를 수 있다. 서로의 기록이 다른 이유는 은행과 기업이 오류를 범했거나, 단순히 당좌거래를 기록하는 시점이 달랐기 때문이다. 은행과 기업의 당좌예금잔액이 차이가 나는 원인을 규명하고 조정하여, 정확한 당좌예금잔액을 계산해주는 것이 은행계정조정표(bank reconciliation)이다.

〈도표 6-2〉는 당좌예금잔액에 대해 은행의 기록과 기업의 기록이 차이가 나는 원인을 보여준다. (1)~(4)는 은행과 기업이 당좌거래를 기록하는 시점

〈도표 6-2〉 은행계정조정표

기업이 기록한 예금잔액	은행이 기록한 예금잔액
−(1) 미통지인출	−(3) 은행미인출수표
+(2) 미통지입금	+(4) 은행미기록예금
±(5) 기업의 오류	±(5) 은행의 오류
=조정 후 기업잔액	=조정 후 은행잔액

이 서로 다른 경우이고, (5)는 은행 혹은 기업이 오류를 범한 경우이다. 은행계정조정표상에서 이러한 차이와 오류를 조정하는 방법은 은행과 기업 중에서 정확하게 기록하지 않은 쪽의 잔액을 조정하는 것이다.

(1) 미통지인출

은행은 정확하게 당좌인출을 기록하였으나, 기업이 당좌인출을 기록하지 않은 경우를 말한다. 예를 들면, ① 은행이 추심에 대한 수수료를 기업의 당좌예금계좌에서 직접 인출하였거나(은행수수료 : bank service charge), ② 기업이 입금한 수표가 부도가 나서 기업의 당좌예금잔액을 직접 감소시켰지만, 이 사실이 기업에 통보되지 않은 경우이다(부도수표 : not-sufficient-funds check. NSF check). 이러한 미통지인출에 대해서는 은행계정조정표상의 기업측 잔액을 감소시키고, 기업의 당좌예금계정에 수정분개한다.

(2) 미통지입금

은행은 정확하게 당좌예입을 기록하였으나, 기업이 당좌예입을 기록하지 않은 경우를 의미한다. 예를 들면, 기업의 고객이 기업의 당좌예금계좌로 송금하였지만, 이 사실이 기업에 통보되지 않은 경우이다. 이러한 미통지입금에 대해서는 은행계정조정표상의 기업측 잔액을 증가시키고, 기업의 당좌예금계정에 수정분개한다.

(3) 은행미인출수표

기업은 정확하게 당좌인출을 기록하였으나, 은행이 당좌인출을 기록하지 않은 경우를 말한다. 예를 들면, 기업은 고객에게 수표를 발행한 날짜에 정확히 당좌인출로 기록하였지만, 고객은 받은 수표를 고객의 거래은행에 아직 입금하지 않은 경우이다. 혹은, 고객이 받은 기업의 수표를 고객의 거래은행에 입금하였다 하더라도, 고객의 거래은행과 기업의 거래은행 사이에 수표를 추심하는 데 기간이 걸리므로 추심기간 중에는 기업의 거래은행이 당좌인출을 아직 기록하지 않은 상태이다. 이러한 은행미인출수표에 대해서는 은행계정조정표상의 은행잔액을 감소시킨다.

(4) 은행미기록예금

기업은 정확하게 당좌예입을 기록하였으나, 은행이 당좌예입을 기록하지 않은 경우를 의미한다. 예를 들면, 기업이 고객으로부터 받은 수표를 당좌예입으로 기록하고 기업의 거래은행에 입금시켰지만, 은행계정조정일 현재 아직 거래은행이 당좌예입으로 기록하지 않은 경우이다. 은행미기록예금에 대해서는 은행계정조정표상의 은행잔액을 증가시킨다.

(5) 오류

은행 혹은 기업이 오류를 범한 경우를 말한다. 은행이 범한 오류의 예로, 은행이 당해기업의 당좌예금계좌에 기록할 것을 다른 고객의 계좌에 기록한 경우이다. 기업이 행한 오류의 예는 기업이 당좌예금계정에 금액을 잘못 기록한 경우이다. 이러한 오류에 대해서는 잘못한 쪽의 잔액을 은행계정조정표상에서 증감한다. 기업이 오류를 범한 경우에만 기업의 당좌예금계정에 대하여 수정분개를 한다.

이와 같이 기업은 은행계정조정표를 이용하여 기업과 은행의 당좌예금잔액을 조정한 후, 미통지인출·미통지입금·기업의 오류에 대해서만 기업의 당좌예금계정을 수정분개한다.

예제 6-5

신안상사는 은행계정조정표를 작성하는 20×1년 5월 31일 현재 다음의 사항을 확인하였다. 은행계정조정표를 작성하고 필요한 수정분개를 하시오.

① 신안상사의 당좌예금잔액은 ₩1,575,000이다.
② 은행의 당좌예금잔액은 ₩1,542,000이다.
③ 신안상사가 발행하고 인출을 기록한 수표 중 아직 은행이 지급하지 않은 은행미인출수표는 ₩210,000이다.
④ 은행이 수수료 ₩10,000을 직접 신안상사의 계좌에서 차감하였는데, 신안상사는 이것을 알지 못하다.
⑤ 신안상사가 ₩272,000을 은행에 입금하였으나, 은행이 이를 아직 처리하지 않고 있다.
⑥ 외상대금으로 거래처로부터 받아 예금한 수표 중 ₩112,000이 부도처리된 사실을 신안상사는 알지 못하다.

⑦ 신안상사의 거래처가 외상대금 ₩178,000을 은행에 송금하였으나 신안상사는 이것을 알지 못하다.
⑧ 신안상사가 소모품을 구매하고 발행한 수표 ₩132,000을 ₩123,000으로 장부에 기록하다.
⑨ 은행이 입금 ₩242,000을 ₩224,000으로 기록하다.

풀이

은행계정조정표

신안상사 20×1년 5월 31일

① 기업잔액	₩1,575,000	② 은행잔액	₩1,542,000
④ 미통지인출 : 수수료	−10,000	③ 은행미인출수표	−210,000
⑥ 미통지인출 : 부도수표	−112,000	⑤ 은행미기록예금	+272,000
⑦ 미통지입금	+178,000	⑨ 은행의 오류	+18,000
⑧ 기업의 오류	−9,000		
=조정 후 기업잔액	₩1,622,000	=조정 후 은행잔액	₩1,622,000

〈오류 수정분개〉

④	(차) 수 수 료	10,000	(대) 당 좌 예 금	10,000
⑥	(차) 부 도 수 표	112,000	(대) 당 좌 예 금	112,000
⑦	(차) 당 좌 예 금	178,000	(대) 외상매출금	178,000
⑧	(차) 소 모 품 비	9,000	(대) 당 좌 예 금	9,000

3. 단기금융상품

단기금융상품은 금융기관이 취급하는 정기예금 · 정기적금 · 사용이 제한되어 있는 예금 및 기타 정형화된 상품 등으로 단기적 자금운용목적으로 소유하거나 기한이 1년 내에 도래하는 것이다. 예로서는 만기가 1년 이내인 정기예금, 정기적금, 사용이 제한된 예금, 기업어음, 환매조건부채권, 양도성예금증서 등이 포함된다.

예제 6-6

다음은 신안상사의 단기금융상품에 대한 내용이다. 필요한 분개를 하시오.

① 현금 ₩5,000,000을 연이자율 10%로 조치원은행에 1년간 정기예금하다.

② 1년 후 위의 정기예금이 만기되어 은행발행수표로 인출하다.

풀이				
① (차) 단기금융상품	5,000,000	(대) 현 금	5,000,000
② (차) 현 금	5,500,000	(대) 단기금융상품	5,000,000
		이 자 수 익	500,000

4. 단기금융자산

금융자산(financial asset)은 금융자산의 현금흐름 특성과 기업의 사업모형에 따라 상각후원가측정금융자산 · 기타포괄손익-공정가치측정금융자산 · 당기손익-공정가치측정금융자산으로 분류한다. 금융자산은 1년 이내에 현금화 가능 여부에 따라 단기금융자산과 장기금융자산으로 구분된다. 즉, 당기손익-공정가치측정금융자산은 단기금융자산인 유동자산으로, 상각후원가측정금융자산 및 기타포괄손익-공정가치측정금융자산은 장기금융자산인 투자자산으로 분류된다.

상각후원가측정금융자산(amortized cost financial asset; 이하 'AC금융자산')은 다음 두 가지 조건을 모두 충족하는 금융자산이다. ① 계약상 현금흐름을 수취하기 위해 보유하는 것이 목적인 사업모형하에서 금융자산을 보유한다. ② 금융자산의 계약조건에 따라 특정일에 원금과 원금잔액에 대한 이자지급(이하 '원리금 지급')만으로 구성되어 있는 현금흐름이 발생한다.

기타포괄손익-공정가치측정금융자산(fair value - other comprehensive income financial asset; 이하 'FVOCI금융자산')은 다음 두 가지 조건을 모두 충족하는 금융자산이다. ① 계약상 현금흐름의 수취와 금융자산의 매도 둘 다를 통해 목적을 이루는 사업모형하에서 금융자산을 보유한다. ② 금융자산의 계약조건에 따라 특정일에 원리금 지급만으로 구성되어 있는 현금흐름이 발생한다.

당기손익-공정가치측정금융자산(fair value - profit loss financial asset; 이하 'FVPL금융자산')은 AC금융자산이나 FVOCI금융자산이 아닌 금융자산을 말한다. FVPL금융자산은 매도를 통하여 투자이익을 실현할 목적으로 보유하는 금융자산이다.

금융자산의 회계처리는 〈도표 6-3〉에 설명되어 있다. FVPL금융자산의 취득과 관련된 거래원가는 비용으로 처리하지만, FVOCI금융자산과 AC금융자산의 취득과 관련된 거래원가는 공정가치에 가산한다. FVPL금융자산과 FVOCI금융자산은 기말에 공정가치로 평가하고, 평가손익을 기록한다. FVPL금융자산의 평가손익은 당기손익으로 처리하되, FVOCI금융자산의 평가손익은 기타포괄손익으로 기록한다.

〈도표 6-3〉 금융자산의 회계처리

금융자산의 종류	최초 측정금액	공정가치평가손익
FVPL금융자산	취득시점 공정가치	당기손익
FVOCI금융자산	취득시점 공정가치+거래원가	기타포괄손익
AC금융자산	취득시점 공정가치+거래원가	해당 없음

예제 6-7

홍익상사는 신안상사의 주식을 취득하고, FVPL금융자산으로 분류하였다. 필요한 분개를 하시오.

20×1년 중 취득원가	20×1년 말 공정가치	20×2년 말 공정가치	20×3년 중 처분금액
₩200,000	₩210,000	₩190,000	₩180,000

풀이

① 20×1년 취득시

(차) FVPL금융자산	200,000	(대) 현 금	200,000

② 20×1년 말

(차) FVPL금융자산	10,000	(대) FVPL금융자산평가이익	10,000

③ 20×2년 말

(차) FVPL금융자산평가손실	20,000	(대) FVPL금융자산	20,000

④ 20×3년 처분시

(차) 현 금	180,000	(대) FVPL금융자산	190,000
FVPL금융자산처분손실	10,000		

5. 매출채권

수취채권(receivable)은 매출채권과 비매출채권으로 구분한다. 매출채권(trade receivable)은 일반적인 상거래에서 상품을 매출하거나 용역을 제공하고 대금을 나중에 받는 경우에 발생한 권리를 말한다. 비매출채권(nontrade receivable)은 다른 기업에 자금을 대여하고 차용증서나 어음을 받은 경우에 발생하는 채권을 말한다.

매출채권은 외상매출금과 받을어음으로 분류된다. 외상매출금(accounts receivable)은 구두로 약속하고 상품을 외상매출한 경우의 채권을 말하며, 받을어음(notes receivable)은 어음을 받고 상품을 외상매출한 경우의 채권을 일컫는다. 외상매출금과 받을어음은 합해져서 재무상태표상에 매출채권으로 보고된다.

5.1 외상매출금

(1) 외상매출금의 회계처리

상품을 외상으로 매출하면 외상매출금계정의 차변에 기록하고, 외상매출금을 회수하면 외상매출금계정의 대변에 기록한다.

예제 6-8

신안상사의 외상매출금에 대한 거래를 분개하시오.

① 상품을 ₩500,000에 매출하고 대금은 외상으로 하다.
② 외상매출금 중 ₩200,000을 현금으로 받다.

풀이

	차변	금액	대변	금액
①	(차) 외상매출금	500,000	(대) 매 출	500,000
②	(차) 현 금	200,000	(대) 외상매출금	200,000

(2) 대손의 회계처리

외상매출금은 기업이 거래처로부터 회수해야 할 자산이다. 그러나 거래처가 파산한다면 기업은 거래처에 대한 외상매출금을 회수할 수 없게 되는

데, 회수할 수 없는 외상매출금을 **대손**(bad debt)이라 한다. 대손을 합리적이고 객관적인 방법으로 추정한 대손추산액을 대손충당금으로 설정한다.

대손은 회계기말에 추정한다. 대손을 추정하는 하나의 방법인 **연령분석법**(aging receivables method)은 외상매출금의 기말잔액을 경과일수별(즉, 연령별) 그룹으로 분류한 후에, 각 연령별 그룹에 적합한 대손율을 각각 곱하여 대손추산액을 계산하고, 여기에서 대손추정 직전의 대손충당금잔액을 차감한 금액을 대손상각비로 계상하는 방법이다(〈도표 6-4〉 및 〈도표 6-5〉 참조). 여기서,

〈도표 6-4〉 대손추정－연령분석법

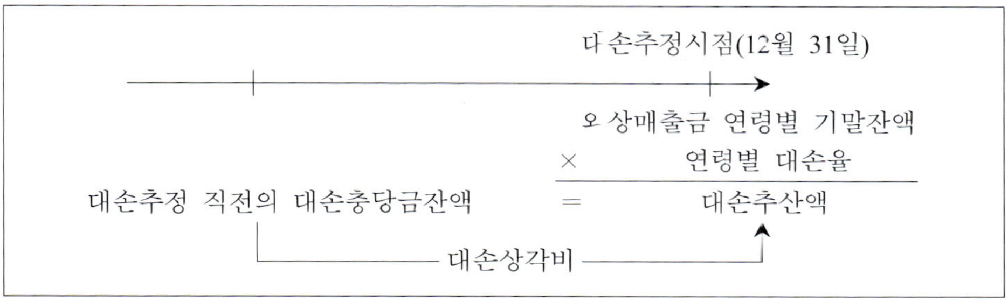

〈도표 6-5〉 대손의 회계처리

1. 대손추정시
   - ① 대손추산액＞대손추정 직전의 대손충당금잔액
     - (차) 대손상각비 ××× (대) 대손충당금 ×××
   - ② 대손추산액＜대손추정 직전의 대손충당금잔액
     - (차) 대손충당금 ××× (대) 대손충당금환입 ×××
2. 대손확정시
   - ① 대손확정액＜대손확정 직전의 대손충당금잔액
     - (차) 대손충당금 ××× (대) 외상매출금 ×××
   - ② 대손확정액＞대손확정 직전의 대손충당금잔액
     - (차) 대손충당금 ××× (대) 외상매출금 ×××
     - 대손상각비 ×××
3. 제각된 외상매출금의 회수시
   - ① 제각된 외상매출금의 원상복구
     - (차) 외상매출금 ××× (대) 대손충당금 ×××
   - ② 외상매출금의 현금회수
     - (차) 현 금 ××× (대) 외상매출금 ×××

대손율이란 대손이 발생할 예상비율을 의미하며, 기업은 과거의 경험 등에 비추어 연령별 대손율을 정한다.

대손상각비는 비용계정이므로 차변잔액을 가지며, 대손충당금은 외상매출금을 감소시키는 계정으로 대변잔액을 가진다. 대손을 추정하고 충당금을 설정할 경우에는 대손상각비계정의 차변과 대손충당금계정의 대변에 기록한다. 만약 대손추산액(즉, 당기말 대손충당금잔액)이 대손추정 직전의 대손충당금잔액보다 작을 경우에는, 그 차액을 대손충당금환입계정의 대변에 기록하여 영업외수익으로 인식한다(〈도표 6-5〉 참조).

대손이 확정되었을 때에는 대손충당금의 감소(대손충당금계정의 차변)와 외상매출금의 감소(외상매출금계정의 대변)로 기록한다. 그러나 대손확정액이 '대손확정 직전의 대손충당금잔액'을 초과하면, 대손충당금잔액까지는 대손충당금의 감소(대손충당금계정의 차변)로 기록하고 초과된 부분은 대손상각비의 증가(대손상각비계정의 차변)로 기록한다. 제각된 외상매출금이 회수된 경우에는 ① 제각된 외상매출금을 원상복구시킨 후에, ② 외상매출금의 현금회수를 기록해야 한다. 대손상각비는 손익계산서상에 보고되며, 외상매출금은 대손충당금잔액을 차감하는 형식으로 재무상태표상에 보고된다.

예제 6-9

신안상사는 20×1년도 초에 영업을 시작하였다. 20×1년도와 20×2년도 말의 외상매출금 잔액에 대하여 연령분석법을 사용하여 추정한 대손추산액은 각각 ₩1,500, ₩2,500이다. 다음에 필요한 분개를 하시오.

① 20×1년도 말에 대손추정을 하다.
② 20×2년도 중에 당기의 외상매출금 중 ₩400을 대손으로 확정하다.
③ 20×2년도 말에 대손추정을 하다.

풀이 ① 신안상사는 20×1년도 초에 영업을 시작하였으므로, 전기말의 대손충당금잔액, 즉 20×1년도 말에 대손을 추정하기 직전의 대손충당금잔액은 ₩0이다. 20×1년도 말의 대손추산액이 ₩1,500이므로, 20×1년도의 대손상각비는 ₩1,500이다.

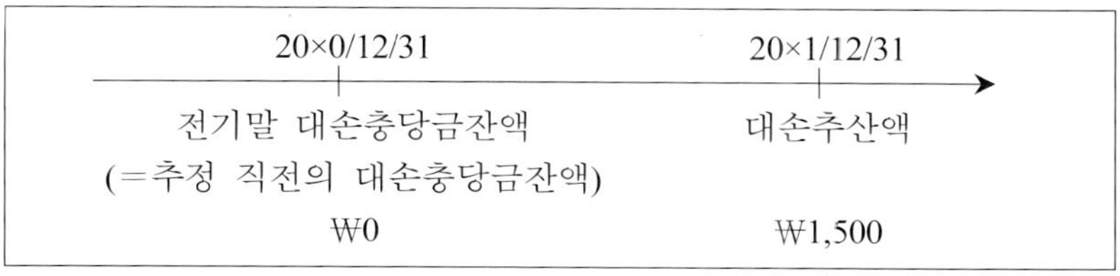

(차) 대손상각비 1,500 (대) 대손충당금 1,500

② 20×2년도 중의 대손확정액 ₩400은 대손확정 직전의 대손충당금잔액 ₩1,500보다 작으므로, 대손확정시에 다음의 분개가 필요하다.

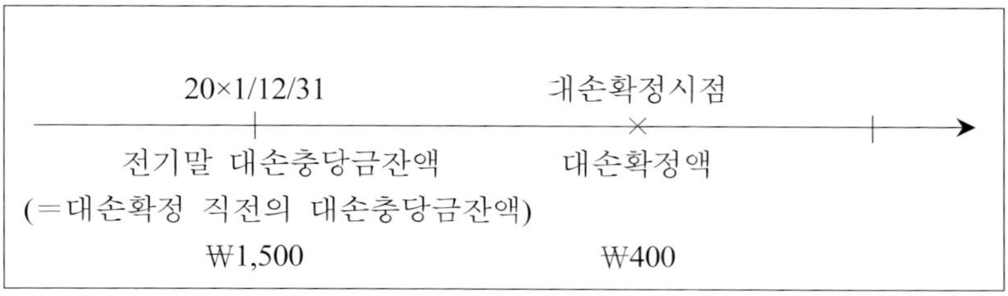

(차) 대손충당금 400 (대) 외상매출금 400

만약 20×2년도의 대손확정액이 ₩1,700이라면, 대손확정액이 대손확정 직전의 대손충당금잔액 ₩1,500보다 ₩200만큼 크므로, 대손확정시에 대손충당금 ₩1,500의 감소(대손충당금계정의 차변)와 대손상각비 ₩200의 증가(대손상각비계정의 차변)로 회계처리한다.

(차) 대손충당금	1,500	(대) 외상매출금	1,700
대손상각비	200		

③ 20×2년도 말의 대손추산액(즉, 대손충당금잔액) ₩2,500에서 대손추정 직전의 대손충당금잔액인 ₩1,100(=₩1,500−₩400)을 차감한 금액인 ₩1,400을 대손상각비로 계상해야 한다.

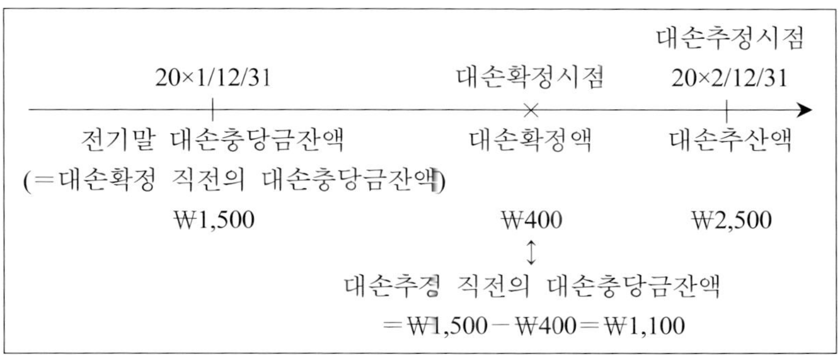

(차) 대손상각비	1,400	(대) 대손충당금	1,400

만약 20×2년도 말의 대손추산액이 ₩1,000이라면, 대손추정 직전의 대손충당금잔액이 ₩1,100이므로, 그 차액인 ₩100만큼 대손충당금을 감소시키기 위해서 대손충당금계정의 차변에 기록하고, 대손충당금환입계정의 대변에 계상한다.

(차) 대손충당금	100	(대) 대손충당금환입	100

5.2 받을어음

(1) 받을어음의 취득과 회수

상품을 판매하고 받은 어음을 받을어음이라 한다. 어음을 받을 때에는 받을어음계정의 차변에 기록하고, 어음대금을 회수할 때에는 받을어음계정의 대변에 기록한다.

예제 6-10

신안상사의 받을어음에 관한 다음 사항을 분개하시오.

① 기업 A에 상품을 매출하고 대금 ₩150,000을 어음으로 받다. 판매한 상품의 원가는 ₩100,000이다.
② 기업 A에서 받은 어음이 만기가 되어, 원금 ₩150,000과 이자 ₩7,500을 회수하다.

풀이

①	(차) 받을어음	150,000	(대) 매출	150,000
	매출원가	100,000	재고자산	100,000
②	(차) 현금	157,500	(대) 받을어음	150,000
			이자수익	7,500

(2) 받을어음의 할인

어음을 소지한 기업이 현금이 급히 필요한 경우에, 만기 전의 어음을 금융기관이나 사채업자에게 어음의 만기금액보다 적은 현금을 받고 파는 경우가 있다. 이것을 어음할인이라고 하고, 어음의 만기금액과 수취한 현금의 차이를 수수료비용이라 하며, 어음만기일까지의 이자비용에 해당한다.

예제 6-11

신안상사는 기업 D에 상품 ₩250,000을 매출하고 받은 어음을 은행에서 할인하고 현금 ₩230,000을 받았다. 신안상사의 받을어음 할인에 대하여 분개하시오.

풀이

(차) 현 금	230,000	(대) 받 을 어 음	250,000
수수료비용	20,000		

(3) 받을어음의 부도

받을어음을 소지하고 있는 기업이 만기일에 어음을 제시하였지만 만기금액을 회수하지 못했을 경우, 이 어음을 부드어음이라 한다. 부도가 발생하면 부도어음으로 재분류하며, 이자수익과 부도로 인한 추가비용도 부도어음액수에 포함한다. K-IFRS에 의하면, ① 어음 부도시에 전액 손실로 회계처리하거나, ② 매출채권(혹은 장기매출채권)에 포함시키고 대손충당금을 설정하도록 규정하고 있어, 부도어음이 표시되지 않는다.[1] 그러나 실무에서 부도어음계정을 사용하고 있기에, 여기에서는 부도어음계정을 사용하여 회계처리하며, 부도로 인한 현금지출이 있다면 이 현금지출도 부도어음에 포함한다.

(차) 부 도 어 음	×××	(대) 받 을 어 음	×××
		이 자 수 익	×××
		현 금	×××

부도어음을 현금으로 회수했다면, 위의 부도어음계정금액과 현금을 상계하면 된다.

(차) 현 금	×××	(대) 부 도 어 음	×××

1) 이창우 · 김갑순 · 정도진 · 조형득, 『IFRS 회계원리(제4판)』, 도서출판 오래, 2011, p. 359.

부도어음을 현금으로 회수할 가능성이 전혀 없을 경우에는 대손으로 처리한다.

(차) 대손충당금	×××	(대) 부도어음	×××

예제 6-12

신안상사는 기업 E에 상품 ₩400,000을 매출하고 받은 어음에 대해 만기일에 지급요청을 하였다. 만기일에 받을 이자수익은 ₩20,000이다. 다음 사항을 분개하되, ②와 ③은 독립적인 상황이다.

① 지급요청이 거절되어 부도어음으로 재분류하다. 또 부도로 인한 비용 ₩10,000을 현금으로 지출하다.
② 위 어음을 현금으로 회수하다.
③ 위 어음은 현금으로 회수불가능하다고 판단하고 대손처리하다.

풀이

	차변	금액	대변	금액
①	(차) 부도어음	430,000	(대) 받을어음	400,000
			이자수익	20,000
			현금	10,000
②	(차) 현금	430,000	(대) 부도어음	430,000
③	(차) 대손충당금	430,000	(대) 부도어음	430,000

6. 기타유동자산

주로 영업활동이 아닌 주변적인 활동에서 나타나는 기타유동자산에는 단기대여금, 단기미수금, 선급금, 미수수익, 선급비용 등이 있다.

단기대여금(short-term loan)은 기업의 여유자금을 타인에게 차용증서나 어음을 받고 대여한 경우이며 만기가 1년 이내인 대여금을 칭한다. 자금을 대여하고 어음을 수취할 경우에는 이를 대여금으로 기록해야 하며, 받을어음으로 기록해서는 안 된다. 받을어음은 일반적인 상거래에서 상품을 팔거나 용역을 제공하고 수취한 어음을 말한다.

단기미수금(short-term receivable)은 판매목적이 아닌 기계나 건물 등의 유형자산을 외상으로 판매한 경우로서 만기일이 1년 이내에 도래하는 미수금을 말한다.

선급금(advance payment)은 상품을 구입하기 위하여 미리 구입대금의 일부를 계약금으로 판매자에게 지급한 경우를 말한다. 선급금은 나중에 현금을 돌려받는 것이 아니라 상품을 받게 되므로, 상품을 공급받는 시점에 선급금은 상품과 상계처리된다.

미수수익(accrued revenue)과 선급비용(prepaid expense)은 기말의 수정분개시에 나타나는 자산항목이다. 발생주의에 의하여 당기의 수익으로 인식하였지만 현금을 당기에 수취하지 못한 경우를 미수수익이라 한다. 선급비용은 미래에 발생하는 비용에 대해 현금을 미리 지급한 경우를 말한다.

Reading Materials

chapter 6

올해 금융권 흔든 사건 · 사고 모두 '내부'에서

(아시아경제 2014-12-28)

올해 금융권을 뒤흔든 사건 · 사고들을 살펴본 결과 모두 내부에서 문제가 촉발됐거나 내부 직원이 연루됐던 것으로 나타났다. 그동안 꾸준히 금융사 내부통제 문제가 제기되고 대책도 수립돼 왔지만 실효성이 없다는 지적이 나오고 있다.

28일 금융권에 따르면 최근 파산선고를 받은 모뉴엘 사태와 관련해 무역보험공사의 전 임원이 구속되면서 금융사 직원들의 도덕적 해이 문제가 다시 불거지고 있다. 무역보험공사의 전 이사 이모씨는 대출지급보증 담당 직원에게 영향력을 행사하는 대가로 모뉴엘로부터 1억여원을 받아 챙긴 혐의를 받고 있다.

모뉴엘 사태로 구속된 금융사 전 · 현직 직원은 이모씨뿐만이 아니다. 허모 무역보험공사 부장과 서모 한국수출입은행장 비서실장이 구속 기소됐고 이모 수출입은행 부장은 불구속 기소됐다. 모뉴엘 담당 업무를 하면서 대출 · 보증 한도를 늘려달라는 등의 청탁을 들어주고 대가를 받은 혐의다. 이들이 정상적으로 업무를 수행했다면 큰 피해로 번진 모뉴엘의 사기 행각을 미리 막을 수도 있었던 셈이다.

다른 사건들을 들여다봐도 어김없이 금융사 직원들이 연루돼 있다. 올해 초로 거슬러 올라가 3곳의 카드사에서 1억건이 넘는 고객정보가 대량 유출된 사상 최대의 개인정보 유출 사태는 신용정보업체인 코리아크레딧뷰로(KCB)

의 한 직원 소행이었다. 관련 은행들에 막대한 피해를 안겼던 KT ENS 협력업체 부당대출 사건에서는 금융감독원 내부 직원 김모씨가 불법대출 조사 정보를 누설한 혐의로 불구속 기소됐다.

지주 회장과 행장까지 물러나는 결과를 초래했던 KB금융 주전산기 교체 논란도 내부 직원의 비리와 무관하지 않다. KB사태의 핵심 중 한 명인 김재열 전 KB금융지주 전무(CIO)는 통신망인프라 고도화 사업 비리와 관련돼 구속됐다. 김 전 전무는 업체 선정 과정에서 하도급 업체 대표에게 금품을 받은 혐의를 받고 있다. 게다가 임영록 전 회장이 최근 조사를 받는 등 KB사태의 여진은 계속되고 있는 상황이다. 지난해부터 이어진 도쿄지점 부실대출 사건과 관련해서도 국민은행 전 도쿄지점장 등이 구속됐다.

이처럼 올해 금융사 내부통제와 관련된 각종 이슈가 지속적으로 불거진 데 대해 전문가들은 근본적인 대책 마련이 시급하다고 목소리를 높이고 있다. 임형석 금융연구원 연구위원은 "내부통제 강화를 위해서는 감사위원회와 준법감시인의 역할을 명확히 해야 한다"며 "또 금융권의 전문 인력의 경우 오랜 기간 동일한 포지션에 근무를 하게 되는데 순환배치 등을 강조해서 장기간 근무로 인해 부정이 숨겨지는 문제를 제한할 필요가 있다"고 말했다.

금융인의 '윤리규범 자격증' 도입을

(MK 오피니언 2015-01-21)

최근 국내외에서 금융회사 직원들의 비윤리적인 행태에서 비롯된 대형 금융사고가 연이어 발생하고 있다. 런던시장의 리보(Libor) 금리 조작 및 환율조작, 저축은행 후순위채의 불완전판매, 국민은행 도쿄지점 부당대출, 국내 카드 3개사의 고객정보 유출사고 등이 발생하면서 금융권에 대한 고객의 신뢰 상실을 초래하였고, 금융산업의 근간을 흔드는 위협요소가 되고 있다.

이에 대응하여 최근 금융당국은 금융회사의 내부통제시스템을 더욱 강화하기 위한 정책을 펴고 있으며, 금융사 스스로도 내부통제 및 준법감시를 강화하기 위한 각종 제도 개선을 추진하고 있다. 그러나 이러한 법규 및 제도만으로는 금융사고의 악순환을 끊고 금융의 신뢰를 회복하는 데 효과가 있을까 하는 회의감이 든다.

지난달 국제통화기금(IMF)이 개최한 '금융의 미래' 세미나에 참석한 적이 있는데 첫 번째 세션의 주제가 '윤리와 금융'이었음은 시사하는 바가 크다. 발표자인 마크 카니 영란은행 총재가 금융회사에 대한 규제 강화와 보상체계 개선을 주장한 데 반해, 영국성공회의 웰비 대주교는 금융회사 직원들의 윤리의식 제고가 필요하며 이를 위해 윤리교육이 선행되어야 한다고 한 점이 흥미로웠다. 여기서 윤리란 추상적 도덕이 아니라 행위의 결과에 초점을 맞춘 목적론적 윤리로서 금융업 종사자에게 필수적인 덕목이라고 주장했다. 잘못된 영업행위에 대한 금융규제나 감독만으로는 금융권에 대한 대중의 신뢰를 회복하고 지키기가 어렵다는 뜻이다.

금융업 종사자들은 변호사, 회계사와 마찬가지로 전문가 집단으로서 금융 분야에 대한 전문지식은 물론 높은 윤리의식과 고객중심적 가치를 보유해야 할 것이다. 이를 위해 구성원들의 윤리적 행위를 담보하기 위한 내부적 행위규범을 가질 필요가 있으며, 금융업무 수행과정에서 이러한 규범의 실천력을 높이기 위한 구체적인 방안을 강구할 필요가 있다.

최근 스코틀랜드 금융연수원(CIB)이 주도하고 영국 8개 은행이 참가하여 설립한 '직업윤리 및 전문성 기준위원회(PSB)'는 우리가 참고할 좋은 사례라고 생각된다. 2011년 영국의회 조사단이 은행들로 하여금 윤리규범 기준을 개발하고 정착시키도록 하는 보고서를 채택한 것이 발단이 되었다.

이 위원회는 은행들과 함께 '윤리기준과 전문가 행동강령'을 정하고 은행업무 수행과정에서 윤리실천력을 실제로 높이기 위한 구체적인 아이디어를 얻기 위해 소비자대표가 참여하는 독립적인 자문위원회를 두었다.

개별 은행들은 이러한 '윤리기준과 전문가 행동강령'을 자기 회사의 특성에 맞게 도입하여 직원들에게 교육하고 우선 자체적으로 평가한다. 스코틀랜드 금융연수원(CIB)은 개별 은행들이 기준을 잘 준수하는지 모니터링하고 재평가하여 일정 요건을 충족한 직원이나 기관에는 윤리규범 인증(accreditation)을 부여한다. 예를 들어 '모든 고객의 정보는 기밀성과 민감성을 갖고 취급해야 한다'는 행동강령을 구체화하기 위해 은행원들이 가져야 할 태도, 가치관, 행동양식, 전문소양 등 4가지 분야에서 측정지표를 만든 후에 체계적인 평가를 실시한다. 특히 고급 윤리규범 자격은 윤리적 의사결정사례, 윤리와 조직문화 등 은행 경영진이 갖추어야 할 윤리적 리더십과 소양을 테스트한 후 수여한다. 2014년 말 현재까지 약 7만 3,000명의 영국 은행 직원들이 윤리규범 자격증을 받았고 이들은 '인가받은 은행가'로서 자부심을 가지고 일한다고 한다.

우리나라의 금융부문도 이와 같이 체계적인 윤리규범 교육과정을 통해 직업윤리관을 재정립할 필요가 있다. 그렇게 되면 소비자 보호나 내부통제도 단순한 구호가 아니라 조직문화로 정착될 수 있다. 금융업이란 직업이 단순히 돈을 벌기 위한 수단이 아니고 사회가 필요로 하는 가치를 창출하는 장이란 인식의 전환이 절실하다. 선진금융의 미래를 바라보며 한국 금융의 인격이 윤리라는 이름으로 거듭나기를 기대해본다. [이장영 한국금융연수원장]

서술형 문제

chapter 6

1. 내부통제란 무엇인가?

풀이

내부통제(internal control)의 목적은 조직이 효율적으로 운영되도록 하는 것이며, 다음의 기능을 행함으로써 그 목적이 달성된다 : ① 자산의 보호, ② 회계정보의 정확한 처리, ③ 법과 규정의 준수.

2. 업무분장에 대해 설명하시오.

풀이

내부통제에 있어서 가장 중요한 개념은 업무분장(separation of responsibilities)이다. 업무분장은 어느 한 개인 혹은 한 부서에 모든 권한을 부여해서는 안 된다는 것이다. 예를 들면, 현금을 수취하는 직원은 현금수취를 기록하게 하면 안 된다. 만약 위의 두 가지 일을 분장하지 않고 한 직원에게 맡기면, 그 직원은 현금을 훔치고 회계기록을 조작할 가능성이 높아질 것이다.

3. 현금성자산에 대해 설명하시오.

풀이

현금성자산(cash equivalent)이 되기 위해서는 ① 큰 거래비용 없이 현금으로 전환이 쉽고, ② 이자율 변동에 따른 가치변동의 위험이 크지 않으며, ③ 취득 당시에 만기가 3개월 이내에 도래해야 한다는 조건을 만족해야 한다. 예를 들면, 취득 당시 만기가 3개월 이내에 도래하는 채권 및 단기금융상품 등을 현금성자산이라 한다.

4. 소액현금제도에 대해 설명하시오.

풀이

제일 효과적인 현금관리방법은 입금되는 모든 현금을 은행에 예금하고, 모든 지출은 수표로 처리하는 방법이다. 그러나 기업운영에 필요한 일상적인 교통비 · 우편료 등의 소액지출도 모두 수표로 지출한다면 불편할 것이다. 그러므로 기업에서는 일상적으로 필요한 소액현금 지출을 위하여 일정한 현금을 기금으로 설정하여 운영하는데, 이것을 소액현금제도(petty cash system)라고 한다.

5. 은행계정조정표에 대해 설명하시오.

풀이

현금관리를 위해서 기업은 은행에 당좌예금계좌를 개설하고 수표로 대금을 결제하는 것이 일반적이다. 그러나 일정한 시점에서 당좌예금잔액에 대한 기업의 기록이 은행의 기록과 다를 수 있다. 서로의 기록이 다른 이유는 은행과 기업이 오류를 범했거나, 단순히 당좌거래를 기록하는 시점이 달랐기 때문이다. 은행과 기업의 당좌예금잔액이 차이가 나는 원인을 규명하고 조정하여, 정확한 당좌예금잔액을 계산하는 것이 은행계정조정표(bank reconciliation)이다.

6. 금융자산에 대해 설명하시오.

풀이

금융자산(financial asset)은 금융자산의 현금흐름 특성과 기업의 사업모형에 따라 상각후원가측정금융자산 · 기타포괄손익-공정가치측정금융자산 · 당기손익-공정가치측정금융자산으로 분류한다. 금융자산은 1년 이내에 현금화 가능 여부에 따라 단기금융자산과 장기금융자산으로 구분된다. 즉, 단기금융자산은 유동자산으로, 그리고 장기금융자산은 투자자산으로 분류된다.

7. 다음은 신안상사의 7월중의 거래이다. 거래를 분개하시오.

① 홍익은행과 당좌거래약정을 체결하고 현금 ₩3,000,000을 당좌예입하다.
② 사무용 비품 ₩300,000을 구입하고, ₩200,000을 현금으로 지급하고 나머지 대금은 수표로 지급하다.
③ 종업원 김갑돌에게 7월분 급료 ₩1,100,000을 수표로 지급하다.
④ 전기료 ₩120,000을 수표로 지급하다.
⑤ 건물을 빌려주고 7월분 임대수익 ₩500,000을 신안은행 발행 자기앞수표로 받다.
⑥ 조치원상사로부터 7월분 이자 ₩200,000을 받아 홍익은행에 바로 입금하다.

풀이

	차변	금액	대변	금액
①	(차) 당 좌 예 금	3,000,000	(대) 현 금	3,000,000
②	(차) 비 품	300,000	(대) 현 금	200,000
			당 좌 예 금	100,000
③	(차) 급 료	1,100,000	(대) 당 좌 예 금	1,100,000

④ (차) 전 기 료 120,000 (대) 당 좌 예 금 120,000
⑤ (차) 현 금 500,000 (대) 임 대 수 익 500,000
⑥ (차) 당 좌 예 금 200,000 (대) 이 자 수 익 200,000

8. 신안상사는 8월 1일 소액현금제도를 시행하기 위하여 ₩200,000을 수표를 발행하여 소액현금관리자에게 입금하다. 필요한 분개를 하시오.

풀이

(차) 소 액 현 금 200,000 (대) 당 좌 예 금 200,000

9. 신안상사의 8월분 소액현금 지출내역은 교통비 ₩150,000과 문방구 구입비 ₩30,000이다. 수표 ₩180,000을 발행하여 소액현금계정을 보충하다. 필요한 분개하시오.

풀이

(차) 교 통 비 150,000 (대) 당 좌 예 금 180,000
소 모 품 비 30,000

10. 신안상사에 대한 다음 사항을 분개하시오.

① 실제 현금보유액이 현금계정잔액보다 ₩300,000이 적다.
② 현금부족액 중 ₩150,000은 외상매입 대금의 지출을 기록하지 않은 것으로 판명되다.
③ 기말까지 현금부족액 ₩150,000에 대해서는 원인을 알지 못하다.

풀이

① (차) 현금과부족 300,000 (대) 현 금 300,000
② (차) 외상매입금 150,000 (대) 현금과부족 150,000
③ (차) 잡 손 실 150,000 (대) 현금과부족 150,000

11. 신안상사는 은행계정조정표를 작성하는 20×1년 6월 31일 현재 다음의 사항을 확인하다. 은행계정조정표를 작성하고 필요한 수정분개를 하시오.

① 신안상사의 당좌예금잔액은 ₩315,000이다.
② 은행의 당좌예금잔액은 ₩308,400이다.
③ 신안상사가 발행하고 인출을 기록한 수표 중 아직 은행이 지급하지 않은 은행미인출수표는 ₩42,000이다.
④ 은행이 수수료 ₩2,000을 직접 신안상사의 계좌에서 차감하였는데, 신안상

사는 이것을 알지 못하다.

⑤ 신안상사가 ₩54,400을 은행에 입금하였으나, 은행이 이를 아직 처리하지 않고 있다.

⑥ 외상대금으로 거래처로부터 받아 예금한 수표 중 ₩22,400이 부도처리되었으나 신안상사는 이것을 알지 못하다.

⑦ 신안상사의 거래처가 외상대금 ₩35,600을 은행에 송금하였으나 신안상사는 이것을 알지 못하다.

⑧ 신안상사가 소모품을 구매하고 발행한 수표 ₩26,400을 ₩24,600으로 장부에 기록하다.

⑨ 은행이 입금 ₩48,400을 ₩44,800으로 기록하다.

풀이

은행계정조정표

신안상사 20×1년 6월 30일

① 기업 잔액	₩315,000	② 은행 잔액	₩308,400
④ 미통지인출 : 수수료	− 2,000	③ 은행미인출수표	− 42,000
⑥ 미통지인출 : 부도수표	−22,400	⑤ 은행미기록예금	+ 54,400
⑦ 미통지입금	+35,600	⑨ 은행의 오류	+ 3,600
⑧ 기업의 오류	− 1,800		
=조정 후 기업 잔액	₩324,400	=조정 후 은행 잔액	₩324,400

〈오류 수정분개〉

④ (차) 수 수 료	2,000	(대) 당 좌 예 금	2,000
⑥ (차) 부 도 수 표	22,400	(대) 당 좌 예 금	22,400
⑦ (차) 당 좌 예 금	35,600	(대) 외상매출금	35,600
⑧ (차) 소 모 품 비	1,800	(대) 당 좌 예 금	1,800

12. 다음은 신안상사의 단기금융상품에 대한 내용이다. 필요한 분개를 하시오.

① 현금 ₩3,000,000을 연이자율 12%로 조치원은행에 1년간 정기예금하다.

② 1년 후에 위의 정기예금이 만기되어 은행발행수표로 인출하다.

풀이

① (차) 단기금융상품	3,000,000	(대) 현 금	3,000,000
② (차) 현 금	3,360,000	(대) 단기금융상품	3,000,000
		이 자 수 익	360,000

13. 신안상사는 노원상사의 주식을 취득하고, 당기손익-공정가치측정금융자산(FVPL금융자산)으로 분류하였다. 필요한 분개를 하시오.

20×1년 중 취득원가	20×1년 말 공정가치	20×2년 말 공정가치	20×3년 중 처분금액
₩300,000	₩310,000	₩290,000	₩280,000

풀이

① 20×1년 취득시

(차) FVPL금융자산 300,000 (대) 현 금 300,000

② 20×1년 말

(차) FVPL금융자산 10,000 (대) FVPL금융자산평가이익 10,000

③ 20×2년 말

(차) FVPL금융자산평가손실 20,000 (대) FVPL금융자산 20,000

④ 20×3년 처분시

(차) 현 금 280,000 (대) FVPL금융자산 290,000
FVPL금융자산처분손실 10,000

14. 신안상사는 20×1년도 초에 영업을 시작하였다. 20×1년도와 20×2년도 말의 외상매출금은 각각 ₩2,000,000, ₩4,000,000이다. 대손율은 외상매출금의 1%이다. 다음에 필요한 분개를 하시오.

① 20×1년도 말의 대손추정을 하다.
② 20×2년도에 당기의 외상매출금 중 ₩5,000을 대손으로 확정하다.
③ 20×2년도 말에 대손추정을 하다.

풀이

① 신안상사는 20×1년도 초에 영업을 시작하였으므로, 전기말의 대손충당금잔액, 즉 20×1년도 말에 대손을 추정하기 직전의 대손충당금잔액은 ₩0이다. 20×1년도 말의 대손추산액이 ₩20,000이므로, 20×1년도의 대손상각비는 ₩20,000이다.

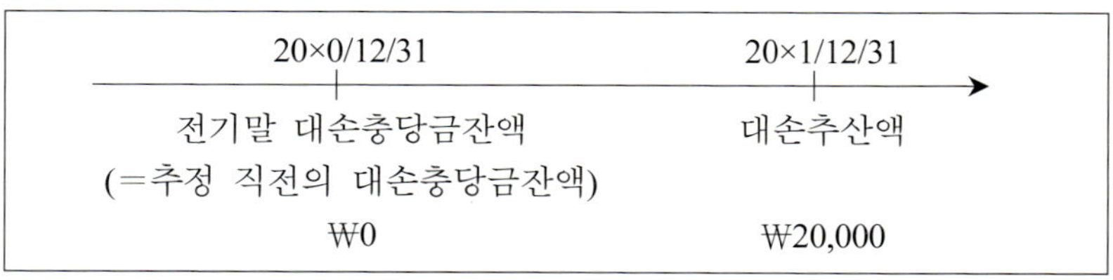

(차) 대손상각비 20,000 (대) 대손충당금 20,000

② 20×2년도 중의 대손확정액 ₩5,000은 대손확정 직전의 대손충당금잔액 ₩20,000보다 작으므로, 대손확정시에 다음의 분개가 필요하다.

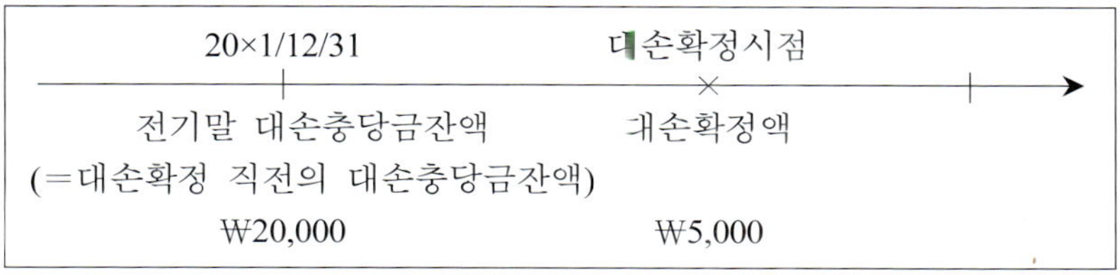

(차) 대손충당금	5,000	(대) 외상매출금	5,000

③ 20×2년도말의 대손추산액(즉, 대손충당금잔액) ₩40,000에서 대손추정 직전의 대손충당금잔액인 ₩15,000(=₩20,000−₩5,000)을 차감한 금액인 ₩25,000을 대손상각비로 계상해야 한다.

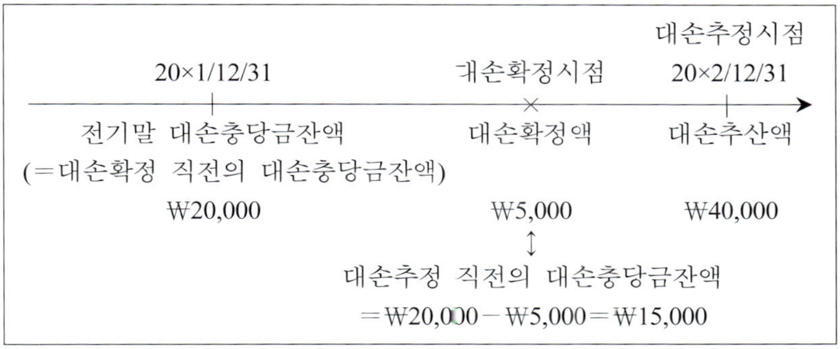

(차) 대손상각비	25,000	(대) 대손충당금	25,000

15. 신안상사는 기업 E에 상품 ₩4,000,000을 매출하고 받은 어음에 대해 만기일에 지급요청을 하였다. 만기일에 받을 이자수익은 ₩200,000이다. 다음 사항을 분개하되, ②와 ③은 독립적인 상황이다.

① 지급요청이 거절되어 부도어음으로 재분류하다. 또 부도로 인한 비용 ₩100,000을 현금으로 지출하다.

② 위 어음을 현금으로 회수하다.

③ 위 어음은 현금으로 회수불가능하므로 대손처리하다.

풀이

①	(차) 부 도 어 음	4,300,000	(대) 받 을 어 음	4,000,000
			이 자 수 익	200,000
			현 금	100,000
②	(차) 현 금	4,300,000	(대) 부 도 어 음	4,300,000
③	(차) 대손충당금	4,300,000	(대) 부 도 어 음	4,300,000

OX 문제

chapter 6

1. 내부통제의 목적은 기업의 자산을 보호하고 회계정보를 정확하게 처리만 하면 달성된다. (　　)

풀이 (X)
내부통제의 목적은 효율적인 조직의 운영이며, 다음의 기능을 통해 달성된다: ① 자산의 보호, ② 회계정보의 정확한 처리, ③ 법과 규정의 준수.

2. 설비자산 구입과 관련된 내부통제는 설비자산의 주문, 검수, 대금지급의 업무를 분장하는 것이다. (　　)

풀이 (O)
내부통제에 있어서 가장 중요한 개념은 업무분장이며, 어느 한 개인 혹은 한 부서에 모든 권한을 부여해서는 안 된다는 것이다.

3. 외상매출 대금으로 받은 고객의 당좌수표는 현금으로 보고한다. (　　)

풀이 (O)
현금(cash)은 통화 · 통화대용증권 · 요구불예금을 포함한다. 통화는 우리나라 화폐와 외국화폐를 뜻한다. 통화대용증권이란 타인발행 당좌수표, 자기앞수표, 송금환, 우편환 등 즉시 현금과 교환가능한 증서이다. 요구불예금은 당좌예금 · 보통예금을 칭한다.

4. 현금과부족계정이 대변 잔액을 가지면, 현금보유액이 기록된 현금계정의 잔액보다 적은 것을 의미한다. (　　)

풀이 (X)
실제 현금보유액이 현금계정의 잔액보다 적다면 현금과부족(cash short and over)계정의 차변에 기록되고, 반대의 경우라면 현금과부족계정의 대변에 기록된다.

5. 보유하고 있는 채권 및 단기금융상품이 회계기말로부터 3개월 이내에 만기가 도래하면 회계기말에 현금성자산으로 재분류해야 한다. (　　)

풀이 (X)

취득 당시에 만기가 3개월 이내에 도래하는 채권 및 단기금융상품 등을 현금성자산이라 한다.

6. 기업에서는 일상적으로 필요한 소액현금 지출을 위하여 일정한 현금을 기금으로 설정하여 운영하는데, 이것을 소액현금제도라고 한다. (　　)

풀이 (O)

기업운영에 필요한 일상적인 교통비·우편료 등의 소액지출을 모두 수표로 지출한다면 불편하므로, 일상적인 소액지출을 위하여 소액현금제도를 사용한다.

7. 일상적인 지출을 위하여 소액현금에서 현금을 사용할 때, 소액현금계정에 지출로 기록한다. (　　)

풀이 (X)

소액현금은 소액현금관리자의 책임하에 지출되는데, 소액현금에서 현금을 지출할 때 소액현금계정에 기록하지 않는다.

8. 소액현금에 대한 사용내역을 소액현금관리자가 회계부서에 제출하고 부족한 현금을 보충받을 때, 소액현금계정에 기록한다. (　　)

풀이 (X)

일정한 기간이 지난 후에 소액현금에 대한 사용내역을 소액현금관리자가 회계부서에 제출하고 부족한 현금을 보충받는데, 이때 비로소 비용의 발생과 당좌예금의 증가로 기록한다. 소액현금계정에 기록할 때에는 소액현금을 처음 설정하거나, 설정된 소액현금을 증가시키거나 감소시킬 경우뿐이다.

9. 기타포괄손익-공정가치측정금융자산은 금융자산의 공정가치평가손익을 당기손익으로 인식하는 금융자산을 말한다. (　　)

풀이 (X)

당기손익-공정가치측정금융자산은 공정가치평가손익을 당기손익으로 인식하는 금융자산을 말한다. 기타포괄손익-공정가치측정금융자산은 매 기말 공정가치로 평가하고 평가손익은 기타포괄손익으로 처리한다.

10. 매출채권은 다른 기업에 자금을 대여하고 차용증서나 어음을 받은 경우에 발생하는 채권을 말한다. (　　　)

풀이 (X)

수취채권(receivable)은 매출채권과 비매출채권으로 구분한다. 매출채권(trade receivable)은 일반적인 상거래에서 상품을 매출하거나 용역을 제공하고 대금을 나중에 받는 경우에 발생한 권리를 말한다. 비매출채권(nontrade receivable)은 다른 기업에 자금을 대여하고 차용증서나 어음을 받은 경우에 발생하는 채권을 말한다.

선다형 문제

chapter 6

1. 다음은 내부통제에 대한 설명이다. 틀린 것은?

① 내부통제는 회사의 자산을 보호하는 것이다.
② 내부통제는 회사의 사기를 예방하고 사회적 책임을 구현하는 것이다.
③ 내부통제는 회사의 회계정보를 정확하게 처리하는 것이다.
④ 내부통제는 회사 직원들이 법과 규정을 준수하게 하는 것이다.

풀이 ②
사기를 예방하고 사회적 책임을 구현하는 것을 내부통제의 목적이나 기능으로 보기 어렵다.

2. 다음 중에서 효율적인 내부통제가 아닌 것은?

① 은행의 모든 직원은 반드시 휴가를 보내야 한다.
② 동일한 직원이 현금을 수취하고 기록하는 일을 수행하게 한다.
③ 모든 직원이 다른 부서로 보직을 순환토록 한다.
④ 창고에는 허락받은 직원만 출입하게 한다.

풀이 ②
내부통제의 가장 중요한 개념은 업무분장이다. 동일한 직원에게 현금을 수취하고 기록하는 일을 맡기는 것은 업무분장에 어긋난다.

3. 다음은 현금성자산에 대한 설명이다. 틀린 것은?

① 재무제표일로부터 3개월 이내에 만기가 되는 채권 및 단기금융상품을 말한다.
② 큰 거래비용 없이 현금으로 전환이 용이해야 한다.
③ 이자율 변동에 따른 가치변동의 위험이 크지 않아야 한다.
④ 재무제표상에 현금및현금성자산 항목이 포함되어 보고된다.

풀이 ①
현금성자산은 "취득 당시"에 만기가 3개월 이내에 도래하는 채권 및 단기금융상품을 말한다.

4. 다음은 소액현금제도에 대한 설명이다. 틀린 것은?

① 일상적으로 필요한 소액현금 지출을 위하여 일정한 현금을 기금으로 설정하여 운영하는 것이다.
② 소액현금은 소액현금관리자의 책임하에 지출된다.
③ 일반적으로 월말에 소액현금에 대한 사용내역을 회계부서에 제출하고 부족한 현금을 보충받는다.
④ 소액현금에서 현금을 지출할 때 소액현금계정에 기록한다.

풀이 ④
소액현금에서 현금을 지출할 때 소액현금계정에 기록하지 않는다.

5. 다음은 은행계정조정표에 대한 설명이다. 틀린 것은?

① 회사가 입금한 수표가 부도수표로 통보되었을 때, 회사의 예금 잔액을 차감시키는 조정을 한다.
② 회사가 발행한 수표가 은행에서 아직 인출되지 않은 경우에는 은행의 예금 잔액을 차감시키는 조정을 한다.
③ 은행의 오류에 대해서는 회사의 장부에 수정분개하지 않는다.
④ 회사의 고객이 무통장입금한 사실을 알게 된 경우에는 회사와 은행의 예금 잔액을 각각 증가시키는 조정을 한다.

풀이 ④
회사 고객의 무통장입금은 이미 은행의 예금 잔액에 옳게 반영되었으므로, 은행의 예금 잔액은 수정할 필요가 없으며, 회사의 예금 잔액만을 증가시키는 조정을 한다.

6. 금융자산으로 분류될 수 있는 항목은?

① 상각후원가측정금융자산
② 당기손익-공정가치측정금융자산
③ 기타포괄손익-공정가치측정금융자산
④ 위의 모든 항목

풀이 ④
금융자산은 상각후원가측정금융자산 · 당기손익-공정가치측정금융자산 · 기타포괄손익-공정가치측정금융자산으로 분류된다.

7. 홍익상사의 실제 현금보유액은 ₩550,000인데, 장부상의 현금잔액은 ₩500,000으로 밝혀졌다. 필요한 분개를 하시오.

① (차) 현　　금	50,000		(대) 현금과부족	50,000
② (차) 현금과부족	50,000		(대) 현　　금	50,000
③ (차) 소 액 현 금	50,000		(대) 현금과부족	50,000
④ (차) 현금과부족	50,000		(대) 소 액 현 금	50,000

풀이 ①

실제 현금보유액을 기준으로 장부상의 현금잔액을 수정한다. 이 경우에는 실제 현금보유액이 장부상의 현금잔액보다 많으므로, 차액 ₩50,000을 현금계정의 차변 및 현금과부족계정의 대변에 각각 기록한다.

8. 신안상사는 은행계정조정표를 작성하는 과정에서, 소모품을 구매하고 발행한 수표 ₩132,000을 ₩123,000으로 장부에 잘못 기록한 것을 발견하였다. 필요한 수정분개를 하시오.

① (차) 당 좌 예 금	9,000		(대) 소 모 품 비	9,000
② (차) 소 모 품 비	132,000		(대) 당 좌 예 금	132,000
③ (차) 당 좌 예 금	132,000		(대) 소 모 품 비	132,000
④ (차) 소 모 품 비	9,000		(대) 당 좌 예 금	9,000

풀이 ④

소모품비와 당좌예금지출을 각각 과소하게 기록하였으므로, 소모품비와 당좌예금지출을 각각 ₩9,000 증가시키는 수정분개를 한다.

9. 다음은 당기손익-공정가치측정금융자산에 대한 설명이다. 틀린 것은?

① 당기손익-공정가치측정금융자산의 최초 측정금액은 취득시점의 공정가치에 거래원가를 가산한 금액이다.
② 금융자산의 공정가치평가손익을 당기손익으로 인식하는 금융자산이다.
③ 매도를 통하여 투자이익을 실현할 목적으로 보유하는 금융자산이다.
④ 당기손익-공정가치선택권에 의한 금융자산을 포함한다.

풀이 ①

당기손익-공정가치측정금융자산의 최초 측정금액은 취득시점의 공정가치이며, 거래원가는 당기의 비용으로 처리한다.

10. 신안상사의 20×1년도 말 대손충당금 잔액은 ₩1,500이었다. 20×2년도 중에 외상매출금 ₩500을 대손으로 확정하였을 때, 필요한 분개를 하시오.

① (차) 대손상각비 500 (대) 대손충당금 500
② (차) 외상매출금 500 (대) 대손충당금 500
③ (차) 대손상각비 500 (대) 외상매출금 500
④ (차) 대손충당금 500 (대) 외상매출금 500

풀이 ④

대손으로 확정하였을 때, 대손충당금과 외상매출금을 감소시키는 분개를 한다. 즉, 대손충당금계정을 차변에 그리고 외상매출금계정을 대변에 기록한다.

CHAPTER 7

재고자산

사례

S전자주식회사의 유동자산(2)

재무상태표

제50기 2018.12.31 현재
제49기 2017.12.31 현재
제48기 2016.12.31 현재 (단위 : 백만원)

	제50기	제49기	제48기
자산			
유동자산	80,039,455	70,155,189	69,981,128
현금및현금성자산	2,607,957	2,763,768	3,778,371
단기금융상품	34,113,871	25,510,064	30,170,656
매 출 채 권	24,933,267	27,881,777	23,514,012
미 수 금	1,515,079	2,201,402	2,319,782
선 급 금	807,262	1,097,598	814,300
선 급 비 용	2,230,628	2,281,179	2,375,520
재 고 자 산	12,440,951	7,837,144	5,981,634
기타유동자산	1,390,440	582,257	743,163
매각예정분류자산			283,690

2.7 매출채권

매출채권은 정상적인 영업과정에서 판매된 재고자산 및 제공된 용역과 관련하여 고객으로부터 수취할 금액입니다. 매출채권의 회수가 1년 이내에 예상되는 경우 유동자산으로 분류하고, 그렇지 않은 경우 비유동자산으로 분류합니다. 매출채권은 최초에 공정가치로 인식하며, 유효이자율을 적용한 상각후원가에서 손실충당금을 차감하여 측정하고 있습니다.

2.8 재고자산

재고자산은 원가와 순실현가능가치 중 작은 금액으로 표시하고 있습니다. 원가는 미착품을 제외하고는 평균법에 따라 결정하고 있습니다. …과잉, 진부화 및 시장가치의 하락 등이 발생한 경우 재고자산평가충당금을 계상하고 있으며 재고자산평가손실을 매출원가로 처리하고 있습니다.

[금융감독원 전자공시시스템(dart.fss.or.kr)에서 인용]

재고자산에는 상품·제품·재공품·원재료 등이 포함된다. 재고자산(inventory)이란 기업의 영업활동에서 판매를 목적으로 구입하여 보유하고 있는 물건을 말한다. 예를 들면, 기업이 영업활동에 사용하고 있는 자동차는 판매를 목적으로 보유하는 자동차가 아니기 때문에, 재고자산으로 분류하지 않는다. 그러나 자동차매매회사가 판매를 목적으로 보유하고 있는 자동차는 자동차매매회사의 재고자산으로 분류된다. 본장에서는 상품매매회사의 특징과 재고자산에 대한 회계처리를 살펴본다.

1. 상품매매회사의 영업순환과정

회사의 종류에는 용역회사, 상품매매회사, 제조회사가 있다. 용역회사는 서비스를 제공하는 회사이므로 상품이 존재하지 않는다. 반면에 상품매매회사(merchandising company)는 상기업이라고도 하고 완성된 상품을 구매하고 이윤을 붙여 판매하는 회사이며, 도매회사나 소매회사가 이에 해당된다. 제조회사는 원재료를 사용하여 제품을 생산한 후에 다시 생산된 제품을 판매하는 회사이다.

〈도표 7-1〉 영업순환과정

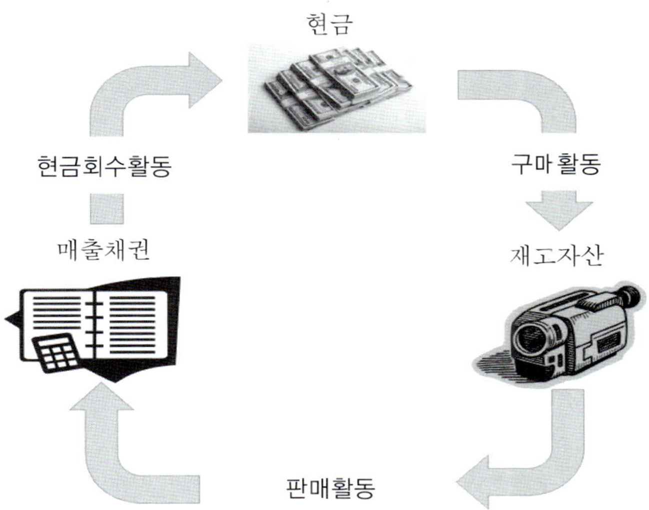

상품매매회사의 영업순환과정(operating cycle)은 매년 반복되는 영업활동을 나타낸다. 구매활동(purchasing activity)은 회사의 보유현금으로 재고자산을 구매하는 과정이다. 엄밀하게 말하면, 회사가 재고자산을 일반적으로 외상으로 먼저 구입하고 나중에 현금을 지급한다. 판매활동(sales activity)은 구매한 재고자산을 판매하는 활동을 나타내며, 일반적으로 외상판매로 이루어진다. 현금회수활동(collection activity)은 외상판매한 대금을 회수하는 과정이다.

2. 재고자산시스템

상품거래를 기록하는 재고자산시스템에는 계속기록법과 실지재고조사법이 있다. 계속기록법(perpetual inventory system)은 판매시에 재고자산 감소와 매출원가 증가를 계속 기록함으로써 매출원가를 장부상에서 파악할 수 있는 방법이다. 그러나 실지재고조사법(periodic inventory system)은 판매시에 재고자산 감소와 매출원가를 기록하는 대신에, 기말에 재고자산을 실사하여 파악함으로써 매출원가를 계산하는 방법이다. 실지재고조사법에서는 아래의 산식을 이용하여 매출원가를 파악한다.

〈도표 7-2〉 실지재고조사법에서의 매출원가 계산

기초재고액＋당기순매입액＝판매가능액
판매가능액－기말재고액＝매출원가

〈도표 7-3〉 계속기록법과 실지재고조사법

	계속기록법	실지재고조사법
상품구매	재고자산 ×× 매입채무 ××	매 입 ×× 매입채무 ××
상품판매	① 매출채권 ×× 매 출 ×× ② 매출원가 ×× 재고자산 ××	① 매출채권 ×× 매 출 ×× –
매출원가 수정분개	–	① 집합손익 ×× 재고자산(기초) ×× ② 집합손익 ×× 매 입 ×× ③ 매입에누리와환출 ×× 집합손익 ×× 매입할인 ×× ④ 재고자산(기말) ×× 집합손익 ××

〈도표 7-3〉은 계속기록법과 실지재고조사법의 회계처리를 비교하여 나타내고 있다. 회계기말에 판매되지 않고 남아 있는 상품을 기말재고라 하며, 기말재고는 재무상태표상에 유동자산항목인 재고자산으로 보고된다.

3. 구매활동

계속기록법은 재고자산과 매출원가에 대한 기록을 계속적으로 유지하는 방법이다. 재고자산을 외상으로 구입했을 경우에, 계속기록법에서는 재고자산계정의 차변과 매입채무(혹은 외상매입금)계정의 대변에 취득원가로 기록한다. 취득원가는 매입에 소요된 부대비용을 재고자산 구입가격에 가산한 금액이다.

실지재고조사법에서는 재고자산을 외상으로 구입했을 경우에, 매입계정의 차변과 매입채무(혹은 외상매입금)계정의 대변에 취득원가로 기록한다. 계속기록법에서와 마찬가지로, 취득원가는 매입 부대비용을 재고자산 구입가격에 가산한 금액이다.

3.1 운임

상품매매에 있어서 운임(freight)은 운임조건에 따라 달라진다. 선적지인도조건(FOB shipping point)은 상품을 선적하는 시점에 상품에 대한 권리와 의무가 구매자에게 이전되기 때문에, 운임은 구매자가 부담하며 상품의 취득원가에 가산한다. 도착지인도조건(FOB destination)은 상품이 목적지에 도착하기 전까지는 판매자가 권리와 의무를 소유하게 되므로, 운임은 판매자가 부담하며 판매자의 판매관리비인 운송비로 회계처리한다.

예제 7-1

5월 1일에 신안상사는 상품 A 1,000개를 ₩300,000(=₩300×1,000개)에 노원회사로부터 선적지인도조건과 할인조건 2/10, n/30으로 외상 구입하고, 구입한 상품의 운반비로 ₩10,000을 현금으로 지불하다. 구매자인 신안상사의 입장에서 계속기록법과 실지재고조사법을 각각 사용하여 이 거래를 분개하시오.

풀이

계속기록법			실지재고조사법		
재고자산	310,000		매입	310,000	
매입채무		300,000	매입채무		300,000
현금		10,000	현금		10,000

3.2 매입환출과 매입에누리

구입한 상품이 운송중에 파손되었거나 중요한 결함이 있을 경우에는 구입상품을 판매자에게 돌려보내는데, 이것을 **매입환출**(purchases return)이라 한다. 구입상품의 결함이 미미한 경우에는 구입가격을 깎아주는 조건으로 구매하기도 한다. 이때 깎아주는 금액을 **매입에누리**(purchases allowance)라 한다. 매입환출과 매입에누리는 재고자산을 차감하는 성격이다. 매입환출과 매입에누리에 대한 회계처리는 계속기록법에서 매입채무와 재고자산의 감소로 각각 기록하며, 실지재고조사법에서는 매입채무의 감소와 **매입에누리와환출**의 증가로 각각 기록한다.

예제 7-2

[예제 7-1]에서 5월 1일에 신안상사가 구입한 상품 A 중에 결함이 있는 상품 10개(₩3,000＝₩300×10개)를 5월 5일에 판매자에게 돌려보냈다. 구매자인 신안상사의 입장에서 계속기록법과 실지재고조사법을 각각 사용하여 이 거래를 분개하시오.

풀이

계속기록법			실지재고조사법		
매입채무	3,000		매입채무	3,000	
재고자산		3,000	매입에누리와환출		3,000

3.3 매입할인

외상대금을 조속히 회수하기 위하여 판매자는 할인조건을 구매자에게 제시한다. 할인조건을 만족하는 경우에 받는 할인을 **현금할인**(cash discount)이라고

하며, 구매자의 입장에서는 매입할인(purchases discount)이라고 한다. 예를 들어, '2/10, n/30'이라는 할인조건은 '현금할인기간 10일 이내에 외상대금을 지급하면 2% 할인하며, 외상기간은 30일'을 의미한다.

예제 7-3

〈[예제 7-1]의 구매와 [예제 7-2]의 매입환출에 관련된 예제〉
신안상사가 5월 1일에 구입한 상품 A 중에 결함이 있는 상품 10개(₩3,000=₩300×10개)를 제외한 외상대금을 5월 10일에 판매자인 노원회사에 지급하였다. 구매자인 신안상사의 입장에서 계속기록법과 실지재고조사법을 각각 사용하여 이 거래를 분개하시오.

풀이

계속기록법			실지재고조사법		
매 입 채 무	297,000		매 입 채 무	297,000	
재 고 자 산		5,940	매 입 할 인		5,940
현 금		291,060*	현 금		291,060*
* ₩300×990개×98%					

4. 판매활동

상품을 판매했을 때에는 매출채권(혹은 현금)계정의 차변과 매출계정의 대변에 판매가액으로 기록한다. 계속기록법에서는 매출원가를 기록하는데, 매출원가는 판매된 상품의 원가인 취득원가를 뜻한다. 매출원가에 대해서는 매출원가계정의 차변과 재고자산계정의 대변에 취득원가로 기록한다. 한편, 실지재고조사법에서는 매출원가를 기록하지 않는다.

예제 7-4

신안상사는 [예제 7-1]에서 구입한 상품 A 1,000개 중에서 600개를 개당 ₩400에 2/10, n/30의 외상조건으로 5월 4일에 매출하다. 판매자인 신안상사의 입장에서 계속기록법과 실지재고조사법을 각각 사용하여 분개하시오.

풀이

계속기록법	실지재고조사법
① 매 출 채 권 240,000 매 출 240,000* ② 매 출 원 가 186,000 재 고 자 산 186,000** * ₩400×600 ** ₩310×600	① 매 출 채 권 240,000 매 출 240,000* —

계속기록법에서 [예제 7-4]의 거래는 매출과 매출원가를 각각 기록하는 두 개의 분개로 이루어진다. 매출은 ₩240,000(=₩400×600개)이며, 매출원가는 ₩186,000(=₩310×600개)이다. [예제 7-1]의 매입거래와 [예제 7-4]의 판매거래 결과로, 5월 4일 현재의 매출원가계정 잔액은 ₩186,000, 재고자산계정 잔액은 ₩124,000(=₩310,000−₩186,000)이 된다.[1] 이를 각 T계정에 표시하면 아래와 같다.

매출원가

차변		대변	
5/4	186,000		

재고자산

차변		대변	
5/1	310,000	5/4	186,000

계속기록법은 매입과 판매의 상품거래를 세부적으로 기록하기 위하여 〈도표 7-4〉와 같은 상품재고장(subsidiary inventory ledger)을 보조장부로 사용한다. 상품재고장은 상품의 종류별로 사용된다. 매입한 상품은 상품재고장의 매입란에, 판매한 상품은 판매란에, 그리고 상품재고는 잔액란에 각각 기입된다. 따라서 상품재고장의 판매란의 합계는 매출원가를 나타내며, 잔액란의 최종 수량과 최종 금액은 회계기말의 기말재고량과 기말재고액을 각각 나타낸다.

〈도표 7-4〉 상품재고장

일 자	적 요	매 입			판 매			잔 액		
		수 량	단 가	금 액	수 량	단 가	금 액	수 량	단 가	금 액
5월 1일	매입	1,000	310	310,000				1,000	310	310,000
5월 4일	판매				600	310	186,000	400	310	124,000

1) [예제 7-2]의 매입환출은 5월 5일에 발생하였으므로, 5월 4일에 발생한 [예제 7-4]의 판매에 영향을 주지 않는다.

계속기록법에서는 장부상에 기말재고량과 기말재고액이 나타나기 때문에, 회계기말에 창고에 있는 재고자산의 개수를 재고조사할 필요가 없을 것 같으나, 보관중인 재고자산은 도난이나 파손되는 경우가 있으므로 재고조사를 하는 것이 필요하다. 재고조사를 통하여 파악된 상품의 수량감소는 재고자산감모손실(inventory shortage)로 처리한다.

4.1 매출환입과 매출에누리

판매한 상품이 운송중에 파손되었거나 중요한 결함이 있을 경우에는 판매상품이 판매자에게 반환되는데, 판매자의 입장에서 이것을 매출환입(sales return)이라 한다. 판매상품의 결함이 미미한 경우에는 판매가격을 깎아주는 조건으로 판매하기도 한다. 이때 깎아주는 금액을 판매자의 입장에서 매출에누리(sales allowance)라 한다. 매출환입과 매출에누리는 매출을 차감하는 성격이며, 매출에누리와환입이라는 계정을 사용하여 회계처리한다.

예제 7-5

[예제 7-4]에서 신안상사가 판매한 상품 A 600개 중에서 10개(₩4,000＝₩400 ×10개)를 5월 7일에 반품받았다. 판매자인 신안상사의 입장에서 계속기록법과 실지재고조사법을 각각 사용하여 분개하시오.

풀이

계속기록법			실지재고조사법		
① 매출에누리와환입	4,000		① 매출에누리와환입	4,000	
매 출 채 권		4,000*	매 출 채 권		4,000*
② 재 고 자 산	3,100		–		
매 출 원 가		3,100**			
* ₩400×10	** ₩310×10				

4.2 매출할인

외상대금을 조속히 회수하기 위하여 판매자는 할인조건을 구매자에게 제공한다. 판매자의 입장에서 제공하는 현금할인을 매출할인(sales discount)이라고 한다.

예제 7-6

〈[예제 7-4]의 판매와 [예제 7-5]의 매출환입에 관련된 예제〉
신안상사가 5월 4일에 판매한 상품 A 중에 결함이 있는 상품 10개(₩4,000 = ₩400 × 10개)를 제외한 외상대금을 5월 14일에 회수하였다. 판매자인 신안상사의 입장에서 계속기록법과 실지재고조사법을 각각 사용하여 이 거래를 분개하시오.

풀이

계속기록법			실지재고조사법		
현 금	231,280*		현 금	231,280*	
매 출 할 인	4,720		매 출 할 인	4,720	
매 출 채 권		236,000	매 출 채 권		236,000
* ₩400 × 590개 × 98%					

5. 매출원가 수정분개

계속기록법에서는 매출원가와 기말재고가 장부상에 기록되어 있으므로, 매출원가를 구하기 위한 수정분개를 할 필요가 없다. 계속기록법과는 달리, 실지재고조사법에서는 매출원가와 기말재고가 장부상에 기록되지 않아 그 금액을 알 수 없다. 그러나 기초재고액과 당기순매입액은 기록되어 있으므로 기말의 재고실사를 통하여 기말재고액을 파악한다면, 다음의 산식을 이용하여 매출원가를 계산할 수 있다.

기초재고액 + 당기순매입액 − 기말재고액 = 매출원가

실지재고조사법에서는 기말재고에 대한 조사가 필수적이다. 그러나 실지재고조사를 통해 재고자산이 얼마나 감모되었는지를 따로 파악할 수는 없으므로, 실지재고조사법에서 재고자산감모손실은 매출원가에 포함된다.

실지재고조사법에서는 매출원가를 도출하기 위해 기말에 수정분개를 해야 한다. 매출원가를 도출하는 수정분개방법은 여러 가지가 있으나, 여기에서는 집합손익계정을 이용하여 위의 등식대로 매출원가를 계산하는 방법을 설명한다. 〈도표 7-3〉에서 소개된 매출원가 수정분개 ①~④는 실지재고조사법에서 매출원가를 계산하기 위한 분개이다.

① 집 합 손 익	×××	재 고 자 산(기초)	×××
② 집 합 손 익	×××	매　　　입	×××
③ 매입에누리와환출	×××	집 합 손 익	×××
매 입 할 인	×××		
④ 재 고 자 산(기말)	×××	집 합 손 익	×××

분개 ①과 ②는 재고자산(기초)계정과 매입계정을 집합손익계정으로 대체하는 분개이다. 분개 ③은 매입에누리와환출 및 매입할인을 집합손익계정에서 차감한다. 분개 ①~③을 통하여, 집합손익계정에 기초재고액과 당기순매입액이 합산된 판매가능액이 집계되며, 분개 ④를 통하여 기말재고액이 차감되어 집합손익계정에 매출원가가 집계된다. 분개 ①~④에 의해, 위에서 설명된 산식(기초재고액＋당기순매입액－기말재고액＝매출원가)이 실행되어 매출원가가 계산된 것이다.

또한, 분개 ①을 통하여 기초재고가 삭제되어 재고자산계정의 잔액은 0이 되며, 분개 ④를 통하여 기말재고가 재고자산계정에 다시 기록된다.

예제 7-7

신안상사의 20×1년 초의 재고자산은 ₩700,000이고, 20×1년도의 재고자산매입은 ₩2,000,000이다. 신안상사가 기말에 실지재고조사를 실시한 결과, 기말재고는 ₩800,000이다.

① 신안상사의 20×1년도 매출원가를 계산하시오.
② 매출원가를 도출하기 위한 수정분개를 하시오.

풀이 ① 매출원가를 계산하는 산식을 사용하면, 매출원가는 아래와 같이 ₩1,900,000으로 계산된다.

기초재고액＋당기순매입액－기말재고액＝매출원가
₩700,000＋₩2,000,000－₩800,000＝₩1,900,000

② 매출원가를 기록하기 위한 수정분개는 다음과 같다.

① 집 합 손 익	700,000	재 고 자 산(기초)	700,000
② 집 합 손 익	2,000,000	매 입	2,000,000
③ 재 고 자 산(기말)	800,000	집 합 손 익	800,000

6. 기말재고액의 결정

회계기말에 기말재고액을 결정하는 것은 중요하다. 왜냐하면 재고자산은 기업의 주요 자산항목이며, 기말재고액은 기업의 매출원가와 당기순이익을 결정하기 때문이다.

기말재고액은 기말재고량과 재고자산의 단가를 곱한 액수이다. 계속기록법에서 기말재고량은 장부상에서 파악되며, 실지재고조사법에서는 재고조사를 통하여 파악된다. 재고자산의 단가를 결정하는 방법은 개별법·선입선출법·후입선출법·평균법 등이 있다. 각 방법은 계속기록법과 실지재고조사법하에서 적용된다. 기업이 선입선출법·후입선출법·평균법 중 어느 한 방법을 단가결정방법으로 사용하더라도, 기업은 실제로는 먼저 구입한 상품부터 판매한다.

6.1 개별법

개별법(specific identification method)은 상품 각각에 구입원가를 나타내는 원가표를 표시하여, 판매된 상품의 원가표에 의해 매출원가를 계산하고, 재고상품의 원가표를 이용하여 기말재고액을 계산한다. 이 방법은 동질의 상품을 다량으로 판매하는 경우에는 적합하지 않지만, 이질적인 고가품을 판매하는 경우에 적합한 방법이다. 개별법은 계속기록법과 실지재고조사법하에서 동일한 매출원가와 기말재고액을 나타낸다.

6.2 선입선출법

선입선출법(FIFO : first-in first-out method)은 먼저 구입한 상품을 먼저 판매한다고 가정한다. 따라서 매출원가는 오래전에 구입한 상품의 매입원가를 반영하고, 기말재고액은 최근에 구입한 상품의 매입원가를 반영한다. 선입선출법은 계속기록법과 실지재고조사법하에서 동일한 매출원가와 기말재고액을 나타낸다.

6.3 후입선출법

후입선출법(LIFO : last-in first-out method)은 최근에 구입한 상품을 먼저 판매한다고 가정한다. 그러므로 매출원가는 최근에 구입한 상품의 매입원가를 반영하며, 기말재고액은 오래전에 구입한 상품의 매입원가를 반영한다. 후입선출법은 계속기록법과 실지재고조사법하에서 상이한 매출원가와 기말재고액을 나타낸다.

6.4 평균법

평균법은 동일한 상품을 매출하므로 상품의 매입순서에 따라 매출하지 않고, 매입된 상품을 혼합하여 동일한 가격으로 매출한다고 가정한다. 평균법은 실지재고조사법에서는 총평균법으로, 계속기록법에서는 이동평균법으로 불린다.

(1) 총평균법

총평균법(weighted average method, 가중평균법)은 하나의 총평균단가를 상품에 동일하게 적용한다. 총평균단가는 판매가능액(=기초재고액+당기순매입액)을 판매가능량(=기초재고량+당기순매입량)으로 나누어 계산한 단가이다. 따라서 총평균단가는 회계기간 중에는 알 수 없고, 회계기말이 되어야 비로소 계산될 수 있다. 그러므로 총평균법은 계속기록법에서는 사용될 수가 없으며, 실지재고조사법에서만 사용된다.

(2) 이동평균법

이동평균법(moving average method)은 매입할 때마다 보유상품과 매입한 상품을 합하여 평균단가를 구하는 방법이다. 따라서 매입시점마다 상이한 평균단가가 계산된다. 그러므로 이동평균법은 실지재고조사법에서는 사용될 수 없으며, 계속기록법에서만 사용된다.

예제 7-8

다음은 20×1년도 홍익상사의 상품 B에 대한 거래내역이다.

일 자	내 용	수 량	단위당 원가	총원가
1월 1일	기초재고	150	₩100	₩15,000
3월 2일	매입	450	120	54,000
7월 8일	매입	300	140	42,000
11월 9일	매입	100	160	16,000
		1,000		₩127,000

① 홍익상사가 실지재고조사법을 사용한다고 가정하자. 기말에 재고조사를 실시한 결과, 기말재고량은 200개이다. 선입선출법·후입선출법·총평균법을 적용하여 매출원가와 기말재고액을 구하시오.

② 홍익상사가 계속기록법을 사용하며, 상품 B 400개를 5월 27일에, 400개를 10월 4일에 판매했다고 가정하자. 선입선출법·후입선출법·이동평균법을 적용하여 매출원가와 기말재고액을 구하시오.

풀이

① 판매가능한 상품 개수가 1,000개이고 기말재고량이 200개이므로, 매출량은 800개이다. 실지재고조사법하에서 선입선출법을 적용하면, 먼저 구입한 상품부터 판매하므로 매출량 800개는 1월 1일자 구입상품 150개, 3월 2일자 구입상품 450개, 7월 8일자 구입상품 200개로 구성되어 있다. 한편, 기말재고량은 7월 8일자 구입상품 100개와 11월 9일자 구입상품 100개로 이루어져 있다. 〈도표 7-5〉와 같이, 선입선출법에서의 매출원가는 ₩97,000이며, 기말재고액은 ₩30,000이다.

〈도표 7-5〉 실지재고조사법 : 선입선출법

일 자	내 용	수 량	단위당 원가	총원가
1월 1일	기초재고	150	₩100	₩15,000
3월 2일	매입	450	120	54,000
7월 8일	매입	200	140	28,000
	매출량	**800**	**매출원가**	**₩97,000**
7월 8일	매입	100	140	14,000
11월 9일	매입	100	160	16,000
	기말재고량	**200**	**기말재고액**	**₩30,000**

실지재고조사법에서 후입선출법을 사용하면, 최근 구입한 상품부터 판매하므로 매출량 800개는 11월 9일자 구입상품 100개, 7월 8일자 구입상품 300개, 3월 2일자 구입상품 400개로 구성되어 있다. 한편, 기말재고량은 1월 1일자 구입상품 150개와 3월 2일자 구입상품 50개로 이루어져 있다. 〈도표 7-6〉과 같이, 후입선출법에서의 매출원가는 ₩105,000이며, 기말재고액은 ₩21,000이다.

〈도표 7-6〉 실지재고조사법 : 후입선출법

일 자	내 용	수 량	단위당 원가	총원가
11월 9일	매입	100	₩160	₩16,000
7월 8일	매입	300	140	42,000
3월 2일	매입	400	120	48,000
	매출량	**800**	**매출원가**	**₩106,000**
3월 2일	매입	50	120	6,000
1월 1일	기초재고	150	100	15,000
	기말재고량	**200**	**기말재고액**	**₩21,000**

실지재고조사법에서 총평균법을 사용하면, 〈도표 7-7〉과 같이 상품의 단위당 원가는 ₩127이다. 매출원가는 ₩101,600이며, 기말재고액은 ₩25,400이다.

〈도표 7-7〉 실지재고조사법 : 총평균법

단위당 원가=총원가÷판매가능량=₩127,000÷1,000=₩127
매출원가=단위당 원가×매출량=₩127×800=₩101,600
기말재고액=단위당 원가×기말재고량=₩127×200=₩25,400

② 계속기록법을 설명하기 위해서 [예제 7-8]의 구매거래와 판매거래를 〈도표 7-8〉의 상품재고장에 표시해보자. 상품재고장의 판매란의 합계는 매출원가를, 최종 잔액란은 기말재고액을 나타낸다. 계속기록법에서 선입선출법을 사용하면, 매출원가와 기말재고액은 각각 ₩97,000, ₩30,000이다. 이 금액은 실지재고조사법의 선입선출법에서 계산된 금액과 일치된다.

〈도표 7-8〉 상품재고장(계속기록법 : 선입선출법)

일 자	적 요	매 입			판 매			잔 액		
		수량	단가	금액	수량	단가	금액	수량	단가	금액
1월 1일	기초 재고	150	100	15,000				150	100	15,000
3월 2일	매입	450	120	54,000				150 450	100 120	15,000 54,000
5월 27일	매출				150 250	100 120	15,000 30,000	200	120	24,000
7월 8일	매입	300	140	42,000				200 300	120 140	24,000 42,000
10월 4일	매출				200 200	120 140	24,000 28,000	100	140	14,000
11월 9일	매입	100	160	16,000				100 100	140 160	14,000 16,000
	합계	1,000		127,000	800		97,000			

계속기록법에서 후입선출법을 사용하면, 〈도표 7-9〉처럼 매출원가와 기말재고액은 각각 ₩101,000, ₩26,000이다.

〈도표 7-9〉 상품재고장(계속기록법 : 후입선출법)

일 자	적 요	매 입			판 매			잔 액		
		수량	단가	금액	수량	단가	금액	수량	단가	금액
1월 1일	기초재고	150	100	15,000				150	100	15,000
3월 2일	매입	450	120	54,000				150 450	100 120	15,000 54,000
5월 27일	매출				400	120	48,000	150 50	100 120	15,000 6,000
7월 8일	매입	300	140	42,000				150 50 300	100 120 140	15,000 6,000 42,000
10월 4일	매출				300 50 50	140 120 100	42,000 6,000 5,000	100	100	10,000
11월 9일	매입	100	160	16,000				100 100	100 160	10,000 16,000
	합계	1,000		127,000	800		101,000			

계속기록법하에서 이동평균법을 적용한 결과는 〈도표 7-10〉에 나와 있다. 이동평균법에서는 매번 상품을 매입할 때다다 새로운 평균이 계산되며 매출시에는 새로운 단가가 적용된다. 그러므로 이동평균법은 실지재고조사법에서는 사용할 수 없으며, 계속기록법에서만 가능한 단가결정방법이다. 이동평균법에 의해 산출된 매출원가는 ₩98,000이며, 기말재고액은 ₩29,000이다.

〈도표 7-10〉 상품재고장(계속기록법 : 이동평균법)

일 자	적 요	매 입			판 매			잔 액		
		수량	단가	금액	수량	단가	금액	수량	단가	금액
1월 1일	기초재고	150	100	15,000				150	100	15,000
3월 2일	매입	450	120	54,000				600	115	69,000
5월 27일	매출				400	115	46,000	200	115	23,000
7월 8일	매입	300	140	42,000				500	130	65,000
10월 4일	매출				400	130	52,000	100	130	13,000
11월 9일	매입	100	160	16,000				200	145	29,000
	합계	1,000		127,000	800		98,000			

[예제 7-8]은 상품의 매입단가가 계속 상승하는 경우를 나타낸다. 이와 같이 인플레이션 상황에서는 선입선출법의 매출원가가 제일 작으며, 후입선출법의 매출원가가 제일 크다. 기말재고의 크기는 선입선출법이 제일 크며, 후입선출법이 제일 작다. 평균법의 매출원가나 기말재고는 선입선출법과 후입선출법의 중간에 위치한다. 〈도표 7-11〉은 [예제 7-8]에서의 재고자산시스템을 실지재고조사법과 계속기록법으로 분류하고, 각각의 재고자산시스템을 다시 원가흐름의 가정인 선입선출법, 평균법, 후입선출법으로 구분하여 매출원가와 기말재고액을 비교한 것이다.

〈도표 7-11〉 매출원가와 기말재고액의 비교([예제 7-8])

재고자산시스템	원가흐름의 가정	매출원가	기말재고액
실지재고조사법	선입선출법	₩97,000	₩30,000
	총평균법	101,600	25,400
	후입선출법	106,000	21,000
계속기록법	선입선출법	97,000	30,000
	이동평균법	98,000	29,000
	후입선출법	101,000	26,000

인플레이션 상황에서 선입선출법을 사용하면, 다른 단가결정방법에 비해 매출원가는 제일 작고, 기말재고액과 당기순이익은 제일 크며, 법인세비용은 제일 많다. 또한, 인플레이션 상황에서 후입선출법을 사용하면, 매출원가는 제일 크고, 기말재고액과 당기순이익은 제일 작으며, 법인세비용은 제일 작다. 기말재고액 · 매출원가 · 법인세비용 · 당기순이익 등의 관계는 다음의 산식을 통해 알 수 있다.

기초재고액＋당기순매입액－기말재고액＝매출원가
매출액－매출원가＝매출총이익
법인세비용차감전 계속사업이익×법인세율＝계속사업이익 법인세비용
법인세비용차감전 계속사업이익－계속사업이익 법인세비용＝계속사업이익
계속사업이익±중단사업이익(손실)＝당기순이익

7. 저가법

재고자산의 순실현가능가치(net realizable value)가 취득원가보다 하락하는 경우에는 재고자산을 순실현가능가치로 평가하고, 재고자산 취득원가와 순실현가능가치의 차이를 재고자산평가손실(loss from decline in value of inventory)로 기록한다. 이 평가방법을 저가법(lower of cost or market : LCM)이라 하며, 순실현가능가치는 추정판매가격에서 추정판매비용을 차감한 금액이다.

저가법＝Min(취득원가, 순실현가능가치) 순실현가능가치＝추정판매가격－추정판매비용

예제 7-9

신안상사의 재고자산은 다음과 같다. ① 저가법으로 재고자산을 평가하되, 종목별 기준을 적용하시오. ② 재고자산평가에 관련된 분개를 하시오.

재고자산	취득원가	순실현가능가치
상품 A	₩3,800	₩4,000
상품 B	6,000	5,700

풀이 ① 종목별 기준을 적용하여 저가법으로 평가하면, 상품 A는 ₩3,800, 그리고 상품 B는 ₩5,700으로 평가되어 총평가액이 ₩9,500이 된다. 총취득원가는 ₩9,800이므로 재고자산평가손실은 ₩300이 된다.

재고자산	취득원가	순실현가능가치	저 가
상품 A	₩3,800	₩4,000	₩3,800
상품 B	6,000	5,700	5,700
합 계	₩9,800	₩9,700	₩9,500

② (차) 재고자산평가손실 300 (대) 재 고 자 산 300

8. 재고자산의 추정

기업은 계속기록법을 사용하지 않는 경우, 화재나 홍수로 인해 재고자산이 소실된 경우, 기말에 재고자산을 실사하지만 월별 및 분기별 재무제표를 작성하는 경우에 재고자산을 추정할 필요가 있다.

8.1 소매재고법

소매재고법(retail inventory method, 매출가격환원법)은 매출가격기준 기말재고액에 원가율(=취득원가기준 판매가능액÷매출가격기준 판매가능액)을 곱하여 취득원가기준 기말재고액을 추정하는 방법이다.

$$\text{원가율} = \frac{\text{취득원가기준 판매가능액}}{\text{매출가격기준 판매가능액}}$$

매출가격기준 기말재고액 = 매출가격기준 판매가능액 − 당기매출액

취득원가기준 기말재고액 = 매출가격기준 기말재고액 × 원가율

예제 7-10

신안상사의 재고자산 관련자료는 아래와 같다. 소매재고법을 사용하여 기말재고를 추정하시오.

	취득원가기준	매출가격기준
기초재고액	₩100,000	₩180,000
당기매입액	150,000	220,000
판매가능액	₩250,000	₩400,000
당기매출액	−	₩210,000

풀이

$$\text{원가율} = \frac{\text{취득원가기준 판매가능액}}{\text{매출가격기준 판매가능액}} = \frac{250{,}000}{400{,}000} = 62.5\%$$

매출가격기준 기말재고액 = 매출가격기준 판매가능액 − 당기매출액

= ₩400,000 − ₩210,000 = ₩190,000

취득원가기준 기말재고액 = 매출가격기준 기말재고액 × 원가율
= ₩190,000 × 0.625 = ₩118,750

8.2 매출총이익법

매출총이익법(gross profit method)은 매출총이익률을 사용하여 당기의 매출원가를 추정하고, 판매가능액에서 추정매출원가를 차감하여 기말재고액을 추정하는 방법이다.

예제 7-11

홍익상사의 재고자산 관련자료는 아래와 같다. 홍익상사의 당기매출액은 ₩200,000이며, 매출총이익률은 30%이다. 매출총이익법을 사용하여 홍익상사의 기말재고액을 추정하시오.

	취득원가기준
기초재고액	₩100,000
당기매입액	150,000
판매가능액	₩250,000

풀이 추정매출원가 = 당기매출액 × (1 − 매출총이익률)
= ₩200,000 × 70%
= ₩140,000

추정기말재고액 = 판매가능액 − 추정매출원가
= ₩250,000 − ₩140,000
= ₩110,000

Reading Materials

chapter 7

G마켓 "에누리인데 세금 탈루? 억울해"

(이데일리 2011-01-21)

감사원이 오픈마켓업체인 G마켓의 할인 쿠폰 발행에 대해 '할인된 금액에 대한 매출누락'이라며 부가세를 징수하라고 국세청에 요구한데 대해 G마켓이 반발하고 있다. 또한 감사원은 홈쇼핑과 대형마트 등도 이 같은 내용에 대해 감사를 하겠다는 뜻을 밝히고 있어 유통업체들이 긴장하고 있다.

21일 G마켓은 감사원의 부가세 추징 요구에 대해 "추호도 불법행위가 없었다"며 "떳떳하고 당당한 자세로 자구방안을 찾아 나갈 것"이라고 밝혔다. G마켓은 그동안 감사원에 충분히 소명했는데도 이 같은 결정이 내려졌다며 "이해할 수 없다"고 제기했다.

G마켓 관계자는 "과세관청의 서로 모순되는 법 해석으로 거액의 세금을 추징당한다면, 이는 법리적인 정당성 문제와는 별도로 전체 납세자들의 예측가능성과 법적 안정성을 침해해 정상적인 사업 활동에 지장을 줄 수 있다"고 주장했다.

이와 관련 감사원은 지난해 말 국세청 감사에서 G마켓으로부터 거둬들여야 할 지난 5년간 부가세 618억원이 과세되지 않았다고 지적, 지난 20일 감사위원회를 열고 국세청이 169억원을 우선 추징하도록 요구했다. 나머지 449억원에 대해서는 추가 검토 후 추징 여부를 결정하기로 했다. 감사원은 G마켓이 판매촉진을 위해 발행한 할인쿠폰을 이용해 부가세를 탈루했다는 지적이다.

문제는 할인된 가격이 부가세 면세 대상인 '에누리'에 해당하는지 여부다. 감사원은 기획재정부에 과세 대상 여부를 질의, "G마켓이 판매자와 상관없이 가격을 할인해 준 것은 에누리가 아니다"는 유권 해석을 받았다.

남궁이정 감사원 재정경제4팀 과장은 "이번 조사는 인터넷 쇼핑마켓 4개(G마켓, 옥션, 11번가, 인터파크)를 대상으로 했는데 G마켓만 할인쿠폰의 할인가를 매출에서 누락시켰다"고 말했다.

그는 또 "아직 홈쇼핑이나 할인마트 쪽은 조사하지 않았는데 국세청이 조사한 후 같은 기준으로 감사하게 될 것"이라고 밝혔다. 다른 유통업체들로 확대조사하겠다는 것이다.

온라인 몰 관계자는 "부가가치세법상 에누리 할인에 대해 할인 후 가격을 기준으로 부가세를 신고하도록 적시돼 있음에도 G마켓에 대한 추징 결정이 나온 것이 어떤 사정에 의한 것인지 모르겠다"며 "다만, 종합몰은 오픈마켓과 비즈니스 방식 차이가 커 큰 문제가 없을 것으로 본다"고 말했다.

투자자에 항변한 이정훈 서울반도체 사장

(한국경제 2015-02-12)

지난 10일 서울 여의도 한 증권사 빌딩에서 서울반도체의 실적발표회가 열렸다. 애널리스트들은 성토하듯 질문을 쏟아냈다. 서울반도체는 LED(발광다이오드) 조명이나 TV에 들어가는 패키지를 만드는 회사다. 뛰어난 기술력으로 세계 시장 점유율 4위까지 올랐고 2013년 매출 1조원을 넘겼다. 하지만 지난해 실적 성장세가 둔화되기 시작하더니 4분기에 300억원이 넘는 영업손실을 냈다.

연단에 선 이정훈 서울반도체 사장은 고개를 떨구며 "기대에 못 미쳐 착잡하다"고 했다. 하지만 관련 질문에는 투자자 관점에서 본 '모범답안'은 하나도 내놓지 않았다.

"재고가 4분기에 너무 많이 늘었는데 이걸 줄여야 되지 않느냐"는 물음에 이 사장은 재고를 열심히 줄이겠다는 대답 대신 "나는 기업가이고 기업가는 전략적으로 움직인다"며 "리드타임(고객사 주문이 나온 시점부터 공급하기까지 걸리는 시간)을 줄여야 하기 때문에 1분기에도 재고자산을 많이 가져간다는 방침은 변함없다"고 답했다. 원가경쟁력 하락에 대한 지적에도 그는 "(원가경쟁력이 있다는) 중국 경쟁사는 판매한 제품의 10% 정도가 불량일 정도로 품질이 떨어진다"며 "비용을 낮추는 것도 중요하지만 장기적으로는 가격보다 품질 경쟁력이 더 중요하다"고 했다.

R&D 비용 관리를 지적하는 애널리스트에게는 "작년에 900억원가량 썼는데 중국 경쟁사는 3분기까지 30억~40억원밖에 안 썼다. R&D를 줄여도 3~4년 먹고 사는 것은 문제없지만 우리 꿈은 세계 1위다. R&D 비용은 못 줄인다"고 맞섰다. 이 사장의 이 같은 답변에 일부 애널리스트는 '궁색한 변명'이라고 평했다. 다른 시각도 있다. 그동안 세계 최고의 기업과 수차례 특허소송에서 이겨 이 사장이 자신감을 갖게 됐다는 것이다. 실적발표회에 참석한 한 관계자는 "오너 경영자의 전략적 판단에 따른 결과는 내년 이 자리에서 확인될 것"이라고 했다.

서술형 문제

chapter 7

1. 재고자산에 대해 설명하시오.

풀이

재고자산(inventory)이란 기업의 영업활동에서 판매를 목적으로 구입하여 보유하고 있는 상품을 말한다. 예를 들면, 자동차매매회사는 자동차매매를 영업활동으로 하고 있기 때문에, 자동차매매회사가 판매목적으로 보유하고 있는 자동차는 재고자산으로 분류된다.

2. 상품매매회사의 영업순환과정에 대해 설명하시오.

풀이

영업순환과정(operating cycle)은 매년 반복되는 영업활동을 나타낸다. 상품매매회사의 영업활동은 구매활동, 판매활동 및 현금회수활동으로 이루어진다. 구매활동(purchasing activity)은 회사의 보유현금으로 재고자산을 구매하는 과정이다. 판매활동(sales activity)은 구매한 재고자산을 판매하는 활동을 나타낸다. 현금회수활동(collection activity)은 외상판매한 대금을 회수하는 과정이다.

3. 재고자산시스템에 대해 설명하시오.

풀이

재고자산시스템에는 계속기록법과 실지재고조사법이 있다. 계속기록법(perpetual inventory system)은 판매시에 재고자산 감소와 매출원가 증가를 계속 기록함으로써 매출원가를 장부상에서 파악할 수 있는 방법이다. 그러나 실지재고조사법(periodic inventory system)은 판매시에 재고자산 감소와 매출원가를 기록하는 대신에, 기말에 재고자산을 실사하여 파악함으로써 매출원가를 계산하는 방법이다.

4. 운임조건에 대해 설명하시오.

풀이

상품매매에 있어서 운임(freight)은 운임조건에 따라 달라진다. 선적지인도조건(FOB shipping point)은 상품을 선적하는 시점에 상품에 대한 권리와 의무가 구매자에게 이전되기 때문에, 운임은 구매자가 부담하며 상품의 취득원가에 가산한다. 도착지인도조건(FOB destination)은 상품이 목적지에 도착하기 전까지는 판매자가 권리와 의무를 소유하게 되므로, 운임은 판매자가 부담하며 판매자의 판매관리비인 운송비로 회계처리한다.

5. 원가흐름의 가정에 대해 설명하시오.

풀이

원가흐름의 가정(cost flow assumption)에는 선입선출법, 후입선출법 및 평균법이 있다. 원가흐름의 가정에 따라 재고자산의 단가 및 기말재고액이 결정된다. 선입선출법(FIFO : first-in first-out method)은 먼저 구입한 상품을 먼저 판매한다고 가정한다. 후입선출법(LIFO : last-in first-out method)은 최근에 구입한 상품을 먼저 판매한다고 가정한다. 평균법(average method)은 동일한 상품을 매출하므로 상품의 매입순서에 따라 매출하지 않고, 매입된 상품을 혼합하여 동일한 가격으로 매출한다고 가정한다.

6. 재고자산의 저가법에 대해 설명하시오.

풀이

재고자산의 순실현가능가치(net realizable value)가 취득원가보다 하락하는 경우에는 재고자산을 순실현가능가치로 평가하고, 재고자산 취득원가와 순실현가능가치의 차이를 재고자산평가손실(loss from decline in value of inventory)로 기록한다. 이 평가방법을 저가법(lower of cost or market : LCM)이라 하며, 순실현가능가치는 추정판매가격에서 추정판매비용을 차감한 금액이다.

7. 6월 1일에 신안상사는 상품 C 1,000개를 ₩400,000(=@₩400×1,000개)에 외상으로 구입하고, 구입한 상품의 운반비로 ₩20,000을 현금으로 지불하다. 계속기록법과 실지재고조사법을 사용하여 분개하시오.

풀이

계속기록법			실지재고조사법		
재 고 자 산	420,000		매 입	420,000	
매 입 채 무		400,000	매 입 채 구		400,000
현 금		20,000	현 금		20,000

8. 6월 4일에 신안상사는 [문제 7]에서의 상품 C 600개를 개당 ₩500에 현금으로 매출하다. 계속기록법과 실지재고조사법을 사용하여 분개하시오.

풀이

계속기록법			실지재고조사법		
① 현 금	300,000		① 현 금	300,000	
매 출		300,000*	매 출		300,000*
② 매 출 원 가	252,000				
재 고 자 산		252,000**	–		
* ₩500×600	** ₩420×600				

9. 홍익상사의 20×1년 초의 재고자산은 ₩800,000이고, 20×1년의 재고자산매입액은 ₩1,000,000이다. 홍익상사가 20×1년 말에 실시한 실지재고조사 결과, 기말재고액은 ₩600,000이다.

① 홍익상사의 20×1년도 매출원가를 계산하시오.
② 매출원가를 도출하기 위한 수정분개를 하시오.

풀이

① 매출원가를 계산하는 산식을 사용하면, 개출원가는 아래와 같이 ₩1,200,000으로 계산된다.

기초재고액＋당기순매입액－기말재고액＝매출원가
₩800,000＋₩1,000,000－₩600,000＝₩1,200,000

② 매출원가를 기록하기 위한 수정분개는 다음과 같다.

① 집 합 손 익	800,000	재 고 자 산(기초)	800,000
② 집 합 손 익	1,000,000	매 입	1,000,000
③ 재 고 자 산(기말)	600,000	집 합 손 익	600,000

10. 다음은 20×1년도 신안상사의 상품 D에 대한 거래이다.

일 자	내 용	수 량	단위당 원가	총원가
1월 2일	기초재고	150	₩200	₩30,000
3월 3일	매입	450	240	108,000
7월 9일	매입	300	280	84,000
11월 10일	매입	100	320	32,000
		1,000		₩254,000

① 신안상사가 실지재고조사법을 사용한다고 가정하자. 재고조사를 한 결과, 기말재고량은 300개이다. 선입선출법 · 후입선출법 · 총평균법을 적용하여 매출원가와 기말재고액을 구하시오.

② 신안상사가 계속기록법을 사용하며, 상품 D 250개를 4월 27일에, 450개를 9월 4일에 판매했다고 가정하자. 선입선출법 · 후입선출법 · 이동평균법을 적용하여 매출원가와 기말재고액을 구하시오.

풀이

① 판매가능한 상품 개수가 1,000개이고 기말재고량이 300개이므로, 매출량은 700개이다. 실지재고조사법에서 선입선출법을 적용하면, 먼저 구입한 상품부터 판매하므로 매출량 700개는 1월 2일자 구입상품 150개, 3월 3일자 구입상품 450개, 7월 9일자 구입상품 100개로 구성되어 있다. 한편, 기말재고량은 7월 9일자 구입상품 200개와 11월 10일자 구입상품 100개로 이루어져 있다. 다음과 같이, 선입선출법에서의 매출원가는 ₩166,000이며, 기말재고액은 ₩88,000이다.

실지재고조사법 : 선입선출법

일 자	내 용	수 량	단위당 원가	총원가
1월 2일	기초재고	150	₩200	₩30,000
3월 3일	매입	450	240	108,000
7월 9일	매입	100	280	28,000
	매출량	**700**	**매출원가**	**₩166,000**
7월 9일	매입	200	280	56,000
11월 10일	매입	100	320	32,000
	기말재고량	**300**	**기말재고액**	**₩88,000**

실지재고조사법에서 후입선출법을 사용하면, 최근 구입한 상품부터 판매하므로 매출량 700개는 11월 10일자 구입상품 100개, 7월 9일자 구입상품 300개, 3월 3일자 구입상품 300개로 구성되어 있다.
한편, 기말재고량은 1월 2일자 구입상품 150개와 3월 3일자 구입상품 150개로 이루어져 있다. 다음과 같이, 후입선출법에서의 매출원가는 ₩188,000이며, 기말재고액은 ₩66,000이다.

실지재고조사법 : 후입선출법

일 자	내 용	수 량	단위당 원가	총원가
11월 10일	매입	100	₩320	₩32,000
7월 9일	매입	300	280	84,000
3월 3일	매입	300	240	72,000
	매출량	**700**	**매출원가**	**₩188,000**
3월 3일	매입	150	240	36,000
1월 2일	기초재고	150	200	30,000
	기말재고량	**300**	**기말재고액**	**₩66,000**

실지재고조사법에서 총평균법을 사용하면, 다음과 같이 상품의 단위당 원가는 ₩254이다. 매출원가는 ₩177,800이며, 기말재고액은 ₩76,200이다.

실지재고조사법 : 총평균법

단위당 원가＝총원가÷판매가능량＝₩254,000÷1,000＝₩254
매출원가＝단위당 원가×매출량＝₩254×700＝₩177,800
기말재고액＝단위당 원가×기말재고량＝₩254×300＝₩76,200

② 계속기록법을 설명하기 위해서 구매거래와 판매거래를 다음과 같은 상품재고장에 표시해보자. 상품재고장의 판매란의 합계는 매출원가를, 최종잔액란은 기말재고액을 나타낸다. 계속기록법에서 선입선출법을 사용하면, 매출원가와 기말재고액은 각각 ₩166,000, ₩88,000이다. 이 금액은 실지재고조사법의 선입선출법에서 계산된 금액과 일치된다.

상품재고장(계속기록법 : 선입선출법)

일 자	적 요	매 입			판 매			잔 액		
		수량	단가	금액	수량	단가	금액	수량	단가	금액
1월 2일	기초 재고	150	200	30,000				150	200	30,000
3월 3일	매입	450	240	108,000				150 450	200 240	30,000 108,000
4월 27일	매출				150 100	200 240	30,000 24,000	350	240	84,000
7월 9일	매입	300	280	84,000				350 300	240 280	84,000 84,000
9월 4일	매출				350 100	240 280	84,000 28,000	200	280	56,000
11월 10일	매입	100	320	32,000				200 100	280 320	56,000 32,000
	합계	1,000		254,000	700		166,000			

계속기록법에서 후입선출법을 사용하면, 다음처럼 매출원가와 기말재고액은 각각 ₩180,000, ₩74,000이다.

상품재고장(계속기록법 : 후입선출법)

일 자	적 요	매 입			판 매			잔 액		
		수량	단가	금액	수량	단가	금액	수량	단가	금액
1월 2일	기초 재고	150	200	30,000				150	200	30,000
3월 3일	매입	450	240	108,000				150 450	200 240	30,000 108,000
4월 27일	매출				250	240	60,000	150 200	200 240	30,000 48,000
7월 9일	매입	300	280	84,000				150 200 300	200 240 280	30,000 48,000 84,000
9월 4일	매출				300 150	280 240	84,000 36,000	150 50	200 240	30,000 12,000
11월 10일	매입	100	320	32,000				150 50 100	200 240 320	30,000 12,000 32,000
	합계	1,000		254,000	700		180,000			

계속기록법에서 이동평균법을 적용한 결과는 아래에 나와 있다. 이동평균법에서는 매번 상품을 매입할 때마다 새로운 평균이 계산되며 매출시에는 새로운 단가가 적용된다. 그러므로 이동평균법은 실지재고조사법에서는 사용할 수 없으며, 계속기록법에서만 가능한 단가결정방법이다. 이동평균법에 의해 산출된 매출원가는 ₩171,385이며, 기말재고액은 ₩82,615이다.

상품재고장(계속기록법 : 이동평균법)

일 자	적 요	매 입			판 매			잔 액		
		수량	단가	금액	수량	단가	금액	수량	단가	금액
1월 2일	기초재고	150	200	30,000				150	200	30,000
3월 3일	매입	450	240	108,000				600	230	138,000
4월 27일	매출				250	230	57,500	350	230	80,500
7월 9일	매입	300	280	84,000				650	253*	164,500
9월 4일	매출				450	253*	113,885	200	253*	50,615
11월 10일	매입	100	320	32,000				300	275*	82,615
	합계	1,000		254,000	700		171,385			

* 단가는 반올림하여 표시하였음.

11. 단가를 결정하는 방법 중에서 후입선출법은 가장 최근에 매입한 상품을 먼저 매출하는 방법이다. 기업이 후입선출법을 사용한다면, 실제로 상품을 판매할 때 가장 최근에 매입한 상품을 먼저 판매하는가?

풀이

기업이 선입선출법 · 후입선출법 · 평균법 중 어느 한 방법을 단가결정방법으로 사용하더라도, 실제로 기업은 먼저 구입한 상품부터 판매한다. 즉, 물적 흐름(physical flow)은 항상 선입선출이다.

12. 매입시 매입단가가 낮아지는 디플레이션 상황에서, 선입선출법과 후입선출법 중 어느 방법을 사용해야 당기순이익이 높게 보고되는지를 설명하시오.

풀이

디플레이션 상황에서 후입선출법을 사용하면 다른 단가결정방법에 비해 매출원가는 제일 작고, 기말재고액과 당기순이익은 제일 크며, 법인세는 제일 많다. 또한, 디플레이션 상황에서 선입선출법을 사용하면 매출원가는 제일 크고, 기말재고액과 당기순이익은 제일 작으며, 법인세는 제일 적다.

13. 서울상사의 재고자산 관련자료는 아래와 같다. 소매재고법을 사용하여 기말재고를 추정하시오.

	취득원가기준	매출가격기준
기초재고액	₩1,000,000	₩1,800,000
당기매입액	1,500,000	2,200,000
판매가능액	₩2,500,000	₩4,000,000
당기매출액	—	₩1,900,000

풀이

$$\text{원가율} = \frac{\text{취득원가기준 판매가능액}}{\text{매출가격기준 판매가능액}} = \frac{2{,}500{,}000}{4{,}000{,}000} = 62.5\%$$

매출가격기준 기말재고액 = 매출가격기준 판매가능액 − 당기매출액
= ₩4,000,000 − ₩1,900,000 = ₩2,100,000

취득원가기준 기말재고액 = 매출가격기준 기말재고액 × 원가율
= ₩2,100,000 × 0.625 = ₩1,312,500

14. 노원상사의 재고자산 관련자료는 아래와 같다. 노원상사의 당기매출액은 ₩2,000,000 이며, 매출총이익률은 40%이다. 매출총이익법을 사용하여 노원상사의 기말재고액을 추정하시오.

	취득원가기준
기초재고액	₩1,000,000
당기매입액	1,500,000
판매가능액	₩2,500,000

풀이

추정매출원가 = 당기매출액 × (1 − 매출총이익률)
= ₩2,000,000 × 60%
= ₩1,200,000

추정기말재고액 = 판매가능액 − 추정매출원가
= ₩2,500,000 − ₩1,200,000
= ₩1,300,000

OX 문제

chapter 7

1. 자동차매매회사가 판매 목적으로 소유하고 있는 자동차는 재고자산이다. (   )

풀이 (O)
재고자산이란 기업의 영업활동에서 판매를 목적으로 구입하여 보유하고 있는 물건을 말한다.

2. 상품매매회사는 제조기업이라고도 칭한다. (   )

풀이 (X)
상품매매회사는 상기업이라고 부르며, 도매업 및 소매업을 포함한다.

3. 계속기록법은 판매시에 재고자산 감소와 매출을 계속 기록함으로써 재고자산과 매출을 장부상에서 파악할 수 있는 방법이다. (   )

풀이 (X)
계속기록법(perpetual inventory system)은 판매시에 재고자산 감소와 매출원가를 계속 기록함으로써 재고자산과 매출원가를 장부상에서 파악할 수 있는 방법이다.

4. 선적지인도조건은 상품을 선적하는 시점에 상품에 대한 권리와 의무가 판매자에게 남아 있기 때문에, 운임은 판매자가 부담하며 판매자의 운송비로 회계처리한다. (   )

풀이 (X)
선적지인도조건(FOB shipping point)은 상품을 선적하는 시점에 상품에 대한 권리와 의무가 구매자에게 이전되기 때문에, 운임은 구매자가 부담하며 상품의 취득원가에 가산한다.

5. 구입상품의 결함이 미미한 경우에는 구입가격을 조금 깎아주는 조건으로 구매하기도 한다. 이때 깎아주는 금액을 구매자의 입장에서 매입에누리라고 한다. (　　)

풀이 (O)
중대한 결함으로 인하여 구입상품을 판매자에게 돌려보내는 것을 매입환출(purchases return)이라 한다. 반면에, 미미한 상품 결함으로 인하여 구입가격을 조금 깎아서 구매하는 경우를 매입에누리(purchases allowance)라고 한다. 할인조건을 만족하는 경우에 구매자가 받는 현금할인을 매입할인(purchases discount)이라 한다.

6. 매입환출과 매입에누리에 대한 회계처리는 계속기록법에서 매입채무의 감소와 매입에누리의 증가로 각각 기록한다. (　　)

풀이 (X)
매입환출과 매입에누리는 재고자산을 차감하는 성격이다. 계속기록법에서 매입환출과 매입에누리에 대한 회계처리는 매입채무와 재고자산의 감소로 각각 기록한다.

7. 판매상품의 결함이 미미한 경우에는 판매가격을 깎아서 판매하기도 한다. 이때 깎아주는 금액을 판매자의 입장에서 매출할인이라고 한다. (　　)

풀이 (X)
판매한 상품이 운송중에 파손되었거나 중요한 결함이 있을 경우에는 판매상품이 판매자에게 반환되는데, 판매자의 입장에서 이것을 매출환입(sales return)이라 한다. 판매상품의 결함이 미미한 경우에는 판매가격을 깎아주는 조건으로 판매하기도 한다. 이때 깎아주는 금액을 판매자의 입장에서 매출에누리(sales allowance)라 한다. 외상대금을 조속히 회수하기 위하여 판매자가 제공하는 현금할인을 매출할인(sales discount)이라고 한다.

8. 실지재고조사법에서 사용하는 이동평균법은 매입할 때마다 보유상품과 매입한 상품을 합하여 평균단가를 구하는 방법이다. (　　)

풀이 (X)
이동평균법(moving average method)은 계속기록법에서 매입할 때마다 보유상품과 매입한 상품을 합하여 평균단가를 구하는 방법이다. 따라서 매입시점마다 상이한 평균단가가 계산된다. 그러므로 이동평균법은 실지재고조사법에서는 사용될 수 없으며, 계속기록법에서만 사용된다.

9. 인플레이션 상황에서 선입선출법을 사용하면 다른 단가결정방법에 비해 매출원가는 제일 작고, 기말재고액과 당기순이익은 제일 크며, 법인세는 제일 많다. (　　)

풀이 (O)

인플레이션 상황에서 선입선출법은 낮은 가격으로 구매한 상품부터 판매하므로 매출원가가 제일 작으며, 당기순이익은 제일 크다. 판매가능액에서 매출원가를 차감하면 기말재고액이 산출되는데, 매출원가가 작으면 기말재고액은 크게 된다. 선입선출법에서 법인세차감전순이익이 제일 크므로, 법인세도 제일 많다.

10. 재고자산은 저가법을 사용하여 평가한다. (　　)

풀이 (O)

재고자산의 순실현가능가치(net realizable value)가 취득원가보다 하락하는 경우에는 재고자산을 순실현가능가치로 평가하고, 재고자산 취득원가와 순실현가능가치의 차이를 재고자산평가손실(loss from decline in value of inventory)로 기록한다. 이 평가방법을 저가법(lower of cost or market : LCM)이라 하며, 순실현가능가치는 추정판매가격에서 추정판매비용을 차감한 금액이다.

저가법＝Min(취득원가, 순실현가능가치) 순실현가능가치＝추정판매가격－추정판매비용

선다형 문제

chapter 7

1. 재고자산시스템에 대한 설명이다. 틀린 것은?

① 상품거래를 기록하는 재고자산시스템에는 계속기록법과 실지재고조사법이 있다.

② 계속기록법은 판매시에 재고자산 감소와 매출원가를 계속 기록함으로써 재고자산과 매출원가를 장부상에서 파악할 수 있는 방법이다.

③ 계속기록법에서는 재고자산과 매출원가를 장부상에서 파악할 수 있기 때문에 재고자산 실사를 할 필요가 없다.

④ 실지재고조사법은 기말에 재고자산을 실사하여 파악함으로써 매출원가를 계산하는 방법이다.

풀이 ③

비록 계속기록법에서 재고자산과 매출원가를 장부상에서 파악할 수 있지만, 관리소홀이나 도난 등으로 재고자산이 감소할 수 있기 때문에 재고자산 실사를 반드시 하여야 한다.

2. 실지재고조사법에서 매출원가를 계산하는 방법에 대한 설명이다. 맞는 것은?

① 기초재고액과 당기순매입액을 합하면 판매가능액이 된다.

② 당기순매입액은 '당기매입＋매입운임－매입에누리와환출－매입할인'이다.

③ 판매가능액에서 기말재고액을 차감하면 매출원가가 된다.

④ 위의 설명은 모두 옳다.

풀이 ④

기초재고액＋당기순매입액＝판매가능액
당기매입＋매입운임－매입에누리와환출－매입할인＝당기순매입액
판매가능액－기말재고액＝매출원가

3. 다음은 재고자산의 구매활동에 대한 설명이다. 틀린 것은?

① 도착지인도조건하에서의 운임은 구매자가 부담하며 상품의 취득원가에 가산한다.

② 계속기록법은 재고자산과 매출원가에 대한 기록을 계속적으로 유지하는 방법이다.

③ 재고자산을 외상으로 구입했을 경우에, 계속기록법에서는 재고자산계정의 차변과 매입채무(혹은 외상매입금)계정의 대변에 취득원가로 기록한다.

④ 재고자산 취득원가는 매입에 소요된 부대비용을 재고자산 구입가격에 가산한 금액이다.

풀이 ①

선적지인도조건하에서의 운임은 구매자가 부담하며 상품의 취득원가에 가산한다.

4. 다음은 재고자산의 판매활동에 대한 설명이다. 틀린 것은?

① 상품을 판매했을 때에는 매출채권(혹은 현금)계정의 차변과 매출계정의 대변에 판매가액으로 기록한다.

② 계속기록법에서 매출원가를 기록할 때, 매출원가계정의 차변과 재고자산계정의 대변에 취득원가로 기록한다.

③ 매출원가는 판매된 상품의 원가인 취득원가를 뜻한다.

④ 실지재고조사법에서는 상품 판매시에 매출원가를 기록한다.

풀이 ④

실지재고조사법에서는 상품 판매시에 매출원가를 기록하지 않는다.

5. 다음은 재고자산의 매입과 관련된 설명이다. 틀린 것은?

① 구입한 상품에 중요한 결함이 있을 경우에는 구입상품을 판매자에게 돌려보내는데, 이것을 매입환출이라 한다.

② 구입상품의 미미한 결함으로 인해 구입가격에서 깎아주는 금액을 구매자 입장에서 매입에누리하고 한다.

③ 매입환출과 매입에누리는 매입(혹은 재고자산)을 차감하는 성격이다.

④ 매입환출과 매입에누리에 대한 회계처리는 계속기록법에서 매입채무의 감소와 매입에누리와환출의 증가로 각각 기록한다.

풀이 ④

매입환출과 매입에누리에 대한 회계처리는 계속기록법에서 매입채무와 재고자산의 감소로 각각 기록하며, 실지재고조사법에서는 매입채무의 감소와 매입에누리와환출의 증가로 각각 기록한다.

6. 다음은 재고자산 판매에 대한 설명이다. 틀린 것은?

① 판매상품의 결함이 미미한 경우에는 판매가격을 깎아주는 조건으로 판매하기도 하는데, 이때 깎아주는 금액을 판매자의 입장에서 매출할인이라 한다.
② 판매한 상품에 중요한 결함이 있을 경우에는 판매상품이 판매자에게 반환되는데, 판매자의 입장에서 이것을 매출환입이라 한다.
③ 매출환입, 매출에누리, 매출할인은 매출을 차감하는 성격이다.
④ 매출환입과 매출에누리는 매출에누리와환입이라는 계정을 사용하여 회계처리한다.

풀이 ①

판매상품의 결함이 미미한 경우에는 판매가격을 깎아주는 조건으로 판매하기도 하는데, 이때 깎아주는 금액을 판매자의 입장에서 매출에누리라고 한다.

7. 다음은 2/10, n/30의 외상조건에 대한 설명이다. 틀린 것은?

① 현금할인기간은 10일이다.
② 매입할인 2%는 현금으로 상품을 매입할 경우의 현금할인이다.
③ 매입할인은 외상매입 대금의 2%이다.
④ 외상기간은 30일이다.

풀이 ②

'2/10, n/30'이라는 외상조건은 '현금할인기간 10일 이내에 외상대금을 지급하면 2% 할인하며, 외상기간은 30일'을 의미한다.

8. 다음은 디플레이션 상황에서 선입선출법에 대한 설명이다. 맞는 것은?

① 매출원가는 제일 작다.
② 기말재고액은 제일 크다.
③ 법인세는 제일 많다.
④ 당기순이익은 제일 작다.

풀이 ④

디플레이션 상황에서 선입선출법을 사용하면 다른 단가결정방법에 비해 매출원가는 제일 크고, 기말재고액과 당기순이익은 제일 작으며, 법인세는 제일 적다.

9. 다음은 저가법에 대한 설명이다. 틀린 것은?

① 재고자산의 취득원가가 순실현가능가치보다 하락하는 경우에 적용한다.
② 재고자산의 평가에 사용한다.
③ 재고자산 취득원가와 순실현가능가치의 차이를 재고자산평가손실로 기록한다.
④ 순실현가능가치는 추정판매가격에서 추정판매비용을 차감한 금액이다.

풀이 ①

저가법은 재고자산의 순실현가능가치가 취득원가보다 하락하는 경우에 적용한다.

저가법 = Min(취득원가, 순실현가능가치) 순실현가능가치 = 추정판매가격 − 추정판매비용

10. 다음은 소매재고법에 대한 설명이다. 틀린 것은?

① 재고자산을 추정할 때 사용하는 방법이다.
② 원가율은 취득원가기준 판매가능액을 매출가격기준 판매가능액으로 나눈 값이다.
③ 취득원가기준 기말재고액은 매출가격기준 기말재고액에 원가율을 곱한 금액이다.
④ 매출가격기준 기말재고액은 매출가격기준 판매가능액에서 당기매출원가를 차감한 금액이다.

풀이 ④

매출가격기준 기말재고액은 매출가격기준 판매가능액에서 당기매출액을 차감한 금액이다.

매출가격기준 기말재고액 = 매출가격기준 판매가능액 − 당기매출액

취득원가기준 기말재고액 = 매출가격기준 기말재고액 × 원가율

$$\text{원가율} = \frac{\text{취득원가기준 판매가능액}}{\text{매출가격기준 판매가능액}}$$

CHAPTER 8

투자자산

1. 투자자산의 정의와 종류
2. 장기금융상품
3. 장기금융자산
4. 관계기업투자주식
5. 기타 투자자산

사례

S전자주식회사의 투자자산

재무상태표

제50기 2018.12.31 현재
제49기 2017.12.31 현재
제48기 2016.12.31 현재

(단위 : 백만원)

	제50기	제49기	제48기
자산			
유동자산	80,039,455	70,155,189	69,981,128
비유동자산	138,981,902	128,086,171	104,821,831
장기매도가능금융자산		973,353	913,989
기타포괄손익-공정가치금융자산	1,098,565		
당기손익-공정가치금융자산	7,413		
종속기업, 관계기업 및 공동기업 투자	55,959,745	55,671,759	48,743,079
유 형 자 산	70,602,493	62,816,961	47,228,830
무 형 자 산	2,901,476	2,827,035	2,891,844
장기선급비용	4,108,410	3,031,327	3,507,399
순확정급여자산	562,356	811,210	557,091
이연법인세자산	654,456	586,161	110,239
기타비유동자산	3,086,988	1,368,365	869,360
자산총계	219,021,357	198,241,360	174,802,959

(1) 금융상품의 분류와 측정

1) 최초적용일인 2018년 1월 1일 현재 기준서 제1109호의 도입으로 인한 금융상품 계정별 재분류 내역은 다음과 같습니다.

(단위 : 백만원)

구 분	측정범주		장부금액	
	기준서 제1039호	기준서 제1109호	기준서 제1039호	기준서 제1109호
금융자산				
현금및현금성자산	대여금및수취채권	상각후원가	2,763,768	2,763,768
단기금융상품	대여금및수취채권	상각후원가	25,510,064	25,510,064
매출채권	대여금및수취채권	상각후원가	27,881,777	27,881,777
장기매도가능금융자산	매도가능금융자산	기타포괄손익-공정가치	973,353	963,534
		당기손익-공정가치		9,819
기타	대여금및수취채권	상각후원가	3,623,263	3,623,263
소 계			60,752,225	60,752,225

[금융감독원 전자공시시스템(dart.fss.or.kr)에서 인용]

비유동자산은 투자자산, 유형자산, 무형자산, 기타비유동자산으로 분류된다. 본장에서는 비유동자산 중에서 투자자산에 대해 설명한다.

1. 투자자산의 정의와 종류

투자자산(long-term investment)은 장기적인 투자수익을 목적으로 보유하는 자산, 또는 다른 기업에 중대한 영향력을 행사하거나 지배할 목적으로 보유하는 주식 등의 자산을 말한다. 투자자산에는 장기금융상품, 장기금융자산, 관계기업투자주식, 기타 투자자산 등이 포함된다.

2. 장기금융상품

장기금융상품은 금융기관이 취급하는 정기예금 · 정기적금 · 사용이 제한되어 있는 예금 및 기타 정형화된 상품 등으로 만기가 1년 이후에 도래하는 것이다. 여기에는 만기가 1년 이후인 정기예금, 정기적금, 사용이 제한된 예금, 기업어음, 환매조건부채권, 양도성예금증서 등이 포함된다.

예제 8-1

다음은 신안상사의 장기금융상품에 대한 내용이다. 필요한 분개를 하시오.

① 현금 ₩5,000,000을 연이자율 10%로 조치원은행에 2년간 정기예금하다.
② 2년 후 위의 정기예금이 만기되어 은행발행수표로 인출하다.

풀이

	차변	금액	대변	금액
①	(차) 장기금융상품	5,000,000	(대) 현 금	5,000,000
②	(차) 현 금	6,050,000	(대) 장기금융상품	5,000,000
			이 자 수 익	1,050,000

3. 장기금융자산

장기금융자산은 만기가 1년 이후에 도래하는 금융자산으로서, 상각후원가측정금융자산 · 기타포괄손익-공정가치측정금융자산 · 장기수취채권 등을 포함한다. 장기수취채권에 대해서는 제6장에서 설명한 받을어음을 참고하기 바라며, 여기서는 기타포괄손익-공정가치측정금융자산과 상각후원가측정금융자산에 대해 설명한다.

상각후원가측정금융자산(이하 'AC금융자산')은 계약상 현금흐름을 수취하기 위해 보유하는 금융자산이며, 원리금 지급만으로 구성되어 있는 현금흐름이 발생한다. 기타포괄손익-공정가치측정금융자산(이하 'FVOCI금융자산')은 계약상 현금흐름의 수취와 금융자산의 매도를 위해 보유하는 금융자산이며, 원리금 지급만으로 구성되어 있는 현금흐름이 발생한다.

예제 8-2

신안상사는 20×1년 1월 1일에 같은 날짜로 발행된 사채(액면금액 ₩10,000, 3년 만기, 이자율 10%, 이자 매년 말 지급)를 ₩9,520에 취득하였다. 유효이자율은 연 12%이고, 20×1년 말과 20×2년 말 사채의 공정가치는 각각 ₩9,700과 ₩9,800이었으며, 20×3년 1월 1일에 ₩9,830에 처분하였다. 이 사채를 각각 기타포괄손익-공정가치측정금융자산(FVOCI금융자산)과 상각후원가측정금융자산(AC금융자산)으로 분류할 때에 필요한 분개를 하시오.

풀이 먼저 아래와 같이 유효이자율법에 의한 현재가치할인차금의 상각표를 작성하고, 상각표의 금액을 이용하여 회계처리를 한다.

연 도	유효이자 (12%)	액면이자 (10%)	현재가치할인차금		장부금액
			당기상각	미상각잔액	
20×1년 초				480	9,520
20×1년 말	1,142	1,000	142	338	9,662
20×2년 말	1,159	1,000	159	179	9,821
20×3년 말	1,179	1,000	179	—	10,000
합계	3,480	3,000	480		

(1) 기타포괄손익-공정가치측정금융자산으로 분류

① 20×1년 초 취득시 : 취득시점의 공정가치를 취득원가로 기록한다.

② 20×1년 말

ⓐ 이자수취 : 유효이자율에 따른 이자수익 ₩1,142을 기록하고, 현재가치할인차금의 상각액 ₩142만큼 FVOCI금융자산이 증가한다.

ⓑ 공정가치평가 : 위 ②ⓐ에서 공정가치평가 전의 FVOCI금융자산 장부금액은 ₩9,662이므로, 공정가치 ₩9,700과의 차액 ₩38을 FVOCI금융자산평가이익으로 기록한다.

③ 20×2년 말

ⓐ 이자수취 : 유효이자율에 따른 이자수익 ₩1,159을 기록하고, 현재가치할인차금의 상각액 ₩159만큼 FVOCI금융자산이 증가한다.

ⓑ 공정가치평가 : 위 ③ⓐ에서 공정가치평가 전의 FVOCI금융자산 장부금액은 ₩9,859(=9,700+159)이므로, 공정가치 ₩9,800과의 차액 ₩59을 FVOCI금융자산평가손실로 기록한다.

④ 20×3년 초 처분시 : 처분시에 기타포괄손익누계액에 포함되어 있는 FVOCI금융자산평가손실 ₩21(=평가손실 ₩59−평가이익 ₩38)을 FVOCI금융자산평가이익으로 재순환조정하여 제거한다. 처분시 현금수취액이 FVOCI금융자산 및 FVOCI금융자산평가이익의 합계액인 ₩9,821보다 크므로, 차액 ₩9을 FVOCI금융자산처분이익으로 기록한다.

(2) 상각후원가측정금융자산으로 분류

① 20×1년 초 취득시 : 취득시점의 공정가치를 취득원가로 기록한다.

② 20×1년 말 이자수취 : 유효이자율에 따른 이자수익 ₩1,142을 기록하고, 현재가치할인차금의 상각액 ₩142만큼 AC금융자산이 증가한다. AC금융자산은 공정가치로 평가하지 않으므로 평가손익이 없다.

③ 20×2년 말 이자수취 : 유효이자율에 따른 이자수익 ₩1,159을 기록하고, 현재가치할인차금의 상각액 ₩159만큼 AC금융자산이 증가한다.

④ 20×3년 초 처분시 : AC금융자산의 장부금액 ₩9,821과 현금수취액 ₩9,830의 차액 ₩9을 AC금융자산처분이익으로 기록한다.

일 자	FVOCI금융자산	AC금융자산
20×1년 초	(차) FVOCI금융자산 9,520 (대) 현 금 9,520	(차) AC금융자산 9,520 (대) 현 금 9,520
20×1년 말	① (차) 현 금 1,000 FVOCI금융자산 142 (대) 이 자 수 익 1,142 ② (차) FVOCI금융자산 38 (대) FVOCI금융자산평가이익 38* * 9,700−9,662=38	① (차) 현 금 1,000 AC금융자산 142 (대) 이 자 수 익 1,142 ② 평가손익 해당 없음

20×2년 말	① (차) 현　　금 1,000 FVOCI금융자산 159 (대) 이 자 수 익 1,159 ② (차) FVOCI금융자산 평가손실 59* (대) FVOCI금융자산 59 * 9,800－(9,700＋159)＝(59)	① (차) 현　　금 1,000 AC금융자산 159 (대) 이 자 수 익 1,159 ② 평가손익 해당 없음
20×3년 초	(차) 현　　금 9,830 (대) FVOCI금융자산 9,800 FVOCI금융자산평가이익 21 FVOCI금융자산처분이익 9	(차) 현　　금 9,830 (대) AC금융자산 9,821 AC금융자산처분이익 9

4. 관계기업투자주식

기업은 피투자기업에 유의적인 영향력을 행사하거나 통제하기 위하여 피투자기업의 주식을 취득한다. 투자기업이 피투자기업의 의결권 있는 주식 20~50%를 보유하고 있으면, 중대한 영향력을 행사할 수 있다고 간주한다. 이 경우에 피투자기업을 관계기업(associates), 취득한 피투자기업의 주식을 관계기업투자주식(investment in associates)이라 하며, 지분법(equity method)을 사용하여 관계기업투자주식에 대한 회계처리를 한다.

〈도표 8-1〉 지분법 회계처리

① 관계기업의 주식 취득			
(차) 관계기업투자주식	×××	(대) 현　　금	×××
② 관계기업의 순이익 보고			
(차) 관계기업투자주식	×××	(대) 관계기업투자이익	×××
③ 관계기업의 순손실 보고			
(차) 관계기업투자손실	×××	(대) 관계기업투자주식	×××
④ 관계기업의 배당금 수취			
(차) 현　　금	×××	(대) 관계기업투자주식	×××

예제 8-3

20×1년 초에 신안상사는 홍익상사가 발행한 보통주의 30%인 3,000주를 주당 ₩1,000에 취득하였다. 20×1년 말 홍익상사는 당기순이익 ₩5,000,000을 보고하였으며, 20×2년 5월에 주주에게 배당금 ₩500,000을 지급하였다. 투자주식과 관련된 분개를 하시오.

풀이 ① 관계기업의 주식 취득

(차) 관계기업투자주식	3,000,000	(대) 현 금	3,000,000

② 관계기업의 순이익 보고

(차) 관계기업투자주식	1,500,000	(대) 관계기업투자이익	1,500,000

③ 관계기업의 배당금 수취

(차) 현 금	150,000	(대) 관계기업투자주식	150,000

만약 투자기업이 피투자회사의 의결권 있는 주식의 50%를 초과하여 보유하고 있다면, 투자기업이 피투자회사를 지배 혹은 통제(control)한다고 간주한다. 이 경우에 투자기업을 **지배회사**(parent company), 피투자기업을 **종속회사**(subsidiary company)라고 한다. 지배회사와 종속회사는 하나의 경제적 실체(economic entity)로 보기 때문에, 지배회사는 지배회사와 종속회사의 재무제표를 연결한 **연결재무제표**(consolidated financial statements)를 작성하여 공시해야 한다. 연결재무제표의 작성방법은 고급재무회계에서 다룬다.

5. 기타 투자자산

기업은 건물이나 토지를 임대수익이나 시세차익을 얻는 등의 투자목적으로 보유하는 경우가 있다. 이러한 경우의 건물과 토지는 유형자산이 아니라 **투자부동산**(invested property)으로 기록해야 한다. 투자부동산은 취득시점의 공정가치인 취득원가로 기록하며, 그 이후에는 원가모형 혹은 공정가치모형을 선택해야 한다. 공정가치모형을 선택한 경우에는 기말의 공정가치 변동액을 당기손익으로 회계처리한다. 이 회계처리방법은 유형자산을 공정가치로 재평가하는 재평가모형과 차이가 있다. 유형자산의 재평가모형에서는 재평가손실을 당기손실로 처리하고 재평가이익은 기타포괄이익으로 처리하고 있으나, 투자부동산의 경우에는 재평가손실이나 재평가이익 모두 당기손익으로 처리하고 있다.

Reading Materials

chapter **8**

정진용 우정사업본부 예금사업단장 "단기금융상품보다 장기투자… 유럽 주식 · 부동산 비중 늘린다"
(한국경제 2014-04-10)

정진용 우정사업본부 예금사업단장은 한국 자본시장에서 '가장 어깨가 무거운 사람' 중 한 명이다. 60조 9,000억원에 달하는 우체국 예금을 운용해 매년 2.7%(조달금리) 이상의 수익률을 올려야 하기 때문이다. 작년엔 3.93%의 만족스러운 수익률을 올려 한시름 놓았다. 그러나 '저금리의 고착화'로 주요 투자처인 채권 만기 수익률이 연 3% 초반대로 떨어지면서 정 단장의 고민은 더욱 깊어지고 있다.

올해 그가 찾은 돌파구는 해외 주식투자다. 해외주식은 지난해 16%의 수익을 올리면서 각 투자 부문 중에서 최고의 성적을 냈다. 하지만 비중이 1.5%에 불과해 전체 수익률에는 큰 도움이 되지 못했다. 정 단장은 "그동안 고객들의 예금 상환 가능성을 염두에 두고 단기 금융상품에 절반가량(48.5%)을 투자해야 했다"며 "하지만 예금 재유치 비율이 90%를 웃돌 정도로 안정된 만큼 앞으로는 단기 금융상품 비중을 45%까지 줄이고 대신 수익률이 높은 장기 금융상품과 주식에 대한 투자를 늘려나갈 것"이라고 말했다.

정 단장은 특히 선진 유럽의 주식시장을 눈여겨보고 있다. 그는 "현재 미국은 경기 회복세가 뚜렷하지만 주식시장은 고평가된 면이 있어 상대적으로 주가가 싼 유럽 주식시장을 주목하고 있다"며 '국제결제은행(BIS)비율을 맞추기 위해 국내 주식 비중은 비록 '미세 조정' 수준이지만 줄일 수밖에 없다"고 말했다.

‘플러스 알파(α)’ 수익률을 위해 대체투자도 계속 강화할 방침이다. 리스크가 적고 매년 안정적으로 꼬박꼬박 현금 수익을 얻을 수 있는 투자 대상을 물색하고 있다. 정 단장이 가장 주목하는 시장은 유럽 부동산이다. 우정사업본부는 그동안 다른 연기금에 비해 비교적 부동산 투자 비중이 낮았다. 하지만 수익률 제고와 투자 다변화를 위해서는 변화가 필요한 시점이라는 게 그의 설명이다. 정 단장은 “부동산 중에서도 매년 임대료나 이자 소득이 들어오는 투자처를 선정하는 것이 중요하다”며 “선진 유럽국가의 부동산에 투자하되 직접적인 지분 투자나 메자닌(주식과 채권의 중간형태) 투자보다는 선순위 대출 방식으로 투자대상을 발굴할 것”이라고 설명했다.

정 단장은 ‘제대로 된’ 시장 분석을 위해 국민연금처럼 해외 사무소를 개설하는 것도 검토 중이다. 그가 최근 영국 런던을 찾아 국민연금 사무소를 방문한 것도 이런 이유에서다. 현재 우정사업본부는 해외 사무소가 없다. 그는 “안전행정부와 협의해 추진할 것”이라고 말했다.

사모펀드(PEF), 헤지펀드 투자에 대해서도 ‘긍정적’으로 평가했다. 사실 그가 작년 8월 예금사업단장으로 취임했을 때만 해도 ‘블라인드 PEF(투자 대상을 미리 정하지 않은 펀드)’에 대해 호의적이지 않았다. 하지만 국내에 우량 운용사가 많이 생겨난 데다 안정적인 수익률을 내놓으면서 마음을 바꾸게 됐다. 예금사업단은 이르면 2분기 중 국내 PEF운용사를 대상으로 정기 출자에 나설 계획이다.

KCC, '삼성의 심장' 제일모직 투자 3년 46% 수익

(더벨 2014-12-08)

KCC가 제일모직(옛 삼성에버랜드)에 투자한 지 3년 만에 3,524억원의 수익을 거두게 됐다. 3년간 투자수익률은 45.54%에 달한다.

8일 KCC 및 제일모직 등에 따르면 상장을 앞둔 제일모직의 공모가격이 5만 3,000원으로 확정됨에 따라 제일모직 지분 17%를 보유하면서 일부 지분의 구주매출을 앞두고 있는 KCC의 평가차익도 함께 확정됐다.

KCC의 제일모직 지분 투자 평가익

구 분	최초취득 (2011년 12월)	액면분할 후	공모가 (원)	공모후 평가	평가차익	투자수익률 (3년)
취득주식수(주)	425,000	21,250,000		21,250,000		
총취득가격(원)	773,851,900,000	773,851,900,000		1,126,250,000,000		
주당취득가격(원)	1,820,828	36,416.56	53,000	53,000	352,398,100,000	45.54%
액면가(원)	5,000	100		100		
지분율	17%	17%		17%		

↓

구주매출 (2014년 12월)

750만주(6%)

KCC는 2011년 12월 당시 삼성에버랜드(현 제일모직) 주식 42만 5,000주(17%)를 주당 182만 828원, 총 7,739억여원을 들여 최초 인수했다. 제일모직은 삼성에버랜드에서 사명을 변경한 뒤 올해 8월 상장을 위해 액면가를 기존 5,000원에서 100원으로 분할했다. 이에 따라 KCC의 제일모직 보유 주식수는 2,125만 주로 늘었다. 공모가를 감안하면 KCC 보유 제일모직 지분 가치는 총 1조 1,263억여원으로 최초 취득가격(7,739억여원)보다 3,524억여원 늘어났다. 3년 투자수익률은 45.54%다.

KCC는 보유중인 제일모직 주식(2,125만 주) 중 우선 750만 주를 제일모직 상장시 구주매출로 처분할 계획이다. 구주매출 후 제일모직의 시장 가격에 따라 KCC가 보유한 제일모직 잔여 지분 가치는 달라지게 된다. KCC는 제일모직 상장 이후 잔여 지분을 6개월간 시장에서 팔지 않는다(자발적인 보호예수)고 한다고 밝혀 내년 5월까지 최소 6개월간 제일모직 시장 가격에 따라 투자수익은 변동하게 될 예정이다.

3년간 46%라는 경이적 수익률을 달성한 KCC는 업계에서 다시 한 번 '투자의 귀재'라는 평을 얻을 것으로 보인다. KCC는 2010년과 2011년에 걸쳐 만도 지분을 매각해 5,000억원대 차익을 얻었고 현대자동차 주식을 투자해 역시 수천억원대 차익을 얻었다. 자산운용을 전문으로 하는 금융회사가 아니면서도 수천억원대 자금을 운용해 높은 수익률을 거둔 사례는 드물어 KCC를 두고 '미다스의 손'이라는 별명이 붙여지기도 했다.

높은 투자 수익은 KCC의 재무상황을 건실하게 만들어 주는 효과를 덤으로 가져다준다. KCC는 올해 9월 말 기준 현재 6조 7,375억원의 자산(이하 개별 재무제표 기준)과 4조 9,072억원의 자본을 갖고 있다. 부채비율은 37.30%다. 자산의 37%인 2조 5,000억원가량이 종속기업 주식 또는 매도가능금융자산일 정도로 자산에서 주식이 차지하는 비중이 높다.

이번에도 제일모직이 상장되면 상장 차익은 고스란히 이익으로 반영되면서 자본확충 효과를 보게 된다. KCC는 현재 제일모직 지분 17%를 9,444억원으로 장부상 평가하고 있어 대략 1819억원가량 순이익을 증가시킨다. 이는 2014년도 결산 재무제표에 반영될 예정이다. KCC 관계자는 "공모가 확정으로 순이익 증가 효과를 보게 된다"고 말했다.

서술형 문제

chapter 8

1. 투자자산에 대해 설명하시오.

풀이

투자자산(long-term investment)은 장기적인 투자수익을 목적으로 보유하는 자산, 또는 다른 기업에 중대한 영향력을 행사하거나 지배할 목적으로 보유하는 주식 등의 자산을 말한다. 투자자산에는 장기금융상품, 장기금융자산, 관계기업투자주식, 기타 투자자산 등이 포함된다.

2. 장기금융상품에 대해 설명하시오.

풀이

장기금융상품은 금융기관이 취급하는 정기예금 · 정기적금 · 사용이 제한되어 있는 예금 및 기타 정형화된 상품 등으로 만기가 1년 이후에 도래하는 것을 말한다. 여기에는 만기가 1년 이후인 정기예금, 정기적금, 사용이 제한된 예금, 기업어음, 환매조건부채권, 양도성예금증서 등이 포함된다.

3. 장기금융자산에 대해 설명하시오.

풀이

장기금융자산은 금융자산 중에서 만기가 1년 이후에 도래하는 자산으로서, 기타포괄손익-공정가치측정금융자산 · 상각후원가측정금융자산 · 장기수취채권 등이 포함된다.

4. 관계기업투자주식에 대해 설명하시오.

풀이

투자기업이 피투자기업의 의결권 있는 주식 20~50%를 보유하고 있으면, 중대한 영향력을 행사할 수 있다고 간주한다. 이 경우에 피투자기업을 관계기업(associates), 취득한 피투자기업의 주식을 관계기업투자주식(investment in associates)이라 하며, 지분법(equity method)을 사용하여 관계기업투자주식에 대한 회계처리를 한다.

5. 지배회사와 종속회사에 대해 설명하시오.

풀이

투자기업이 피투자회사의 의결권 있는 주식의 50%를 초과하여 보유하고 있다면, 투자기업이 피투자회사를 지배 혹은 통제(control)한다고 간주한다. 이 경우에 투자기업을 지배회사(parent company), 피투자기업을 종속회사(subsidiary company)라고 한다. 지배회사와 종속회사는 하나의 경제적 실체(economic entity)로 보기 때문에, 지배회사는 지배회사와 종속회사의 재무제표를 연결한 연결재무제표(consolidated financial statements)를 작성하여 공시해야 한다.

6. 지분법의 회계처리에 대해 설명하시오.

풀이

투자기업이 피투자기업의 의결권 있는 주식 20~50%를 보유하면, 투자기업은 지분법을 사용해야 한다. 관계기업이 당기순이익을 보고하면, 투자기업의 '관계기업투자주식'계정이 증가되게 회계처리한다. 또한, 관계기업으로부터 배당금을 수취하면, 투자기업의 '관계기업투자주식'계정이 감소되게 회계처리한다.

7. 다음은 신안상사의 장기금융상품에 대한 내용이다. 필요한 분개를 하시오.

① 현금 ₩5,000,000을 연이자율 5%로 조치원은행에 3년간 정기예금하다.
② 3년 후, 위의 정기예금이 만기되어 현금으로 인출하다.

풀이

	차변	금액	대변	금액
①	(차) 장기금융상품	5,000,000	(대) 현 금	5,000,000
②	(차) 현 금	5,788,125	(대) 장기금융상품	5,000,000
			이 자 수 익	788,125

8. 홍익상사는 20×1년 1월 1일에 같은 날짜로 발행된 사채(액면금액 ₩100,000, 3년 만기, 이자율 10%, 이자 매년 말 지급)를 ₩95,198에 취득하였다. 유효이자율은 연 12%이고, 20×1년 말과 20×2년 말 사채의 공정가치는 각각 ₩97,000과 ₩98,000이었으며, 20×3년 1월 1일에 ₩98,300에 처분하였다. 이 사채를 각각 기타포괄손익-공정가치측정금융자산(FVOCI금융자산)과 상각후원가측정금융자산(AC금융자산)으로 분류할 때에 필요한 분개를 하시오.

풀이

먼저 아래와 같이 유효이자율법에 의한 현재가치할인차금의 상각표를 작성하고, 상각표의 금액을 이용하여 회계처리를 한다.

연 도	유효이자 (12%)	액면이자 (10%)	현재가치할인차금		장부금액
			당기상각	미상각잔액	
20×1년 초				4,802	95,198
20×1년 말	11,424	10,000	1,424	3,378	96,622
20×2년 말	11,595	10,000	1,595	1,783	98,217
20×3년 말	11,783*	10,000	1,783	−	100,000
합계	34,802	30,000	4,802		

* 미상각잔액이 0이 되도록 조정하였음.

(1) 기타포괄손익-공정가치측정금융자산으로 분류

① 20×1년 초 취득시 : 취득시점의 공정가치를 취득원가로 기록한다.

② 20×1년 말

ⓐ 이자수취 : 유효이자율에 따른 이자수익 ₩11,424을 기록하고, 현재가치할인차금 상각액 ₩1,424만큼 FVOCI금융자산이 증가한다.

ⓑ 공정가치 평가 : 위 ②ⓐ에서 공정가치 평가 전의 FVOCI금융자산 장부금액은 ₩96,622이므로, 공정가치 ₩97,000과의 차액 ₩378을 FVOCI금융자산평가이익으로 기록한다.

③ 20×2년 말

ⓐ 이자수취 : 유효이자율에 따른 이자수익 ₩11,595을 기록하고, 현재가치할인차금 상각액 ₩1,595만큼 FVOCI금융자산이 증가한다.

ⓑ 공정가치 평가 : 위 ③ⓐ에서 공정가치 평가 전의 FVOCI금융자산 장부금액은 ₩98,595(=₩97,000+₩1,595)이므로, 공정가치 ₩98,000과의 차액 ₩595을 FVOCI금융자산평가손실로 기록한다.

④ 20×3년 초 처분시 : 처분시에 기타포괄손익누계액에 포함되어 있는 FVOCI금융자산평가손실 ₩217(=평가손실 ₩595−평가이익 ₩378)을 FVOCI금융자산평가이익으로 재순환조정하여 제거한다. 처분시 현금수취액 ₩98,300이 FVOCI금융자산 및 FVOCI금융자산평가이익의 합계액인 ₩98,217보다 크므로, 차액 ₩83을 FVOCI금융자산처분이익으로 기록한다.

<table>
<tr><th>일 자</th><th>FVOCI금융자산</th><th>AC금융자산</th></tr>
<tr><td>20×1년 초</td><td>(차) FVOCI금융자산 95,198
(대) 현 금 95,198</td><td>(차) AC금융자산 95,198
(대) 현 금 95,198</td></tr>
<tr><td>20×1년 말</td><td>① (차) 현 금 10,000
FVOCI금융자산 1,424
(대) 이 자 수 익 11,424
② (차) FVOCI금융자산 378
(대) FVOCI금융자산평가이익 378*
* 97,000－96,622＝378</td><td>① (차) 현 금 10,000
AC금융자산 1,424
(대) 이 자 수 익 11,424
② 평가손익 해당 없음</td></tr>
<tr><td>20×2년 말</td><td>① (차) 현 금 10,000
FVOCI금융자산 1,595
(대) 이 자 수 익 11,595
② (차) FVOCI금융자산
평가손실 595*
(대) FVOCI금융자산 595
* 98,000－(97,000＋1,595)＝(595)</td><td>① (차) 현 금 10,000
AC금융자산 1,595
(대) 이 자 수 익 11,595
② 평가손익 해당 없음</td></tr>
<tr><td>20×3년 초</td><td>(차) 현 금 98,300
(대) FVOCI금융자산 98,000
FVOCI금융자산평가이익 217
FVOCI금융자산처분이익 83</td><td>(차) 현 금 98,300
(대) AC금융자산 98,217
AC금융자산처분이익 83</td></tr>
</table>

(2) 상각후원가측정금융자산으로 분류

① 20×1년 초 취득시 : 취득시점의 공정가치를 취득원가로 기록한다.

② 20×1년 말 이자수취 : 유효이자율에 따른 이자수익 ₩11,424을 기록하고, 현재가치할인차금 상각액 ₩1,424만큼 AC금융자산이 증가한다. AC금융자산은 공정가치로 평가하지 않으므로 평가손익은 없다.

③ 20×2년 말 이자수취 : 유효이자율에 따른 이자수익 ₩11,595을 기록하고, 현재가치할인차금 상각액 ₩1,595만큼 AC금융자산이 증가한다.

④ 20×3년 초 처분시 : AC금융자산의 장부금액 ₩98,217과 현금수취액 ₩98,300과의 차액 ₩83을 AC금융자산처분이익으로 기록한다.

9. 20×1년 초에 신안상사는 홍익상사가 발행한 보통주의 20%인 2,000주를 주당 ₩1,000에 취득하였다. 20×1년 말 홍익상사는 당기순이익 ₩10,000,000을 보고하였으며, 20×2년 5월에 주주에게 배당금 ₩1,000,000을 지급하였다. 투자주식과 관련된 분개를 하시오.

풀이

① 관계기업의 주식 취득

(차) 관계기업투자주식	2,000,000	(대) 현 금	2,000,000

② 관계기업의 순이익 보고

(차) 관계기업투자주식	2,000,000	(대) 관계기업투자이익	2,000,000

③ 관계기업의 배당금 수취

(차) 현 금	200,000	(대) 관계기업투자주식	200,000

OX 문제

chapter 8

1. 투자자산은 장기적인 투자수익을 목적으로 보유하는 자산을 포함하며, 비유동자산으로 분류된다. (　　)

풀이 (O)
비유동자산은 투자자산, 유형자산, 무형자산, 기타비유동자산으로 분류된다. 투자자산(long-term investment)은 장기적인 투자수익을 목적으로 보유하는 자산, 또는 다른 기업에 중대한 영향력을 행사하거나 지배할 목적으로 보유하는 주식 등의 자산을 말한다.

2. 금융기관의 정형화된 상품인 장기금융상품에는 당좌예금, 정기적금, 사용이 제한된 예금, 기업어음, 환매조건부채권, 양도성예금증서 등이 포함된다. (　　)

풀이 (X)
당좌예금은 유동자산 중에서 "현금및현금성자산"에 포함된다.

3. 장기금융자산은 만기가 1년 이후에 도래하는 금융자산으로서, 기타포괄손익-공정가치측정금융자산 · 상각후원가측정금융자산 · 장기수취채권 등이 포함된다. (　　)

풀이 (O)
금융자산 중에서 장기금융자산에 속하는 것은 기타포괄손익-공정가치측정금융자산 · 상각후원가측정금융자산 · 장기수취채권 등이다.

4. 기업이 매도를 통하여 투자이익을 얻고자 보유하는 금융자산은 상각후원가측정금융자산으로 분류된다. (　　)

풀이 (X)
기업이 매도를 통하여 투자이익을 실현할 목적으로 보유하는 금융자산은 당기손익-공정가치측정금융자산이다.

5. 상각후원가측정금융자산은 회계말에 공정가치로 평가한다. (　　)

풀이 (X)
상각후원가측정금융자산은 회계말에 상각후원가로 측정하므로, 평가손익은 인식하지 않는다.

6. 투자기업이 피투자기업의 의결권 있는 주식 15% 이상을 보유하고 있으면, 중대한 영향력을 행사할 수 있다고 간주한다. (　　)

풀이 (X)
투자기업이 피투자기업의 의결권 있는 주식 20~50%를 보유하고 있으면, 중대한 영향력을 행사할 수 있다고 간주한다.

7. 투자기업이 피투자기업에게 유의적인 영향력을 행사할 수 있다고 간주하는 경우에 피투자기업을 관계기업이라 한다. (　　)

풀이 (O)
투자기업이 피투자기업의 의결권 있는 주식 20~50%를 보유하고 있으면, 중대한 영향력을 행사할 수 있다고 간주한다. 이 경우에 피투자기업을 관계기업(associates), 취득한 피투자기업의 주식을 관계기업투자주식(investment in associates)이라 하며, 지분법(equity method)을 사용하여 관계기업투자주식에 대한 회계처리를 한다.

8. 투자기업이 피투자회사의 의결권 있는 주식의 50%를 초과하여 보유하고 있다면, 투자기업을 지배회사, 피투자기업을 관계회사라고 한다. (　　)

풀이 (X)
투자기업이 피투자회사의 의결권 있는 주식의 50%를 초과하여 보유하고 있다면, 투자기업이 피투자회사를 지배 혹은 통제(control)한다고 간주한다. 이 경우에 투자기업을 지배회사(parent company), 피투자기업을 종속회사(subsidiary company)라고 한다.

9. 투자기업이 피투자회사를 지배 혹은 통제할 경우에는, 투자회사는 투자회사와 피투자회사의 재무제표를 연결한 연결재무제표를 작성하여 공시해야 한다. (　　)

풀이 (O)
투자기업이 피투자회사의 의결권 있는 주식의 50%를 초과하여 보유할 때, 투자기업이 피투자회사를 지배 혹은 통제한다고 간주한다. 이 경우에는 두 회사의 개별 재무제표를 연결한 연결재무제표를 작성해야 한다.

10. 투자부동산에 대하여 공정가치모형을 선택한 경우에, 재평가손실은 당기손실로 처리하고 재평가이익은 기타포괄이익으로 처리한다. (　　)

풀이 (X)

기업이 임대수익이나 시세차익을 얻는 등의 투자목적으로 보유하는 건물과 토지는 유형자산이 아니라 투자부동산(invested property)으로 기록해야 한다. 유형자산의 재평가모형에서는 재평가손실을 당기손실로 처리하고 재평가이익은 기타포괄이익으로 처리한다. 그러나 투자부동산의 공정가치모형에서는 재평가손실이나 재평가이익 모두 당기손익으로 처리해야 한다.

선다형 문제

chapter 8

1. 비유동자산에 속하지 않는 것은?

① 투자자산
② 재고자산
③ 유형자산
④ 무형자산

풀이 ②
비유동자산은 투자자산, 유형자산, 무형자산, 기타비유동자산으로 분류된다. 재고자산은 유동자산에 속한다.

2. 다음은 금융기관의 정형화된 상품인 금융상품에 대한 예이다. 틀린 것은?

① 정기예금
② 보통예금
③ 정기적금
④ 사용이 제한된 예금

풀이 ②
금융상품에는 정기예금, 정기적금, 사용이 제한된 예금, 기업어음, 환매조건부채권, 양도성예금증서 등이 포함된다. 보통예금은 요구불예금이며, 현금으로 분류된다.

3. 다음은 장기금융자산에 대한 예이다. 틀린 것은?

① 현금및현금성자산
② 기타포괄손익-공정가치측정금융자산
③ 상각후원가측정금융자산
④ 장기수취채권

풀이 ①
현금및현금성자산은 금융자산이지만, 단기금융자산에 속한다.

4. 다음 설명 중에서 장기금융자산에 대한 것은 어느 것인가?

① 현금은 통화 · 통화대용증권 · 요구불예금을 포함한다.

② 당기손익-공정가치측정금융자산은 공정가치평가손익을 당기손익으로 인식하는 금융자산을 말한다.

③ 현금성자산은 취득 당시 만기가 3개월 이내에 도래하는 채권 및 단기금융상품 등이다.

④ 상각후원가측정금융자산은 계약상 현금흐름의 수취를 목적으로 기업이 보유하는 금융자산이며, 원리금 지급만으로 구성된 현금흐름이 발생한다.

풀이 ④

현금, 현금성자산, 당기손익-공정가치측정금융자산은 단기금융자산이며, 상각후원가측정금융자산이 장기금융자산이다.

5. 신안상사는 20×1년 1월 1일에 같은 날짜로 발행된 사채(액면금액 ₩10,000, 3년 만기, 이자율 10%, 이자 매년 말 지급)를 ₩9,520에 취득하고, 기타포괄손익-공정가치측정금융자산(FVOCI금융자산)으로 분류하였다. 유효이자율은 연 12%이고, 20×1년 말의 공정가치는 ₩9,700이었으며, 20×2년 1월 1일에 ₩9,830에 처분하였다. 취득시점에 기록할 올바른 분개는?

	차변	금액	대변	금액
①	(차) 현 금	10,000	(대) FVOCI금융자산	10,000
②	(차) 현 금	9,520	(대) FVOCI금융자산	9,520
③	(차) FVOCI금융자산	10,000	(대) 현 금	10,000
④	(차) FVOCI금융자산	9,520	(대) 현 금	9,520

풀이 ④

취득시점의 공정가치인 ₩9,520으로 기록하되, FVOCI금융자산의 증가와 현금의 감소로 분개한다.

6. 문제 5에서 20×1년 말에 이자수익에 관련된 분개는?

	차변	금액	대변	금액
①	(차) 현 금	1,000	(대) 이 자 수 익	1,142
	FVOCI금융자산	142		
②	(차) 현 금	1,000	(대) 이 자 수 익	1,000
③	(차) 이 자 수 익	1,142	(대) 현 금	1,000
			FVOCI금융자산	142
④	(차) 이 자 수 익	1,000	(대) 현 금	1,000

풀이 ①

유효이자율법에 의한 현재가치할인차금의 상각표를 작성하고, 상각표의 금액을 이용하여 회계처리를 한다.

연 도	유효이자 (12%)	액면이자 (10%)	현재가치할인차금		장부금액
			당기상각	미상각잔액	
20×1년 초				480	9,520
20×1년 말	1,142	1,000	142	338	9,662
20×2년 말	1,159	1,000	159	179	9,821
20×3년 말	1,179	1,000	179	–	10,000
합계	3,480	3,000	480		

20×1년 말에 유효이자율에 따라 이자수익 ₩1,142을 기록하고, 현재가치할인차금의 상각액 ₩142만큼 FVOCI금융자산이 증가한다.

7. 문제 5에서 20×1년 말에 공정가치 평가손익에 관련된 분개는?

① (차) FVOCI금융자산평가이익 180 (대) FVOCI금융자산 180
② (차) FVOCI금융자산 38 (대) FVOCI금융자산평가이익 38
③ (차) FVOCI금융자산평가이익 38 (대) FVOCI금융자산 38
④ (차) FVOCI금융자산 180 (대) FVOCI금융자산평가이익 180

풀이 ②

문제 6에서 공정가치 평가 전의 FVOCI금융자산 장부금액은 ₩9,662이므로, 공정가치 ₩9,700과의 차액 ₩38을 FVOCI금융자산평가이익으로 기록한다. 따라서 차액 ₩38만큼 FVOCI금융자산과 FVOCI금융자산평가이익을 각각 증가시키는 분개를 한다.

8. 문제 5에서 20×2년 초 처분시점에 기록할 올바른 분개는?

① (차) 현 금 9,830 (대) FVOCI금융자산 9,830
② (차) 현 금 9,830 (대) FVOCI금융자산 9,700
FVOCI금융자산평가손실 38 FVOCI금융자산처분이익 168
③ (차) 현 금 9,830 (대) FVOCI금융자산 9,700
FVOCI금융자산평가이익 38 FVOCI금융자산처분손실 168
④ (차) 현 금 9,830 (대) FVOCI금융자산 9,700
FVOCI금융자산처분이익 130

풀이 ②

처분시에 기타포괄손익누계액에 포함되어 있는 FVOCI금융자산평가이익 ₩38을 FVOCI 금융자산평가손실로 재순환조정하여 제거한다. 처분시 현금수취액 ₩9,830과 FVOCI 금융자산평가손실 ₩38의 합계액인 ₩9,868이 FVOCI금융자산 ₩9,700보다 크므로, 차액 ₩168을 FVOCI금융자산처분이익으로 기록한다.

9. 20×1년 초에 신안상사는 홍익상사가 발행한 보통주의 30%인 3,000주를 주당 ₩1,500에 취득하였다. 20×1년 말 홍익상사는 당기순이익 ₩400,000을 보고하였으며, 20×2년 5월에 주주에게 배당금 ₩40,000을 지급하였다. 홍익상사가 당기순이익을 보고하였을 때, 신안상사가 행할 분개는?

①	(차) 관계기업투자주식	120,000	(대) 관계기업투자이익	120,000
②	(차) 현　　금	120,000	(대) 관계기업투자이익	120,000
③	(차) 관계기업투자이익	120,000	(대) 관계기업투자주식	120,000
④	분개할 필요 없다.			

풀이 ①

지분법에서 관계기업이 당기순이익 ₩400,000을 보고하였을 경우에, 투자회사는 관계기업 당기순이익의 30%에 해당하는 ₩120,000만큼을 관계기업투자주식과 관계기업투자이익의 증가로 각각 기록한다.

10. 문제 9에서 홍익상사가 배당금을 지급하였을 때, 신안상사가 행할 분개는?

①	(차) 현　　금	12,000	(대) 관계기업투자이익	12,000
②	(차) 현　　금	12,000	(대) 관계기업투자주식	12,000
③	(차) 현　　금	12,000	(대) 배당금수익	12,000
④	분개할 필요 없다.			

풀이 ②

지분법에서 관계기업으로부터 배당금 ₩40,000을 수취하였을 경우에, 투자회사는 관계기업 배당금의 30%에 해당하는 ₩12,000만큼을 현금의 증가와 관계기업투자주식의 감소로 각각 기록한다.

CHAPTER 9

유형자산

1. 유형자산의 취득
2. 유형자산의 감가상각
3. 유형자산의 보유기간 중 지출
4. 유형자산의 자산재평가
5. 유형자산의 손상차손
6. 유형자산의 처분

사례

S전자주식회사의 유형자산

재무상태표

제50기 2018.12.31 현재
제49기 2017.12.31 현재
제48기 2016.12.31 현재 (단위 : 백만원)

	제50기	제49기	제48기
자산			
유동자산	80,039,455	70,155,189	69,981,128
비유동자산	138,981,902	128,086,171	104,821,831
장기매도가능금융자산		973,353	913,989
기타포괄손익-공정가치금융자산	1,098,565		
당기손익-공정가치금융자산	7,413		
종속기업, 관계기업 및 공동기업 투자	55,959,745	55,671,759	48,743,079
유 형 자 산	70,602,493	62,816,961	47,228,830
무 형 자 산	2,901,476	2,827,035	2,891,844
장기선급비용	4,108,410	3,031,327	3,507,399
순확정급여자산	562,356	811,210	557,091
이연법인세자산	654,456	586,161	110,239
기타비유동자산	3,086,988	1,368,365	869,360
자산총계	219,021,357	198,241,360	174,802,959

2.9 유형자산

유형자산은 역사적 원가에서 감가상각누계액과 손상차손누계액을 차감하여 표시하고 있습니다. 역사적 원가는 자산의 취득에 직접적으로 관련된 지출을 포함합니다. 후속원가는 자산으로부터 발생하는 미래의 경제적 효익이 회사에 유입될 가능성이 높으며 그 원가를 신뢰성 있게 측정할 수 있는 경우에 한하여 자산의 장부금액에 포함하거나 별도의 자산으로 인식하고 있습니다. 대체된 부분의 장부금액은 제거하고 있으며 그 외의 모든 수선 및 유지비는 발생한 기간의 비용으로 인식하고 있습니다.

회사의 유형자산은 취득원가에서 회사가 추정한 추정내용연수에 따라 정액법에 의하여 상각됩니다. 토지는 상각되지 않으며, 자본화차입금이자를 포함한 장기건설자산의 취득에 사용된 원가는 관련자산의 추정내용연수 동안 상각됩니다.

[금융감독원 전자공시시스템(dart.fss.or.kr)에서 인용]

대부분의 기업들은 건물, 공장, 기계장치 등의 자산을 보유하고 있다. 이러한 유형자산(tangible asset)은 다음의 특징을 갖고 있다. ① 물리적 실체로 존재하고, ② 판매목적이 아니고 영업활동에 사용하기 위하여 취득한 것이며, ③ 장기간에 걸쳐 사용되고 가치가 감소하는 감가성 자산이다. 유형자산의 종류에는 토지, 건물, 기계장치, 선박, 항공기, 차량운반구, 집기, 사무용비품, 생산용 식물 등이 있다.

유형자산은 물리적인 실체가 존재하는 유형인 점에서 형체가 존재하지 않는 무형자산과 구분된다. 동일한 자산이더라도 판매목적이나 투자목적으로 취득한 자산은 재고자산 또는 투자자산으로 분류된다. 따라서 영업목적으로 취득하였으나 투자 및 판매 등으로 보유의 목적이 바뀌면 해당항목으로 재분류해야 한다. 이와 같이, 유형자산은 장기간에 걸쳐 효익을 가져다주는 자산이므로, 취득원가는 사용기간 동안 감가상각비로 비용화된다. 그러나 일시적으로 소유하는 소모품 등은 유형자산으로 분류되지 않고 당기의 비용인 소모품비로 처리한다.

유형자산과 관련된 회계처리로는 ① 취득, ② 보유기간 중의 지출, ③ 감가상각, ④ 기말평가, ⑤ 처분 등이다.

〈도표 9-1〉 유형자산의 회계처리

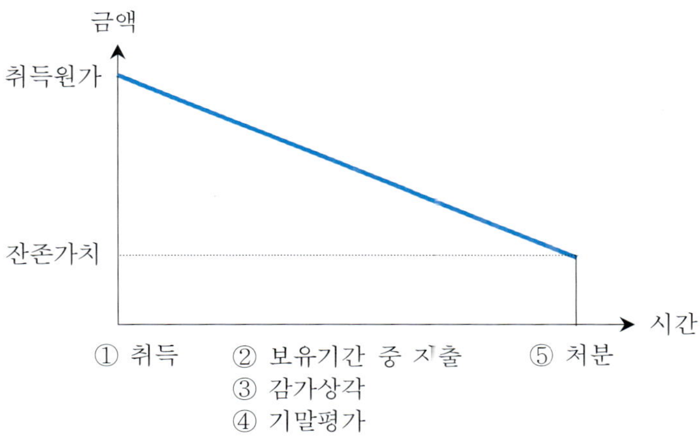

예제 9-1

다음의 자산들을 유형자산, 투자자산, 재고자산으로 분류하시오.

① 부동산중개회사가 판매목적으로 일시보유하고 있는 아파트건물
② 건설회사의 업무용 건물
③ 건설회사가 아파트 건설목적으로 장기간 보유하고 있는 토지
④ 자동차회사가 판매목적으로 보유하고 있는 자동차
⑤ 자동차회사가 판매목적이 아닌 영업활동 목적으로 보유하고 있는 자동차
⑥ 부동산회사의 본사건물

풀이 유형자산은 ②, ⑤, ⑥이고, 투자자산은 ③이며, 재고자산은 ①, ④이다.

1. 유형자산의 취득

기업은 구입·교환·제조 등의 방법으로 유형자산을 취득한다. 취득시의 취득원가는 구입가격 또는 제조원가뿐 아니라 취득부대비용도 포함한다. 취득부대비용은 취득한 자산이 사용가능할 때까지 발생한 모든 지출액이다. 따라서 구입취득시의 취득원가에는 구입가액에 중개수수료, 설치비, 시운전비, 등기비, 취득세, 관세 등의 제 비용이 추가된다.

유형자산을 교환·현물출자·증여 등의 방법으로 취득하는 경우 취득원가는 취득시의 공정가치이다. 현물출자란 기업이 주식을 발행하여 교부하고 유형자산을 취득하는 것을 말한다. 유형자산을 자가건설·제작하는 경우 건설·제조에 소요된 제 비용을 취득원가로 한다. 따라서 건설과정에 있는 자산은 건설중인자산의 항목으로 계상하고, 건설·제조와 관련하여 발생한 금융비용(예 : 건설차입금의 이자비용)도 취득원가로 계상한다.

예제 9-2

다음 사항은 신안상사의 토지와 건물에 대한 내용이다. 토지와 건물의 취득원가를 각각 구하시오.

① 토지구입에 ₩1,000,000을 지출하였다.

② 토지취득세 ₩50,000을 지출하였다.
③ 토지구입 후 정지비용 ₩200,000을 지출하였다(정지비용은 토지매입 후에 수행하는 구획정리·배수공사·진입로공사 등과 같이 정지(整地)활동으로 발생되는 비용임).
④ 신축건물 설계비 ₩70,000을 지출하였다.
⑤ 건물신축에 필요한 기초굴착비용 ₩100,000을 지출하였다.
⑥ 건물신축에 건축자재비 ₩3,000,000을 지출하였다.
⑦ 건물신축에 필요한 건설경비 ₩2,000,000을 차입하였고, 이자비용 ₩100,000을 지출하였다.
⑧ 건물을 완공하고, 건물등기비 ₩50,000을 지출하였다.

풀이 토지의 취득원가 : ①+②+③=₩1,250,000
건물의 취득원가 : ④+⑤+⑥+⑦+⑧=₩5,320,000

예제 9-3

홍익상사는 토지를 구입하는 대가로 회사 주식(액면가 ₩5,000) 1,000주를 발행하여 교부하였다. 구입 당시 홍익상사의 1주당 시가는 ₩10,000이었다. 토지구입에 관련된 분개를 하시오.

풀이

(차) 토 지	10,000,000	(대) 자 본 금	5,000,000
		주식발행초과금	5,000,000

2. 유형자산의 감가상각

영업활동의 목적으로 보유하는 유형자산은 미래에 수익을 창출할 수 있는 경제적 효익을 갖고 있다. 유형자산의 경제적 효익은 기간이 경과하고 영업활동의 결과로 수익이 발생하면서 감소하게 된다. 유형자산의 취득원가를 일정한 방법에 따라 사용기간 동안 배분하여 그 배분된 금액을 당기비용으로 처리하는데, 이것을 감가상각(depreciation)이라 한다.

따라서 감가상각은 취득원가에서 잔존가치를 차감한 감가상각대상금액(depreciable cost)을 내용연수 동안 합리적이고 체계적으로 배분하는 과정이다.

합리적이고 체계적으로 배분하는 방법에는 정액법, 정률법, 이중체감잔액법, 연수합계법, 생산량비례법 등이 있다.

2.1 감가상각의 원인과 기본요소

물리적 감가상각(physical depreciation)의 원인에는 사용이나 시간의 경과에 따른 정상적인 마모와 관리소홀이나 돌발적인 사고에 의한 비정상적인 손상이 있다. 기능적 감가상각(functional depreciation)의 원인에는 물리적으로는 사용가능하나 계속적인 사용이 경제적으로 불리하게 되는 부적응과 진부화가 있다. 부적응은 제조방법이나 제품종류의 변경과 같이 기업 내의 환경변화로 인한 것이고, 진부화는 신기술이나 발명과 같이 기업 외의 환경변화로 인한 것이다. 이들 감가상각의 원인들은 어느 한 가지 또는 둘 이상이 복합적으로 작용하여 자산이 갖는 경제적 효익을 감소시킨다.

감가상각의 원인으로 인한 경제적 효익의 감소를 합리적이고 체계적으로 추정하는 데 필요한 요소는 취득원가, 내용연수, 잔존가치이다. 취득원가(acquisition cost)는 취득시 유형자산의 취득가액으로 결정되어 기록된 금액이다. 내용연수(useful life)는 유형자산의 사용가능한 기간을 말하며, 자산의 성격이나 사용방법 등에 따라 달라진다. 잔존가치(residual value)는 유형자산의 폐기시 회수될 것으로 예상되는 금액이다. 내용연수와 잔존가치는 합리적으로 추정해야 하며, 세법이나 실무적 관행을 따르기도 한다.

2.2 감가상각방법

취득원가에서 잔존가치를 차감한 금액을 감가상각대상금액이라 한다. 감가상각은 이 감가상각대상금액을 내용연수 동안 합리적인 방법으로 배분하는 과정이다.

취득원가－잔존가치＝감가상각대상금액

〈도표 9-2〉 감가상각방법

방법 \ 항목	산 식	특 징
정액법	감가상각비 $=\dfrac{\text{취득원가}-\text{잔존가치}}{\text{내용연수}}$	균등상각법
생산량비례법	① 단위당 감가상각비 $=\dfrac{\text{감가상각대상금액}}{\text{추정총생산량}}$ ② 감가상각비 $=$ 단위당 감가상각비 $\times$ 당기실제생산량	균등상각법
정률법	① 감가상각률 $=1-\sqrt[N]{\text{잔존가치}/\text{취득원가}}$ ② 감가상각비 $=$ 기초장부금액 $\times$ 감가상각률	체감잔액법
연수합계법	① 연수합계 $=\dfrac{N(N+1)}{2}$ ② 감가상각비 $=$ 감가상각대상금액 $\times\dfrac{\text{잔여내용연수}}{\text{연수합계}}$	체감잔액법
이중체감잔액법	① 정액법 감가상각률 $=1\div$ 내용연수 ② 감가상각률 $=$ 정액법 감가상각률 $\times 2$ ③ 감가상각비 $=$ 기초장부금액 $\times$ 감가상각률	체감잔액법

〈도표 9-2〉는 합리적이고 체계적으로 회계기간별로 배분하는 감가상각방법들을 요약하고 있다.

예제 9-4

다음 자료를 사용하여 정액법, 생산량비례법, 정률법, 연수합계법, 이중체감잔액법에 의한 연도별 감가상각비를 계산하시오.

- 취득원가 : ₩1,000,000
- 잔존가치 : ₩100,000
- 내용연수 : 4년
- 추정총생산량 : 10,000단위
- 실제생산량 : 1차년도 3,000단위, 2차년도 2,000단위, 3차년도 3,000단위, 4차년도 2,000단위

풀이 ① 정액법

$$\text{감가상각비}=\frac{\text{취득원가}-\text{잔존가치}}{\text{내용연수}}=(1{,}000{,}000-100{,}000)/4=225{,}000$$

연도	기초장부금액	감가상각비	감가상각누계액	기말장부금액
1	1,000,000	225,000	225,000	775,000
2	775,000	225,000	450,000	550,000
3	550,000	225,000	675,000	325,000
4	325,000	225,000	900,000	100,000

② 생산량비례법

$$\text{단위당 감가상각비}=\frac{\text{감가상각대상금액}}{\text{추정총생산량}}=\frac{900,000}{10,000}=90$$

감가상각비＝단위당 감가상각비×실제생산량

연도	기초장부금액	감가상각비	감가상각누계액	기말장부금액
1	1,000,000	90×3,000 ＝270,000	270,000	730,000
2	730,000	90×2,000 ＝180,000	450,000	550,000
3	550,000	90×3,000 ＝270,000	720,000	280,000
4	280,000	90×2,000 ＝180,000	900,000	100,000

③ 정률법

$$\text{감가상각률}=1-\sqrt[4]{\frac{100,000}{1,000,000}}=1-0.5623=0.4377$$

감가상각비＝기초장부금액×감가상각률

연도	기초장부금액	감가상각비	감가상각누계액	기말장부금액
1	1,000,000	0.4377×1,000,000 ＝437,700	437,700	562,300
2	562,300	0.4377×562,300 ＝246,119	683,819	316,181
3	316,181	0.4377×316,181 ＝138,392	822,211	177,789
4	177,789	77,789*	900,000	100,000

* 잔존가치가 ₩100,000이 되도록 조정한 숫자

④ 연수합계법

$$\text{연수합계}=\frac{4(4+1)}{2}=10\text{년}$$

$$감가상각비 = 감가상각대상금액 \times \frac{잔여내용연수}{연수합계}$$

연도	기초장부금액	감가상각비	감가상각누계액	기말장부금액
1	1,000,000	900,000×4/10 =360,000	360,000	640,000
2	640,000	900,000×3/10 =270,000	630,000	370,000
3	370,000	900,000×2/10 =180,000	810,000	190,000
4	190,000	900,000×1/10 =90,000	900,000	100,000

⑤ 이중체감잔액법

정액법 감가상각률=1÷내용연수=1/4=0.25

감가상각률=정액법 감가상각률×2=0.25×2=0.5

감가상각비=기초장부금액×감가상각률

연도	기초장부금액	감가상각비	감가상각누계액	기말장부금액
1	1,000,000	500,000	500,000	500,000
2	500,000	250,000	750,000	250,000
3	250,000	125,000	875,000	125,000
4	125,000	25,000*	900,000	100,000

* 잔존가치가 ₩100,000이 되도록 조정한 숫자

3. 유형자산의 보유기간 중 지출

유형자산을 취득하여 사용하는 동안에 이 자산과 관련되어 수선 및 유지, 개선 및 증설, 이전 및 재배치를 위한 지출이 발생한다. 이러한 보유기간 중의 지출은 지출의 성격에 따라 자본적 지출과 수익적 지출로 분류된다.

자본적 지출(capital expenditure)은 지출로 인해 유형자산의 생산능력이 증대되거나, 내용연수가 연장되거나, 원가절감 및 품질향상이 발생한 경우를 말하며, 유형자산의 원가에 가산된다. 수익적 지출(revenue expenditure)은 유형자산의 본래 성능을 유지시켜주는 지출을 말하며, 당기의 비용으로 처리된다.

예를 들어, 자동차에 유압 고가사다리를 부착하는 데 소요된 지출은 자동차의 성능을 향상시키는 자본적 지출이며, 자동차 엔진오일 교환을 위한 지출은 자동차의 성능을 유지시키는 수익적 지출이다.

예제 9-5

노원 이주서비스 회사는 영업활동 목적으로 보유하고 있는 자동차와 관련하여 아래의 지출을 하였다. 아래의 지출이 자본적 지출인지 수익적 지출인지 분류하고, 적절한 분개를 행하시오.

① 자동차의 엔진을 새로운 엔진으로 교체하는 데 2백만원이 소요되었으며, 이 엔진 교체로 인하여 자동차의 내용연수가 5년 증가하였다.
② 자동차의 엔진오일 교환을 위해 5만원을 지출하였다.

풀이 지출 ①은 자동차의 내용연수를 증가시키므로 자본적 지출이며, 지출 ②는 자동차의 본래 성능을 유지시키므로 수익적 지출이다.

① (차) 차량운반구	2,000,000	(대) 현	금	2,000,000
② (차) 수선유지비	50,000	(대) 현	금	50,000

4. 유형자산의 자산재평가

유형자산은 처음 취득할 때의 공정가치를 취득원가로 기록한다. 취득시점 이후에는 원가모형이나 재평가모형을 선택하여 유형자산을 평가한다. 원가모형(cost model)은 자산을 취득원가로 인식한 취득시점 이후에 공정가치가 변해도 재평가를 허용하지 않는 방법이다. 재평가모형(revaluation model)은 자산을 취득시점 이후에 공정가치로 재평가하여 재평가된 금액으로 장부금액을 수정하는 방법이다.

4.1 공정가치가 증가하는 경우의 자산재평가

재평가로 인해 자산의 장부금액이 증가하는 경우에는, 그 재평가증가액을 재평가이익(포괄손익계산서의 기타포괄이익 항목)으로 기록하고, 기말에 마감분개를 통하여 재평가잉여금(재무상태표의 기타포괄손익누계액 항목)으로 대체한다.

그러나 동일한 자산에 대하여 이전 연도에 재평가손실(혹은 손상차손)이 있다면, 당기의 재평가증가액 중에서 이전의 재평가손실(혹은 손상차손) 금액만큼의 재평가증가액은 당기이익으로 인식하고 나머지 재평가증가액은 기타포괄이익으로 인식한다.

4.2 공정가치가 감소하는 경우의 자산재평가

재평가로 인해 자산의 장부금액이 감소하는 경우에는, 그 재평가감소액을 당기손실인 재평가손실로 처리한다. 그러나 동일한 자산에 대하여 이전 연도에 재평가잉여금이 있다면, 당기의 재평가감소액 중에서 이전의 재평가잉여금 금액만큼의 재평가감소액은 기타포괄손실로 인식하고, 나머지 재평가감소액은 당기손실인 재평가손실로 처리한다.

예제 9-6

노원상사는 20×1년 초에 토지를 ₩1,000,000에 구입하였다. 이 토지가 20×1년 말에 ₩800,000, 그리고 20×2년 말에 ₩1,300,000으로 재평가되었다. 20×1년 말과 20×2년 말에 재평가와 관련된 분개를 하시오. 노원상사는 재평가모형을 사용한다.

풀이 ① 20×1년 말

(차)	토지재평가손실(당기손실)	200,000	(대) 토　　지	200,000

② 20×2년 말

(차)	토　　지	500,000	(대) 토지재평가이익(당기이익)	200,000
			토지재평가이익 (기타포괄이익)	300,000

5. 유형자산의 손상차손

유형자산을 보유하고 있는 동안, 유형자산으로부터의 회수가능액이 장부금액보다 작아질 수 있다. 이러한 경우를 자산손상(asset impairment)이라 하며, 회수가능액이 장부금액에 미달된 차액을 손상차손(impairment loss)이라 한다. 회수가능액(recoverable amount)은 순공정가치와 사용가치 중에서 큰 금액을 말한다. 순공정가치(net fair value)는 공정가치에서 처분부대원가를 차감한 금액이고, 사용가치(value in use)는 자산의 사용으로부터 기대되는 미래현금흐름을 적절한 할인율로 할인한 현재가치이다.

> 손상차손＝장부금액－회수가능액
> 회수가능액＝Max(순공정가치, 사용가치)
> 순공정가치＝공정가치－처분부대원가
> 사용가치＝미래현금흐름의 현재가치

5.1 원가모형과 손상차손

유형자산을 재평가하지 않는 경우, 즉 원가모형을 사용하는 경우, 당기에 손상차손이 발생하였다면, 유형자산의 장부금액을 회수가능액으로 감소시키고, 손상차손을 당기손실로 처리한다.

과거에 손상차손이 발생하였고 손상된 유형자산의 회수가능액이 당기에 회복되었다면, 유형자산의 장부금액을 회수가능액으로 증가시키되 손상차손 없는 경우의 장부금액을 한도로 환입한다. 이때 환입된 금액을 손상차손환입이라고 하며, 당기이익으로 처리한다.

예제 9-7

서울상사가 소유하고 있는 토지의 장부금액은 ₩5,000,000인데, 정부의 부동산 억제정책으로 인하여 부동산 시세가 급격히 하락하여 20×1년 말에 토지의 회수가능액이 ₩3,000,000이 되었다. 그러나 정부가 20×3년에 다시 부동산부양정책을 실시하자, 20×3년 말에 토지의 회수가능액이 ₩6,500,000이 되었다. 이에 대한 회계처리를 하시오. 서울상사는 토지를 재평가하지 않는다.

풀이 ① 20×1년 말

(차) 토지손상차손	2,000,000	(대) 토지손상차손누계액	2,000,000

② 20×3년 말

(차) 토지손상차손누계액 2,000,000 (대) 토지손상차손환입 2,000,000

5.2 재평가모형과 손상차손

동일한 유형자산에 대하여 과거에 재평가잉여금이 있으며 당기에 손상차손이 발생한 경우에는, 재평가잉여금에 해당하는 손상차손까지는 재평가잉여금을 감소시키고, 재평가잉여금을 초과하는 손상차손은 당기손실로 처리한다.

과거에 손상된 유형자산의 회수가능액이 당기에 회복되었을 경우에는, 과거에 손실로 처리한 손상차손에 대해서는 손상차손환입으로 하여 당기이익으로 처리한다. 손상차손환입을 초과하는 당기의 자산재평가이익은 기타포괄이익으로 인식하여 재평가잉여금을 증가시킨다.

6. 유형자산의 처분

기업은 보유하고 있는 유형자산을 폐기, 매각, 또는 교환 등의 방법으로 처분한다. 처분시의 장부금액과 처분대가의 차이는 유형자산처분손익으로 인식한다. 장부금액은 취득원가에서 처분할 때까지의 감가상각누계액과 손상차손누계액을 차감한 금액이다.

장부금액보다 처분금액이 클 경우에는 그 차액을 손익계산서에 유형자산처분이익으로 계상하고, 장부금액보다 처분금액이 적을 경우에는 그 차액을 유형자산처분손실로 계상한다.

If 장부금액 < 처분금액, then 유형자산처분이익
If 장부금액 > 처분금액, then 유형자산처분손실

예제 9-8

홍익공업회사는 보유하고 있는 영업용 건물과 기계설비를 처분하였다. 건물과 기계에 관한 다음 자료를 사용하여 처분시에 필요한 분개를 하시오.

- 건물 : 취득원가 ₩200,000 ; 감가상각누계액 ₩150,000 ; 처분금액 ₩60,000
- 기계 : 취득원가 ₩100,000 ; 감가상각누계액 ₩50,000 ; 처분금액 ₩40,000

풀이 ① 건물

(차) 현 금	60,000		(대) 건 물	200,000
감가상각누계액	150,000		유형자산처분이익	10,000

② 기계

(차) 현 금	40,000		(대) 기 계	100,000
감가상각누계액	50,000			
유형자산처분손실	10,000			

Reading Materials

chapter 9

"급한 대로 내다팔자" 자산 처분 60% 급등

(파이낸셜뉴스 2014-11-17)

한국전력이 서울 삼성동 부지를 매각해 막대한 차익을 남기자 상장사들이 앞다퉈 돈 되는 유형자산을 처분하고 있다.

17일 금융감독원 전자공시시스템에 따르면 올해 현재까지 유가증권 및 코스닥 상장사의 유형자산 처분 결정 공시 횟수는 모두 63건으로 집계됐다. 이는 지난해 같은 기간 40건 대비 58% 증가한 것이다. 2012년과 2013년 전체 각각 44건, 55건보다도 많다.

시장별로는 유가증권 32건, 코스닥 31건으로 지난해 24건, 16건 대비 각각 33%, 94% 늘었다. 특히 코스닥 시장에서 올 한 해 정보기술(IT) 업황이 크게 나빠지며 관련 상장사들의 유형자산 처분 공시가 줄을 이었다.

삼환까뮤는 지난 14일 서울 여의도 사옥을 920억원에 처분키로 했다. 이는 자산총액인 1,676억원의 55%에 해당하는 규모다. 삼환까뮤는 "자산매각을 통한 재무구조 개선을 위해 사옥 매각을 결정했다"고 밝혔다.

대성산업은 지난 달 31일 경기 기흥 역세권 드시개발사업 환지예정지 3-2블록 3만 8,896㎡를 1,735억 5,000만원에 매각한다고 공시했다. 이 역시 자산총액 대비 8% 규모로 재무구조 개선 목적이라고 사측은 설명했다. 앞서 대성산업은 지난 6월 같은 지역의 2블록 2만 8845㎡ 1,190억원 규모를 팔았고, 8월에는 4블록 1만 6,587㎡을 652억원에 매각하기도 했다. 대성산업은 올해만 총

세 차례 부동산을 매각해 3,578억여원을 수급했다.

SK네트웍스도 서울 대치동의 보유 토지와 건물을 팔아 3,090억원의 유동성을 확보했다. 한진중공업도 4월 부산 암남동 토지 594억원, 6월 서울 사옥 및 부산 연구개발센터 1,497억원, 7월 인천 석남동 토지 및 건물 1,173억원 등 모두 세 차례에 걸쳐 자산을 매각해 3,264억원을 마련했다.

이들 상장사의 공통점은 실적 악화에 시달리고 있다는 것이다. 삼환까뮤는 3 · 4분기 영업손실 1억 4,500만원을 내 지난해 17억여원보다 다소 나아졌지만 적자가 지속되고 있다. 대성산업은 3 · 4분기 영업손실 59억원으로 지난해 같은 기간 132억원보다 개선됐지만 여전히 적자다. SK네트웍스는 3 · 4분기 영업이익 529억원으로 지난해 같은 기간 대비 8.9% 감소했다. 한진중공업은 3 · 4분기 영업손실 613억원을 기록해 전분기 대비 적자폭이 더 커졌다.

증권사 관계자는 "기업이 불가피하게 유형자산을 처분하는 것은 재무구조 개선을 위한 최후의 방법"이라며 "기업 스스로 미래의 사업 성장성을 제한한 것으로 해석될 수 있어 주가에 부정적인 경우가 많다"고 말했다.

싱가포르항공, 한발 빠른 감가상각… 새 비행기로 고객 끌어들여
원가 구조의 이해 및 장기적 원가 관리 – 황인이 〈서울대 경영대학 교수〉
(한국경제 2013-12-13)

2000년을 전후해 엔론, 월드컴 등 미국의 거대 기업들이 잇따라 회계 부정을 저지르자 미국 의회는 사베인스-옥슬리법을 제정했다. 이 법은 회계법인의 독립성 강화, 기업 경영진의 재무정보 공시 강화 등 회계 제도를 강력하게 개혁하는 내용을 담았으며, 미국뿐 아니라 한국 등 다른 나라의 회계제도 개혁에도 영향을 미쳤다.

"사베인스-옥슬리법은 경영자들이 재무제표에 책임을 지도록 규정했습니다. 예전에는 회계감사를 한 회계법인이 책임의 대부분을 떠안아야 했죠. 이 법이 발효되자 경영진이 회계의 '유연성'을 이용해 이익을 상향 조정하기 어려워졌습니다. 세계 최대 반도체회사인 인텔이 꾀를 냈습니다. 판매할 수 없는 수준으로 생산량을 늘린 겁니다. 생산량이 늘어나자 반도체 개당 생산 비용이 낮아져 변동원가가 낮아진 것처럼 보이는 효과가 나타났고, 재무제표상 이익도 좋아졌습니다. 이익이 당장 좋아지자 주가도 올랐습니다. 그러나 재고가 쌓이는 것을 투자자들이 알게 되면서 주가가 다시 폭락했습니다."

서울대 경영대학 최고경영자과정(AMP) 가을학기 열 번째 시간. '원가 구조의 이해 및 장기적 원가 관리' 강의를 맡은 황인이 서울대 경영대학 교수는 '인텔의 생산 확대를 원가 관리라고 볼 수 있을까'라는 질문으로 강의를 시작했다.

원가의 '관리'가 가능한가

회계학에서 원가는 '자원을 취득할 때 발생하는 비용'으로 정의한다. 비용은 확보된 자원을 사용하는 것이다. 원가는 결국 비용이 된다. 원가라는 개념은 경영의 거의 모든 측면에서 사용된다. 기본적으로 구매나 생산 부문에서 많이 쓰는 말이긴 하지만, 마케팅이나 홍보 부문의 지출도 원가로 볼 수 있다. 자본 조달 비용이나 제품의 가격도 원가와 관계가 깊다.

"기업의 재무제표에서 매출은 외부 변수가 많아 통제하기가 어렵습니다. 환율이나 경기, 업황 같은 변수가 대표적이죠. 그러니 많은 사람들이 경영에서 가장 어려운 것을 수익 창출이라고 생각합니다. 고민도 많이 하고요. 반면 비용은 내부적으로 컨트롤할 수 있다는 인식이 많은 것 같습니다. 이 최고경영자과정에도 원가나 비용을 크게 고민하지 않는 분들이 상당수 계실 겁니다. 단기적으로는 원가를 조절할 수 있을지도 모릅니다. 그러나 길게 보면 인텔의 이익 조정 사례에서 보듯 인위적으로 원가를 조절할 수 있다는 마음가짐은 썩 바람직하지 않습니다."

세무 보고에는 정률법을

유형자산은 여러 회계연도에 걸쳐 사용할 목적으로 취득하는 자산이다. 유형자산은 마모·손상·노후화 등 물리적인 원인이나 대체기술 개발, 영업규모 확대와 같은 경제적인 원인으로 시간이 갈수록 가치가 줄어든다. 감가상각은 유형자산의 취득원가에서 남은 가치를 차감한 금액을 자산의 사용기간 동안 각 회계연도에 배분하는 과정이며, 감가상각을 하는 사용기간을 내용연수라고 한다.

"감가상각을 어떻게 할 것인가는 재무와 세무의 관점에서 중요한 원가관리 전략입니다. 매년 같은 금액을 차감해 가는 정액법이 있는가 하면, 초기에 많이 감가상각하고 후반에 줄여가는 정률법도 있습니다. 세무 보고용으로는 정률법을 씁니다. 초기에 감가상각을 많이 하면 세전이익이 줄어들고, 나중에 갈수록 세전이익이 늘어나기 때문입니다. 뒤로 갈수록 세금을 많이 낸다는 얘긴데, 세금은 가능하면 나중에 낼수록 유리하다는 것을 반영하는 겁니다. 하지만 이것도 실질적인 원가관리라고 하기는 어렵습니다. 장부상 비용을 어떻게 조절할 것인가의 문제니까요."

감가상각 빨리 해도 경영에 도움이 될 수 있다

황 교수는 강의실 화면에 2000년대 중반에 나온 경제기사를 띄웠다. '기업들이 감가상각 기간을 줄여 이익 줄이기에 나섰다. 이익이 많이 날 때 고정비를 부담함으로써 어려울 때에 대비하자는 계산과 함께 절세 전략이라는 분석도 나오고 있다. 기업들의 생산설비에 대한 감가상각 기간 축소는 미래 불확실성을 최소화함으로써 수익성을 한층 강화하려는 의도다. 또 지속적인 성장을 위해서는 과감한 투자를 추진해야 하는데 주요 시설의 감가상각 기간이 현실과 동떨어지게 길어지면 재무적으로도 부담이 될 수 있다는 판단도 한 이유다'는 내용이다.

"주목해야 할 부분은 가장 뒷부분입니다. 투자가 감가상각과 상관관계가 크다는 대목입니다. 델타항공과 싱가포르항공의 예를 들어 설명해 보겠습니다. 항공기는 이착륙할 때 가장 많이 마모됩니다. 장거리 노선보다 단거리 노선을 나는 비행기가 마모가 빠르겠죠. 델타항공은 국내선이 많아서 비행거리가 짧고 마모 속도도 빠릅니다. 싱가포르항공은 반대고요. 이론적으로는 델타항공이 감가상각을 빨리 하고 싱가포르항공은 좀 느긋하게 해도 되겠죠. 그런데 실제로는 반대 현상이 나타났습니다. 델타항공의 항공기 내용연수가 15년에서 20년 사이인 반면, 싱가포르항공은 10년으로 잡고 있습니다. 싱가포르항공은 왜 이런 결정을 내렸을까요?"

설명이 이어졌다. "싱가포르항공은 고객 서비스를 최우선으로 삼는 회사입니다. 항공사는 최신 기종을 적극적으로 도입하는 게 고객 서비스죠. 새 기종이 나와도 감가상각을 느리게 하면 기존 보유 기종과 대체하기가 어렵습니다. 장부가치가 아직 많이 남아 있는 기존 기종을 팔고 새 기종을 사는 게 부담이 되기 때문이죠. 신기종을 살 때 돈을 많이 쓰고 감가상각을 빨리 한다고 해도 고객이 만족해서 매출이 커지고 수익성이 좋아지면 선순환 구조가 잡힐 수 있습니다. 반면 델타항공은 당장 수익이 많이 나지 않으니 감가상각을 계속 미루게 되고, 신기종 도입도 어려워지는 악순환이 지속되는 것이죠. 결국 단기적인 이익을 많이 내고자 감가상각을 길게 가져가는 것이 반드시 좋은 결과로 이어지지 않는다는 것을 알 수 있습니다."

유통구조 단순화로 원가 절감

황 교수는 이어 델과 휴렛팩커드(HP)의 경영전략을 원가 측면에서 분석했다.

전통적인 PC기업인 HP의 생산 구조는 '매출수량 예측→부품 구입 · 생산→PC 완성품 제조→완제품 창고에 보관→소매점포에 운송→소매점에 전시→소비자가 컴퓨터 인수' 등으로 이어진다. 반면 델은 '소비자가 전화 · 인터넷으로 PC 주문→부품공급업자가 소비자 주문을 확인해 델에 부품 공급→PC 완성품 제조→완성 PC를 소비자에게 직접 배달→소비자가 컴퓨터 인수' 등으로 간소화했다.

"델의 주문생산 전략은 고정비용을 엄청나게 절감하는 효과를 가져왔습니다. 유통과정에서 발생하는 비용뿐 아니라 재고를 보관하고 관리하는 비용까지 덜어냈습니다. 델의 매출액 대비 재고자산 비율은 지속적으로 2%대 미만을 유지하고 있습니다. 반면 HP는 최근 10년간 평균 8% 수준입니다. 델은 1990년대 중반부터 20년 가까이 미국의 PC시장을 장악하고 있습니다."

"포화 시장에선 고정원가를 줄여라"

A사와 B사는 모두 매출이 200만원, 영업이익이 15만원씩이다. A사는 변동원가가 30만원, 고정원가는 155만원인 반면 B사는 변동원가가 160만원, 고정원가가 25만원이다. 매출에서 변동원가를 뺀 값을 '공헌이익'이라고 한다. 변동원가가 낮으면 공헌이익이 커지고, 변동원가가 크면 공헌이익이 작아진다. A사의 공헌이익은 170만원, B사는 40만원이다. 공헌이익을 영업이익으로 나눈 값인 '영업 레버리지'는 A사가 11.33, B사가 2.66이다.

"매출을 10%씩 올려 200만원이라고 해 봅시다. 변동원가도 10%씩 늘어나지만 고정원가는 매출이 늘어도 변화가 없죠. A사는 영업이익이 17만원 늘어 32만원이 됩니다. 이것은 매출 증가율인 10%에 영업 레버리지값인 11.33을 곱한 113.3%를 기존 영업이익인 15만원에다 곱한 값과 같습니다. 영업 레버리지가 2.66인 B사는 영업이익 15만원에 26.6%(10%×2.66)를 곱한 19만원이 영업이익이 됩니다. 이것은 영업 레버리지가 높을수록 영업이익이 매출에 민감하게 반응한다는 것을 수식으로 나타낸 겁니다. 영업 레버리지가 큰 기업, 즉 고정원가가 큰 기업은 매출이 올라갈 때는 유리하지만 줄어들 때는 불리합니다. 반대로 고정원가가 작으면 매출이 감소할 때 안정적으로 방어할 수 있습니다. 포화 시장에서는 고정원가를 크게 가져가는 것이 위험할 수 있다는 얘기고, 불경기에는 특히 고정원가 관리를 잘 해줘야 한다는 의미이기도 합니다."

아웃소싱(외주)도 고정원가를 줄이는 전략으로 활용할 수 있다고 황 교수는 설명했다. "아웃소싱은 고정원가를 줄여줄 뿐 아니라, 정보기술(IT) 시스템이나 빌딩 관리 등 직접 하려면 비용이 많이 드는 부문에서 전문성을 쉽게 확보함으로써 기업이 핵심 역량에 집중할 수 있다는 장점도 있습니다. 그러나 품질 관리가 어렵다는 단점도 명심해야 합니다."

서술형 문제

chapter 9

1. 유형자산의 특징에 대해 설명하시오.

풀이

유형자산(tangible asset)은 ① 물리적 실체로 존재하고, ② 판매목적이 아니고 정상적인 영업활동을 위하여 취득한 것이며, ③ 장기간에 걸쳐 사용되고 가치가 감소하는 감가성 자산이다.

2. 감가상각에 대해 설명하시오.

풀이

감가상각(depreciation)은 취득원가에서 잔존가치를 차감한 감가상각대상금액(depreciable cost)을 내용연수 동안 합리적이고 체계적으로 배분하는 과정이다. 합리적이고 체계적으로 배분하는 방법에는 정액법, 정률법, 이중체감잔액법, 연수합계법, 생산량비례법 등이 있다.

3. 유형자산의 보유기간 중 지출에 대해 설명하시오.

풀이

유형자산의 보유기간 중 지출은 지출의 성격에 따라 자본적 지출과 수익적 지출로 분류된다. 자본적 지출(capital expenditure)은 지출로 인해 유형자산의 생산능력이 증대되거나, 내용연수가 연장되거나, 원가절감 및 품질향상이 발생한 경우를 말하며, 유형자산의 원가에 가산된다. 수익적 지출(revenue expenditure)은 유형자산의 본래 성능을 유지시켜주는 지출을 말하며, 당기의 비용으로 처리된다.

4. 유형자산을 취득한 이후의 평가에 대해 설명하시오.

풀이

유형자산은 처음 취득할 때의 공정가치를 취득원가로 기록한다. 취득시점 이후에는 원가모형이나 재평가모형을 선택하여 유형자산을 평가한다. 원가모형(cost model)은 자산을 취득원가로 인식한 취득시점 이후에 공정가치가 변해도 재평가를 허용하지 않는 방법이다. 재평가모형(revaluation model)은 자산을 취득시점 이후에 공정가치로 재평가하여 재평가된 금액으로 장부금액을 수정하는 방법이다.

5. 유형자산의 자산재평가에 대해 설명하시오.

풀이

① 재평가로 인해 유형자산의 장부금액이 증가하는 경우

재평가증가액을 재평가이익(포괄손익계산서의 기타포괄이익 항목)으로 기록하고, 기말에 마감분개를 통하여 재평가잉여금(재무상태표의 기타포괄손익누계액 항목)으로 대체한다. 그러나 동일한 자산에 대하여 이전 연도에 재평가손실(혹은 손상차손)이 있다면, 이전의 재평가손실(혹은 손상차손) 금액만큼의 재평가증가액은 당기이익으로 인식하고 나머지 재평가증가액은 기타포괄이익으로 인식한다.

② 재평가로 인해 유형자산의 장부금액이 감소하는 경우

재평가감소액을 당기손실인 재평가손실로 처리한다. 그러나 동일한 자산에 대하여 이전 연도에 재평가잉여금이 있다면, 이전의 재평가잉여금 금액만큼의 재평가감소액은 기타포괄손실로 인식하고, 나머지 재평가감소액은 당기손실인 재평가손실로 처리한다.

6. 원가모형과 재평가모형의 손상차손에 대해 설명하시오.

풀이

① 원가모형을 사용하는 경우

유형자산의 장부금액을 회수가능액으로 감소시키고, 손상차손을 당기손실로 처리한다. 손상된 유형자산의 회수가능액이 회복되었을 경우에는, 자산의 장부금액을 회수가능액으로 증가시키되 손상차손이 없는 경우의 장부금액을 한도로 환입한다. 이때 환입된 금액을 손상차손환입이라고 하며, 당기이익으로 처리한다.

② 재평가모형을 사용하는 경우

유형자산을 재평가하여 재평가잉여금이 있는 경우에는, 재평가잉여금에 해당하는 손상차손까지는 재평가잉여금을 감소시키고, 재평가잉여금을 초과하는 손상차손은 당기손실로 처리한다. 손상된 유형자산의 회수가능액이 회복되었을 경우에는, 과거 당기손실로 처리한 손상차손에 대해서는 손상차손환입으로 하여 당기이익으로 처리한다. 손상차손환입을 초과하는 자산재평가이익은 기타포괄이익으로 인식하여 재평가잉여금을 증가시킨다.

7. 다음의 자산들을 유형자산, 투자자산, 재고자산으로 분류하시오.

① 부동산중개회사가 투자목적으로 장기간 보유하고 있는 토지
② 제조회사가 장기간 보유하고 있는 공장용 부지
③ 부동산중개회사가 업무용으로 보유하고 있는 건물
④ 피자레스토랑이 배달목적으로 보유하고 있는 자동차
⑤ 자동차판매회사가 판매목적으로 보유하고 있는 자동차
⑥ 건설회사의 시공 중인 본사건물

풀이

유형자산은 ③, ④, ⑥이고, 투자자산은 ①, ②이며, 재고자산은 ⑤이다.

8. 다음 사항은 조원상사의 토지와 건물에 대한 내용이다. 토지와 건물의 취득원가를 산정하시오.

① 토지와 폐건물의 구입에 ₩2,000,000을 지출하였다.
② 토지구입 후 폐건물 철거비용으로 ₩200,000을 지출하였다.
③ 건물신축에 ₩2,000,000의 자재비가 소요되었다.
④ 건물신축에 ₩60,000의 설계 및 감리비를 지출하였다.
⑤ 토지취득세 ₩30,000을 지출하였다.
⑥ 건물신축과 관련하여 보험료 ₩50,000을 지출하였다.
⑦ 신축건물의 건설경비로 ₩1,000,000을 차입하였고, 이자비용 ₩50,000이 발생하였다.

풀이

토지의 취득원가 : ①+②+⑤=₩2,230,000
건물의 취득원가 : ③+④+⑥+⑦=₩3,160,000

9. 다음 자료를 사용하여 정액법, 생산량비례법, 정률법, 이중체감잔액법, 연수합계법에 의한 각 연도의 감가상각비를 구하시오.

- 취득원가 : ₩2,000,000
- 잔존가치 : ₩200,000
- 내용연수 : 4년
- 총예정생산량 : 20,000단위(실제생산량 ; 1차년도 5,000단위, 2차년도 6,000단위, 3차년도 4,000단위, 4차년도 5,000단위)

풀이

① 정액법

$$감가상각비=\frac{취득원가-잔존가치}{내용연수}=(2,000,000-200,000)/4=450,000$$

연도	기초장부금액	감가상각비	감가상각누계액	기말장부금액
1	2,000,000	450,000	450,000	1,550,000
2	1,550,000	450,000	900,000	1,100,000
3	1,100,000	450,000	1,350,000	650,000
4	650,000	450,000	1,800,000	200,000

② 생산량비례법

$$단위당\ 감가상각비=\frac{감가상각대상금액}{추정총생산량}=\frac{1,800,000}{20,000}=90$$

감가상각비=단위당 감가상각비×실제생산량

연도	기초장부금액	감가상각비	감가상각누계액	기말장부금액
1	2,000,000	90×5,000 =450,000	450,000	1,550,000
2	1,550,000	90×6,000 =540,000	990,000	1,010,000
3	1,010,000	90×4,000 =360,000	1,350,000	650,000
4	650,000	90×5,000 =450,000	1,800,000	200,000

③ 정률법

$$감가상각률=1-\sqrt[4]{\frac{200,000}{2,000,000}}=1-0.5623=0.4377$$

감가상각비=기초장부금액×감가상각률

연도	기초장부금액	감가상각비	감가상각누계액	기말장부금액
1	2,000,000	0.4377×2,000,000 =875,400	875,400	1,124,600
2	1,124,600	0.4377×1,124,600 =492,237	1,367,637	632,363
3	632,363	0.4377×632,363 =276,785	1,644,422	355,578
4	355,578	155,578*	1,800,000	200,000

* 잔존가치가 ₩200,000이 되도록 조정한 숫자

④ 연수합계법

$$연수합계=\frac{4(4+1)}{2}=10년$$

$$감가상각비=감가상각대상금액\times\frac{잔여내용연수}{연수합계}$$

연도	기초장부금액	감가상각비	감가상각누계액	기말장부금액
1	2,000,000	1,800,000×4/10 =720,000	720,000	1,280,000
2	1,280,000	1,800,000×3/10 =540,000	1,260,000	740,000
3	740,000	1,800,000×2/10 =360,000	1,620,000	380,000
4	380,000	1,800,000×1/10 =180,000	1,800,000	200,000

⑤ 이중체감잔액법

정액법 감가상각률=1÷내용연수=1/4=0.25

감가상각률=정액법 감가상각률×2=0.25×2=0.5

감가상각비=기초장부금액×감가상각률

연도	기초장부금액	감가상각비	감가상각누계액	기말장부금액
1	2,000,000	1,000,000	1,000,000	1,000,000
2	1,000,000	500,000	1,500,000	500,000
3	500,000	250,000	1,750,000	250,000
4	250,000	50,000*	1,800,000	200,000

* 잔존가치가 ₩200,000이 되도록 조정한 숫자

10. 자동차에 유압 고가사다리를 부착하는 데 ₩4,000,000을 지출하였다. 이 지출이 자본적 지출인지 수익적 지출인지 분류하고, 적절한 분개를 행하시오.

풀이

위의 지출은 자동차의 성능을 향상시키므로 자본적 지출이다.

(차) 차량운반구	4,000,000	(대) 현　　금	4,000,000

11. 홍익상사는 20×1년 초에 토지를 ₩1,000,000에 구입하였다. 이 토지가 20×1년 말에 ₩1,300,000, 그리고 20×2년 말에 ₩800,000으로 재평가되었다. 20×1년 말과 20×2년 말에 재평가와 관련된 분개를 하시오.

풀이

① 20×1년 말

(차) 토　　지	300,000	(대) 토지재평가이익 (기타포괄이익)	300,000

② 20×2년 말

(차) 토지재평가손실 (기타포괄손실)	300,000	(대) 토　　지	500,000
토지재평가손실(당기손실)	200,000		

12. 서울상사가 소유하고 있는 토지의 장부금액은 ₩5,000,000인데, 정부의 부동산 억제정책으로 인하여 부동산 시세가 급격히 하락하여 20×1년 말에 토지의 회수가능액이 ₩4,000,000이 되었다. 그러나 정부가 20×3년에 다시 부동산부양정책을 실시하자, 20×3년 말에 토지의 회수가능액이 ₩6,000,000이 되었다. 20×1년 말과 20×3년 말에 필요한 회계처리를 하시오. (서울상사는 토지를 재평가하지 않는다고 가정하자)

풀이

① 20×1년 말

(차) 토지손상차손	1,000,000	(대) 토지손상차손누계액	1,000,000

② 20×3년 말

(차) 토지손상차손누계액	1,000,000	(대) 토지손상차손환입	1,000,000

13. 신안상사는 취득원가가 ₩200,000이고 감가상각누계액이 ₩170,000인 기계장치를 처분하였다. 다음의 각각 독립적인 경우에 대한 분개를 하시오.

① 현금 ₩50,000을 받고 매각하다.
② 현금 ₩10,000을 받고 매각하다.
③ 폐기처분하다.
④ 기계장치의 공정가치가 ₩50,000인데, 비품과 교환하다.

풀이

	차변	금액	대변	금액
①	(차) 현금	50,000	(대) 기계	200,000
	감가상각누계액	170,000	유형자산처분이익	20,000
②	(차) 현금	10,000	(대) 기계	200,000
	감가상각누계액	170,000		
	유형자산처분손실	20,000		
③	(차) 감가상각누계액	170,000	(대) 기계	200,000
	유형자산처분손실	30,000		
④	(차) 비품	50,000	(대) 기계	200,000
	감가상각누계액	170,000	유형자산처분이익	20,000

OX 문제

chapter 9

1. 유형자산은 물리적 실체를 갖고 있고, 판매목적으로 보유하고 있으며, 장기적으로 사용되는 자산이다. (　　)

풀이 (X)
판매목적으로 보유하고 있는 자산은 재고자산이다.

2. 유형자산의 취득원가에는 유형자산이 사용가능할 때까지 발생한 모든 원가가 포함된다. (　　)

풀이 (O)
취득시의 취득원가는 구입가격 또는 제조원가뿐 아니라 취득부대비용도 포함한다. 취득부대비용은 취득한 자산이 사용가능할 때까지 발생한 모든 지출액이다.

3. 건설회사가 아파트 건설목적으로 장기간 보유하고 있는 토지는 유형자산이다. (　　)

풀이 (X)
건설회사가 아파트 건설목적으로 장기간 보유하고 있는 토지는 투자자산이다.

4. 증여받은 건물의 취득원가는 증여받을 당시의 장부금액이다. (　　)

풀이 (X)
유형자산을 교환 · 현물출자 · 증여 등의 방법으로 취득하는 경우, 취득원가는 취득시의 공정가치이다.

5. 유형자산의 취득원가를 일정한 방법에 따라 사용기간 동안 배분한 금액을 당기비용으로 처리하는데, 이것을 '상각'이라 한다. (　　)

풀이 (X)

유형자산에 대해서는 '감가상각'(depreciation)이라는 용어를 사용하며, 무형자산에 대해서는 '상각'(amortization)이라고 칭한다.

6. 유형자산의 감가상각비를 추정하는 데 필요한 요소는 취득원가, 내용연수, 잔존가치이다. (　　)

풀이 (O)

유형자산의 취득원가(acquisition cost)는 취득시 유형자산의 취득가액으로 결정되어 기록된 금액이다. 내용연구(useful life)는 유형자산의 사용가능한 기간을 말하며, 자산의 성격이나 사용방법 등에 따라 달라진다. 잔존가치(residual value)는 유형자산의 폐기시 회수될 것으로 예상되는 금액이다.

7. 유형자산의 감가상각방법 중에서 생산량비례법은 생산량에 따라 감가상각비가 변동되기 때문에 균등상각법이 아니다. (　　)

풀이 (X)

생산량비례법에서 단위당 감가상각비가 동일하게 적용되기 때문에, 생산량비례법은 균등상각법에 포함된다.

8. 수익적 지출은 지출로 인해 유형자산의 생산능력이 증대되거나, 내용연수가 연장되거나, 품질향상이 발생한 경우를 말한다. (　　)

풀이 (X)

수익적 지출은 유형자산의 본래 성능을 유지시켜주는 지출을 말하며, 당기의 비용으로 처리된다.

9. 국제회계기준은 공정가치 회계를 강조하므로, 유형자산의 취득시점 이후에는 재평가모형을 선택하여 유형자산을 평가해야 한다. (　　)

풀이 (X)

유형자산의 취득시점 이후에는 원가모형이나 재평가모형을 선택하여 유형자산을 평가한다.

10. 동일한 자산에 대하여 이전 연도에 재평가잉여금이 없다면, 당기의 재평가감소액을 당기손실로 처리한다. (　　)

풀이 (O)

동일한 자산에 대하여 이전 연도에 재평가잉여금이 없으며, 당기에 재평가로 인해 자산의 장부금액이 감소하는 경우에는, 그 재평가감소액을 당기손실인 재평가손실로 처리한다.

선다형 문제

chapter 9

1. 유형자산에 대한 설명이다. 틀린 것은?

① 물리적 실체가 있다.
② 투자목적으로 취득한 것이다.
③ 장기간에 걸쳐 사용된다.
④ 일반적으로 가치가 감소하는 감가성 자산이다.

풀이 ②

투자목적으로 취득한 자산은 투자자산이다.

2. 유형자산 중에서 감가상각하지 않는 것은?

① 건물
② 토지
③ 구축물
④ 기계장치

풀이 ②

토지의 내용연수는 무한하기 때문에 감가상각하지 않는다.

3. 다음의 자산 중에서 유형자산인 것은?

① 건설회사의 업무용 건물
② 건설회사가 아파트 건설목적으로 장기간 보유하고 있는 토지
③ 자동차회사가 판매목적으로 보유하고 있는 자동차
④ 부동산중개회사가 판매목적으로 일시 보유하고 있는 아파트건물

풀이 ①

유형자산은 ①이고, 투자자산은 ②이며, 재고자산은 ③, ④이다.

4. 기계장치의 구입과정에서 발생한 아래의 지출 중에서 기계장치의 취득원가에 포함되는 항목은?

① 시운전비
② 중개수수료
③ 설치비
④ 위의 항목 모두

풀이 ④
유형자산의 구입취득시의 취득원가는 구입가액에 중개수수료, 설치비, 시운전비, 등기비, 취득세, 관세 등의 제 비용이 추가된다.

5. 유형자산의 감가상각비를 추정하는 데 필요한 요소는?

① 취득원가
② 내용연수
③ 잔존가치
④ 위의 항목 모두

풀이 ④
유형자산의 감가상각비를 추정하는 데 필요한 요소는 취득원가, 내용연수, 잔존가치이다.

6. 다음 감가상각방법 중에서 체감잔액법이 아닌 것은?

① 생산량비례법
② 정률법
③ 연수합계법
④ 이중체감잔액법

풀이 ①
생산량비례법은 균등상각법이다.

7. 다음의 유형자산에 대한 지출 중에서 수익적 지출에 해당하는 것은?

① 생산능력을 증대시키는 지출
② 본래 성능을 유지시키는 지출
③ 내용연수를 연장시키는 지출
④ 제품의 품질을 향상시키는 지출

풀이 ②

유형자산의 본래 성능을 유지시켜주는 지출은 수익적 지출이다.

8. 다음은 유형자산의 평가에 대한 설명이다. 틀린 것은?

① 유형자산은 처음 취득할 때의 공정가치를 취득원가로 기록한다.
② 원가모형은 유형자산을 취득원가로 인식한 취득시점 이후에 공정가치가 변해도 재평가를 허용하지 않는 방법이다.
③ 재평가모형은 유형자산을 취득시점 이후에 공정가치로 재평가하여 재평가된 금액으로 장부금액을 수정하는 방법이다.
④ 회계는 취득원가주의를 따르고 있으므로, 취득시점 이후에는 원가모형으로 유형자산을 평가해야 한다.

풀이 ④

유형자산의 취득시점 이후에는 원가모형이나 재평가모형을 선택하여 유형자산을 평가한다.

9. 다음은 재평가모형을 사용할 경우, 유형자산의 재평가에 대한 설명이다. 틀린 것은?

① 동일한 자산에 대하여 이전 연도에 재평가손실(혹은 손상차손)이 있다면, 당기의 재평가증가액을 모두 당기이익으로 인식한다.
② 동일한 자산에 대하여 이전 연도에 재평가손실(혹은 손상차손)이 없다면, 당기의 재평가증가액을 기타포괄이익으로 기록한다.
③ 동일한 자산에 대하여 이전 연도에 재평가잉여금이 없다면, 당기의 재평가감소액을 당기손실로 처리한다.
④ 동일한 자산에 대하여 이전 연도에 기록한 재평가잉여금이 남아 있다면, 당기의 재평가감소액 중에서 이전의 재평가잉여금 금액만큼의 재평가감소액은 기타포괄손실로 인식하고, 나머지 재평가감소액은 당기손실인 재평가손실로 처리한다.

풀이 ①

동일한 유형자산에 대하여 이전 연도에 재평가손실(혹은 손상차손)이 있다면, 당기의 재평가증가액 중에서 이전의 재평가손실(혹은 손상차손) 금액만큼의 재평가증가액은 당기이익으로 인식하고 나머지 재평가증가액은 기타포괄이익으로 인식한다.

10. 다음은 유형자산의 손상차손에 대한 설명이다. 틀린 것은?

① 원가모형을 사용하는 경우 당기에 손상차손이 발생하였다면, 유형자산의 장부금액을 회수가능액으로 감소시키고, 손상차손을 당기손실로 처리한다.

② 원가모형을 사용하는 경우, 과거에 손상차손이 발생하였고 손상된 유형자산의 회수가능액이 당기에 회복되었다면, 유형자산의 장부금액을 회수가능액으로 증가시키되 손상차손이 없는 경우의 장부금액을 한도로 환입한다.

③ 재평가모형을 사용하는 경우, 동일한 유형자산에 대하여 과거에 재평가잉여금이 있으며 당기에 손상차손이 발생하였다면, 재평가잉여금에 해당하는 손상차손까지는 재평가잉여금을 감소시키고, 재평가잉여금을 초과하는 손상차손은 당기손실로 처리한다.

④ 재평가모형을 사용하는 경우, 과거에 손상된 유형자산의 회수가능액이 당기에 회복되었다면, 회복된 금액은 모두 손상차손환입으로 하여 당기이익으로 처리한다.

풀이 ④

재평가모형을 사용하는 경우, 과거에 손상된 유형자산의 회수가능액이 당기에 회복되었다면, 과거에 손실로 처리한 손상차손에 대해서는 손상차손환입으로 하여 당기이익으로 처리한다. 또한 손상차손환입을 초과하는 당기의 자산재평가이익은 기타포괄이익으로 인식하여 재평가잉여금을 증가시킨다.

CHAPTER 10

무형자산

1. 무형자산의 정의 및 분류
2. 무형자산의 취득 및 상각
3. 무형자산의 자산재평가 및 손상차손
4. 영업권

사례

S전자주식회사의 무형자산

재무상태표

제50기 2018.12.31 현재
제49기 2017.12.31 현재
제48기 2016.12.31 현재 (단위 : 백만원)

	제50기	제49기	제48기
자산			
유동자산	80,039,455	70,155,189	69,981,128
비유동자산	138,981,902	128,086,171	104,821,831
장기매도가능금융자산		973,353	913,989
기타포괄손익-공정가치금융자산	1,098,565		
당기손익-공정가치금융자산	7,413		
종속기업, 관계기업 및 공동기업 투자	55,959,745	55,671,759	48,743,079
유 형 자 산	70,602,493	62,816,961	47,228,830
무 형 자 산	2,901,476	2,827,035	2,891,844
장기선급비용	4,108,410	3,031,327	3,507,399
순확정급여자산	562,356	811,210	557,091
이연법인세자산	654,456	586,161	110,239
기타비유동자산	3,086,988	1,368,365	869,360
자산총계	219,021,357	198,241,360	174,802,959

2.11 무형자산

영업권을 제외한 무형자산은 역사적 원가로 최초 인식되고, 원가에서 상각누계액과 손상차손누계액을 차감한 금액으로 표시됩니다.
내부적으로 창출한 무형자산인 개발비는 기술적 실현가능성, 미래 경제적 효익 등을 포함한 자산인식요건이 충족된 시점 이후에 발생한 지출금액의 합계입니다.
회원권 및 특정 상표권은 이용가능 기간에 대하여 예측가능한 제한이 없으므로 내용연수가 한정되지 않아 상각되지 않습니다. 하지만 회원권의 시장가치 하락 등 손상징후를 발견시 합리적으로 추정하여 손상을 반영합니다. 특허권, 상표권 및 기타무형자산 등 한정된 내용연수를 가지는 무형자산은 추정내용연수 동안 정액법에 따라 상각하고 있습니다.

[금융감독원 전자공시시스템(dart.fss.or.kr)에서 인용]

1. 무형자산의 정의 및 분류

무형자산(intangible asset)은 물리적 실체는 없지만 미래 경제적 효익을 제공하는 비화폐성 자산으로서, 영업활동에 사용하는 구형의 자산이다. 무형자산은 식별가능한 무형자산과 식별불가능한 무형자산으로 분류할 수 있다. 식별가능한 무형자산에는 산업재산권, 라이선스와 프랜차이즈, 저작권, 탄소배출권 또는 시설이용권, 컴퓨터소프트웨어, 개발비, 임차권리금 등이 포함된다. 식별불가능한 무형자산에는 영업권이 있다.

또한 무형자산은 외부취득 무형자산과 내부창출 무형자산으로 구분할 수 있다. 외부취득 무형자산은 외부로부터 유상으로 취득하는 무형자산이거나 인수·합병의 사업결합을 통해 취득하는 영업권 등이며, 자산으로 인식한다. 내부창출 무형자산은 일반적으로 비용으로 처리하지만, 자산인식요건을 만족하는 개발단계 지출은 자산으로 인식하여 개발비로 기록한다.

식별가능한 무형자산의 세 가지 속성은 ① 식별가능성, ② 자원에 대한 통제, ③ 미래 경제적 효익의 존재이다. 무형자산의 식별가능성(identifiability)은 그 자산이 기업실체나 다른 자산으로부터 분리될 수 있거나, 계약상 또는 법적 권리로부터 발생할 수 있는 경우를 의미한다. 특허권과 상표권 등은 기업으로부터 분리할 수 있으며, 계약 또는 법률로부터 독점적 사용을 보장받는 권리를 나타내므로 식별가능한 무형자산이다. 반면에 식별불가능한 무형자산은 기업으로부터 분리하여 개별적으로 취득 및 처분될 수 없는 무형자산을 말하며, 영업권이 대표적인 예이다.

자원에 대한 통제(controllability)란 그 자원으로부터 미래 경제적 효익을 획득할 수 있고, 그 효익에 대해 제3자의 접근을 제한할 수 있는 경우를 말한다. 무형자산의 미래 경제적 효익(future economic benefit)은 재화의 매출이나 용역수익, 원가절감, 또는 그 자산의 사용에 따른 기타 효익의 형태로 발생한다.

무형자산은 인식기준(미래 경제적 효익이 기업에 유입될 가능성이 높고, 취득원가를 신뢰성 있게 측정할 수 있어야 함)을 만족하는 경우에 자산으로 인식한다. 내부창출 영업권 및 내부창출 무형자산(개발비는 제외)은 인식기준을 만족한다고 판단하기 어렵기 때문에 자산으로 인식하지 않고, 발생한 기간의 비용으로 인식한다.

연구개발활동에서 창출된 무형자산이 인식기준을 충족하는지를 평가하기 위해서, 자산의 발생과정을 연구단계와 개발단계로 구분한다. 연구단계에서 발생한 모든 지출은 발생한 기간의 비용으로 인식한다. 그러나 개발단계에서 발생한 지출은 자산인식요건을 모두 충족할 경우에는 무형자산(개발비)으로 인식하고, 그 외의 경우에는 비용(경상개발비)으로 인식한다.

2. 무형자산의 취득 및 상각

무형자산은 유형자산과 마찬가지로 취득, 사용, 처분에 따른 회계처리를 필요로 하며, 각 단계별 처리원칙은 유형자산과 유사하다. 다만 대부분의 무형자산이 법 또는 계약의 적용을 받으므로 회계처리의 절차도 법 또는 계약의 영향을 받는다.

무형자산의 취득원가는 취득시점까지 발생한 모든 비용을 포함한다. 특허권을 예로 들면, 특허권의 개발비용은 물론 특허권이 실용화될 단계까지 발생한 모든 원가를 포함한다.

무형자산도 사용에 따라 경제적 효익이 감소하므로, 경제적 효익의 감소를 내용연수에 걸쳐 합리적이고 체계적인 방법으로 배분하여 비용으로 처리한다. 이러한 절차를 상각(amortization)이라 하며, 유형자산의 감가상각(depreciation)과 구분한다.

무형자산을 상각할 때에는 자산의 경제적 효익이 소비되는 행태를 반영한 합리적인 방법으로 정액법, 생산량비례법, 체감잔액법 등을 사용할 수 있다. 다만, 합리적인 상각방법을 정할 수 없는 경우에는 정액법을 사용한다. 무형자산의 상각이 다른 자산의 제조와 관련된 경우에는 관련 자산의 제조원가로, 그 외의 경우에는 비용으로 처리한다.

무형자산의 상각에는 내용연수의 추정에 고도의 불확실성이 따르므로, 계약상 혹은 법적 권리기간 내에서 내용연수를 추정한다. 그러나 비한정적인 내용연수를 가진 무형자산(예 : 영업권)은 상각하지 아니하며, 매 기말 혹은 손상징후가 있을 때에 자산손상검사를 실시해야 한다.

무형자산의 잔존가치는 원칙적으로 없는 것으로 한다. 다만, 경제적 내용연수보다 짧은 상각기간을 정한 경우에 상각기간이 종료될 때 제3자가 그 자산을 구입하는 약정이 있거나, 상각기간이 종료되는 시점에 자산의 잔존가치가 거래시장에서 결정될 가능성이 높다면 잔존가치를 인식할 수 있다.

상각비는 당해 무형자산에서 직접 차감하는 형식을 취한다. 따라서 감가상각비를 감가상각누계액계정에 누적하여 당해 유형자산의 평가계정으로 처리하는 유형자산과는 다르다.

예제 10-1

신안상사는 유효기간이 5년인 특허권을 현금 ₩10,000,000에 구입하여 정액법으로 상각하고 있다. 취득시와 1차년도의 상각을 분개하시오.

풀이 ① 취득시 : (차) 산업재산권 10,000,000 (대) 현　　금 10,000,000
② 기말 : (차) 산업재산권상각비 2,000,000 (대) 산업재산권 2,000,000

3. 무형자산의 자산재평가 및 손상차손

무형자산은 유형자산과 동일하게 원가모형 혹은 재평가모형을 선택하여 평가할 수 있다. 또한 유형자산과 마찬가지로, 무형자산은 매 기말에 손상차손검사를 수행해야 한다. 다만 내용연수가 비한정적인 무형자산은 매 기말 혹은 손상의 징후가 있을 때에 손상차손검사를 실시해야 한다.

4. 영업권

영업권(goodwill)은 정상수준 이상의 영업성과를 창출할 수 있는 초과수익력을 말한다. 예를 들면, 동종의 타기업보다 많은 이익을 가져올 수 있는 경영상의 비법, 제조비법, 고객충성도, 독특한 이미지 등이다. 영업권은 성격상 기업과 분리하여 존재하지 않는다.

사업결합을 통하여 유상으로 취득하는 영업권만 무형자산으로 인정된다. 즉, 기업이 스스로 만든 내부창출 영업권은 무형자산으로 계상될 수 없다. 합병이나 영업양수시 지급한 대가가 인수한 순자산의 공정가치를 초과하는 경우에 이 초과액이 영업권이다.

영업권은 사업결합원가(사업결합을 위해 지급한 대가)에서 취득자 지분에 해당하는 피취득기업의 순자산 공정가치를 차감하여 계산한다. 피취득기업의 순자산 공정가치는 피취득기업의 자산 공정가치에서 부채 공정가치를 차감한 금액이다.

영업권＝사업결합원가－[순자산(＝자산－부채) 공정가치×취득자 지분]

예제 10-2

신안상사는 고려상사를 100% 인수하여 합병하였다. 합병시에 합병대가와 고려상사의 재무상태가 다음과 같을 때, 영업권을 계산하고 분개를 하시오.

- 합병대가(현금지급) : ₩3,000,000
- 자산의 장부가치(공정가치) : ₩5,000,000(₩6,000,000)
- 부채의 장부가치(공정가치) : ₩3,000,000(₩5,000,000)

풀이 ① 영업권＝합병대가(3,000,000)－순자산 공정가치(＝6,000,000－5,000,000)
＝2,000,000

② 합병시

(차)	자 산(총액)	6,000,000	(대)	부 채(총액)	5,000,000
	영 업 권	2,000,000		현 금	3,000,000

Reading Materials

chapter 10

'힘들어도 괜찮아' 삼성전자, 질적 성장 쑥쑥… 무형자산 5조 돌파 눈앞

(아주경제 2014-11-03)

삼성전자가 이익 감소로 어려움을 겪고 있지만 '미래형 자산가치'는 빠르게 늘고 있는 것으로 나타났다. 삼성전자는 세계에서 폴크스바겐을 제외하고 가장 많은 연구개발(R&D) 투자를 감행하고 있으며, 그 결과 무형자산 가치가 크게 증가하는 추세다.

중국과의 경쟁심화 등 국내 기업의 실적 부진이 구조적 요인에 기인하는 것을 볼 때, 글로벌 기업들의 핵심역량에 결부되는 무형자산의 확대가 지속가능 성장에 긍정적이라는 분석이다.

3일 업계에 따르면 삼성전자가 세계 IT기업 중 가장 많은 R&D 투자로 꾸준한 질적 성장을 추진하고 있다. 대표적 라이벌인 애플의 R&D 투자액보다 3배 정도 높은 수준인 것으로 전해진다.

삼성전자는 세계 모든 기업을 통틀어서도 R&D투자액이 폴크스바겐에 이어 둘째로 많다. 올해 연간 R&D 투자액은 폴크스바겐이 135억달러, 삼성전자가 134억달러를 기록할 것으로 시장조사기관 스트래티지앤은 전망했다. 이 차트의 10위 안에는 인텔, 마이크로소프트, 도요타, 구글 등이 포함돼 있다. 삼성전자는 2011년에 8위로 10위권에 처음 진입한 이후 2012년 7위에서 지난해 2위로 단숨에 뛰어올랐다.

이 같은 대규모 R&D 투자는 삼성전자의 무형자산 몸집을 키웠다. 2012년 말 3조 7,297억원에서 2013년 말 3조 9,806억원, 올 상반기 말에는 4조 2,202억원으로 4조원을 돌파했으며, 3분기 말에도 4조 6,848억원으로 가파른 성장세를 유지했다.

무형자산은 △다른 기업을 인수합병할 때 발생하는 영업권과 △특허권, 상표권 등의 산업재산권, △연구개발비 중 비용처리한 부분을 빼고 자산화한 개발비 등으로 구성된다. 보통 IT업종은 개발비 비중이 높은데 삼성전자 역시 상반기 중 자산화된 개발비가 3,415억원으로 전반기 1,902억원보다 크게 증가한 것으로 파악됐다. 이는 삼성전자가 추후 상품화 가능성이 높다고 본 기술이 그만큼 많다는 의미다.

삼성전자의 특허 출원도 해마다 증가해 지난해 휴대폰, 반도체, 스마트미디어 부문의 세계 특허 출원 수가 1위를 기록한 바 있다. 또 이를 통해 지난해 미국 특허취득건수는 4,676건으로 2006년부터 IBM에 이어 8년 연속 2위를 유지했다.

삼성전자는 이 밖에도 올들어 스마트씽즈와 콰이어트사이드 등 사물인터넷 연관 지식 기반 업체들을 인수했고, 하반기에도 모바일 클라우드 솔루션 업체 프린터온과 서버용 SSD(솔리드스테이트드라이브) 소프트웨어 업체 프록시멀 데이터를 추가 인수해 연말 기준 무형자산이 5조원을 돌파할 가능성도 제기된다.

무형자산은 유형자산에 비해 자산가치 판단의 객관성이 떨어져 정말로 수익을 가져다줄지 장담하기 어려운 불확실성이 있다. 그럼에도 지속가능 성장을 위한 기업의 잠재수익성을 판단하는 데는 무형자산이 중요한 척도가 된다.

LG경제연구원은 "글로벌 기업들의 핵심역량은 무형자산 위주지만 국내기업은 유형자산 비중이 높은 사업구조를 유지하고 있다"며 "미국이나 독일, 이스라엘 기업들의 자산 중에서 유형자산이 차지하는 비중은 10%대에 불과하다는 것은 국내 기업의 방향성에 대해 많은 시사점을 준다"고 지적했다.

[회계톡톡] '미생' 대박 CJ E&M, 판권에 허리 휜다
(Business Watch 2014-12-30)

판권(무형자산)상각비 매년 2천억~3천억 '부담'

"유난히 낮은 수익성이 납득이 안 된다." 최찬석 KTB투자증권 애널리스트는 최근 CJ E&M에 대해 이같이 분석했다. tvN의 '미생'과 '삼시세끼'의 시청률이 8%대로 고공행진중이고, 영화 '국제시장'도 개봉 12일 만에 400만 관객을 돌파했다. 그런데 회사 실적은 바닥이다. 올 3분기 영업손실이 310억원에 이른다. 최 애널리스트는 "업계 1위(CJ E&M)가 4~5위보다 돈을 못 벌고 있다"며 "제작비와 고정비 통제가 방만하다"고 지적했다.

줄줄이 흥행작을 내놓고 있지만, 실적에서 참패하고 있는 CJ E&M 회계장부를 들춰보자. 가장 먼저 눈에 들어오는 것은 두형자산이다. 무형자산은 특허권과 상표권 등 보이지 않는 자산을 말한다.

올 3분기 CJ E&M 연결 재무상태표를 보면, 무형자산은 6,922억원이다. 이는 유형자산(904억원)보다 7.7배 더 많다. 총 자산(2조 4,087억원)의 30%가 무형자산인 셈이다.

제조업 기반의 국내 기업들은 보통 무형자산보다 땅이나 기계 등의 유형자산을 많이 보유하고 있다. 하지만 수익의 원천이 콘텐츠인 미디어 회사는 다르다. 유형자산보다 무형자산에 더 많은 투자를 하는 경우가 흔하다.

CJ E&M의 경우, 무형자산 중 가장 큰 비중을 차지하는 것은 판권이다. CJ E&M은 국내외 TV프로그램이나 영화 등의 판권을 구입하는 방식으로 경쟁력 있는 콘텐츠를 확보하고 있다. 신규로 취득한 판권은 3,777억원(2012년), 3,126억원(2013년), 2,377억원(2014년 9월) 등 매년 수천억원에 이른다.

우수한 콘텐츠 자산은 미래 수익의 원천이 되지만, 수익으로 이어지지 않으면 부메랑으로 돌아온다.

CJ E&M은 무형자산에 대해 감가상각을 진행하고 있다. 영화 등 판권을 계약 기간이나 수익이 실현되는 기간 동안 상각하는 방식이다. 그런데 판권의 상각비 부담이 만만치 않다. 판권에 대한 무형자산상각비는 3,184억원(2012년), 2,935억원(2013년), 2,050억원(2014년 9월) 등에 이른다.

토지나 건물과 같이 30~40년에 걸쳐 감가상각을 진행하는 유형자산과 달리, 판권의 경우 상각 기간이 짧은 편이다. 상각 기간이 짧을수록, 상각비 부담은 늘어날 수밖에 없다.

CJ E&M은 무형자산상각비를 주로 매출원가로 잡았다. 올 3분기 무형자산상각비 가운데 2,064억원은 매출원가로, 49억원은 판매비와 관리비로 나눠 계상했다. 무형자산상각비가 매출원가(7,387억원)의 28%를 차지하고 있는 것이다.

매년 수천억을 쏟아 붓는 판권이 곧바로 수익으로 연결되지 않을 경우, 무형자산상각비 부담으로 CJ E&M의 수익성이 악화되는 구조인 셈이다.

서술형 문제

chapter **10**

1. 무형자산에 대해 설명하시오.

풀이

무형자산(intangible asset)은 물리적 실체는 없지만 미래 경제적 효익을 제공하는 비화폐성 자산으로서, 영업활동에 사용하는 무형의 자산이다.

2. 식별가능성에 대해 설명하고, 무형자산을 식별가능성의 유무에 따라 분류하시오.

풀이

식별가능성(identifiability)은 그 자산이 기업실체나 다른 자산으로부터 분리될 수 있거나, 계약상 또는 법적 권리로부터 발생할 수 있는 경우를 의미한다. 특허권과 상표권 등은 기업으로부터 분리할 수 있으며, 계약 또는 법률로부터 독점적 사용을 보장받는 권리를 나타내므로 식별가능한 무형자산이다. 반면에 식별불가능한 무형자산은 기업으로부터 분리하여 개별적으로 취득 및 처분될 수 없는 무형자산을 말하며, 영업권이 대표적인 예이다.

3. 무형자산을 외부취득 무형자산과 내부창출 무형자산으로 구분하시오.

풀이

무형자산은 외부취득 무형자산과 내부창출 무형자산으로 구분할 수 있다. 외부취득 무형자산은 외부로부터 유상으로 취득하는 무형자산이거나 인수·합병의 사업결합을 통해 취득하는 영업권 등이며, 자산으로 인식한다. 내부창출 무형자산은 일반적으로 비용으로 처리하지만, 자산인식요건을 만족하는 개발단계 지출은 자산으로 인식하여 개발비로 기록한다.

4. 무형자산의 상각에 대해 설명하시오.

풀이

무형자산도 사용에 따라 경제적 효익이 감소하므로, 경제적 효익의 감소를 내용연수에 걸쳐 합리적이고 체계적인 방법으로 배분하여 비용으로 처리한다. 이러한 절차를 상각(amortization)이라 한다.

무형자산의 잔존가치는 원칙적으로 없는 것으로 하며, 비한정적인 내용연수를 가진 무형자산(예 : 영업권)은 상각하지 아니한다. 상각비는 당해 무형자산에서 직접 차감하는 형식을 취한다. 따라서 감가상각비를 감가상각누계액계정에 누적하여 당해 유형자산의 평가계정으로 처리하는 유형자산과는 다르게 회계처리한다.

5. 영업권에 대해 설명하시오.

풀이

영업권(goodwill)은 정상수준 이상의 영업성과를 창출할 수 있는 초과수익력을 말한다. 예를 들면, 동종의 타기업보다 많은 이익을 가져올 수 있는 경영상의 비법, 제조비법, 고객충성도, 독특한 이미지 등이다. 영업권은 성격상 기업과 분리하여 존재하지 않는다. 사업결합을 통하여 유상으로 취득하는 영업권만 무형자산으로 인정한다.

6. 무형자산의 자산재평가 및 손상차손에 대해 설명하시오.

풀이

무형자산은 유형자산과 동일하게 원가모형 혹은 재평가모형을 선택하여 평가할 수 있다. 또한 유형자산과 마찬가지로, 무형자산은 매 기말에 손상차손검사를 수행해야 한다. 다만 내용연수가 비한정적인 무형자산은 매 기말 혹은 손상의 징후가 있을 때에 손상차손검사를 실시해야 한다.

7. 다음의 각 거래에 대하여 취득시와 1차년도의 상각(정액법)을 분개하시오.

① 유효기간이 5년인 특허권을 ₩10,000,000에 구입하였다.
② 내용연수가 20년인 석탄의 채굴권을 ₩50,000,000에 구입하였다.
③ 유효기간이 10년인 저작권을 ₩3,000,000에 구입하였다.
④ 내용연수가 30년인 실용신안권을 ₩6,000,000에 취득하였다.

풀이

		차변	금액	대변	금액
①	취득시 :	(차) 특 허 권	10,000,000	(대) 현 금	10,000,000
	기말 :	(차) 특허권상각비	2,000,000	(대) 특 허 권	2,000,000
②	취득시 :	(차) 광 업 권	50,000,000	(대) 현 금	50,000,000
	기말 :	(차) 광업권상각비	2,500,000	(대) 광 업 권	2,500,000
③	취득시 :	(차) 저 작 권	3,000,000	(대) 현 금	3,000,000
	기말 :	(차) 저작권상각비	300,000	(대) 저 작 권	300,000
④	취득시 :	(차) 실용신안권	6,000,000	(대) 현 금	6,000,000
	기말 :	(차) 실용신안권상각비	200,000	(대) 실용신안권	200,000

8. 신안상사는 한국상사를 100% 인수하여 합병하였다. 합병시 합병대가와 한국상사의 재무상태가 다음과 같을 때, 영업권을 계산하고 분개를 하시오.

> • 합병대가(현금지급) : ₩3,000,000
> • 자산의 장부가치(공정가치) : ₩5,000,000(₩5,500,000)
> • 부채의 장부가치(공정가치) : ₩3,000,000(₩3,000,000)

풀이

① 영업권＝합병대가(3,000,000)－순자산 공정가치(＝5,500,000－3,000,000)
＝500,000

② 합병시

(차)	자　산(총액)	5,500,000	(대)	부　채(총액)	3,000,000
	영 업 권	500,000		현　금	3,000,000

OX 문제

chapter 10

1. 무형자산은 물리적 실체를 가지고 있다. (   )

풀이 (X)
무형자산은 물리적 실체는 없지만 미래 경제적 효익을 제공하는 비화폐성 자산으로서, 영업활동에 사용하는 무형의 자산이다.

2. 무형자산은 식별가능성 여부에 따라 분류할 수 있으며, 식별불가능한 무형자산에는 영업권이 있다. (   )

풀이 (O)
식별가능한 무형자산에는 산업재산권, 라이선스와 프랜차이즈, 저작권, 탄소배출권 또는 시설이용권, 컴퓨터소프트웨어, 개발비, 임차권리금 등이 포함된다. 식별불가능한 무형자산에는 영업권이 있다.

3. 내부창출 무형자산은 자산으로 회계처리한다. (   )

풀이 (X)
내부창출 무형자산은 일반적으로 비용으로 처리하지만, 자산인식요건을 만족하는 개발단계 지출은 자산으로 인식하여 개발비로 기록한다.

4. 외부취득 무형자산은 자산으로 회계처리한다. (   )

풀이 (O)
무형자산은 외부취득 무형자산과 내부창출 무형자산으로 구분할 수 있다. 외부취득 무형자산은 외부로부터 유상으로 취득하는 무형자산이거나 인수・합병의 사업결합을 통해 취득하는 영업권 등이며, 무형자산으로 인식한다.

5. 비한정적인 내용연수를 가진 무형자산도 상각한다. (　　)

풀이 (X)
비한정적인 내용연수를 가진 무형자산(예 : 영업권)은 상각하지 않는다. 한정적인 내용연수를 가진 무형자산은 유형자산과 마찬가지로 상각한다.

6. 상각비는 당해 무형자산에서 직접 차감하는 형식을 취한다. (　　)

풀이 (O)
상각비는 당해 무형자산에서 직접 차감하는 형식을 취한다. 따라서 감가상각비를 감가상각누계액계정에 누적하여 당해 유형자산의 평가계정으로 처리하는 유형자산과는 다르다.

7. 무형자산의 상각에 대하여 합리적인 방법을 정할 수 없는 경우에는 정액법을 사용하여 상각한다. (　　)

풀이 (O)
무형자산을 상각할 때에는 자산의 경제적 효익이 소비되는 행태를 반영한 합리적인 방법으로 정액법, 생산량비례법, 체감잔액법 등을 사용할 수 있다. 다만, 합리적인 상각방법을 정할 수 없는 경우에는 정액법을 사용한다.

8. 무형자산의 잔존가치는 원칙적으로 없는 것으로 한다. (　　)

풀이 (O)
무형자산의 잔존가치는 원칙적으로 없는 것으로 한다. 다만, 경제적 내용연수보다 짧은 상각기간을 정한 경우에 상각기간이 종료될 때 제3자가 그 자산을 구입하는 약정이 있거나, 상각기간이 종료되는 시점에 자산의 잔존가치가 거래시장에서 결정될 가능성이 높다면 잔존가치를 인식할 수 있다.

9. 무형자산은 미래 경제적 효익에 대한 불확실성이 높기 때문에 원가모형을 사용하여 평가한다. (　　)

풀이 (X)
무형자산은 유형자산과 동일하게 원가모형 혹은 재평가모형을 선택하여 평가할 수 있다.

10. 내부창출 영업권은 정상수준 이상의 영업성과를 창출할 수 있는 초과수익력이 있기 때문에 자산의 인식기준을 만족한다. (　　)

풀이 (X)

내부창출 영업권 및 내부창출 무형자산(개발비는 제외)은 인식기준을 만족한다고 판단하기 어렵기 때문에 자산으로 인식하지 않고, 발생한 기간의 비용으로 인식한다.

선다형 문제

chapter 10

1. 다음은 무형자산에 대한 설명이다. 맞는 것은?

① 물리적 실체가 없다.
② 미래 경제적 효익을 제공하는 비화폐성 자산이다.
③ 영업활동에 사용한다.
④ 위의 설명은 모두 옳다.

풀이 ④

무형자산은 물리적 실체는 없지만 미래 경제적 효익을 제공하는 비화폐성 자산으로서, 영업활동에 사용하는 무형의 자산이다.

2. 다음 중에서 식별가능한 무형자산이 아닌 것은?

① 산업재산권
② 영업권
③ 컴퓨터소프트웨어
④ 탄소배출권

풀이 ②

식별가능한 무형자산에는 산업재산권, 라이선스와 프랜차이즈, 저작권, 탄소배출권 또는 시설이용권, 컴퓨터소프트웨어, 개발비, 임차권리금 등이 포함된다. 식별불가능한 무형자산에는 영업권이 있다.

3. 다음은 무형자산에 대한 설명이다. 틀린 것은?

① 식별불가능한 무형자산은 식별되지 않으므로 자산으로 인식하지 않는다.
② 무형자산은 식별가능한 무형자산과 식별불가능한 무형자산으로 분류할 수 있다.
③ 무형자산은 외부취득 무형자산과 내부창출 무형자산으로 구분할 수 있다.
④ 외부취득 무형자산은 자산으로 인식한다.

풀이 ①

식별불가능한 무형자산에는 영업권이 있다. 외부취득 영업권은 무형자산으로 인식한다.

4. 다음은 내부창출 무형자산에 대한 설명이다. 틀린 것은?

① 자산인식요건을 만족하는 개발단계 지출은 자산으로 인식한다.
② 내부창출 무형자산은 일반적으로 비용으로 처리한다.
③ 자산인식요건을 만족 못하는 개발단계 지출은 경상개발비로 인식한다.
④ 자산인식요건을 만족하는 연구단계 지출은 자산으로 인식한다.

풀이 ④

연구단계에서 발생한 모든 지출은 발생한 기간의 비용으로 인식한다.

5. 다음은 연구개발활동에서 창출된 무형자산에 대한 설명이다. 맞는 것은?

① 연구단계에서 발생한 모든 지출은 발생한 기간의 비용으로 인식한다.
② 개발단계에서 발생한 지출은 자산인식요건을 모두 충족할 경우에는 무형자산(개발비)으로 인식한다.
③ 개발단계에서 발생한 지출 중에서 자산인식요건을 충족하지 못하는 경우에는 비용(경상개발비)으로 인식한다.
④ 위의 설명은 모두 옳다.

풀이 ④

연구개발활동에서 창출된 무형자산이 인식기준을 충족하는지를 평가하기 위해서, 자산의 발생과정을 연구단계와 개발단계로 구분한다. 연구단계에서 발생한 모든 지출은 발생한 기간의 비용으로 인식한다. 그러나 개발단계에서 발생한 지출은 자산인식요건을 모두 충족할 경우에는 무형자산(개발비)으로 인식하고, 그 외의 경우에는 비용(경상개발비)으로 인식한다.

6. 다음은 무형자산의 상각에 대한 설명이다. 틀린 것은?

① 모든 무형자산은 사용에 따라 경제적 효익이 감소하므로 상각한다.
② 무형자산을 상각할 때에는 자산의 경제적 효익이 소비되는 행태를 반영한 합리적인 방법을 사용해야 한다.
③ 무형자산의 상각에는 내용연수의 추정에 고도의 불확실성이 따르므로, 계약상 혹은 법적 권리기간 내에서 내용연수를 추정한다.
④ 무형자산의 잔존가치는 원칙적으로 없는 것으로 한다.

풀이 ①

내용연수가 한정적인 무형자산만 상각한다.

7. 다음은 무형자산의 상각에 대한 설명이다. 틀린 것은?

① 무형자산을 상각할 때, 합리적인 상각방법을 정할 수 없는 경우에는 정액법을 사용한다.

② 사업결합을 통해 취득한 영업권은 무형자산이므로 상각한다.

③ 무형자산의 상각이 다른 자산의 제조와 관련된 경우에는 관련 자산의 제조원가로 회계처리한다.

④ 상각비는 당해 무형자산에서 직접 차감하는 형식을 취한다.

풀이 ②

비한정적인 내용연수를 가진 무형자산(예 : 영업권)은 상각하지 아니하며, 매 기말 혹은 손상징후가 있을 때에 자산손상검사를 실시해야 한다.

8. 다음은 무형자산의 자산재평가 및 손상차손에 대한 설명이다. 맞는 것은?

① 무형자산은 원가모형 혹은 재평가모형을 선택하여 평가할 수 있다.

② 내용연수가 비한정적인 무형자산은 매 기말 혹은 손상의 징후가 있을 때에 손상차손검사를 실시해야 한다.

③ 일반적으로 무형자산은 매 기말에 손상차손검사를 수행해야 한다.

④ 위의 설명은 모두 옳다.

풀이 ④

무형자산은 유형자산과 동일하게 원가모형 혹은 재평가모형을 선택하여 평가할 수 있다. 또한 유형자산과 마찬가지로, 무형자산은 매 기말에 손상차손검사를 수행해야 한다. 다만 내용연수가 비한정적인 무형자산은 매 기말 혹은 손상의 징후가 있을 때에 손상차손검사를 실시해야 한다.

9. 다음은 영업권에 대한 설명이다. 틀린 것은?

① 자산인식요건을 만족하는 내부창출 영업권은 무형자산으로 계상된다.

② 사업결합을 통하여 유상으로 취득하는 영업권은 무형자산으로 인정된다.

③ 영업권은 상각하지 않는다.

④ 영업권은 비한정적인 내용연수를 가지고 있다.

풀이 ①

내부창출 영업권은 무형자산으로 계상될 수 없다.

10. 다음은 영업권에 대한 설명이다. 틀린 것은?

① 영업권은 정상수준 이상의 영업성과를 창출할 수 있는 초과수익력이다.
② 영업권은 성격상 기업과 분리하여 존재하지 않는다.
③ 기업이 스스로 만든 내부창출 영업권은 무형자산으로 계상될 수 없다.
④ 영업권은 사업결합원가(사업결합을 위해 지급한 대가)에서 취득자 지분에 해당하는 피취득기업의 순자산 장부금액을 차감하여 계산한다.

풀이 ④

영업권은 사업결합원가(사업결합을 위해 지급한 대가)에서 취득자 지분에 해당하는 피취득기업의 순자산 공정가치를 차감하여 계산한다.

CHAPTER 11

유동부채

1. 부채의 정의 및 분류
2. 단기 금융부채
3. 단기 비금융부채

사례

S전자주식회사의 유동부채

재무상태표

제50기 2018.12.31 현재
제49기 2017.12.31 현재
제48기 2016.12.31 현재 (단위 : 백만원)

	제50기	제49기	제48기
부채			
유동부채	43,145,053	44,495,084	34,076,122
매 입 채 무	7,315,631	6,398,629	6,162,650
단기차입금	10,353,873	12,229,701	9,061,167
미 지 급 금	8,385,752	9,598,654	7,635,740
선 수 금	214,615	214,007	200,445
예 수 금	572,702	500,740	389,528
미지급비용	6,129,837	6,657,674	6,284,646
미지급법인세	7,925,887	6,565,781	2,055,829
유동성장기부채	5,440	5,201	5,854
충 당 부 채	2,135,314	2,273,688	2,221,717
기타유동부채	106,002	51,009	58,546

2.14 매입채무

매입채무는 정상적인 영업과정에서 공급자로부터 취득한 재고자산 및 제공받은 용역과 관련하여 지급할 의무가 있는 금액입니다. 매입채무의 지급이 12개월 이내에 예상되는 경우 유동부채로 분류하고, 그렇지 아니한 경우 비유동부채로 분류합니다. 매입채무는 최초에 공정가치로 인식하며, 후속적으로 유효이자율법을 사용한 상각후원가로 측정하고 있습니다.

2.15 차입금

차입금은 최초에 공정가치에서 거래비용을 차감한 가액으로 인식하며, 후속적으로 상각후원가로 측정하고 있습니다. 거래비용 차감 후 수취한 금액과 상환금액의 차이는 유효이자율법으로 상각하여 차입기간 동안 손익계산서에 인식하고 있습니다. 또한, 보고기간종료일 이후 12개월 이상 결제를 이연할 수 있는 무조건적인 권리가 있는 경우 비유동부채로 분류하며, 그렇지 않은 경우 유동부채로 분류하고 있습니다. [금융감독원 전자공시시스템(dart.fss.or.kr)에서 인용]

1. 부채의 정의 및 분류

부채(liability)는 "과거 사건에 의해서 발생했으며, 경제적 효익을 갖는 자원이 기업으로부터 유출됨으로써 이행될 것으로 기대되는 현재의 의무"로 정의된다. 부채는 다음의 세 가지 특징을 갖는다.

① 현재의 의무(present obligation)
② 미래 경제적 효익의 유출(future sacrifice of economic benefits)
③ 과거 사건의 결과(result of past events)

부채는 금융부채 혹은 비금융부채로 구분할 수 있다. 금융부채(financial liability)는 거래상대방에게 확정된 현금 등의 금융자산을 인도하기로 한 계약상의 의무를 말한다. 금융부채의 예로는 장·단기차입금, 장·단기매입채무, 장·단기미지급금, 미지급비용, 사채 등이 있다. 비금융부채(nonfinancial liability)는 충당부채와 같이 계약상의 의무가 아닌 의제의무나 법률상의 의무이거나, 선수금·선수수익 등과 같이 현금 등 금융자산이 아니라 재화나 용역을 인도해야 하는 의무이거나, 퇴직급여부채와 같이 확정채무가 아닌 부채를 말한다.

〈도표 11-1〉 부채의 분류

	금융부채	비금융부채
유동부채	단기차입금, 단기매입채무, 단기미지급금, 미지급비용	선수금, 선수수익
비유동부채	장기차입금, 장기매입채무, 장기미지급금, 사채	충당부채, 퇴직급여부채

부채는 유동성 기준에 따라 유동부채와 비유동부채로 분류할 수 있다. 유동부채(current liability)는 1년 이내에 상환되는 부채를 말하며, 비유동부채(noncurrent liability)는 1년 이후에 상환되는 부채이다. 비유동부채는 다음 장에서 상세히 다룬다.

2. 단기 금융부채

2.1 단기 금융부채의 종류

단기 금융부채는 1년 이내에 만기가 도래하는 금융부채이며, 그 종류는 아래와 같다.

(1) 단기차입금
금융기관으로부터의 당좌차월액과 1년 이내에 상환될 차입금

(2) 단기매입채무
일반적 상거래에서 발생한 부채로서, 1년 이내에 지급될 매입채무

(3) 단기미지급금
일반적 상거래 이외에서 발생한 부채(미지급비용을 제외한다)로서, 1년 이내에 지급될 미지급금

(4) 미지급비용
일반적 상거래 이외에서 발생한 당기의 비용인데 차기에 지급되는 부채

2.2 단기매입채무 · 단기미지급금 · 미지급비용의 비교

단기매입채무는 정상적인 영업활동, 즉 일반적 상거래에서 발생한 부채로서, 1년 이내에 지급될 매입채무(외상매입금과 지급어음)이다. 외상매입금(accounts payable)은 재화나 용역을 순수한 신용으로 구입하는 경우이고, 지급어음(notes payable)은 약속어음을 발행하여 구입하는 경우이다. 상품이나 원재료 등을 신용으로 구입하거나 어음을 발행하여 구입하면 외상매입금이나 지급어음으로 회계처리한다. 재무상태표에는 외상매입금과 지급어음을 합쳐서 매입채무로 표시한다.

미지급금(nontrade payable)은 일반적인 상거래 이외에서 발생한 부채인데, 미지급비용을 제외한다. 미지급금은 건물이나 비품과 같은 자산을 구입하고

대금을 지급하지 않은 경우이며, 단기미지급금은 1년 이내에 지급될 미지급금이다. 미지급비용(accrued expense)은 당기의 비용이지만, 대가를 차기에 지급하는 부채이다. 미지급이자, 미지급인건비와 같이 기말의 수정분개 대상이 되는 발생항목이며 유동부채이다. 〈도표 11-2〉는 단기매입채무, 단기미지급금, 미지급비용을 비교한다.

〈도표 11-2〉 단기매입채무, 단기미지급금, 미지급비용의 비교

	발생되는 거래	거래의 예	계상시기
단기매입채무	일반적 상거래	상품, 원재료의 신용매입	기중
단기미지급금	일반적 상거래 이외 (미지급비용은 제외)	토지, 기계의 신용구입	기중
미지급비용	일반적 상거래 이외 (당기의 비용인데, 차기에 지급)	이자, 인건비의 미지급	결산시 (기말)

예제 11-1

조원상사의 다음 거래를 분개하시오.

① 대전상사로부터 상품 ₩100,000을 매입한 후, 대금 중 ₩50,000은 현금으로 지급하고 잔액은 외상으로 하다.
② 결산일 현재 당기분 이자비용 ₩200,000이 미지급된 상태이다.
③ 사무용 비품을 ₩300,000에 구입한 후, 대금 중 ₩100,000은 수표를 발행하여 지급하고 잔액은 외상으로 하다.
④ 한솔은행으로부터 10개월간 ₩500,000을 차입하다.

풀이

① (차) 재고자산	100,000	(대) 현금	50,000
		외상매입금	50,000
② (차) 이자비용	200,000	(대) 미지급이자	200,000
③ (차) 비품	300,000	(대) 당좌예금	100,000
		미지급금	200,000
④ (차) 현금	500,000	(대) 단기차입금	500,000

3. 단기 비금융부채

선수금(advances received from customers)은 일반적인 상거래에서 거래대금의 일부나 전부를 미리 받았을 때 그 받은 금액을 말하며, 미래에 재화나 용역을 인도하는 의무를 뜻한다. 선수수익(unearned revenue)은 용역을 제공하기로 약정하고 받은 대금 중 차기 이후에 속하는 금액을 말한다. 〈도표 11-3〉은 선수금과 선수수익을 비교한다.

〈도표 11-3〉 선수금과 선수수익의 비교

	발생되는 거래	거래의 예	계상시기
선수금	일반적 상거래	상품, 원재료 대금을 선수함	기중
선수수익	미리 받은 수익	차기분의 임대료를 미리 받음	결산시(기말)

예제 11-2

서울상사의 다음 거래를 분개하시오.

① 대전상점에 상품 ₩200,000의 매출계약을 체결하고, 대금 중 ₩50,000을 현금으로 미리 받다.

② 기록된 임대수익 중 ₩60,000이 차기분임을 기말에 확인하다.

풀이

	차변	금액	대변	금액
①	(차) 현 금	50,000	(대) 선 수 금	50,000
②	(차) 임 대 수 익	60,000	(대) 선수임대수익	60,000

Reading Materials chapter 11

19년 무분규 깨진 현대중공업 '쌍차 사태' 기억하라

(데일리안 2014-11-27)

현대중공업 노동조합이 19년 무분규 기록을 깨고 27일 오후 1시부터 4시간 부분파업에 돌입했다. 노조가 사측의 추가 임금인상안을 내놓지 않으면 파업을 하겠다고 예고한 바로 전날 아침 대표이사가 조합원들에게 "더 이상의 임금인상은 제시할 수 없다"는 내용의 호소문을 돌리며 불을 질렀으니 파업은 예정된 수순이었다.

26일 오전 권오갑 사장이 조합원들에게 전달한 글은 제목은 '호소문'이었지만, 내용은 사실상 '경고문'과 다름없었다. "회사가 어려운데 무슨 임금인상이냐. 가뜩이나 임금 부담으로 비용경쟁력이 떨어진다. 기존 인상안만으로도 회사로서 큰 부담이다. 더 이상 노조에 끌려 다니지 않겠다. 파업을 단행하면 민형사상 책임을 물을 수도 있다" 등이 주된 내용이다.

지난 9월 대표이사로 부임한 권 사장으로서는 노사갈등 봉합이 자신의 능력을 검증받을 수 있는 중요한 시험대 중 하나다. 그럼에도 불구하고 노조를 다독이기는커녕 자극하고 엄포를 놓은 이유는 무엇일까. 회사 상황이 그만큼 심각하다는 절박함 때문이다. 올 들어 3분기까지 현대중공업이 기록한 3조원대의 적자는 '부실 정리' 요인을 감안하더라도 심상치 않은 수준이다.

물론, 과거의 적자는 앞으로 이익을 내면 메울 수 있다. 하지만, 현대중공업은 배를 만들어 팔수록 이익을 내는 게 아니라 손해를 보는 구조다. 절대 가혹한 평가가 아니다. 대표이사가 스스로 밝힌 내용이다. 권 사장은 호소문에서 "원가가 높다 보니 선박을 수주하더라도 약 6~7%가량 손실이 생긴다"고 밝혔다.

회사가 돈을 못 벌면 회사에 돈을 빌려준 이들도 등을 돌리게 마련이다. 기업의 상당수는 자기자본의 몇 배에 해당하는 빚을 지고 있다. 현대중공업과 같이 고가의 원자재로 고가의 제품을 만들어 파는 조선업종의 경우 다른 업종보다 부채 비율이 높다.

3분기말 현재 현대중공업의 부채총계는 37조 1,328억원으로, 자본총계(16조 8,489억)의 두 배를 훌쩍 뛰어넘는다. 그중 대부분인 28조 9,385억원은 짧은 기간 내에 갚아야 하는 유동부채다. 유동부채 중 순차적으로 만기가 도래해 '돌려막기'를 해야 하는 단기금융부채가 10조원을 넘어선다. 빚 진 자의 살림이 위태위태하면 돈을 빌려준 이는 회수하려 하고, 새로 돈 빌릴 곳은 없어지게 마련이다.

권 사장은 "우리 회사 살림이 건전한가에 대한 금융기관의 관심이 높아지고 있다"며 회사 재무 상황에 대한 불안감을 표출하기도 했다. 만기가 도래하는 채권을 막기 위해 회사 자산을 매각하고 있다는 사실도 언급했다.

문제는 이 같은 위기를 노조도 체감하고 있는지 여부다. 올해 임단협 교섭에서 회사측은 기본급 3만 7,000원(호봉승급분 2만 3,000원 포함) 인상, 격려금 100%(회사 주식으로 지급)+300만원을 제시한 반면, 노조는 임금 13만 2,013원(기본급 대비 6.51%) 인상, 성과금 250%+알파, 호봉승급분 2만 3,000원을 5만원으로 인상, 노조 전임자 임금지급 등을 요구하고 있다. 전반적으로 격차가 크다.

물론, 현대중공업의 기업 규모와 조선소 근로자들의 고된 작업강도를 감안하면 회사측 제시안을 두고 '충분'을 논할 수는 없다. 하지만 앞에서 언급했듯 회사가 생사기로에 서있는 상황이라면 얘기는 다르다.

많건 적건 임금을 지급하는 건 회사가 생존해 있을 때나 가능한 일이다. 기존 적자 구조에서 인건비 부담이 더 늘어난다면, 적자는 더 쌓이고 그걸 메우려면 돈을 더 빌려야 하고 재무구조는 더욱 악화된다. 이런 악순환이 계속된다면 채권자들이 등을 돌려 회사는 무너질 수 있다.

'설마 현대중공업 정도의 대기업이 무너지겠는가, 정부에서 지원을 해서라도 살려내겠지' 하는 생각은 버려야 한다. 링거를 꼽고 산소호흡기를 대주는 것도 생존 가능성이 있을 때나 하는 일이다.

우리는 불과 5년 전에 쌍용자동차가 무너지며 직원 2,600여경이 직장을 잃은 사례를 알고 있다. 당시 쌍용차 대량해고 사태와 관련된 이들은 "그때 직원들이 고통분담에 동참했으면 그 정도 사태까지는 벌어지지 않았을 것"이라고 입을 모은다.

현대중공업이라고 그 꼴이 나지 말라는 법은 없다. 적자더미의 회사에게 임금을 더 주지 않으면 파업을 하겠다는 것은 황금알이 충분치 않다고 거위의 배를 가르는 것과 다름없다. 물론 거위의 배를 가르면 더 이상 황금알은 얻을 수 없다.

이번 현대중공업 노조 파업으로 19년 무분규 기록이 깨지게 됐지만, 그깟 상징성에 큰 의미를 둘 필요는 없다. 오히려 '19'라는 숫자는 그동안 현대중공업 근로자들이 회사를 위해 얼마나 희생하고 양보해 왔는지를 증명해준다.

파업 시간이 4시간에 불과한 일종의 '경고성'이라는 것도 현대중공업 근로자들이 여전히 회사에 대한 애정을 갖고 있다는 점을 보여준다.

회사가 이익을 낼 때도 임금을 동결했다는 억울한 사연도 충분히 이해가 간다. 하지만 싸울 대상은 팔팔하고 돈 잘 버는 회사여야지 지금의 축 늘어진 현대중공업은 아니다. 일단 기력을 회복하게 만들어주는 게 우선이다.

만일, '회사의 경영상황이 좋아지면 동종업계 어느 회사보다 충분한 대가로 보상해주겠다'는 권오갑 사장의 약속이 지켜지지 않으면, 그때 들고 일어난 노조를 비난할 이는 없을 것이다.

발전공기업, 작년 금융부채 24.5조… 하루 이자만 22억

(the300 2014-08-21)

한국전력 산하의 한수원과 6개 발전공기업들이 정부의 공공기관 정상화 방침에도 불구하고 금융부채가 오히려 늘어나 하루에만 23억원의 이자비용을 지급했던 것으로 드러났다.

또 지난해 이들 발전공기업의 부채비율이 모두 100%를 넘었다. 특히 부채가 계속 들어 2017년에 일부 발전사는 부채비율이 200%에 근접할 것으로 전망돼 건전재정을 위한 재무개선 대책이 필요하다는 지적이다.

21일 국회 산업통상자원위원회 소속 새정치민주연합 박완주 의원(천안을)이 산업통상자원부로부터 제출받은 '발전회사 재무구조 추이'를 분석한 결과 6개 발전 공기업의 작년 금융성 부채는 24조 6,715억원으로 전년 대비 6조 5,699억원 늘었다. 부채비율은 모두 100%를 웃돌았다. 금융성 부채란 장·단기 차입금 및 사채 등 금융비용이 발생하는 부채를 의미한다.

〈표 1〉 2013년 발전회사 재무구조 추이 (단위 : 억원)

	한수원	남동발전	중부발전	서부발전	남부발전	동서발전	합 계
부채비율(%)	118.4	127.7	114.9	127.8	113.4	118.4	
금융성 부채	96,774	37,597	23,326	31,674	27,959	29,385	246,715
전년 대비 금융부채 증가	14,936	10,533	4,350	13,396	9,612	12,872	65,699
금융비용	5,586	475	629	675	554	352	8,271
2017년 추정 부채비율(%)	171	150	190	170	157	128	

〈산업통상자원부 자료 정리〉

발전사별로 1년간 늘린 금융성 부채만 한수원은 1조 4,936억원, 남동발전 1조 533억원, 중부발전 4,350억원, 서부발전 1조 3,396억원, 남부발전 9,612억원, 동서발전 1조 4,936억원 등 모두 6조 5,699억원에 달했다. 이에 따른 이자가 총 8,271억원으로 하루 22억 6,600만원을 이자 비용으로 사용한 셈이다.

발전사별로는 지난해 남동발전이 3조 7,597억원의 금융부채에 따른 연간 이자비용을 475억원 지불했다. 부채비율은 127.7%로 전년 98%에서 30%포인트나 올랐다.

중부발전 역시 지난해 금융성 부채가 2조 3,326억원에 달해 연간 이자만 629억원을 냈다. 2017년 장기 부채비율 예측은 190%로 발전공기업 가운데 가장 높았다.

서부발전 부채비율은 지난해 7년 만에 처음으로 127.8%를 기록, 전년 대비 46.5%포인트 늘었다. 금융부채는 3조 1,674억원으로 연간이자가 675억원 발생했다.

남부발전도 지난해 금융부채가 2조 7,959억원에 달해 이자도 연간 554억원을 사용했다.

동서발전 부채는 지난해 4조 600억원으로 전년 대비 53%가 늘어났다. 특히 금융부채만 2조 9,385억원으로 무려 78%가 증가했다. 연간 이자비용으로도 352억원을 지급했다.

한수원은 재무구조가 더욱 취약했다. 지난해 금융성 부채가 9조 6,774억원으로 10조원에 육박했다. 금융비용은 연간 5,586억원을 사용했다.

또 이들 발전사들의 재무관리 계획을 분석한 결과 2017년까지 부채 및 부채비율이 지속적으로 증가할 것으로 예측됐다.

부채비율은 남동발전이 올해 143%, 2015년 148%, 2016년 149%, 2017년 150%로 늘어날 것으로 추정됐다. 중부발전은 2015년 198%까지 늘어났다가 2017년에서야 190%로 낮추는 계획을 보고했다.

서부발전은 2015년까지 174%, 남부발전은 169.6%, 동서발전은 142.5%, 한수원은 173%로 각각 늘어났다가 연차적으로 줄여 나갈 계획인 것으로 나타났다. 박완주 의원은 "발전설비 투자에 따른 자연스러운 부채증감도 있지만 본사를 지방으로 이전하면서 사옥과 직원들의 사택 등에 지나친 투자가 부채를 늘린 이유 중 하나"라고 지적했다.

그는 이어 "박근혜 정부는 공기업 방만경영을 잡겠다고 했지만 지난해 발전공기업당 평균 1조원이 넘는 금융부채만 늘렸다"며 "발전소 건설에 불가피한 측면도 있지만 합리적인 경영정상화 대책을 긴급히 세워야 한다"고 말했다.

서술형 문제

chapter 11

1. 금융부채를 설명하고, 종류를 예시하시오.

풀이

금융부채(financial liability)는 거래상대방에게 현금 등의 금융자산을 인도하기로 한 계약상의 의무를 말한다. 금융부채의 예로는 장·단기차입금, 장·단기매입채무, 장·단기미지급금, 미지급비용, 사채 등이 있다.

2. 비금융부채를 설명하고, 종류를 예시하시오.

풀이

비금융부채(nonfinancial liability)는 충당부채와 같이 계약상의 의무가 아닌 의제의무나 법률상의 의무이거나, 선수금·선수수익 등과 같이 현금 등 금융자산이 아니라 재화나 용역을 인도해야 하는 의무이거나, 퇴직급여부채와 같이 확정채무가 아닌 부채를 말한다.

3. 유동부채를 설명하고, 종류를 예시하시오.

풀이

유동부채(current liability)는 1년 이내에 상환되는 부채를 말한다. 유동부채에는 단기차입금, 단기매입채무, 미지급비용, 미지급금, 선수금, 선수수익 등이 있다.

4. 부채를 유동/비유동부채 및 금융/비금융부채로 분류하시오.

풀이

부채의 분류

	금융부채	비금융부채
유동부채	단기차입금, 단기매입채무, 단기미지급금, 미지급비용	선수금, 선수수익
비유동부채	장기차입금, 장기매입채무, 장기미지급금, 사채	충당부채, 퇴직급여부채

5. 매입채무, 미지급금, 미지급비용을 비교하시오.

풀이

매입채무(trade payable)는 정상적인 영업활동, 즉 일반적 상거래에서 발생한 외상매입금과 지급어음을 말한다. 미지급금(nontrade payable)은 일반적인 상거래 이외에서 발생한 부채로, 미지급비용을 제외한다. 미지급금은 건물이나 비품과 같은 자산을 구입하고 대금을 지급하고 있지 않은 경우이다. 미지급비용(accrued expense)은 당기의 비용에 속하나 외부에 대가를 아직 지급하지 않은 경우이다. 미지급이자, 미지급임금, 미지급보험료와 같이 기말에 기간손익을 정확히 수정하는 과정에서 인식되는 유동부채이다.

6. 선수금과 선수수익을 비교하시오.

풀이

선수금(advances received from customers)은 일반적인 상거래에서 거래대금의 일부나 전부를 미리 받았을 때 그 받은 금액을 말하며, 미래에 재화나 용역을 인도하는 의무를 뜻한다. 선수수익(unearned revenue)은 인식한 수익 중 차기 이후에 속하는 금액을 말하며, 기말에 수정해야 하는 항목이다.

7. 인천상사의 다음 거래를 분개하시오.

① 대전상사로부터 상품 ₩200,000을 매입한 후, 대금 중 ₩100,000은 현금으로 지급하고 잔액은 어음을 발행하여 지급하다.
② 결산일에 당기분 지급이자 ₩100,000을 지급하지 않고 있다.
③ 기계를 ₩500,000에 구입한 후, 대금 중 ₩100,000은 현금으로 지급하고 잔액은 외상으로 하다.
④ 한솔은행으로부터 8개월간 ₩400,000을 차입하다.

풀이

	차변	금액	대변	금액
①	(차) 재고자산	200,000	(대) 현금	100,000
			지급어음	100,000
②	(차) 이자비용	100,000	(대) 미지급이자	100,000
③	(차) 기계	500,000	(대) 현금	100,000
			미지급금	400,000
④	(차) 현금	400,000	(대) 단기차입금	400,000

8. 부산상사의 다음 거래를 분개하시오.

① 제물포상점에 상품 ₩100,000의 매출계약을 체결하고, 대금 중 ₩50,000을 현금으로 미리 받다.

② 기록된 이자수익 중 ₩50,000이 차기분임을 기말에 확인하다.

풀이

① (차)	현 금	50,000	(대) 선 수 금	50,000
② (차)	이 자 수 익	50,000	(대) 선수이자수익	50,000

OX 문제

chapter 11

1. 부채는 "과거 및 현재 사건에 의해서 발생했으며, 경제적 효익을 갖는 자원이 기업으로부터 유출됨으로써 이행될 것으로 기대되는 현재의 의무"로 정의된다. (　　)

풀이 (X)
부채는 과거 사건에 의해 발생한다.

2. 금융부채는 거래상대방에게 현금 등의 금융자산을 인도하기로 한 계약상 혹은 법률상의 의무를 말한다. (　　)

풀이 (X)
금융부채(financial liability)는 거래상대방에게 현금 등의 금융자산을 인도하기로 한 계약상의 의무를 말한다.

3. 거래상대방에게 재화나 용역을 인도해야 하는 계약상의 의무는 비금융부채이다. (　　)

풀이 (O)
선수금·선수수익 등과 같이 현금 등 금융자산이 아니라 재화나 용역을 인도해야 하는 의무는 비금융부채(nonfinancial liability)이다.

4. 유동부채는 1년 이후에 상환되는 부채를 말한다. (　　)

풀이 (X)
유동부채는 1년 이내에 상환되는 부채이다.

5. 미지급비용은 일반적 상거래 이외에서 발생한 부채이다. (　　)

풀이 (O)
미지급비용은 발생된 비용으로서 당기에 지급되지 않고 차기에 지급할 비용을 말하며, 기말에 수정해야 하는 항목이며, 일반적 상거래 이외에서 발생한 부채이다.

6. 매입채무는 정상적인 영업활동, 즉 일반적 상거러에서 발생한다. (   )

풀이 (O)

매입채무는 정상적인 영업활동, 즉 일반적 상거래에서 발생한 외상매입금과 지급어음을 말한다.

7. 재무상태표에는 외상매입금과 지급어음을 따로 구분하여 표시한다. (   )

풀이 (X)

재무상태표에는 외상매입금과 지급어음을 합쳐서 매입채무로 표시한다.

8. 일반적인 상거래 이외에서 발생한 부채를 미지급금이라고 한다. (   )

풀이 (X)

일반적인 상거래 이외에서 발생한 부채에는 미지급금과 미지급비용이 포함된다.

9. 선수수익은 용역을 제공하기로 약정하고 받은 대금 중 차기 이후에 속하는 금액을 말한다. (   )

풀이 (O)

선수수익은 용역을 제공하기로 약정하고 받은 대금 중 차기 이후에 속하는 금액으로, 선수임대수익 · 선수이자수익 등이 있다. 선수수역은 기말에 수정해야 하는 항목이다.

10. 선수금은 일반적인 상거래에서 거래대금의 일부나 전부를 미리 받았을 때 그 받은 금액을 말한다. (   )

풀이 (O)

선수금(advances received from customers)은 일반적인 상거래에서 거래대금의 일부나 전부를 미리 받았을 때 그 받은 금액을 말하며, 거래에 재화나 용역을 인도하는 의무를 뜻한다.

선다형 문제

chapter 11

1. 다음은 금융부채에 대한 예이다. 틀린 것은?

① 차입금
② 선수금
③ 매입채무
④ 미지급비용

풀이 ②

금융부채(financial liability)는 거래상대방에게 현금 등의 금융자산을 인도하기로 한 계약상의 의무를 말한다. 선수금은 현금이 아닌 상품 등을 인도하는 계약상의 의무이므로 비금융부채이다.

2. 다음은 비금융부채에 대한 예이다. 틀린 것은?

① 선수금
② 미지급비용
③ 선수수익
④ 퇴직급여부채

풀이 ②

미지급비용은 금융부채이다.

3. 다음은 부채에 대한 설명이다. 틀린 것은?

① 부채는 금융부채 혹은 비금융부채로 구분할 수 있다.
② 금융부채는 거래상대방에게 현금 등의 금융자산을 인도하기로 한 계약상의 의무를 말한다.
③ 충당부채와 같이 의제의무나 법률상의 의무는 금융부채이다.
④ 재화나 용역을 인도해야 하는 의무는 비금융부채이다.

풀이 ③

충당부채와 같이 의제의무나 법률상의 의무는 비금융부채이다.

4. 다음은 비금융부채에 대한 설명이다. 맞는 것은?

① 계약상의 의무가 아닌 의제의무나 법률상의 의무
② 현금 등 금융자산이 아니라 재화나 용역을 인도해야 하는 의무
③ 퇴직급여부채와 같이 확정채무가 아닌 부채
④ 위의 설명은 모두 옳다.

풀이 ④

비금융부채는 충당부채와 같이 계약상의 의무가 아닌 의제의무나 법률상의 의무이거나, 선수금 · 선수수익 등과 같이 현금 등 금융자산이 아닌 재화나 용역을 인도해야 하는 의무이거나, 퇴직급여부채와 같이 확정채무가 아닌 부채를 말한다.

5. 다음은 부채에 대한 설명이다. 틀린 것은?

① 부채는 유동성 기준에 따라 유동부채와 비유동부채로 분류할 수 있다.
② 유동부채는 1년 이내에 상환되는 부채를 말한다.
③ 비유동부채는 1년 이후에 상환되는 부채를 말한다.
④ 미지급비용은 비유동부채이다.

풀이 ④

미지급비용은 유동부채이다.

6. 다음 중에서 단기 금융부채가 아닌 것은?

① 사채
② 단기차입금
③ 미지급비용
④ 단기매입채무

풀이 ①

사채는 장기 금융부채이다.

7. 다음은 단기 금융부채에 대한 설명이다. 맞는 것은?

① 단기매입채무는 일반적 상거래에서 발생한 외상매입금과 지급어음 중 1년 이내에 지급될 매입채무를 말한다.
② 단기차입금은 금융기관으로부터의 당좌차월액과 1년 이내에 상환될 차입금을 말한다.
③ 미지급금은 일반적 상거래 이외에서 발생한 채무로서, 미지급비용을 제외한 것이다.

④ 위의 설명은 모두 옳다.

풀이 ④

단기 금융부채는 1년 이내에 만기가 도래하는 금융부채이며, 단기차입금 · 단기매입채무 · 미지급금 · 미지급비용 등이 있다.

8. 다음은 매입채무에 대한 설명이다. 틀린 것은?

① 매입채무는 정상적인 영업활동, 즉 일반적 상거래에서 발생한 것이다.
② 외상매입금은 재화나 용역을 순수한 신용으로 구입하는 경우이다.
③ 지급어음은 재화나 용역을 구입하고 약속어음을 발행하는 경우이다.
④ 매입채무는 건물이나 비품과 같은 유형자산을 구입하고 대금을 지급하지 않은 경우이다.

풀이 ④

건물이나 비품과 같은 유형자산을 구입하고 대금을 지급하지 않은 경우는 미지급금이다.

9. 다음은 유동부채에 대한 설명이다. 틀린 것은?

① 일반적인 상거래 이외에서 발생한 유동부채에는 미지급금과 미지급비용이 포함된다.
② 선수금은 일반적인 상거래에서 거래대금의 일부나 전부를 미리 받았을 때 그 받은 금액을 말한다.
③ 인식한 수익 중 차기 이후에 속하는 금액은 선수수익이다.
④ 미지급금은 당기의 비용에 속하나 외부에 대가를 아직 지급하지 않은 경우이다.

풀이 ④

당기의 비용에 속하나 외부에 대가를 아직 지급하지 않은 것은 미지급비용이다.

10. 다음은 유동부채의 예이다. 틀린 것은?

① 선수수익
② 단기미지급금
③ 미지급비용
④ 미수수익

풀이 ④

미수수익은 올해에 귀속되지만 다음 연도에 현금 받을 권리를 말하므로 유동자산이다.

CHAPTER 12

비유동부채

1. 비유동부채의 정의 및 분류
2. 장기 금융부채
3. 장기 비금융부채
4. 화폐의 시간적 가치
5. 사채

사례

S전자주식회사의 비유동부채

재무상태표

제50기 2018.12.31 현재
제49기 2017.12.31 현재
제48기 2016.12.31 현재 (단위 : 백만원)

	제50기	제49기	제48기
부채			
유동부채	43,145,053	44,495,084	34,076,122
비유동부채	2,888,179	2,176,501	3,180,075
사 채	43,516	46,808	58,542
장기미지급금	2,472,416	1,750,379	2,808,460
장기충당부채	372,217	379,201	312,467
기타비유동부채	30	113	606
부채총계	46,033,232	46,671,585	37,256,197

16. 사채 : 보고기간종료일 현재 사채의 내역은 다음과 같습니다.

(단위 : 백만원)

구 분	발행일	만기상환일	연이자율(%)	금 액	
			당기말	당기말	전기말
US$ denominated Straight Bonds	1997.10.2	2027.10.1	7.7	50,315 (US$45,000천)	53,570 (US$50,000천)
1년 이내 만기도래분				(5,591)	(5,357)
사채할인발행차금				(1,208)	(1,405)
계				43,516	46,808

18. 충당부채

회사는 출고한 제품에 대한 품질보증, 교환, 하자보수 및 그에 따른 사후서비스 등으로 인하여 향후 부담할 것으로 예상되는 비용을 보증기간 및 과거 경험률 등을 기초로 추정하여 충당부채로 설정하고 있습니다.

[금융감독원 전자공시시스템(dart.fss.or.kr)에서 인용]

1. 비유동부채의 정의 및 분류

비유동부채는 재무상태표일로부터 1년 이후에 만기가 도래하는 부채이다. 비유동부채는 금융부채 여부에 따라, 장기 금융부채와 장기 비금융부채로 나눌 수 있다. 장기 금융부채에는 장기차입금, 장기매입채무, 장기미지급금, 사채 등이 있으며, 장기 비금융부채에는 충당부채와 퇴직급여부채가 있다. 주요 비유동부채의 분류와 정의는 아래와 같다.

(1) 장기차입금

1년 후에 상환되는 차입금

(2) 장기매입채무

일반적 상거래에서 발생한 부채로서, 1년 이후에 지급될 매입채무

(3) 장기미지급금

일반적 상거래 이외에서 발생한 부채로서, 1년 이후에 지급될 미지급금

(4) 사채

기업이 장기적으로 자금을 조달하기 위해 사채증권을 발행하여 부담하는 금융부채

(5) 충당부채

금액, 지출시기, 지출대상이 확정되어 있지 않은 부채이지만, 지출의 발생가능성이 높으며 금액을 추정할 수 있는 부채

(6) 퇴직급여부채

확정급여제도에서 종업원이 당기와 그 이전에 근무용역을 제공한 대가로서 기업이 부담하는 미래지급의무액의 현재가치

2. 장기 금융부채

사채는 대규모 자금의 조달수단으로 이용되지만, 회사(특히 중소기업)는 어음 발행 등을 통하여 금융기관으로부터 자금을 조달할 수 있다. 장기차입금(long-term borrowing)은 금융기관 혹은 신용대여기관과의 금전대차계약에 의하여 일반적 상거래 이외에서 발생한 것으로 1년 후에 상환기일이 도래하는 부채를 말한다. 일반적 상거래에서 발생한 장기매입채무(long-term trade payable)에는 장기외상매입금(long-term accounts payable)과 장기지급어음(long-term notes payable)이 있다. 장기미지급금(long-term nontrade payable)은 일반적 상거래 이외에서 발생한 부채로서, 1년 이후에 지급될 미지급금을 말한다. 사채(bonds)는 기업이 장기적인 자금을 얻기 위해 사채증서를 발행하여 부담하는 부채를 말한다.

기업회계기준은 장기성 채권 및 채무가 다음의 요건을 충족하는 경우 현재가치로 평가할 것을 규정하고 있다.

① 장기연불조건의 매매거래, 장기금전대차거래 또는 이와 유사한 거래에서 발생한 채권·채무일 것
② 명목상 가액과 현재가치의 차이가 중요한 경우일 것

따라서 위의 요건을 충족하는 장기차입금, 장기매입채무, 장기미지급금, 사채는 현재가치로 평가되어야 한다. 현재가치는 당해채무로 인하여 미래에 지급할 총금액을 적정한 이자율로 할인한 가액이다. 명목가치와 현재가치의 차이는 현재가치할인차금으로 계상하고 유효이자율법을 적용하여 상각한다.

3. 장기 비금융부채

장기 비금융부채에는 충당부채와 퇴직급여부채가 있다. 충당부채(provisions)는 금액, 지출시기, 지출대상이 확정되어 있지 않은 부채이지만, 지출의 발생가능성이 높으며 금액을 추정할 수 있는 부채이다. 충당부채에는 하자보수충당부채, 제품보증충당부채 등이 있다.

퇴직급여부채(defined benefit obligations)는 확정급여제도에서 종업원이 당기와 그 이전에 근무용역을 제공한 대가로서 기업이 부담하는 미래지급의무액의 현재가치를 말한다.

4. 화폐의 시간적 가치

어떤 개인이 1억원을 연 10%의 이자를 지급하는 정기예금에 예치하면, 1년 후에 1천만원의 이자수익이 발생한다. 따라서 1억원의 1년 후 미래가치는 원금과 이자를 합하여 1억 1천만원이 된다. 이 예에서 보듯이, 화폐는 시간이 흐를수록 이자로 인하여 총액이 증가하므로, 이자는 화폐의 시간적 가치(time value of money)를 나타낸다. 이를 다르게 표현하면, 무한히 계속되는 매년 1천만원의 이자(즉, 미래 현금흐름)를 연 10%로 할인하여 계산하면, 이 미래 현금흐름의 현재가치는 1억원이 된다. 이자율이 연 10%일 때, 현재가치인 1억원과 1년 후 미래가치인 1억 1천만원은 시점에 따라 금액은 다르지만 동일한 가치를 나타내므로, 동전의 앞면과 뒷면의 관계라고 말할 수 있다.

이자율과 할인율은 의미는 동일하지만 용어를 사용하는 경우가 다르다. 일반적으로, 이자율은 현재가치로부터 미래가치를 결정할 때 적용되는 율을 말하며, 할인율은 미래가치로부터 현재가치를 산출할 때 적용되는 율을 말한다. 화폐의 시간적 가치는 현금흐름액, 기간, 이자율(혹은 할인율)의 세 가지 요소에 의하여 결정된다.

4.1 단일금액의 미래가치

단일금액의 미래가치는 단일금액의 현재가치에 〈도표 12-1〉의 단일금액 1원의 미래가치율(future value factor)을 곱한 것이다. 예를 들면, 현재 10,000원의 현금을 1년간 10%의 이자를 지급하는 정기예금에 예치한다면, 1년 후의 미래가치는 11,000원[=10,000×(1+0.1)]이 된다.

〈도표 12-1〉 단일금액 1원의 미래가치율

$$FV_{t,i} = (1+i)^t$$

여기에서, $FV_{t,i}$ = 단일금액 1원의 미래가치율, t = 기간, i = 이자율

4.2 단일금액의 현재가치

단일금액의 현재가치는 단일금액의 미래가치에 〈도표 12-2〉의 단일금액 1원의 현재가치율(present value factor)을 곱한 금액이다. 예를 들면, 할인율이 10%일 때, 1년 후에 받을 예금 11,000원의 현재가치는 10,000원[=11,000/(1+0.1) =11,000×0.9091]이 된다.

〈도표 12-2〉 단일금액 1원의 현재가치율

$$PV_{t,i} = 1/(1+i)^t = (1+i)^{-t}$$

여기에서, $PV_{t,i}$ = 단일금액 1원의 현재가치율, t = 기간, i = 이자율

4.3 정상연금의 미래가치

연금이란 미래 일정기간에 걸쳐서 받게 될 일정한 금액을 말한다. 연금은 기말에 연금을 수취하는 정상연금(ordinary annuity; 기말연금)과 기초에 연금을 수취하는 이상연금(annuity due; 선불연금 혹은 기초연금)으로 나누어진다.

정상연금의 미래가치는 정상연금의 현재가치에 〈도표 12-3〉의 정상연금 1원의 미래가치율을 곱한 금액이다. 예를 들면, 연금 10,000원을 3년 동안 매년 말에 이자율 10%로 예치하였다면, 3년 후에는 33,100원[$=10,000\times\{(1.1)^2+1.1+1\}=10,000\times3.31$]을 받게 된다.

〈도표 12-3〉 정상연금 1원의 미래가치율

$$FVa_{(t,i)} = [(1+i)^t - 1]/i$$

여기에서, $FVa_{(t,i)}$ = 정상연금 1원의 미래가치율, t = 기간, i = 이자율

정상연금 1원의 미래가치율은 다음과 같이 단일금액 1원의 미래가치율을 매년 합산하여 구할 수 있다.

❖ 정상연금 1원의 미래가치율

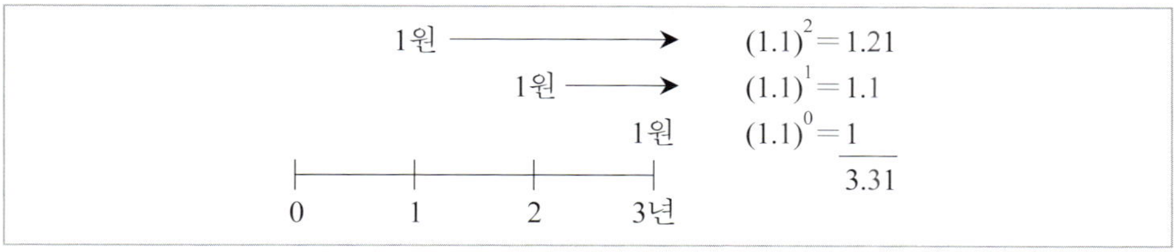

1년 말의 1원은 2년 동안의 이자인 0.21원이 원금 1원에 합산되어 3년 말에 1.21원이 되고, 2년 말의 1원은 1년 동안의 이자인 0.1원이 원금 1원에 합산되어 3년 말에 1.1원이 되며, 3년 말의 1원은 은행에 입금하자마자 출금하는 것이므로 이자가 없어 원금 그 자체인 1원이 된다. 이것을 다 합하면 3.31원이 된다.

4.4 정상연금의 현재가치

정상연금의 현재가치는 정상연금의 미래가치에 〈도표 12-4〉의 정상연금 1원의 현재가치율을 곱한 금액이다. 예를 들면, 할인율이 10%이고 향후 3년에 걸쳐 매년 말에 10,000원씩을 받는다면, 이 정상연금의 현재가치는 24,868원 $[=10{,}000 \times \{1/1.1 + 1/(1.1)^2 + 1/(1.1)^3\} = 10{,}000 \times (0.9091 + 0.8264 + 0.7513) = 10{,}000 \times 2.4868]$이 된다.

〈도표 12-4〉 정상연금 1원의 현재가치율

$$PVa_{(t,i)} = [1-(1+i)^{-t}]/i$$

여기에서 $PVa_{(t,i)}$ = 정상연금 1원의 현재가치율, t = 기간, i = 이자율

이 예에서 정상연금 1원의 현재가치율은 다음과 같이 단일금액 1원의 현재가치율을 매년 합산하여 구할 수 있다.

✤ 정상연금 1원의 현재가치율

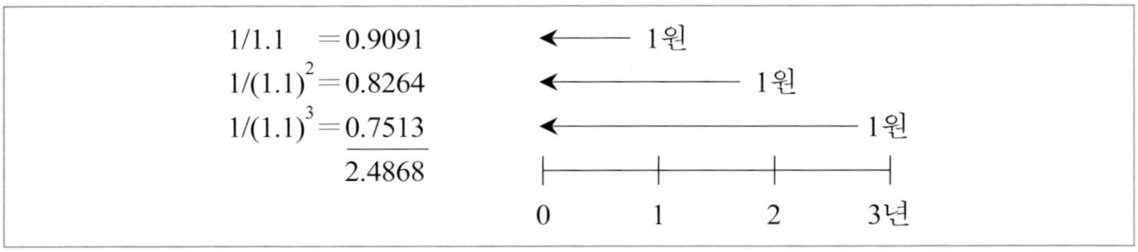

4.5 정상연금의 현재가치와 미래가치의 관계

정상연금의 현재가치와 미래가치는 동전의 앞면과 뒷면 같은 관계이다. 할인율이 10%이고 향후 3년에 걸쳐 매년 말에 10,000원씩을 받는 경우, 이 정상연금의 현재가치는 24,868원이고 미래가치는 33,100원이다. 이 경우 현재가치와 미래가치는 동일한 가치를 가지며, 아래와 같이 현재가치로부터 미래가치를 계산할 수 있다[24,868×1.331=33,100].

✤ 정상연금의 현재가치와 미래가치

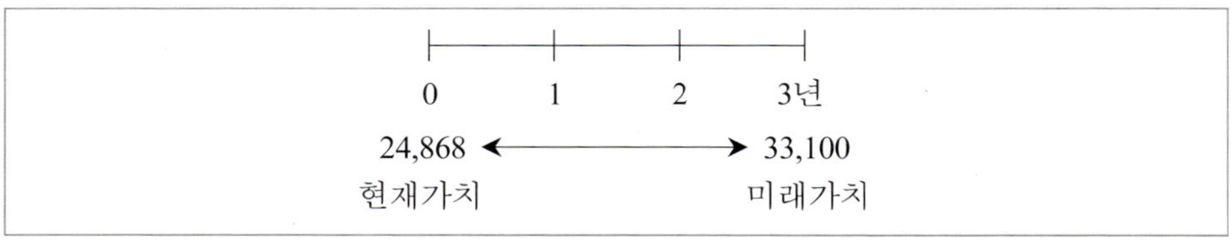

5. 사채

사채는 채무증권으로 회사가 자금을 조달하기 위하여 상법에 의거 발행한다. 회사채로 알려진 사채를 발행하는 회사는 사채약정서에 나타나 있는 계약에 따라 일정한 이자를 지급하며 만기일에 원금을 상환한다.

주식발행(자기자본)에 비하여 사채(타인자본)는 기업의 지배권을 유지하면서 이자지급액을 비용처리(세금공제)할 수 있는 장점이 있다. 반면에 사채약정조항에 의하여 기업활동이 제약받을 수 있고 이자지급과 원금상환의 부담을 갖는 단점도 있다.

5.1 사채의 종류

사채는 다음과 같은 기준들에 따라 분류된다.

(1) 담보의 유무

사채상환을 위한 담보물이 제공되는 담보부사채와 그렇지 않은 무담보부사채가 있다.

(2) 제3자의 보증유무

발행회사가 지급능력을 상실하였을 때 은행, 증권사, 금융회사 등의 보증기관이 대신 변제해주는 보증사채와 그렇지 않은 무보증사채가 있다.

(3) 사채권자의 명의유무

사채증서에 사채권자의 명의를 기재하는 기명식 사채와 그렇지 않은 무기명사채가 있다.

(4) 주식과의 교환가능성

사채권자의 청구에 의하여 일정기간 내에 주식으로 전환할 수 있는 전환사채와 사채발행회사의 주식을 매입할 수 있는 권리가 부여된 신주인수권부사채가 있다. 전환권이나 신주인수권이 없는 일반사채에 비하여 이러한 사채는 기존 주주에게 영향을 주기 때문에 발행에 제약이 따른다.

(5) 상환방법

만기일에 일시불로 원금을 상환하는 일시상환사채, 만기일 전에 사채를 상환할 수 있는 수의상환사채, 액면을 분할하여 상환하는 연속상환사채 등이 있다.

5.2 사채의 발행

사채는 회사가 직접 발행할 수 있으나(직접발행), 대부분의 사채는 중개인(주로 증권회사)에 위탁하여 발행된다(간접발행). 사채는 액면금액(만기금액), 이자율, 만기 등의 주요 요소를 정하여 발행한다. 그러나 증권시장의 여건에 따라 증서상에 표시된 액면금액(face amount)과 다른 금액으로 발행되는 경우가 많다. 실제로 발행(판매)되는 금액을 발행금액(selling price)이라 하고, 사채의 발행금액(사채의 현재가치)을 계산하는 데 사용되는 이자율을 시장이자율(market interest rate)이라 한다.

사채는 시장이자율을 적용하여 계산한 사채의 현재가치로 발행되므로, 시장이자율에 따라 사채의 발행금액이 달라진다. 액면이자율과 시장이자율이 같으면, 사채는 액면금액과 동일한 금액으로 액면발행(sold at face amount)된다. 액면이자율이 시장이자율보다 낮다면 투자자들이 사채를 사지 않기 때문에, 사채는 액면금액보다 낮은 금액으로 할인발행(sold at a discount)된다. 반대로 액면이자율이 시장이자율보다 높다면, 사채는 액면금액보다 높은 금액으로 할증발행(sold at a premium)된다.

사채를 액면발행하는 경우, 현금계정의 차변과 사채계정의 대변에 액면금액으로 계상한다. 사채를 할인발행하는 경우, 발행금액과 액면금액의 차액을 사채할인발행차금계정의 차변에 계상한다. 사채를 할증발행하는 경우, 발행금액과 액면금액의 차액을 사채할증발행차금계정의 대변에 계상한다. 사채할증발행차금과 사채할인발행차금은 사채에 대한 평가계정으로, 재무상태표상에서 사채에 가감하는 형식으로 표시된다. 〈도표 12-5〉는 사채의 발행 및 회계처리를 요약한다.

〈도표 12-5〉 사채의 발행 및 회계처리

발행유형	사채이자율	회계처리
액면발행	시장이자율=액면이자율	(차) 현 금 ××× (대) 사 채 ×××
할인발행	시장이자율>액면이자율	(차) 현 금 ××× 사채할인발행차금 ××× (대) 사 채 ×××
할증발행	시장이자율<액면이자율	(차) 현 금 ××× (대) 사 채 ××× 사채할증발행차금 ×××

예제 12-1

산업상사의 다음 거래를 분개하시오.

① 3년만기, 액면금액 ₩10,000,000의 사채를 ₩9,800,000에 발행하다.
② 2년만기, 액면금액 ₩10,000,000의 사채를 ₩11,000,000에 발행하다.
③ 5년만기, 액면금액 ₩10,000,000의 사채를 ₩10,000,000에 발행하다.

풀이

	차변	금액	대변	금액
① 할인발행	(차) 현금	9,800,000	(대) 사채	10,000,000
	사채할인발행차금	200,000		
② 할증발행	(차) 현금	11,000,000	(대) 사채	10,000,000
			사채할증발행차금	1,000,000
③ 액면발행	(차) 현금	10,000,000	(대) 사채	10,000,000

5.3 사채발행차금의 상각

사채를 발행하면, 발행회사는 사채증서상에 약정된 이자를 지급해야 한다. 또한 할인 또는 할증 발행의 경우에 사채발행차금을 상환기간에 걸쳐 상각해야 한다. 사채할인발행차금의 상각액은 이자비용을 증가시키고, 사채할증발행차금의 상각액은 이자비용을 감소시킨다.

사채발행차금의 상각방법에는 정액법과 유효이자율법이 있으나, 정액법은 '일반적으로 인정된 회계원칙'(generally accepted accounting principle : GAAP)에 어긋나는 방법이다. 정액법(straight-line method)은 사채발행차금을 원금의 상환기간에 걸쳐 매기 균등하게 상각한다. 유효이자율법(effective interest rate method)은 유효이자(=장부금액×유효이자율)와 액면이자(=만기금액×액면이자율)의 차액만큼 사채발행차금을 상각한다. 유효이자율법에서는 사채의 장부금액이 변동함에 따라 이자비용도 변동한다. 두 가지 상각방법 중에서, 일정한 이자율을 적용하는 유효이자율법이 정액법보다 이론적으로 타당하다. 〈도표 12-6〉은 두 방법을 요약·비교한다.

〈도표 12-6〉 정액법과 유효이자율법의 비교

	매기의 상각액	매기의 이자비용[(1)]
정액법	사채발행차금÷사채상환기간	일정
유효이자율법	유효이자[(2)]－액면이자[(3)]	변동, 이자율은 일정

주 : (1) 이자비용＝액면이자±사채발행차금 상각액 ; 사채할인발행차금의 상각은 이자비용을 증가시키지만, 사채할증발행차금의 상각은 이자비용을 감소시킨다.
(2) 유효이자＝기초장부금액×시장이자율
(3) 액면이자＝액면금액×액면이자율

예제 12-2

산업상사는 20×1년 1월 1일에 2년만기, 이자 매년 말 지급, 액면금액 ₩1,000,000, 이자율 연 10%의 사채를 ₩966,200에 발행하였다. 사채발행시의 시장이자율이 연 12%일 때, 사채발행시의 회계처리와 20×1년도 및 20×2년도의 사채발행차금 상각에 대한 분개를 하시오(정액법과 유효이자율법을 사용).

풀이

정액법 상각

	차 변		대 변	
20×1. 1. 1	현 금	966,200	사 채	1,000,000
	사채할인발행차금	33,800		
20×1.12.31	사채이자비용	116,900	현 금	100,000
			사채할인발행차금	16,900
20×2.12.31	사채이자비용	116,900	현 금	100,000
			사채할인발행차금	16,900

유효이자율법 상각*

	차 변		대 변	
20×1. 1. 1	현 금	966,200	사 채	1,000,000
	사채할인발행차금	33,800		
20×1.12.31	사채이자비용	115,944	현 금	100,000
			사채할인발행차금	15,944
20×2.12.31	사채이자비용	117,856	현 금	100,000
			사채할인발행차금	17,856

* 사채할인발행차금 상각표(유효이자율법 사용)

	① 유효이자 =⑤× 유효이자율 (12%)	② 현금이자 =만기금액× 액면이자율 (10%)	③ 상각액 =①−②	④ 미상각잔액 =전기④−③	⑤ 장부금액 =만기금액−④
20×1. 1. 1				33,800	966,200
20×1. 12.31	966,200×12% =115,944	1,000,000×10% =100,000	15,944	33,800−15,944 =17,856	1,000,000−17,856 =982,144
20×2. 12.31	982,144×12% =117,856	1,000,000×10% =100,000	17,856	17,856−17,856 =0	1,000,000−0 =1,000,000

5.4 사채의 상환

사채의 만기일이 되면 회사는 원금을 상환해야 한다. 이러한 만기상환 외에도 회사는 발행조건이나 시장상황에 따라 사채를 조기상환하는 경우가 있다. 조기상환은 회사가 수의상환사채의 상환권을 행사하여 상환하거나, 구 사채를 새로운 사채로 대체하여 차환(refunding)하는 경우에 발생한다.

사채를 조기상환하는 경우에 사채의 상환금액과 액면금액이 일치하지 않을 수 있다. 이럴 경우에 상환금액과 액면금액의 차이를 사채상환손익으로 처리한다. 사채상환금액이 사채장부금액보다 크면 사채상환손실이 발생하고, 사채상환금액이 사채장부금액보다 작으면 사채상환이익이 발생한다.

> 사채상환손익
> =사채상환금액−사채장부금액
> =사채상환금액−(사채액면금액−미상각 사채할인발행차금)

예제 12-3

[예제 12-2]의 사채를 20×2년 1월 1일 현금 ₩1,100,000으로 조기상환하였다. 조기상환시의 분개를 하시오. 단, 사채발행차금 상각은 유효이자율법을 사용한다.

풀이

(차)	사　　채	1,000,000	(대)	현　　금	1,100,000
	사채상환손실*	117,856		사채할인발행차금	17,856

* 1,100,000 − 982,144(＝1,000,000 − 17,856)＝117,856

Reading Materials

chapter 12

미래에셋운용 업계 첫 사채발행 의미는?

(아주경제 2014-12-08)

미래에셋자산운용이 업계 최초로 회사채를 발행해 1,000억원을 조달하고, 부동산 투자와 부채 효율화에 나선다.

정부는 최근 자산운용업계에 대해 영업용순자본비율(NCR) 규제를 폐지했고, 이 덕에 위험자산 투자 확대를 통한 수익원 다변화가 가능해진 것이다. 총위험액을 영업용순자본으로 나눠 구하는 NCR은 투자를 일으킬 때마다 악화돼 새 사업에 걸림돌로 작용해왔다.

8일 금융투자업계·금융감독원에 따르면 미래에셋자산운용은 애초 11월 말 700억원으로 잡았던 1·2회차 무보증 공모사채 발행액을 이달 들어 1,000억원으로 늘렸다. 수요예측 결과 예상보다 많은 자금이 몰려서다.

이달 초 실시한 기관 수요예측에서 만기 3년짜리 1회차 회사채는 7개 기관이 참여해 3 대 1이 넘는 경쟁률을 기록했다. 이코다 만기가 긴 5년짜리 2회차 회사채도 마찬가지로 7곳이 들어와 전량 소화했다.

1,000억원어치에 달하는 1·2회차 회사채는 SK증권(500억원) 및 HMC투자증권(300억원), 미래에셋증권(100억원), KTB투자증권(100억원)이 각각 나눠 인수·중개한다.

KTB투자증권은 인수와 동시에 다른 기관을 상대로 중개를 끝낸 것으로 파악됐다. 3년짜리와 5년짜리 만기이율은 각각 2.445%, 2.725%로 저금리로 투자처를 못 찾던 시중자금이 몰려든 것으로 보인다.

미래에셋자산운용 관계자는 "애초 700억원어치를 발행할 계획이었으나, 수요예측에서 예상보다 2배 많은 1,400억원이 몰려 증액을 결정하게 됐다"고 말했다.

이번에 조달하는 1,000억원 가운데 500억원은 스탠다드차타드은행에서 빌린 500억원을 갚는 데 쓴다. 나머지 500억원은 서울 광화문에 들어설 포시즌호텔에 '미래에셋맵스프런티어사모부동산투자신탁18호'를 통해 투자하기로 했다. 투자가 계획대로 진행되면 내년 5월 '포시즌호텔 서울'이 광화문에서 문을 연다. 이번 회사채 발행 성공은 수익성에 대한 큰 기대감을 보여준 것으로도 볼 수 있다.

세계 최고급 호텔 브랜드인 '포시즌호텔앤드리조트' 측은 지속적으로 국내 진출을 꾀해왔으며, 미래에셋자산운용도 수익률 높은 부동산 투자처를 찾아왔다.

한때 회사채 수요예측을 앞두고 참여가 저조할 것이라는 우려도 있었으나, 결과는 되레 발행액을 늘려야 할 정도로 큰 인기를 모았다. 미래에셋자산운용이 여러 부동산펀드를 통해 안정적인 수익을 올려왔고, 국내 고급호텔 사업에 대한 전망이 밝은 점도 긍정적으로 작용했다는 분석이다.

증권업계 관계자는 "회사채 발행이 쉬워져 투자할 수 있는 폭이 크게 넓어졌다"며 "이번 회사채 발행 성공으로 같은 방식으로 자금을 조달하려는 자산운용사가 늘어날 것"이라고 말했다. 한편 이번에 회사채 인수·중개에 나선 증권사는 인수총액 대비 0.02%를 수수료로 받는다.

[레이더M] BBB급 대성전기, 올 첫 회사채 발행

(MK뉴스 2014-11-14)

"사업 전망 비현실적" 증권사들 목표주가 하향

인기 비우량채로 꼽히는 대성전기공업이 올해 첫 회사채 발행에 나섰다. 회사가 꾸준한 성장세를 보이고 있는 만큼 기관 투자가들의 관심도 높다.

12일 관련업계에 따르면 BBB+등급의 대성전기공업(이하 대성전기)은 최근 대표주간계약을 체결하고 약 200~300억원 규모의 회사채 발행을 준비중이다. 주간사와 세부내용을 조율중인 상태로 조만간 수요예측을 실시할 예정이다.

대성전기는 작년 회사채 시장에서 말 그대로 '이변'을 일으킨 장본인이다. 지난해 4월과 11월 두 번의 회사채 발행에서 300억원과 200억원의 회사채가 모두 '오버부킹'되는 기록을 세웠다. 장기 우량채에 주로 투자하는 대형보험사까지 인수전에 뛰어들 정도로 청약 열기가 뜨거웠던 것으로 알려졌다.

특히 LS그룹 계열로 편입된 이후 실적과 재무구조가 개선되고 있는 점이 투자자들로부터 좋은 평가를 받고 있다. 지난해 실적은 매출 6,635억원, 영업이익 277억원. 올해 상반기는 매출액 3,509억원, 영업이익 150억원으로 성장세를 이어가고 있다.

이에 따라 이번 회사채 수요예측도 기관들의 상당한 참여가 예상된다. 투자자들이 연말 북 클로징을 앞둔 상황에서 높은 금리를 노리고 A급 이하 회사채 투자에도 적극적으로 나서고 있기 때문이다.

특히 BBB채권을 일정비율 이상으로 편입해야 하는 분리과세 하이일드펀드 수요가 높다. 한 회사채 시장 전문가는 "최근 BBB급 회사채 발행 활성화 배경에는 분리과세 하이일드펀드가 자리잡고 있다"며 "분리과세 하이일드펀드는 기본적으로 BBB+급 이하 채권을 30% 이상 담아야 하기 때문에 공·사모를 가리지 않고 적극적으로 물량을 확보하려고 하고 있다"고 설명했다.

서술형 문제

chapter 12

1. 비유동부채를 설명하고, 종류를 예시하시오.

풀이

비유동부채(noncurrent liability)는 1년 이후에 상환되는 부채이다. 비유동부채에는 장기차입금, 장기매입채무, 사채, 충당부채, 퇴직급여부채 등이 있다.

2. 장기 금융부채를 설명하고, 종류를 예시하시오.

풀이

비유동부채는 금융부채 여부에 따라, 장기 금융부채와 장기 비금융부채로 나눌 수 있다. 장기 금융부채에는 장기차입금, 장기매입채무, 사채 등이 있다. 장기차입금(long-term borrowing)은 금융기관 혹은 신용대여기관과의 금전대차계약에 의하여 일반적 상거래 이외에서 발생한 것으로 1년 후에 상환기일이 도래하는 부채를 말한다. 일반적 상거래에서 발생한 장기매입채무(long-term trade payable)에는 장기외상매입금(long-term accounts payable)과 장기지급어음(long-term notes payable)이 있다. 사채(bonds)는 기업이 장기적인 자금을 얻기 위해 사채증서를 발행하여 부담하는 부채를 말한다.

3. 장기 비금융부채를 설명하고, 종류를 예시하시오.

풀이

장기 비금융부채에는 충당부채와 퇴직급여부채가 있다. 충당부채(provisions)는 금액, 지출시기, 지출대상이 확정되어 있지 않은 부채이지만, 지출의 발생가능성이 높으며 금액을 추정할 수 있는 부채이다. 충당부채에는 하자보수충당부채, 제품보증충당부채 등이 있다. 퇴직급여부채(defined benefit obligations)는 확정급여제도에서 종업원이 당기와 그 이전에 근무용역을 제공한 대가로서 기업이 부담하는 미래지급의무액의 현재가치를 말한다.

4. 화폐의 시간적 가치에 대해 설명하시오.

풀이

화폐는 시간이 흐를수록 이자로 인하여 총액이 증가하므로, 화폐의 시간적 가치(time value of money)는 이자를 뜻한다.

5. 사채의 액면발행, 할인발행, 할증발행에 대해 설명하시오.

풀이

사채는 시장이자율을 적용하여 계산한 사채의 현재가치로 발행되므로, 시장이자율에 따라 사채의 발행금액이 달라진다. 액면이자율과 시장이자율이 같으면, 사채는 액면금액과 동일한 금액으로 액면발행(sold at face amount)된다. 액면이자율이 시장이자율보다 낮다면 투자자들이 사채를 사지 않기 때문에, 사채는 액면금액보다 낮은 금액으로 할인발행(sold at a discount)된다. 반대로 액면이자율이 시장이자율보다 높다면, 사채는 액면금액보다 높은 금액으로 할증발행(sold at a premium)된다.

6. 사채발행차금의 상각에 대해 설명하시오.

풀이

사채할인 또는 할증 발행의 경우에 사채발행차금을 상환기간에 걸쳐 상각해야 한다. 사채할인발행차금의 상각액은 이자비용을 증가시키고, 사채할증발행차금의 상각액은 이자비용을 감소시킨다. 사채발행차금의 상각방법에는 정액법과 유효이자율법이 있으나, 정액법은 '일반적으로 인정된 회계원칙'(generally accepted accounting principle : GAAP)에 어긋나는 방법이다.

7. 산업상사의 다음 거래를 분개하시오.

① 5년 만기, 액면금액 ₩12,000,000의 사채를 ₩10,000,000에 발행하다.
② 3년 만기, 액면금액 ₩15,000,000의 사채를 ₩16,000,000에 발행하다.
③ 2년 만기, 액면금액 ₩20,000,000의 사채를 ₩20,000,000에 발행하다.

풀이

① 할인발행	(차) 현금	10,000,000	(대) 사채	12,000,000
	사채할인발행차금	2,000,000		
② 할증발행	(차) 현금	16,000,000	(대) 사채	15,000,000
			사채할증발행차금	1,000,000
③ 액면발행	(차) 현금	20,000,000	(대) 사채	20,000,000

8. 홍익상사는 20×1년 1월 1일에 2년 만기, 액면금액 ₩10,000,000, 이자율 연 10%의 사채를 ₩9,662,100에 발행하였다. 이자를 매년 말에 지급하고 사채발행시의 시장이자율이 연 12%일 때, 사채발행시의 회계처리와 20×1년도 및 20×2년도의 사채발행차금 상각에 대한 분개를 하시오. 단, 사채발행차금의 상각은 유효이자율법을 사용한다.

풀이

유효이자율법 상각*

	차 변		대 변	
20×1. 1. 1	현 금 사채할인발행차금	9,662,100 337,900	사 채	1,000,000
20×1.12.31	사채이자비용	1,159,452	현 금 사채할인발행차금	1000,000 159,452
20×2.12.31	사채이자비용	1,178,448	현 금 사채할인발행차금	1000,000 178,448

* 사채할인발행차금 상각표(유효이자율법 사용)

	① 유효이자 =⑤× 유효이자율 (12%)	② 현금이자 =만기금액× 액면이자율 (10%)	③ 상각액 =①−②	④ 미상각잔액 =전기④−③	⑤ 장부금액 =만기금액−④
20×1. 1. 1				337,900	9,662,100
20×1. 12.31	9,662,000×12% =1,159,452	10,000,000×10% =1,000,000	159,452	338,000−159,440 =178,448	10,000,000−178,448 =9,821,552
20×2. 12.31	9,821,552×12% =1,178,448**	10,000,000×10% =1,000,000	178,448	178,448−178,448 =0	10,000,000−0 =10,000,000

** 미상각잔액이 0이 되도록 조정하였음.

9. 위 문제 8에서의 사채를 20×2년 1월 1일 현금 ₩11,000,000으로 조기상환하였을 때의 분개를 하시오. 단, 사채발행차금의 상각은 유효이자율법을 사용한다.

풀이

(차)	사 채	10,000,000	(대)	현 금	11,000,000
	사채상환손실*	1,178,448		사채할인발행차금	178,448

* 11,000,000−(10,000,000−178,448)=1,178,448

OX 문제

chapter 12

1. 비유동부채에는 장기차입금, 장기매입채무, 사채, 충당부채, 퇴직급여부채 등이 있다. (　　)

풀이 (O)
비유동부채(noncurrent liability)는 1년 이후에 상환되는 부채이다.

2. 사채는 장기 금융부채이다. (　　)

풀이 (O)
장기 금융부채에는 장기차입금, 장기매입채무, 사채 등이 있다.

3. 퇴직급여부채는 장기 금융부채이다. (　　)

풀이 (X)
장기 비금융부채에는 충당부채와 퇴직급여부채가 있다.

4. 충당부채는 금액, 지출시기, 지출대상이 확정되어 있는 부채이다. (　　)

풀이 (X)
충당부채는 금액, 지출시기, 지출대상이 확정되어 있지 않은 부채이지만, 지출의 발생 가능성이 높으며 금액을 추정할 수 있는 부채이다.

5. 퇴직급여부채는 확정기여제도에서 종업원이 당기와 그 이전에 근무용역을 제공한 대가로서 기업이 부담하는 미래지급의무액의 현재가치를 말한다. (　　)

풀이 (X)
퇴직급여부채(defined benefit obligations)는 확정기여제도가 아닌 확정급여제도에서 종업원이 당기와 그 이전에 근무용역을 제공한 대가로서 기업이 부담하는 미래지급의무액의 현재가치를 말한다.

6. 화폐의 시간적 가치는 이자를 말하는 것이다. (　　)

풀이 (O)

화폐의 금액은 시간이 지나면 이자가 붙어 총액이 커진다. 이것을 화폐의 시간적 가치(time value of money)라고 한다.

7. 이자율이 연 10%일 때, 현재가치인 1억원과 1년 후 미래가치인 1억 1천만원은 동일한 가치를 나타낸다. (　　)

풀이 (O)

이자율이 연 10%일 때, 현재가치인 1억원과 1년 후 미래가치인 1억 1천만원은 시점에 따라 금액은 다르지만 동일한 가치를 나타내므로, 동전의 앞면과 뒷면의 관계라고 말할 수 있다.

8. 사채를 발행하는 회사는 사채약정서에 나타나 있는 계약에 따라 일정한 이자를 지급하며 만기일에 원금을 상환한다. (　　)

풀이 (O)

주식발행(자기자본)에 비하여 사채(타인자본)는 기업의 지배권을 유지하면서 이자지급액을 비용처리(세금공제)할 수 있는 장점이 있다. 반면에 사채약정조항에 의하여 기업활동이 제약받을 수 있고 이자지급과 원금상환의 부담을 갖는 단점도 있다.

9. 전환사채는 발행회사의 청구에 의하여 일정기간 내에 주식으로 전환할 수 있는 사채를 말한다. (　　)

풀이 (X)

전환사채는 사채권자의 청구에 의하여 일정기간 내에 주식으로 전환할 수 있는 사채를 말한다.

10. 사채발행차금의 상각방법에는 정액법과 유효이자율법이 있으며, 두 가지 방법은 모두 '일반적으로 인정된 회계원칙'에 합당한 방법이다. (　　)

풀이 (X)

사채발행차금의 상각방법에는 정액법과 유효이자율법이 있으나, 정액법은 '일반적으로 인정된 회계원칙'(generally accepted accounting principle : GAAP)에 어긋나는 방법이다.

선다형 문제

chapter 12

1. 다음은 비유동부채에 대한 설명이다. 틀린 것은?

① 비유동부채는 재무상태표일로부터 1년 이후에 만기가 도래하는 부채이다.
② 사채는 장기 비금융부채이다.
③ 장기차입금, 장기매입채무 등은 장기 금융부채이다.
④ 비유동부채는 금융부채 여부에 따라, 장기 금융부채와 장기 비금융부채로 나눌 수 있다.

풀이 ②

장기 금융부채에는 장기차입금, 장기매입채무, 사채 등이 있으며, 장기 비금융부채에는 충당부채와 퇴직급여부채가 있다. 따라서 사채는 장기 금융부채이다.

2. 다음은 장기 금융부채의 예이다. 틀린 것은?

① 장기차입금
② 장기매입채무
③ 퇴직급여부채
④ 사채

풀이 ③

퇴직급여부채는 장기 비금융부채이다.

3. 다음은 장기 비금융부채의 예이다. 맞는 것은?

① 장기차입금
② 장기매입채무
③ 충당부채
④ 사채

풀이 ③

충당부채는 장기 비금융부채이다.

4. 다음은 비유동부채에 대한 설명이다. 틀린 것은?

① 장기차입금은 1년 후에 상환되는 차입금이다.

② 장기매입채무는 일반적 상거래에서 발생한 장기외상매입금 및 장기지급어음을 말한다.

③ 납입자본은 기업이 장기적으로 자금을 조달하기 위해 증권을 발행하여 부담하는 금융부채를 말한다.

④ 충당부채는 금액, 지출시기, 지출대상이 확정되어 있지 않은 부채이지만, 지출의 발생가능성이 높으며 금액을 추정할 수 있는 부채이다.

풀이 ③

기업이 장기적으로 자금을 조달하기 위해 사채증권을 발행하여 부담하는 금융부채는 사채이다.

5. 다음은 장기 금융부채에 대한 설명이다. 틀린 것은?

① 장기차입금은 금융기관 혹은 신용대여기관과의 금전대차계약에 의하여 일반적 상거래 이외에서 발생한 것으로 1년 후에 상환기일이 도래하는 부채를 말한다.

② 장기매입채무에는 장기외상매입금과 장기지급어음이 있다.

③ 사채는 기업이 장기적인 자금을 얻기 위해 사채증서를 발행하여 부담하는 부채를 말한다.

④ 충당부채는 금액, 지출시기, 지출대상이 확정되어 있지 않은 부채이지만, 지출의 발생가능성이 높으며 금액을 추정할 수 있는 부채이다.

풀이 ④

충당부채는 장기 비금융부채이다.

6. 다음은 화폐의 시간적 가치에 대한 설명이다. 틀린 것은?

① 현재가치와 미래가치는 금액이 틀리므로 동일한 가치를 나타내지 않는다.

② 화폐의 시간적 가치는 현금흐름액, 기간, 이자율(혹은 할인율)의 세 가지 요소에 의하여 결정된다.

③ 일반적으로, 이자율은 현재가치로부터 미래가치를 결정할 때 적용되는 율을 말한다.

④ 일반적으로, 할인율은 미래가치로부터 현재가치를 산출할 때 적용되는 율을 말한다.

풀이 ①

비록 현재가치와 미래가치는 금액이 틀리지만 동일한 가치를 나타내므로, 동전의 앞면과 뒷면의 관계라고 할 수 있다.

7. 다음은 사채에 대한 설명이다. 맞는 것은?

① 회사가 자금을 조달하기 위하여 상법에 의거 발행하는 채무증권이다.
② 주식발행(자기자본)에 비하여 사채(타인자본)는 기업의 지배권을 유지하면서 이자지급액을 비용처리(세금공제)할 수 있는 장점이 있다.
③ 사채약정조항에 의하여 기업활동이 제약받을 수 있고, 이자지급과 원금상환의 부담을 가질 수 있다.
④ 위의 설명은 모두 옳다.

풀이 ④

회사채로 알려진 사채를 발행하는 회사는 사채약정서에 나타나 있는 계약에 따라 일정한 이자를 지급하며 만기일에 원금을 상환한다

8. 다음은 사채의 종류에 대한 설명이다. 틀린 것은?

① 전환사채는 사채권자의 청구에 의하여 일정기간 내에 주식으로 전환할 수 있는 사채이다.
② 신주인수권부사채는 사채발행회사의 주식을 매입할 수 있는 권리가 사채권자에게 부여된 사채이다.
③ 연속상환사채는 액면을 분할하여 상환하는 사채이다.
④ 수의상환사채는 사채권자의 청구에 의해 만기일 전에 상환받을 수 있는 사채를 말한다.

풀이 ④

수의상환사채는 사채권자가 아닌 발행회사의 요구에 의해 만기일 전에 상환해야만 하는 사채를 말한다.

9. 다음은 사채 발행에 대한 설명이다. 틀린 것은?

① 사채는 액면이자율을 적용하여 계산한 현재가치로 발행된다.
② 액면이자율이 시장이자율보다 크다면 할증발행된다.
③ 액면이자율과 시장이자율이 같으면 사채는 액면발행된다.
④ 액면이자율이 시장이자율보다 낮다면 할인발행된다.

풀이 ①

사채는 시장이자율을 적용하여 계산한 현재가치로 발행된다. 사채의 발행금액은 액면이자율과 시장이자율의 관계에 따라 달라진다.

10. 다음은 사채의 회계처리에 대한 설명이다. 틀린 것은?

① 사채를 액면발행하는 경우, 현금계정의 차변과 사채계정의 대변에 액면금액으로 계상한다.

② 사채를 할인발행하는 경우, 발행금액과 액면금액의 차액을 사채할인발행차금계정의 차변에 계상한다.

③ 사채를 할증발행하는 경우, 발행금액과 액면금액의 차액을 사채할증발행차금계정의 대변에 계상한다.

④ 사채할증발행차금은 사채에 대한 평가계정이며, 재무상태표상에서 사채에 차감하는 형식으로 표시된다.

풀이 ④

사채의 평가계정인 사채할증발행차금은 사채에 부가(+)하는 형식으로 재무상태표상에 표시된다.

CHAPTER 13

자본회계

1. 주식의 발행과 자본의 분류
2. 자본금과 자본잉여금
3. 자본조정과 기타포괄손익누계액
4. 이익잉여금

사례

S전자주식회사의 자본

재무상태표

제50기 2018.12.31 현재
제49기 2017.12.31 현재
제48기 2016.12.31 현재 (단위 : 백만원)

	제50기	제49기	제48기
자본			
자 본 금	897,514	897,514	897,514
우선주자본금	119,467	119,467	119,467
보통주자본금	778,047	778,047	778,047
주식발행초과금	4,403,893	4,403,893	4,403,893
이익잉여금	166,555,532	150,928,724	140,747,574
기타자본항목	1,131,186	(4,660,356)	(8,502,219)
자본총계	172,988,125	151,569,775	137,546,762

2.22 자본금

보통주와 상환의무 없는 우선주는 모두 자본으로 분류하고 있습니다. 회사가 회사의 보통주를 취득하는 경우, 직접거래원가를 포함하는 지급 대가는 그 보통주가 소각되거나 재발행될 때까지 회사의 자본에서 차감하여 표시하고 있습니다. 이러한 자기주식이 재발행되는 경우, 수취한 대가는 회사의 주주에게 귀속되는 자본에 포함하고 있습니다.

21. 자본금

회사의 정관에 의한 발행할 주식의 총수는 500,000,000주(1주의 금액 : 5,000원)에서 25,000,000,000주(1주의 금액 : 100원)로 변경되었으며, 보고기간종료일 현재 회사가 발행한 보통주식 및 우선주식의 수(소각 주식수 제외)는 각각 5,969,782,550주와 822,886,700주입니다.

회사는 2017년 10월 31일, 2018년 11월 30일 이사회 결의에 의거 당기 중 취득원가 7,103,298백만원인 보통주 485,142,150주와 우선주 89,642,300주를 소각하였습니다(주식분할 후 주식수 기준).

[금융감독원 전자공시시스템(dart.fss.or.kr)에서 인용]

자본은 협의의 의미로는 소유주지분인 자기자본을 뜻하지만, 광의의 의미로는 채권자지분인 타인자본까지도 포함한다. 타인자본인 부채에 대해서는 앞장에서 상세히 다루었으므로, 본장에서는 자기자본에 대한 회계처리를 다룬다.

자금조달의 형태에 따라 기업은 개인기업, 조합기업, 주식회사 등으로 분류할 수 있지만, 오늘날 가장 전형적인 기업형태는 주식회사이다. 주식회사는 주주의 책임을 출자한도로 제한한다. 주식회사의 이러한 유한책임(limited liability)으로 인해, 불특정 다수로부터의 자금조달이 용이하고 주주의 변경에 관계없이 회사는 계속적으로 존속할 수 있다. 주주 및 기업의 이해관계자들을 보호하는 관점에서 상법 등의 법률은 주식회사의 자본에 대하여 구체적으로 규정하고 있다. 따라서 주식회사의 자본회계도 법규의 영향을 많이 받고 있다.

1. 주식의 발행과 자본의 분류

상법에 의하면, 주식회사의 설립에 3인 이상의 발기인이 있어야 하고, 발기인은 회사의 정관에 발행할 주식의 총수, 1주의 액면금액, 설립시 발행하는 주식의 총수를 기재해야 한다. 설립시의 발행주식수는 회사 정관에 명시된 발행가능 총주식수인 수권주식수(authorized number of stocks)의 1/4 이상일 것을 규정하고 있다. 수권자본제도는 회사 설립 후에 추가자금이 필요할 때, 정관에 규정된 수권주식수 내에서 이사회 결정에 따라 주식을 발행하는 제도이며, 우리나라도 채택하고 있다.

자본금은 발행주식수에 1주당 액면금액을 곱하여 산출된다. 주식의 발행금액이 액면금액과 같으면 액면발행(issued at par)이다. 발행금액이 액면금액보다 크면 할증발행(issued at a premium)이고, 반대로 발행금액이 액면금액보다 작으면 할인발행(issued at a discount)이다. 발행금액이 액면금액보다 클 경우에, 발행금액과 액면금액의 차액인 주식발행초과금(paid-in capital in excess of par)은 자본잉여금으로 계상한다.

자본은 자본금, 자본잉여금, 자본조정, 기타포괄손익누계액, 이익잉여금 등의 항목으로 구성되어 있다. 법적인 관점에서의 자본은 발행주식수에 액면금액을 곱한 법정자본금과 자본 중에서 법정자본금을 초과하는 잉여금으로 구분된다. 회계적 관점에서의 자본은 주주의 납입자본인 자본금과 자본잉여금, 자본조정, 기타포괄손익누계액, 이익잉여금으로 구분된다.

자본금과 자본잉여금은 자본거래에서 발생하며, 기타포괄손익누계액과 이익잉여금은 손익거래로부터 발생한다. 자본금(capital stock)은 발행한 주식의 총액면금액을 말하며, 자본잉여금(additional paid-in capital)은 자본거래로 발생한 자본의 잉여금을 의미한다. 자본조정(capital adjustment)은 납입자본이나 이익잉여금으로 분류하기 어려운 자본에 가감하는 항목들을 포함하고 있으며, 기타포괄손익누계액(accumulated other comprehensive income)은 포괄손익에서 당기순손익을 제외한 부분인 기타포괄손익이 누계된 금액이다. 이익잉여금(retained earnings)은 손익거래로부터 발생한 이익 중에서 기업 내에 유보된 금액을 말한다. 이를 요약하면 〈도표 13-1〉과 같다.

〈도표 13-1〉 자본의 분류

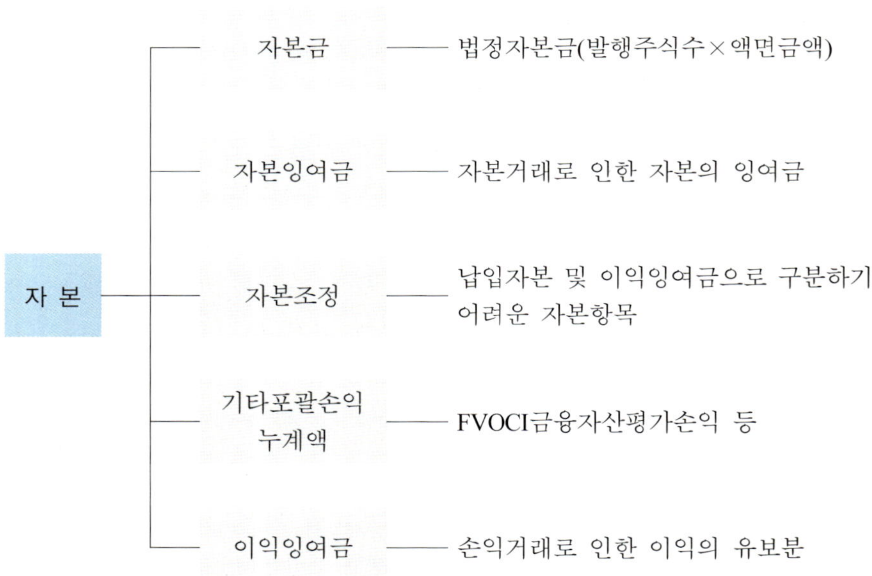

예제 13-1

세돌상사의 설립과 관련된 다음 거래를 분개하시오.

정관상의 수권주식수인 보통주 100,000주(액면금액 ₩5,000) 중에서 설립시에 30,000주를 주당 ₩6,000에 현금발행하다.

풀이

(차) 현 금	180,000,000	(대)	보통주자본금	150,000,000
			주식발행초과금	30,000,000

2. 자본금과 자본잉여금

2.1 자본금

주식회사는 주식을 발행하여 자본을 조달한다. 자본금은 보통주자본금과 우선주자본금의 합계를 말한다. 보통주자본금과 우선주자본금은 각각 보통주와 우선주의 1주당 액면금액에 발행주식수를 곱하여 산출된다. 우선주에는 보통주로의 전환권이 있는 전환우선주, 발행회사가 조기상환할 권리를 가지고 있는 상환우선주 등이 있다.

2.2 자본잉여금

자본잉여금은 증자활동, 감자활동 및 기타 자본과 관련된 거래에서 발생된 잉여금이다. 자본잉여금은 자본거래에서 발생한다는 점에서 손익거래에서 발생한 이익잉여금과 구별된다. 자본잉여금은 주식발행초과금과 기타자본잉여금으로 분류하며, 기타자본잉여금에는 감자차익, 자기주식처분이익 등이 있다.

(1) 주식발행초과금

주식발행금액(증자의 경우에 신주발행수수료 등 신주발행을 위하여 직접 발생한 기타의 비용을 차감한 후의 금액을 말함)이 액면금액을 초과하는 경우 그 초과하는 금액을 주식발행초과금이라고 한다. 다만 주식할인발행차금이 있는 경우에는 그 금액을 차감한 후의 금액을 말한다.

(2) 감자차익

자본감소의 경우에 그 자본금의 감소액이 감자대가를 초과할 때 그 초과금액을 감자차익이라 한다. 다만 감자차손이 있는 경우에는 그 금액을 차감한 후의 금액을 말한다.

(3) 자기주식처분이익

자기주식의 재발행금액이 취득원가를 초과할 때 그 초과금액을 자기주식처분이익이라 한다. 다만 자기주식처분손실이 있는 경우에는 그 금액을 차감한 후의 금액을 말한다.

2.3 증자와 감자

주식의 추가적 발행을 통하여 자본금을 증가시키는 것이 증자이고, 역으로 자본금을 감소시키는 것이 감자이다. 증자 및 감자에는 실질적인 것과 형식적인 것이 있다. 기업은 실질적 증자인 유상증자를 통하여 자본금과 자산을 동시에 증가시킬 수 있다. 또한 자본잉여금 혹은 이익준비금을 자본금으로 전입함으로써 자산의 변동 없는 형식적 증자인 무상증자를 할 수 있다(이 경우에 자본계정에서 자본잉여금 혹은 이익준비금이 감소하고 자본금이 증가하여, 전체적인 자본계정에는 변함이 없다).

감자의 경우에도 실질적 감자와 형식적 감자가 있다. 자기주식을 재취득하여 소각하는 경우는 실질적 감자이고, 결손보전을 위하여 자본금을 감소시키는 경우는 형식적 감자이다. 자본감소의 경우 감소액이 감자대가를 초과하면, 그 초과액을 감자차익으로 처리한다. 감자차손이 있는 경우에는, 먼저 감자차손을 차감하고 나머지를 감자차익으로 기록한다.

예제 13-2

인천상사의 자본거래를 분개하시오. ①~③은 연속적인 거래라고 가정한다.

① 20×1년 5월 1일 회사 설립시에 액면 ₩5,000인 보통주 10,000주를 주당 ₩5,500에 현금발행하다.
② 20×2년 6월 1일 보통주 100주를 주당 ₩4,000에 재취득하여 소각하다.
③ 20×3년 7월 1일 보통주 100주를 주당 ₩8,000에 재취득하여 소각하다.
④ 20×4년 3월 20일 주주총회에서 미처리결손금 ₩800,000을 보전하기 위하여, 1주당 ₩5,000의 액면금액을 ₩4,500으로 감소하다. 20×4년 3월 20일 현재 총발행주식수는 2,000주이다.
⑤ 20×5년 3월 20일 주주총회에서 20×4년 12월 31일을 기준일로 하여 ₩1,000,000의 주식배당(보통주 200주 발행)을 선언하고, 20×5년 5월 1일에 신주를 교부하다. 인천상사는 주식배당에 대해서 액면금액법을 사용한다.

풀이

	차변	금액	대변	금액
①	(차) 현 금	55,000,000	(대) 보통주자본금	50,000,000
			주식발행초과금	5,000,000
②	(차) 보통주자본금	500,000	(대) 현 금	400,000
	주식발행초과금	50,000	감 자 차 익	150,000
③	(차) 보통주자본금	500,000	(대) 현 금	800,000
	주식발행초과금	50,000		
	감 자 차 익	150,000		
	감 자 차 손	100,000		
④	(차) 보통주자본금	1,000,000	(대) 미처리결손금	800,000
			감 자 차 익	200,000

⑤ 배당선언일

차변	금액	대변	금액
(차) 미처분이익잉여금	1,000,000	(대) 미교부주식배당금	1,000,000

배당지급일(주식발행일)

차변	금액	대변	금액
(차) 미교부주식배당금	1,000,000	(대) 보통주자본금	1,000,000

3. 자본조정과 기타포괄손익누계액

3.1 자본조정

자본조정항목들은 특이한 성격으로 인해 자본금, 자본잉여금, 기타포괄손익누계액, 이익잉여금 중 어느 하나에 가감되기 어렵다. 따라서 자본조정항목을 설정하여 전체의 자본에 부가 또는 차감하는 형식을 택하고 있다. 자본조정의 예는 아래와 같으며, 미교부주식배당금을 제외한 아래의 자본조정항목들은 자본차감항목이다.

(1) 자기주식

자기주식(treasury stock)은 자기회사가 발행한 주식을 재취득한 후에 재발행할 목적으로 보유하고 있는 주식을 말한다.

(2) 주식할인발행차금

주식할인발행차금(discount on stock)은 주식발행금액이 액면금액에 미달하는 경우, 그 미달하는 금액을 말한다. 다만 주식발행초과금이 있는 경우에는 그 금액을 차감한 후의 금액을 말한다. 주식의 할인발행은 설립시에는 금지되어 있으나, 설립 후 2년이 경과하면 가능하다.

(3) 미교부주식배당금

미교부주식배당금은 배당선언시점에서의 주식배당액을 말한다. 미교부주식배당금은 주식발행시점에 자본금 및 주식발행초과금으로 대체된다.

(4) 감자차손

자본감소의 경우에 그 자본금의 감소액이 감자대가보다 작을 때 그 차액을 감자차손이라 한다. 다만 감자차익이 있는 경우에는 그 금액을 차감한 후의 금액을 말한다.

(5) 자기주식처분손실

자기주식의 재발행금액이 취득원가보다 작을 때 그 차액을 자기주식처분손실이라 한다. 다만 자기주식처분이익이 있는 경우에는 그 금액을 차감한 후의 금액을 말한다.

3.2 기타포괄손익누계액

기타포괄손익누계액은 FVOCI금융자산평가손익, 해외사업장환산외화손익, 현금흐름위험회피수단평가손익, 재평가차익, 확정급여제도의 재측정요소 등을 포함한다. FVOCI금융자산평가손익을 제외한 기타포괄손익누계액에 대해서는 설명을 생략한다.

4. 이익잉여금

유보이익이라고도 불리는 이익잉여금은 기업의 영업활동인 손익거래에서 발생한 이익 중 배당금 등으로 사외에 유출되거나 자본금계정으로 전입되지 않고 사내에 유보된 부분이다. 이익잉여금은 법이나 계약에 의하여 또는 특정의 용도에 충당하기 위하여 적립한 처분된 이익잉여금과 아직 처분되지 않은 미처분이익잉여금으로 구분된다.

재무상태표상의 미처분이익잉여금(또는 미처리결손금)은 당기의 이익잉여금처분계산서 또는 결손금처리계산서를 반영하기 전의 금액이며, 주주총회에서 이익잉여금처분계산서 또는 결손금처리계산서가 확정된다. 이익잉여금 또는 결손금의 과목은 아래와 같이 구분한다.

(1) 이익준비금

이익준비금은 상법의 규정에 의하여 적립된 금액을 말한다.

(2) 기타법정적립금

기타법정적립금은 상법 이외의 법령의 규정에 의하여 적립된 금액을 말한다.

(3) 임의적립금

임의적립금은 제3자와의 계약, 정관의 규정 또는 주주총회의 결의로 적립된 금액으로서 감채적립금·재해손실적립금·사업확장적립금·배당평균적립금·결손보전적립금 및 세법상 적립하여 일정기간이 경과한 후 환입될 준비금 등을 말한다.

(4) 미처분이익잉여금 또는 미처리결손금

전기이월미처분이익잉여금에 당기순이익 등을 가산한 금액을 미처분이익잉여금(=전기이월미처분이익잉여금+당기순이익 등)이라고 한다. 미처분이익잉여금에 임의적립금이입액을 합하면 처분가능미처분이익잉여금(=미처분이익잉여금+임의적립금이입액)이 된다. 처분가능미처분이익잉여금 중에서 적립(이익준비금, 기타법정적립금, 임의적립금으로 적립), 배당(현금배당, 현물배당, 주식배당), 자본조정항목(주식할인발행차금, 자기주식처분손실, 감자차손)의 상각 등으로 처분된 것을 제외한 나머지 금액을 차기이월미처분이익잉여금이라 하며 차기로 이월된다. 미처분이익잉여금이 음수(−)인 경우를 미처리결손금이라 한다.

결손금을 특정의 자본항목과 상계하여 제거하는 것을 결손보전이라 한다. 결손보전에 선택되어 상계되는 자본항목의 처분순서는 다음과 같다.

① 임의적립금
② 기타법정적립금
③ 이익준비금
④ 자본잉여금

예제 13-3

강원상사의 다음 거래를 분개하시오.

① 20×1년도의 주주총회에서 미처분이익잉여금 ₩3,000,000을 사용하여 현금배당 ₩1,000,000, 이익준비금 적립 ₩200,000, 감채적립금 적립 ₩1,800,000 등을 결의하다.
② 20×2년도의 주주총회에서 임의적립금 ₩1,000,000, 기타법정적립금 ₩500,000,

이익준비금 ₩300,000, 잔액은 자본잉여금을 사용하여 미처리결손금 ₩2,000,000을 보전하다.

③ 20×3년 3월 1일에 주당 액면금액 ₩5,000의 주식 1,000주를 주당 ₩4,500에 현금발행하다. 기존의 주식발행초과금이 없다고 가정한다.

풀이

① (차)	미처분이익잉여금	3,000,000	(대)	미지급배당금	1,000,000
				이익준비금	200,000
				감채적립금	1,800,000
② (차)	임의적립금	1,000,000	(대)	미처리결손금	2,000,000
	기타법정적립금	500,000			
	이익준비금	300,000			
	자본잉여금	200,000			
③ (차)	현 금	4,500,000	(대)	보통주자본금	5,000,000
	주식할인발행차금	500,000			

Reading Materials

chapter 13

박지원, 두산중공업 부채비율 줄이기에 총력
상환전환우선주 3,700억 발행, 지분 10% 해당… 경영권 일부 내줘
(비즈니스 포스트(Business Post) 2014-11-26)

두산중공업이 3,700억 규모의 상환전환우선주(RCPS)를 발행하기로 했다. 박지원 두산중공업 부회장이 부채비율을 낮추는 대신 경영권 일부를 내주는 특단의 조치를 내린 것으로 풀이된다.

보통주 환산할 경우 전체 지분의 10% 해당

26일 업계에 따르면 두산중공업은 25일 3,730억원 규모의 상환전환우선주 발행안을 확정했다. 상환전환우선주는 채권처럼 만기 때 상환받거나 보통주로 전환할 수 있는 권리가 붙은 우선주다. 국제회계기준(IFRS)상 부채로 분류되지만 회사가 상환권을 가지면 자본으로 인정받을 수 있다.

이번에 발행하는 상환전환우선주에 산업은행이 투자자를 모집해 결성한 KDB트리니티DHIC 사모펀드가 3,380억원, 미국 자산운용사 웰링턴이 운용하는 제이카이드파트너스를 포함한 6인이 350억원을 투자한다. 두산그룹 계열사 일부도 출자자로 참여한다.

두산중공업이 발행할 상환전환우선주는 보통주로 환산할 경우 전체 지분의 10%를 넘는다. 또 연간 우선배당 3.3%에 5년 만기 때 연 5.48% 수익을 보장하는 구조로 설계됐다.

증권 전문가들은 두산중공업의 상환전환우선주 발행 결정을 긍정적으로 보고 있다. 한영수 삼성증권 연구원은 "두산중공업의 RCPS 발행 조건은 기존에 예상됐던 것보다 24%가량 높은 수준에서 발행가격이 결정됐다"며 "예상했던 규모의 자금을 더욱 적은 수의 주식을 발행해 조달한 것"이라고 평가했다.

우선주 인수 투자사, 두산중공업 공동경영권 확보할 수도

두산중공업이 발행한 상환전환우선주는 보통주로 환산할 경우 전체 지분의 10%가 넘고 발행규모도 기존 발행주식의 10%를 초과하기 때문에 의결권과 종류주주총회 개최 권한이 부여된다. 종류주주총회는 주식회사가 여러 종류의 주식을 발행한 상태에서 정관이 변경돼 특정종류의 주주가 손해를 입을 경우 여는 회의를 말한다.

KDB트리니티DHIC 사모펀드와 미국계 자문 운용사인 제이카이드파트너스가 상환전환우선주를 인수한 만큼 이들은 두산중공업의 지분 12.43%를 지닌 주주로서 의결권과 종류주주총회를 열 권한을 갖는다.

두 회사는 최대주주인 두산의 지분율 40%에 못 미치나 상당한 영향력을 가진 주주가 된다. 두 회사가 사실상 두산중공업의 공동경영권을 갖게 되는 셈이다. 두 회사는 발행조건이 좋아 두산중공업의 상환전환우선주를 흔쾌히 인수한 것으로 알려졌다.

투자은행 업계 관계자는 "두산중공업의 대주주이자 700조원 이상의 자금을 운용하는 글로벌 운용사 웰링턴매니지먼트가 발행 조건을 본 뒤 흔쾌히 투자를 결정했다"며 "수수료 등을 제외하더라도 최소 연 5.0% 안팎의 수익을 거둘 것으로 추산된다"고 말했다.

두산중공업 1년 이자비용, 영업이익 절반과 맞먹어

두산중공업이 투자자들에게 공동경영권까지 부여하면서 상환전환우선주를 발행한 것은 그만큼 재무상황이 악화했기 때문으로 분석된다. 두산중공업은 상환전환우선주를 발행함으로써 부채비율(연결기준)을 250%대로 줄일 수 있다.

한국기업평가에 따르면 두산중공업의 올 3분기 부채비율(연결기준)은 271%에 이른다. 이번에 상환전환우선주 발행으로 부채비율은 14~15%포인트가량 줄어든다.

두산중공업의 금융부채(연결기준)는 16조 6,469억원이다. 특히 이 가운데 만기가 1년 미만인 단기 금융부채는 무려 9조 7,163억원이다. 1년 이자비용만 4,376억원으로 연간 영업이익의 절반과 맞먹는다.

박무현 하나대투증권 연구원에 따르면 두산중공업의 수주잔고는 2011년 하반기를 기점으로 지속적으로 감소하고 있다. 글로벌 발전플랜트 시장의 위축이 주된 요인이다.

두산중공업의 부채비율이 높아지면 신용등급이 추가 강등될 가능성이 있다. 이렇게 되면 원전사업 등을 수주하는 데 불리해진다. 현재 한국기업평가의 두산중공업 신용등급은 A+(부정적 전망)다.

업계에 따르면 각종 수주경쟁에서 회사의 기술력이나 수주가격 외에도 지원 입찰자의 재무적 부분도 평가대상에 간접적으로 포함된다. 부채비율을 낮추면 원전 수주경쟁에서 경쟁력을 높일 수 있는 것이다.

두산중공업 관계자는 "이번 우선주 발행에 연말 각종 사업 수주대금까지 들어오면 재무구조가 훨씬 더 좋아질 수 있다"고 설명했다. 두산중공업은 이번 우선주 발행으로 경영권에 일부 영향을 받게 됐지만 자금조달을 위한 부담은 상대적으로 줄 것으로 보인다.

우선배당률은 첫 5년 동안 연 3.3%(6년차부터 상향 가능)로 회사채나 금융권 차입보다 조건이 훨씬 좋다. 발행가격도 시가보다 9% 할증해 회사에 유리한 것으로 분석된다.

'유상증자' 카드 꺼낸 대한항공, 재무구조 개선 '주목'

(더팩트 2015-01-08)

대한항공의 재무구조 개선안이 실효를 거둘 수 있을지 관심이 쏠리고 있다. 대한항공이 차입금 상황 등 재무구조 개선을 목적으로 5,000억원 규모의 유상증자 카드를 꺼내 들기는 했지만, 자금 조달책이 실효를 거둘 수 있을지는 미지수다. 오는 2017년까지 계획된 신규 항공기 도입 계획과 자회사로 편입된 한진해운에 대한 자금 대여 등 아직 '쓸 돈'이 많은 해결해야 할 과제가 아직 많이 남아 있기 때문이다.

8일 금융감독원 전자공시시스템에 따르면 대한항공의 부채비율은 지난해 3분기 말 기준으로 809%이며 4분기 부채비율이 900%를 넘어섰을 것으로 추정된다.

해마다 증가하는 부채비율을 줄이기 위해 대한항공은 지난 6일 유상증자를 시행, 주식 1,416만 4,306주를 주당 3만 5,300원에 신규 발행한다고 밝혔다. 신주 상장이 확정되면 대한항공의 전체 발행 주식수는 기존 5,978만 6,232주에서 7,395만 538주로 늘어나게 된다. 대한항공 측은 이번 유상증자로 약 200%의 부채비율 감소 효과가 있을 것으로 내다보고 있다.

문제는 아직도 갚아야 하는 수조 원의 차입금과 지난해 발생한 '승무원 하기(下機) 사건'으로 말미암은 250억원의 매출 손실 등 '나가는 돈'이 너무 많다는 점이다. 대한항공이 금융감독원에 제출한 증권신고서에 따르면 대한항공의 지난해 3분기 말 연결기준 차입금 규모는 약 15조 9,057억원으로 지난 2010년 말 12조 1,796억원 대비 크게 증가했다.

항공기 도입에 따른 투자금액 증가와 항공업황 악화에 따른 운전자금이 증가해 차입금 규모가 커졌다는 게 회사 측 설명이다. 관계사인 한진해운에 대한 자금 대여 및 유상 증자 참여 역시 대한항공의 차입금 규모를 늘렸다. 대한항공은 지난 2013년 2,500억원을 한진해운에 대여, 이 가운데 300억원을 상환받았지만, 아직 2,200억원의 대여금 잔액이 남아 있다.

더 큰 문제는 대한항공이 갚아야 하는 차입금 가운데 1년 내 만기가 도래하는 차입금이 4조 9,000억원에 달한다는 것이다. 대한항공 측은 "지난해 3분기 연결기준으로 단기금융부채 비중이 전체의 약 37%에 달해 1년 내 만기도래 예정인 단기금융부채에 대한 유동성 확보가 시급한 상황"이라고 설명했다.

[항공기 도입 계획]

(단위 : 억원)

구 분	도입 대수	예상 투자액
2015년	19	25,100
2016년	16	23,100
2017년	17	22,500
합 계	52	70,700

[부채비율 변동추이]

(단위 : %)

구 분	2014년 3분기	2013년	2012년	2011년	2010년
연결재무제표 기준	809.13	736.45	690.99	708.55	510.57
별도재무제표 기준	837.03	823.31	771.14	824.92	591.35

〈출처〉 당사 연결 분기보고서 및 감사보고서

앞으로 있을 신규 항공기 도입 등도 부담이다. 대한항공은 오는 2017년까지 2년 동안 항공기 현대화와 효율화를 위해 신규 항공기 52대를 도입한다는 계획이다. 대한항공 측은 "신규 항공기 도입 역시 차입금을 추가로 증가시키는 등 재무구조에 부정적으로 작용할 것으로 예상한다"고 설명했다.

대내외적으로 난관에 봉착한 대한항공이지만, 긍정적인 전망도 없지는 않다. 일각에서는 올해 대한항공의 화물부문 실적이 회복세를 보이고, 최근 내림세를 지속하는 국제 유가에 따른 실적 개선이 뒷받침된다면 재무구조 개선에도 속도가 붙을 수 있다는 분석도 나온다.

업계 관계자는 "국제 유가가 당분가 하락세를 유지할 것으로 보이는 것도 호재로 작용할 수 있지만, 무엇보다 올 1분기 안으로 한진해운이 보유하고 있는 에쓰오일 지분매각 작업이 마무리된다면 (대한항공의) 재무구조 개선에 큰 도움이 될 것"이라고 말했다.

서술형 문제

chapter 13

1. 수권자본제도란 무엇인가?

풀이

수권자본제도는 회사 설립 후에 추가자금이 필요할 때, 정관에 규정된 수권주식수(authorized number of stocks) 내에서 이사회 결정에 따라 주식을 발행하는 제도이며, 우리나라도 채택하고 있다.

2. 자본금에 대해 설명하시오.

풀이

자본금(capital stock)은 발행한 주식의 총액면금액을 말한다. 자본금은 보통주자본금과 우선주자본금의 합계를 말한다. 보통주자본금과 우선주자본금은 각각 보통주와 우선주의 1주당 액면금액에 발행주식수를 곱하여 산출된다.

3. 자본잉여금에 대해 설명하시오.

풀이

자본잉여금(additional paid-in capital)은 자본거래로 발생한 자본의 잉여금을 의미한다. 즉, 자본잉여금은 증자활동, 감자활동 및 기타 자본과 관련된 거래에서 발생된 잉여금이다. 자본잉여금은 자본거래에서 발생한다는 점에서 손익거래에서 발생한 이익잉여금과 구별된다. 자본잉여금은 주식발행초과금과 기타자본잉여금으로 분류하며, 기타자본잉여금에는 감자차익, 자기주식처분이익 등이 있다.

4. 자본조정 및 기타포괄손익누계액에 대해 설명하시오.

풀이

자본조정(capital adjustment)은 납입자본이나 이익잉여금으로 분류하기 어려운 자본에 가감하는 항목들을 포함한다. 자본조정에는 자기주식, 주식할인발행차금, 미교부주식배당금, 자기주식처분손실, 감자차손이 있다. 기타포괄손익누계액(accumulated other comprehensive income)은 포괄손익에서 당기순손익을 제외한 부분인 기타포괄손익이

누계된 금액이다. 기타포괄손익누계액은 FVOCI금융자산평가손익, 해외사업장환산외화손익, 현금흐름위험회피수단평가손익, 재평가차익, 확정급여제도의 재측정요소 등을 포함한다.

5. 이익잉여금에 대해 설명하시오.

풀이

이익잉여금(retained earnings)은 손익거래로부터 발생한 이익 중에서 기업 내에 유보된 금액을 말한다. 유보이익이라고도 불리는 이익잉여금은 기업의 영업활동인 손익거래에서 발생한 이익 중 배당금 등으로 사외에 유출되거나 자본금계정으로 전입되지 않고 사내에 유보된 부분이다. 이익잉여금은 법이나 계약에 의하여 또는 특정의 용도에 충당하기 위하여 적립한 처분된 이익잉여금과 아직 처분되지 않은 미처분이익잉여금으로 구분된다.

6. 증자와 감자에 대해 설명하시오.

풀이

주식의 추가적 발행을 통하여 자본금을 증가시키는 것이 증자이고, 역으로 자본금을 감소시키는 것이 감자이다. 증자 및 감자에는 실질적인 것과 형식적인 것이 있다. 기업은 실질적 증자인 유상증자를 통하여 자본금과 자산을 동시에 증가시킬 수 있다. 또한 자본잉여금 혹은 이익준비금을 자본금으로 전입함으로써 자산의 변동 없는 형식적 증자인 무상증자를 할 수 있다. 무상증자의 경우에는 자본계정에서 자본잉여금 혹은 이익준비금이 감소하고 자본금이 증가하여, 자본 총액에는 변함이 없다.

감자의 경우에도 실질적 감자와 형식적 감자가 있다. 주주에게 자기주식을 재취득하여 소각하는 경우는 실질적 감자이고, 결손보전을 위하여 자본금을 감소시키는 경우는 형식적 감자이다. 자본감소의 경우에 감소액이 감자대가를 초과하면, 그 초과액을 감자차익으로 처리한다. 감자차손이 있는 경우에는, 먼저 감자차손을 차감하고 나머지를 감자차익으로 기록한다.

7. 주식회사의 설립과 관련한 다음 거래를 분개하시오.

정관상의 수권주식은 보통주 100,000주(1주의 액면금액 ₩5,000)이다. 설립시에 30,000주를 주당 ₩5,500에 현금발행하다.

풀이

(차) 현 금	165,000,000	(대) 보통주자본금	150,000,000
		주식발행초과금	15,000,000

8. 광주상사의 자본거래를 분개하시오. ①~③은 연속적인 거래라고 가정한다.

① 20×1년 1월 1일 회사 설립시에 주당 액면 ₩5,000인 보통주 10,000주를 주당 ₩6,000에 현금발행하다.

② 20×2년 6월 1일 보통주 1,000주를 주당 ₩4,500에 재취득하여 소각하다.

③ 20×3년 7월 1일 보통주 1,000주를 주당 ₩6,000에 재취득하여 소각하다.

④ 20×4년 3월 30일 주주총회에서 미처리결손금 ₩1,000,000을 보전하기 위하여, 1주당 ₩5,000의 액면금액을 ₩4,000으로 감소하다. 20×4년 3월 30일 현재 총발행주식수는 1,500주이다.

⑤ 20×5년 3월 30일 주주총회에서 20×4년 12월 31일을 기준일로 하여 ₩2,000,000의 주식배당(보통주 400주를 발행)을 결의하고, 20×5년 5월 1일에 신주를 교부하다. 단, 주식배당에 대하여 액면금액법을 사용한다.

풀이

①	(차) 현　　금	60,000,000	(대)	보통주자본금	50,000,000
				주식발행초과금	10,000,000
②	(차) 보통주자본금	5,000,000	(대)	현　　금	4,500,000
	주식발행초과금	1,000,000		감 자 차 익	1,500,000
③	(차) 보통주자본금	5,000,000	(대)	현　　금	6,000,000
	주식발행초과금	1,000,000			
④	(차) 보통주자본금	1,500,000	(대)	미처리결손금	1,000,000
				감 자 차 익	500,000

⑤ 배당선언일

(차) 미처분이익잉여금 2,000,000　(대) 미교부주식배당금 2,000,000

배당지급일(주식발행일)

(차) 미교부주식배당금 2,000,000　(대) 보통주자본금 2,000,000

9. 춘천상사의 다음 거래를 분개하시오.

① 20×1년도의 주주총회에서 미처분이익잉여금 ₩2,000,000을 사용하여 현금배당 ₩1,000,000, 이익준비금 적립 ₩200,000, 감채적립금 적립 ₩800,000 등을 결의하다.

② 20×2년도의 주주총회에서 임의적립금 ₩1,000,000, 기타법정적립금 ₩500,000, 이익준비금 ₩1,000,000, 잔액은 자본잉여금을 사용하여 이월결손금 ₩3,000,000을 보전하다.

③ 20×3년 1월 1일에 주당 액면금액 ₩5,000의 주식 1,000주를 주당 ₩4,800에

현금발행하다. 기존의 주식발행초과금이 없다고 가정한다.

풀이

		차변 계정	금액		대변 계정	금액
①	(차)	미처분이익잉여금	2,000,000	(대)	미지급배당금	1,000,000
					이익준비금	200,000
					감채적립금	800,000
②	(차)	임의적립금	1,000,000	(대)	이월결손금	3,000,000
		기타법정적립금	500,000			
		이익준비금	1,000,000			
		자본잉여금	500,000			
③	(차)	현 금	4,800,000	(대)	보통주자본금	5,000,000
		주식할인발행차금	200,000			

OX 문제

chapter 13

1. 회사 설립 후에 추가자금이 필요할 때마다, 정관에 규정된 주식수 내에서 이사회 결정에 따라 주식을 발행하는 제도를 '허가자본제도'라고 한다. (   )

풀이 (X)
회사 설립 후에 추가자금이 필요할 때, 정관에 규정된 수권주식수(authorized number of stocks) 내에서 이사회 결정에 따라 주식을 발행하는 제도이며, 우리나라도 채택하고 있는 제도를 '수권자본제도'라고 한다.

2. 주식의 발행에는 액면발행, 할증발행, 할인발행이 있다. (   )

풀이 (O)
주식의 발행금액이 액면금액과 같으면 액면발행(issued at par)이다. 발행금액이 액면금액보다 크면 할증발행(issued at a premium)이고, 반대로 발행금액이 액면금액보다 작으면 할인발행(issued at a discount)이다.

3. 기타포괄손익누계액과 이익잉여금은 손익거래로부터 발생한다. (   )

풀이 (O)
자본금과 자본잉여금은 자본거래에서 발생하며, 기타포괄손익누계액과 이익잉여금은 손익거래로부터 발생한다.

4. 자본조정항목들은 자본금, 자본잉여금, 기타포괄손익누계액, 이익잉여금 중에서 자본금과 자본잉여금으로 분류되기 쉬운 항목들이다. (   )

풀이 (X)
자본조정항목들은 특이한 성격으로 인해 자본금, 자본잉여금, 기타포괄손익누계액, 이익잉여금 중 어느 항목으로 분류되기 어렵다.

5. 액면금액이 주식발행금액보다 큰 경우에 그 차익을 주식발행초과금이라고 한다. (　　)

풀이 (X)
액면금액이 주식발행금액보다 큰 경우에 그 차익을 주식할인발행차금이라고 한다. 그 반대의 경우는 주식발행초과금이라고 한다.

6. 자본감소의 경우에 그 자본금의 감소액이 감자대가보다 작을 때, 그 차액을 감자차익이라 한다. (　　)

풀이 (X)
자본감소의 경우에 그 자본금의 감소액이 감자대가보다 작을 때, 그 차액을 감자차손이라 한다. 그 반대의 경우는 감자차익이라고 한다.

7. 자기주식의 재발행금액이 취득원가를 초과할 때 그 초과금액을 자기주식처분손실이라 한다. (　　)

풀이 (X)
자기주식의 재발행금액이 취득원가를 초과할 때 그 초과금액을 자기주식처분이익이라 한다. 그 반대의 경우는 자기주식처분손실이라고 한다.

8. 자본잉여금 혹은 이익준비금을 자본금으로 전입함으로써 자산의 변동 없는 증자를 유상증자라고 한다. (　　)

풀이 (X)
자본잉여금 혹은 이익준비금을 자본금으로 전입함으로써 자산의 변동 없는 형식적 증자를 무상증자라고 한다. 무상증자의 경우, 자본계정에서 자본잉여금 혹은 이익준비금이 감소하고 자본금이 증가하여, 전체적인 자본계정에는 변함이 없다.

9. 자기주식을 재취득하여 소각하는 것은 형식적 감자이다. (　　)

풀이 (X)
자기주식을 재취득하여 소각하는 경우는 실질적 감자이다.

10. 법정적립금(이익준비금과 기타법정적립금)은 법령의 규정, 제3자와의 계약, 정관의 규정 또는 주주총회의 결의로 적립된 금액을 말한다. (　　)

풀이 (X)

임의적립금은 제3자와의 계약, 정관의 규정 또는 주주총회의 결의로 적립된 금액이다. 법정적립금 중에서 이익준비금은 상법에 의하여, 기타법정적립금은 기타 법령의 규정에 의하여 적립된 금액을 말한다.

선다형 문제

chapter 13

1. 다음은 주식회사에 대한 설명이다. 틀린 것은?

① 주식회사는 주주의 책임을 출자한도로 제한한다.
② 불특정 다수로부터의 자금조달이 용이하다.
③ 주주가 변경되면 회사는 계속적으로 존속할 수 없게 된다.
④ 주주 및 기업의 이해관계자들을 보호하는 관점에서 상법 등의 법률은 주식회사의 자본에 대하여 구체적으로 규정하고 있다.

풀이 ③
주주의 변경에 관계없이 회사는 계속적으로 존속할 수 있다.

2. 다음은 주식발행에 관련된 설명이다. 틀린 것은?

① 주식의 발행금액이 액면금액과 같으면 액면발행이다.
② 발행금액이 액면금액보다 클 경우에, 발행금액과 액면금액의 차액을 주식할증발행차금이라 한다.
③ 발행금액이 액면금액보다 크면 할증발행이다.
④ 발행금액이 액면금액보다 작으면 할인발행이다.

풀이 ②
주식 발행금액이 액면금액보다 클 경우에, 발행금액과 액면금액의 차액을 **주식발행초과금**(paid-in capital in excess of par)이라 한다.

3. 다음은 자본항목의 종류에 대한 것이다. 틀린 것은?

① 포괄이익
② 자본조정
③ 자본금
④ 자본잉여금

풀이 ①
포괄이익은 당기순이익과 기타포괄이익을 합한 개념이다. 자본은 자본금, 자본잉여금, 자본조정, 기타포괄손익누계액, 이익잉여금 등의 항목으로 구성되어 있다.

4. 다음은 자본에 관련된 설명이다. 틀린 것은?

① 자본은 자본금, 자본잉여금, 자본조정, 기타포괄손익누계액, 이익잉여금 등의 항목으로 구성되어 있다.
② 자본금과 자본잉여금은 자본거래에서 발생한다.
③ 기타포괄손익누계액과 이익잉여금은 손익거래로부터 발생한다.
④ 자본조정은 포괄자본거래로부터 발생한다.

풀이 ④

자본조정(capital adjustment)은 납입자본이나 이익잉여금으로 분류하기 어려운 자본에 가감하는 항목들을 포함하고 있다. 거래는 자본거래와 손익거래로 분류하며, '포괄자본거래'라는 용어는 사용하지 않는다.

5. 다음은 자본항목에 대한 설명이다. 틀린 것은?

① 자본금은 발행한 주식의 총액면금액을 말한다.
② 자본잉여금은 자본거래로 발생한 자본의 잉여금을 의미한다.
③ 이익잉여금은 이익 중에서 기업 내에 유보된 금액을 말한다.
④ 기타포괄손익누계액은 포괄손익이 누계된 금액이다.

풀이 ④

기타포괄손익누계액(accumulated other comprehensive income)은 포괄손익에서 당기순손익을 제외한 부분인 기타포괄손익이 누계된 금액이다.

6. 다음은 자본잉여금에 대한 설명이다. 틀린 것은?

① 자본잉여금은 영업활동과 관련된 거래에서 발생된 잉여금이다.
② 자본잉여금은 주식발행초과금과 기타자본잉여금으로 분류할 수 있다.
③ 기타자본잉여금에는 감자차익, 자기주식처분이익 등이 있다.
④ 주식발행금액이 액면금액을 초과하는 경우 그 초과하는 금액을 주식발행초과금이라고 한다.

풀이 ①

자본잉여금은 증자활동, 감자활동 및 기타 자본과 관련된 거래에서 발생된 잉여금이다.

7. 다음은 자본잉여금 항목에 대한 예이다. 틀린 것은?

① 주식발행초과금
② 자기주식

③ 감자차익
④ 자기주식처분이익

풀이 ②
자기주식은 자본조정항목이다.

8. 다음은 증자와 감자에 대한 설명이다. 틀린 것은?
① 주식의 추가적 발행을 통하여 자본금을 증가시키는 것이 증자이다.
② 자본금을 감소시키는 것이 감자이다.
③ 유상증자는 실질적인 증자이다.
④ 결손보전을 위하여 자본금을 감소시키는 경우는 실질적인 감자이다.

풀이 ④
결손보전을 위하여 자본금을 감소시키는 경우는 형식적인 감자이다.

9. 다음은 감자에 대한 설명이다. 틀린 것은?
① 자본감소의 경우 감소액이 감자대가를 초과하면, 그 초과액을 모두 감자차익으로 처리한다.
② 실질적 감자와 형식적 감자가 있다.
③ 자기주식을 재취득하여 소각하는 경우는 실질적 감자이다.
④ 결손보전을 위하여 자본금을 감소시키는 경우는 형식적 감자이다.

풀이 ①
자본감소의 경우 감소액이 감자대가를 초과하면, 감자차손이 있는 경우에는 먼저 감자차손을 감소시키고 나머지를 감자차익으로 기록한다.

10. 다음은 결손보전에 선택되어 상계되는 자본항목의 순서에 대한 설명이다. 맞는 것은?
① 임의적립금, 이익준비금, 기타법정적립금, 자본잉여금
② 임의적립금, 자본잉여금, 이익준비금, 기타법정적립금
③ 임의적립금, 기타법정적립금, 이익준비금, 자본잉여금
④ 자본잉여금, 이익준비금, 기타법정적립금, 임의적립금

풀이 ③
결손보전에 사용되는 자본항목의 순서는 ① 임의적립금, ② 기타법정적립금, ③ 이익준비금, ④ 자본잉여금이다.

CHAPTER 14

재무제표 분석

1. 유동성 분석
2. 재무레버리지 분석
3. 수익성 분석
4. 활동성 분석(=효율성 분석)
5. 성장성 분석
6. 생산성 분석

사례

일부 금통위원들, 중기 대출 증가 위험 지적

(매일경제 2020-01-10)

국내 금융안정 상황과 관련해 앞으로는 기업부채 관련 위험에 더욱 주의를 기울일 필요가 있다고 한국은행 금융통화위원들이 진단했다.

10일 공개된 지난달 26일 개최 금통위 의사록을 보면 국회에 제출할 금융안정보고서를 심의한 이날 회의에서 한 위원은 "그동안 가계부채, 부동산 문제 등이 주요 관심 사항이었으나, 앞으로는 기업 부문의 리스크에 더욱 중점을 둘 필요가 있다"고 언급했다.

다른 위원도 "중소기업 중 이자보상배율(영업이익/이자비용)이 1 미만인 기업의 비중이 50%에 가까운 상황에서도 중소기업 대출이 꾸준히 늘어나고 있다"며 "중소기업 대출 증가의 세부 내역 및 관련 리스크를 지속해서 점검할 필요가 있을 것"이라고 당부했다.

이자보상배율이 1 미만이라는 건 기업이 영업이익으로 이자비용조차 감당하지 못할 정도로 경영 여건이 좋지 않다는 뜻이다.

앞서 한은은 지난달 26일 발표한 금융안정보고서에서 "최근 기업 재무 건전성이 저하되는 가운데 기업 신용평가도 악화하는 움직임을 보여 기업의 신용위험이 확대될 가능성에 유의할 필요가 있다"고 지적했다.

보고서에 따르면 기업 부채비율은 지난해 6월 말 현재 77.6%로 6개월 전보다 2.3%포인트 올랐고, 이자보상배율은 작년 상반기 4.4배로 전년 상반기(9.0배)의 반 토막으로 떨어졌다.

기업이 생산하여 공시하는 재무제표에는 중요한 회계정보가 포함되어 있다. 이 재무제표를 이용하여 투자자는 투자분석, 자금대여자는 신용분석, 경영자는 경영관리분석을 수행하고 있으며, 이러한 분석을 통하여 여러 가지 경제적 의사결정을 하고 있다.

본장에서는 재무제표 항목간의 비율을 이용하여 기업을 분석하는 방법인 재무비율 분석을 설명하고자 한다. 재무비율 분석에는 유동성 분석, 재무레버리지 분석, 수익성 분석, 활동성 분석, 성장성 분석, 생산성 분석 등이 있다. 아래의 재무제표는 H건설의 요약 재무상태표와 요약 손익계산서이다.

재무상태표

H건설	20×1.12.31 현재		(단위 : 억원)
유동자산		52,816	
당좌자산(매출채권 16,233억)	45,597		
재고자산	7,219		
비유동자산		28,622	
투자자산	16,839		
유형자산	6,968		
기타	4,815		
자산총계			81,438
부채		52,507	
유동부채	43,722		
비유동부채	8,785		
자본		28,931	
부채 및 자본총계			81,438

손익계산서

H건설	20×1.1.1~20×1.12.31	(단위 : 억원)
매출액	72,711	
− 매출원가	(65,236)	
= 매출총이익		7,475
− 판매비와 관리비	(2,673)	
= 영업이익		4,802
+ 영업외수익	6,013	
− 영업외비용(이자비용 984억)	(5,335)	
= 법인세비용차감전 계속사업이익		5,480
− 계속사업이익 법인세비용	(1,745)	
= 계속사업이익		3,735
±중단사업이익(손실)	0	
= 당기순이익		3,735

1. 유동성 분석

유동성 분석은 기업의 단기지급능력을 평가하는 분석이다. 단기지급능력은 유동성을 의미한다. 유동성이 나빠지면, 단기지급능력이 낮아져서 외상매입금 등의 유동부채를 갚지 못하게 된다. 흑자도산은 유동성이 극히 나쁜 경우에 발생한다. 유동성 분석에는 유동비율과 당좌비율이 있다.

1.1 유동비율

유동비율(current ratio)은 유동부채에 대한 유동자산의 상대적인 규모를 나타내는 비율이다. 유동부채는 1년 이내에 만기가 도래하는 부채이다. 무엇을 가지고 유동부채를 갚을 수 있을까? 자산을 처분하여 유동부채를 갚아야 하는데, 어떤 자산을 처분해야 할까? 1년 이내에 현금화될 수 있는 자산인 유동자산을 처분하여 유동부채를 갚는 것이 논리적이다.

경험적으로 유동비율은 200% 이상이면 양호하다고 평가한다. H건설의 유동비율은 120.8%로서 비교적 양호한 편이다.

$$\text{유동비율} = \frac{\text{유동자산}}{\text{유동부채}} = \frac{₩52,816\text{억}}{₩43,722\text{억}} = 120.8\%$$

1.2 당좌비율

당좌비율(quick ratio)은 유동부채에 대한 당좌자산의 비율이다. 당좌자산(quick asset)은 유동자산 중에서 더 빠르게 현금화되는 자산으로, 현금및현금성자산 및 단기금융자산을 포함한다. 유동비율이 높더라도 당좌비율이 낮으면, 단기 지급능력이 양호하다고 할 수 없다.

경험적으로 당좌비율은 100% 이상이면 양호하다고 평가한다. H건설의 당좌비율은 104.3%로서 양호하다.

$$\text{당좌비율} = \frac{\text{당좌자산}}{\text{유동부채}} = \frac{₩45,597\text{억}}{₩43,722\text{억}} = 104.3\%$$

유동비율 및 당좌비율은 높을수록 좋은 비율이다. 그러나 이 비율들이 지나치게 높다면 유동자산 항목을 자세히 살펴보는 것이 바람직하다. 만약 이 비율들이 지나치게 높은 이유가 과도한 현금으로 인한 것이라면, 경영자가 현금을 적절하게 투자하지 못하고 있다는 것을 의미할 수도 있다.

또한 유동성 분석은 운전자본(=유동자산−유동부채)과 함께 기업을 평가하는 것이 바람직하다. 왜냐하면 유동비율 및 당좌비율은 분자 및 분모의 비율이지만, 운전자본은 금액으로 표시되기 때문이다.

2. 재무레버리지 분석

재무레버리지 분석은 장기지급능력을 평가하는 분석이다. 재무레버리지비율(financial leverage ratio)은 기업이 채권자에게 장기부채의 원금과 이자를 지불할 수 있는지를 평가하는 비율이기 때문에, 기업의 경영자는 재무레버리지비율을 자본조달에 대한 의사결정에 사용한다.

원래 레버리지(leverage)는 지렛대(lever) 효과를 의미한다. 예를 들어, 10kg의 돌을 맨손으로 들어 올리려면 10kg의 힘이 필요하다. 그러나 지렛대를 사용하면 3kg의 힘으로도 들어 올릴 수 있다. 여기서, 돌은 기업의 손익(손실과 이익)을 나타내며, 지렛대는 부채를 의미한다. 즉, 재무레버리지 효과(financial leverage effect)는 부채사용으로 인한 기업의 손익확대 효과를 말한다.

자본은 타인자본과 자기자본으로 구성된다. 회계학에서는 타인자본을 '부채', 자기자본을 '자본'이라고 하지만, 재무제표 분석에서는 재무관리에서 사용하는 용어를 사용한다. 부채의 재무레버리지 효과로 인해 부채를 사용하는 것이 이익을 확대하는 효과를 갖고 있으나, 반대로 손실을 확대하는 효과도 있으므로 부채사용에 신중을 기해야 한다. 또한 과도한 부채사용은 과중한 원금과 이자를 지급해야 하므로 유동성 문제를 야기할 수 있다.

재무레버리지비율에는 부채비율, 부채자본비율, 고정장기적합률, 고정비율, 이자보상비율 등이 있다.

2.1 부채비율

부채비율(debt ratio)은 타인자본 의존도라고도 하며, 자기자본과 타인자본의 합계액인 총자본에 비하여 유동부채와 비유동부채의 합계액인 총부채가 얼마나 되는가를 나타내는 비율이다. 앞서 설명하였듯이, 여기서 주의할 점은 총자본은 회계용어인 자본을 가리키는 것이 아니라 자기자본과 타인자본을 합한 금액을 말하며, 총자본은 총자산과 동일한 금액이다. 비영리조직에서는 자본이라는 회계용어 대신에 기본재산이라는 용어를 사용한다. H건설의 부채비율은 64.5%로서 양호하다.

$$\text{부채비율} = \frac{\text{부채}}{\text{총자본}(=\text{총자산})} = \frac{₩52{,}507\text{억}}{₩81{,}438\text{억}} = 64.5\%$$

2.2 부채자본비율

부채자본비율(debt-to-equity ratio)은 자기자본과 타인자본 간의 관계를 나타내는 비율이다. 부채자본비율이 높으면 자기자본에 비하여 부채의 비중이 높아 재무위험이 크다는 것을 의미하며, 이 같은 경우에 매출이 감소하거나 매출채권회전율이 저하되면 지급불능의 위험이 따르게 된다. 부채자본비율이 높을수록 도산의 위험이 크게 된다.

경험적으로 부채자본비율이 200% 이하이면 양호하다고 한다. H건설의 부채자본비율은 181.5%로서 양호하다.

$$\text{부채자본비율} = \frac{\text{부채}}{\text{자기자본}} = \frac{₩52,507\text{억}}{₩28,931\text{억}} = 181.5\%$$

2.3 고정장기적합률

고정장기적합률은 장기자금(=비유동부채+자기자본)에 의한 비유동자산 투자 정도를 나타내는 비율이다. 즉, 비유동자산은 장기자산이므로 장기자금으로 구입하는 것이 바람직하다는 논리이다. 고정장기적합률은 고정비율과 마찬가지로 낮을수록 좋으며, 적어도 100%를 넘지 않아야 안정적인 것으로 볼 수 있다. H건설의 고정장기적합률은 75.9%로서 양호하다.

$$\text{고정장기적합률} = \frac{\text{비유동자산}}{\text{비유동부채} + \text{자기자본}} = \frac{₩28,622\text{억}}{₩8,785\text{억} + ₩28,931\text{억}} = 75.9\%$$

2.4 고정비율

고정비율은 자본의 고정화 정도를 측정하며, 자기자본에 대한 비유동자산의 비율을 말한다. 고정비율은 자기자본과 비유동자산을 비교하는 데 의미가 있다. 자기자본은 장기적인 성격을 가지고 있으므로 장기적인 성격의 비유동자산을 구입하는 데 사용되어야 한다. 그러나 자기자본의 대부분을 비유동자산의 구입에 사용한다면, 즉 고정비율이 지나치게 높다면, 유동자산에 투입될 부분이 적어지므로 유동성 문제가 발생할 수 있다. 고정비율의 일반적인 기준은 100% 이하이며, 낮을수록 안정적이라고 볼 수 있다. H건설의 고정비율은 98.9%로서 양호하다.

$$고정비율 = \frac{비유동자산}{자기자본} = \frac{₩28,622억}{₩28,931억} = 98.9\%$$

2.5 이자보상비율

이자보상비율(times interest earned)은 이자비용과 법인세를 차감하기 전의 이익(earings before interest and taxes : EBIT)인 영업이익을 이자비용으로 나누어 산출한다.

이자비용과 영업이익 사이에는 무슨 관련이 있을까? 기업은 자금을 타인자본(=부채)과 자기자본으로 조달하며, 자본비용을 감당해야 한다. 타인자본으로 자금을 조달하는 경우, 조달된 타인자본은 영업활동에 투입되어 영업이익을 산출하며, 조달된 타인자본에 대하여 자본비용인 이자를 지급해야 한다. 그러므로 산출결과인 영업이익과 투입물인 이자비용을 비교하는 것이 의미가 있으며, 이자보상비율은 적어도 1보다 커야 한다.

이자보상비율은 이자비용을 영업이익과 비교하여 이자비용의 부담이 과다한지의 여부를 측정하기 위한 지표로서, 이자보상비율이 1보다 클수록 이자비용의 부담이 작다는 것을 의미한다. H건설의 이자보상비율은 4.9배로서 양호하다.

$$이자보상비율 = \frac{영업이익}{이자비용} = \frac{₩4,802억}{₩984억} = 4.9배$$

3. 수익성 분석

수익은 자본의 활용에 의해 얻어지므로, 수익성은 투하된 자본과 이익 또는 매출과 이익의 관계에 의하여 측정된다. 수익성 분석에는 총자본순이익률(=총자산순이익률), 자기자본순이익률, 매출액이익률, 매출액영업이익률 등이 있다.

3.1 총자본순이익률(=총자산순이익률)

자본이익률이란 투자된 자금의 경제적 생산성을 측정하는 경영효율의 종합적 측정지표라 할 수 있다. 총자본순이익률(return on assets : ROA)은 총자본(=총자산)에 대한 당기순이익의 비율로서, 투입된 총자본이 얼마나 효율적으로 이용되어 최종결과물인 당기순이익을 산출하였는지를 나타내는 비율이다. H건설의 총자본순이익률은 4.6%이며, 총자본순이익률의 양호 여부는 H건설의 가중평균자본비용과 비교해야 한다. 가중평균자본비용에 비하여 총자본순이익률이 높으면 양호하다고 해석한다.

$$\text{총자본순이익률} = \frac{\text{당기순이익}}{\text{총자본}} = \frac{₩3,735억}{₩81,438억} = 4.6\%$$

* 총자본 대신에 평균총자본(=[기초총자본+기말총자본]/2) 사용가능

3.2 자기자본순이익률

자기자본순이익률(return on equity : ROE)은 자기자본이 이익창출에 얼마나 효율적으로 사용되었는지를 나타낸다. H건설의 자기자본순이익률은 12.9%이며, 자기자본순이익률의 양호 여부는 H건설의 자기자본비용과 비교해야 한다. 자기자본비용에 비하여 자기자본순이익률이 높으면 양호하다고 해석한다.

$$\text{자기자본순이익률} = \frac{\text{당기순이익}}{\text{자기자본}} = \frac{₩3,735\text{억}}{₩28,931\text{억}} = 12.9\%$$

* 자기자본 대신에 평균자기자본(=[기초자기자본+기말자기자본]/2) 사용가능

3.3 매출액이익률

매출액이익률(return on sales : ROS)은 매출로부터 얼마만큼의 당기순이익을 얻었는지를 측정한다. H건설의 매출액이익률은 5.1%이다.

$$\text{매출액이익률} = \frac{\text{당기순이익}}{\text{매출액}} = \frac{₩3,735\text{억}}{₩72,711\text{억}} = 5.1\%$$

3.4 매출액영업이익률

매출액영업이익률(return on operating income)은 매출로부터 얼마만큼의 영업이익을 얻었는지를 측정한다. H건설의 매출액영업이익률은 6.6%이다.

$$\text{매출액영업이익률} = \frac{\text{영업이익}}{\text{매출액}} = \frac{₩4,802\text{억}}{₩72,711\text{억}} = 6.6\%$$

4. 활동성 분석(=효율성 분석)

활동성이란 기업이 수익획득을 위하여 투입된 자본(혹은 자산)을 어느 정도 효율적으로 운용하고 있는가를 표시하는 개념이다. 따라서 활동성(=효율성)은 구체적으로 재무상태표의 자본(혹은 자산)과 매출을 대비하여 나타낸다. 활동성 분석에는 총자본회전율과 총자본회전기간, 자기자본회전율과 자기자본회전기간, 매출채권회전율과 매출채권회전기간 등이 포함된다.

4.1 자본회전율과 자본회전기간

자본회전율은 투하된 자본이 일정기간 동안 매출의 실현을 위하여 얼마나 효율적으로 활용되었는가를 나타내며, 매출을 투하된 자본으로 나누어 산출한다. 자본회전율에는 총자본회전율(asset turnover ratio)과 자기자본회전율(equity turnover ratio)이 있다. 자본회전율은 높을수록 활동성(=효율성)이 높다는 것을 의미한다. H건설의 총자본회전율은 0.89회이고, 자기자본회전율은 2.51회이다.

$$\text{총자본회전율} = \frac{\text{매출액}}{\text{총자본}} = \frac{₩72,711}{₩81,438} = 0.89\text{회}$$

* 총자본 대신에 평균총자본(=[기초총자본+기말총자본]/2) 사용가능

$$\text{자기자본회전율} = \frac{\text{매출액}}{\text{자기자본}} = \frac{₩72,711}{₩28,931} = 2.51\text{회}$$

* 자기자본 대신에 평균자기자본(=[기초자기자본+기말자기자본]/2) 사용가능

활동성을 측정하기 위한 또 다른 방법으로 회전율의 역수를 이용하여 계산한 회전기간을 사용한다. 자본회전기간이란 투하된 자본이 매출을 통하여 회수되는 데 소요되는 기간으로서, 자본을 매출로 나눈 후에 365일을 곱하여 산출한다. 자본회전기간에는 총자본회전기간(number of days' sales in asset)과 자기자본회전기간(number of days' sales in equity)이 있다. 자본회전기간은 짧을수록 높은 활동성(=효율성)을 나타낸다. H건설의 총자본회전기간은 408.8일이고, 자기자본회전기간은 145.2일이다.

$$\text{총자본회전기간} = \frac{\text{총자본} \times 365\text{일}}{\text{매출액}} = \frac{₩81,438 \times 365\text{일}}{₩72,711} = 408.8\text{일}$$

$$\text{자기자본회전기간} = \frac{\text{자기자본} \times 365\text{일}}{\text{매출액}} = \frac{₩28,931 \times 365\text{일}}{₩72,711} = 145.2\text{일}$$

4.2 매출채권회전율과 매출채권회전기간(=현금회수기간)

자산회전율은 투하된 자산이 일정기간 동안 매출의 실현을 위하여 얼마나 효율적으로 활용되었는가를 나타내며, 매출을 투하된 자산으로 나누어 산출한다. 주요한 자산회전율에는 매출채권회전율(accounts receivable turnover ratio)이 있는데, 이것은 매출채권이 현금화되는 속도를 나타낸다. 매출채권회전기간(number of days' sales in accounts receivable)은 현금회수기간(average collection period)이라고도 하며, 기업의 현금회수기간을 나타낸다. H건설의 매출채권회전율은 4.5회이고, 매출채권회전기간(=현금회수기간)은 81.1일이다.

$$\text{매출채권회전율} = \frac{\text{매출액}}{\text{매출채권}} = \frac{\text{₩72,711억}}{\text{₩16,233억}} = 4.5\text{회}$$

$$\text{매출채권회전기간} = \frac{365\text{일}}{\text{매출채권회전율}} = \frac{365\text{일}}{4.5\text{회}} = 81.1\text{일}$$

5. 성장성 분석

성장성이란 당해연도의 경영규모 및 운영결과가 전년도에 비교하여 증가 혹은 감소하였는가를 나타내는 지표이다. 주요 성장성 비율(growth ratio)에는 매출액증가율, 총자본(=총자산)증가율 등이 있다. H건설에 대한 성장성 분석은 1개 연도의 자료만 있기 때문에 생략하고 산식만 제시한다.

$$\text{매출액증가율} = \frac{\text{당기매출액} - \text{전기매출액}}{\text{전기매출액}}$$

$$\text{총자본증가율} = \frac{\text{당기총자본} - \text{전기총자본}}{\text{전기총자본}}$$

6. 생산성 분석

생산성은 운영성과 및 효율을 측정하고 개별 생산요소의 기여도를 측정한다. 생산성에는 노동생산성과 자본생산성이 있다. 생산성 분석에 사용되는 부가가치(value-added)는 각 생산 및 판매 단계에서 새로이 창출된 가치를 말한다. 부가가치는 매출액에서 타기업의 생산가치(재료비, 소모품비, 동력비, 외주용역비 등)를 차감한 금액으로 계산한다. 생산성 비율(productivity ratio)에는 노동생산성(=직원 1인당 부가가치)과 자본생산성(=자산 1원당 부가가치)이 있다. H건설에 대한 생산성 분석은 생략하고, 부가가치 계산방법과 노동생산성 및 자본생산성의 산식을 제시한다.

○ 부가가치 계산방법

- 방법 1 : 부가가치=매출액−타기업의 생산가치
  =매출액−(재료비+부품구입비+전력용수구입비+외주가공비
  +용역구입비+…)
- 방법 2 : 부가가치=순이익+인건비+임차료+금융비용+세금공과+감가상각비

$$\text{노동생산성(=직원 1인당 부가가치)} = \frac{\text{부가가치}}{\text{직원수}}$$

$$\text{자본생산성(=자산 1원당 부가가치)} = \frac{\text{부가가치}}{\text{총자본(=총자산)}}$$

Reading Materials

chapter 14

그룹사 간 유동성 양극화… 16곳 중 절반 작년 평균 빚 17% 급증

(파이낸셜뉴스 2014-06-29)

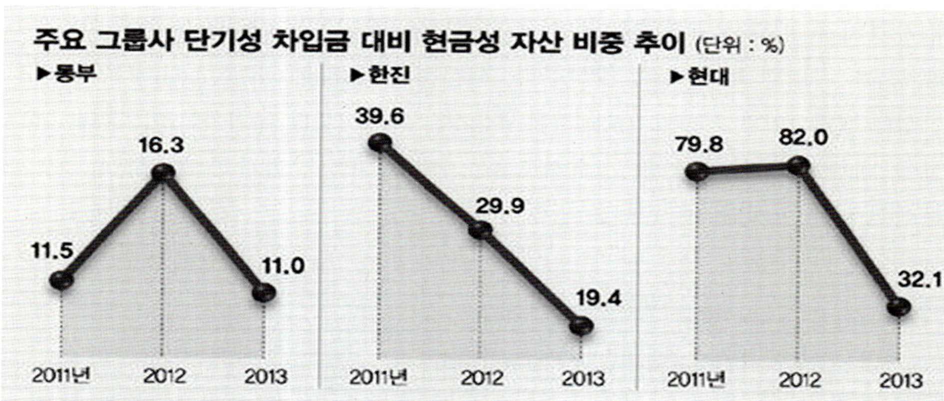

※ 16개 그룹 재무현황 평균. 현금성 자산/단기성 차입금

자료 : 한국신용평가

대기업 그룹사들 간 유동성 양극화가 뚜렷해지고 있다. 특정 재무지표가 평

균 수준을 넘어선 그룹사들의 현금성자산은 전년 대비 20% 이상 늘어난 반면 평균 이하 그룹사들은 10% 이상 줄었다. 반면 유동성이 부족한 그룹사들의 단기성 차입금은 17% 이상 늘면서 '보유 현금은 줄고 빚만 늘어나는 현상'이 심화됐다는 분석이다.

유동성 위기 그룹사, 상황 악화

29일 한국신용평가와 금융투자업계에 따르면 국내 주요 16개 대기업 그룹사의 2013년 기준 단기성 차입금 대비 현금성자산 평균비중은 46.4%였다.

16개 그룹사 중 평균치를 밑도는 그룹사는 동부, 한솔, 한진, 한화, 현대, 이랜드, 두산, LS 등 8개로 절반을 차지했다. 이 중 장기차입금 비중마저 줄어들면서 현금성자산 부족에 단기차입금 상환 부담이 가중되는 그룹사는 동부, 한진, 현대그룹이었다. 이들 그룹사 모두 현재 구조조정 과정을 거치고 있다.

최근 주력계열사인 동부제철의 패키지딜 무산에 따른 자율협약(채권단 공동관리) 추진에 들어간 동부그룹은 지난해 단기성 차입금 대비 현금성자산 비중이 11.04%로 16개 그룹사 중 가장 낮았다. 이 같은 비중은 전년도 16.3%에 비해서도 5.3%포인트 감소해 자금압박이 지속된 것으로 나타났다.

장기차입금 비중마저 48.5%에서 35.3%로 감소해 단기차입금 의존도가 높아졌지만 보유자산 위축에 시달리고 있다는 지적이다.

최근 한국기업평가 등이 동부제철과 동부건설, 동부CNI, 동부메탈 등 그룹계열사의 무보증회사채 신용등급을 각각 'BBB−'에서 'BB+'로 투기등급으로 강등한 터라 회사채를 통한 자금조달도 한층 어려워져 그룹의 유동성 압박은 가중될 것이란 전망이다.

한진그룹 또한 지난해 단기성 차입금 대비 현금성자산 비중이 19.4%에 불과했다. 2011년 39.6%, 2012년 29.9%로 꾸준히 줄어들더니 지난해에는 20%대 밑으로 주저앉았다. 장기차입금 비중 또한 해당 기간 73.7%에서 68%로, 또

이어 54.9%로 줄어들었다.

현대그룹의 단기성 차입금 대비 현금성자산 비중은 2011년과 2012년 각각 79.8%, 82.0%로 비교적 높았으나 지난해 32.1%로 고꾸라졌다. 동시에 장기차입금 비중 또한 81%대에서 50%대로 급감했다.

이 외에도 한솔그룹과 이랜드그룹의 현금성자산 비중도 각각 13.5%, 36.1%로 전년 대비 줄어들었지만 장기차입금 비중은 전년도 수준을 유지하거나 다소 늘었다.

뚜렷해진 양극화

단기차입금 대비 현금성자산 비중이 평균 수준을 넘어선 그룹사들과 평균을 하회하는 그룹사들의 재무현황은 극명한 차이를 보였다.

평균을 웃돈 그룹사들의 지난해 현금성자산은 전년 대비 22.35% 늘어났고 단기차입금은 1.46% 증가하는 데 그쳐 풍부한 유동성을 자랑했다. 반면 평균을 밑돈 그룹사들의 현금성자산은 같은 기간 대비 10.22% 줄었지만 단기차입금은 17.85% 늘어 자금압박이 심화됐다.

높은 실적을 기록했던 삼성그룹의 경우 지난해 단기차입금이 17조 7,460억원으로 전년도보다 4.59% 늘었으나 현금성자산은 30.97% 불어나 61조 9,320억원을 기록했다. 삼성그룹의 단기차입금 대비 현금성자산 비중은 348.99%로 16개 그룹사 중 가장 높았다.

현대차그룹의 지난해 현금성자산은 전년 대비 19.16% 증가하며 30조원을 넘어섰으나 단기차입금은 3.79% 줄어든 10조원에 그쳤다. SK그룹도 현금성자산은 14.19% 증가했지만 단기차입금이 21.63% 감소해 다소 여유 있는 재무여건을 보였다.

포스코와 GS그룹은 현금성자산 증가 비율이 단기차입금 증가세보다 높았으나 롯데와 LG그룹은 단기차입 규모를 비교적 큰 폭으로 늘렸다. CJ그룹은 현금성자산 비중이 46.76%로 평균치를 겨우 넘어섰다.

반면 평균치 아래인 그룹 중 현대그룹의 경우 단기차입금 규모가 1조 641억원에서 3조 5,160억원으로 114.26% 급증했으나 현금성자산은 16.12% 감소했다. 한진그룹 또한 단기차입금이 7조 9,020억원에서 11조 5,830억원으로 46% 이상 확대됐으나 현금성자산은 2조 3,600억원에서 2조 2,420억원으로 5% 감소했다. 동부그룹은 5,250억원의 현금성자산이 4,460억원으로 15% 줄어들었지만 단기차입금은 3조 2,250억원에서 4조원대로 25% 이상 급증했다.

업계 관계자는 "대규모 구조조정에 나선 그룹사들의 구조조정 추이는 지속적으로 살펴볼 필요가 있다"며 "그룹 간 유동성 부문 양극화도 심화되면서 자금조달 과정에서 일부 그룹사들이 자금 수혈에 어려움을 겪을 수 있다"고 진단했다.

건설사, 영업이익으로 이자도 못내… 수익성 급속 악화

(메트로 2014-09-23)

우리나라를 대표하는 대형건설사들이 벌어들인 영업이익으로는 이자비용도 감당 못할 정도로 경영상태가 심각한 것으로 나타났다. 23일 대한건설협회에서 조사·발표한 2014년도 상반기 상장건설사(상장사 94개사, 기타법인 32개사) 경영분석 결과에 따르면, 수익성(비용성), 성장성지표가 심각한 수준인 것으로 나타났다. 특히 당기 순이익이 적자로 돌아서면서 수익성부문에서 '경고등'이 들어왔다는 분석이다.

수익성 지표를 살펴보면, 영업이익은 62.6%가 감소(2013년 상반기 2조 8,188억 → 올해 상반기 1조 534억)해 적자는 면했으나, 세전순이익(2013년 상반기 1조 3,467억 → 올해 상반기 −1조 1,497억) 및 당기순이익(2013년 상반기 9,094억 → 올해 상반기 −2조 503억)은 적자 전환됐다. 영업이익률은 ▲1.0%로 전년보다 1.6%p 감소했고, 세전순이익률은 ▲1.1%로 적자전환하여 수익성이 크게 악화됐다.

조사기업 126개사의 45.2%에 달하는 57개사가 당기순손실을 기록하고 있는 것으로 조사되어 건설업체 수익성의 악화요인이 개별기업의 부실경영보다는 건설산업에 구조적 문제가 있는 것으로 분석됐다. 특히 부동산경기침체 및 공공공사의 실적공사비제도, 최저가 낙찰제 시행 등의 건설환경이 건설공사 수익성 하락에 중요 요인으로 지적되고 있다.

이자보상비율이 63.0%를 기록해 영업이익으로 이자비용을 감당할 수 없는 한계상황에 직면해 있다고 할 수 있다. 이자비용은 전년대비 39.5% 감소(2013년 상반기 2조 7,638억 → 올해 상반기 1조 6,715억원)해 개선됐으나, 영업이익이 62.6% 감소해 이자보상비율이 100%이하로 급감했다. 2009년 이후 이자보상비율이 지속적으로 감소하고 있어 건설업의 채산성 확보를 위한 대책이 요구된다.

이와 함께 성장성 부문에서 건설매출액은 1.4% 증가했다. 이는 국내건설매출이 0.3% 증가에 그친 반면 해외건설매출이 3.6% 증가해 전체적으로 증가세를 유지하게 됐다. 해외건설매출 증가로 해외건설 매출비중이 37.7%를 차지하게 됐지만, 건설매출 증가가 상장건설사 중에서 상위 10위권 이내 업체에 국한되어 기업규모별로 편향적 양상을 보였다.

유동비율은 122.8%(4.3%p↑), 부채비율은 166.8%(0.4%p↓)를 나타내어 안정성 지표에서 다소 개선된 것으로 나타나고 있으나, 차입금의존도는 26.6%로 전년 동기대비 0.2%p 상승해 2010년도 이후 지속적으로 증가하고 있다.

대한건설협회 관계자는 "상장건설사 경영분석 결과, 그 동안 건설업계 현안문제로 지적되어온 공사물량 부족에 따른 업체간 과당경쟁의 영향으로 건설업체의 수익성 악화가 현실화되고 있는 것으로 나타났으며, 건설공사의 수익성을 확보하기가 어려운 구조가 지속되면 건설산업의 활성화는 기대하기 어렵다"고 말했다.

또 "대형 건설업체의 경우 수익성이 미미한 국내시장에서 탈피하여 해외시장으로 눈을 돌리고 있으나 이것 또한 녹록치 않은 상황이며, 특히 중소건설업체가 해외시장 진출을 모색하기는 쉽지 않다. 근래 건설업체들이 수익성이 없는 일부 공사에 대하여는 응찰조차 하지 않고 있어 일부 공사입찰이 몇 차례 유찰되는 사태가 발생하고 있는 사례가 이를 반증하고 있다고 할 수 있다"고 설명했다.

이어 "발주자도 건설공사 품질제고 및 국내건설시장 성장동력 회복을 위해 적정경쟁을 유도하여 건설업체의 적정수익을 보장하는 것이 반드시 필요하다는 점을 인식하여야 한다"고 애로사항을 토로했다.

한편, 2014년도 상반기 상장건설사 건설업 경영분석의 자세한 내용은 대한건설협회 홈페이지(http://www.cak.or.kr)에서 확인할 수 있다.

서술형 문제

chapter 14

1. 유동성 분석에 대해 설명하시오.

풀이

유동성 분석은 기업의 단기지급능력을 평가하는 분석이다. 유동성 분석에는 유동비율과 당좌비율이 있다. 유동비율(current ratio)은 유동부채에 대한 유동자산의 상대적인 규모를 나타내는 비율이다. 경험적으로, 유동비율은 200% 이상이면 양호하다고 평가한다.

당좌비율(quick ratio)은 유동부채에 대한 당좌자산의 비율이다. 당좌자산(quick asset)은 유동자산 중에서 더 빠르게 현금화되는 자산으로, 현금및현금성자산 및 단기금융자산을 포함한다. 유동비율이 높더라도 당좌비율이 낮으면, 단기지급능력이 양호하다고 할 수 없다. 경험적으로, 당좌비율은 100% 이상이면 양호하다고 평가한다.

2. 재무레버리지 분석에 대해 설명하시오.

풀이

재무레버리지 분석은 장기지급능력을 평가하는 분석이다. 재무레버리지비율(financial leverage ratio)은 기업이 채권자에게 장기부채의 원금과 이자를 지불할 수 있는지를 평가하는 비율이기 때문에, 채권자 입장에서는 안정성비율이라고 한다. 기업의 경영자는 재무레버리지비율을 자본조달에 대한 의사결정에 사용한다. 재무레버리지비율에는 부채비율, 부채자본비율, 고정장기적합률, 고정비율, 이자보상비율 등이 있다.

3. 수익성 분석에 대해 설명하시오.

풀이

수익은 자본의 활용에 의해 얻어지므로, 수익성은 투하된 자본과 이익 또는 매출과 이익의 관계에 의하여 측정된다. 수익성 분석에는 총자본순이익률(=총자산순이익률), 자기자본순이익률, 매출액이익률, 매출액영업이익률 등이 있다.

4. 활동성 분석에 대해 설명하시오.

풀이

활동성이란 기업이 수익획득을 위하여 투입된 자본(혹은 자산)을 어느 정도 효율적으로 운용하고 있는가를 표시하는 개념이다. 따라서 활동성(=효율성)은 구체적으로 재무상태표의 항목과 매출을 대비하여 나타낸다. 활동성 분석에는 총자본회전율과 총자본회전기간, 자기자본회전율과 자기자본회전기간, 매출채권회전율과 매출채권회전기간 등이 포함된다.

5. 성장성 분석에 대해 설명하시오.

풀이

성장성이란 당해연도의 경영규모 및 운영결과가 전년도에 비교하여 증가 혹은 감소하였는가를 나타내는 지표이다. 주요 성장성 분석에는 매출액증가율, 총자본(=총자산)증가율 등이 있다.

6. 생산성 분석에 대해 설명하시오.

풀이

생산성은 운영성과 및 효율을 측정하고 개별 생산요소의 기여도를 측정한다. 생산성에는 노동생산성과 자본생산성이 있다. 생산성 분석에 사용되는 부가가치(value-added)는 각 생산 및 판매 단계에서 새로이 창출된 가치를 말한다. 부가가치는 매출액에서 타기업의 생산가치(재료비, 소모품비, 동력비, 외주용역비 등)를 차감한 금액으로 계산한다. 생산성 분석에는 노동생산성과 자본생산성(=자산생산성)이 있다.

OX 문제

chapter 14

1. 유동성 분석은 단기지급능력을 평가하는 분석이다. (   )

풀이 (O)
유동성 분석은 단기지급능력, 즉 유동성을 평가하는 분석이다. 유동성이 나빠지면, 단기지급능력이 낮아져서 외상매입금 등의 유동부채를 갚지 못하게 된다.

2. 유동비율은 당좌자산을 유동부채로 나눈 것이다. (   )

풀이 (X)
유동비율은 유동자산을 유동부채로 나눈 것이다. 당좌비율이 당좌자산을 유동부채로 나눈 것이다.

3. 유동비율 및 당좌비율이 높으면 유동성이 높으므로, 항상 좋은 상황을 나타낸다. (   )

풀이 (X)
유동비율 및 당좌비율이 높으면 일반적으로 좋은 상황을 나타낸다. 그러나 이 비율들이 지나치게 높다면 유동자산 항목을 자세히 살펴보는 것이 바람직하다. 만약 이 비율들이 지나치게 높은 이유가 과도한 현금으로 인한 것이라면, 경영자가 현금을 적절하게 투자하지 못하고 있다는 것을 의미할 수도 있다.

4. 재무레버리지 효과는 부채의 사용으로 인하여 발생하는 손익확대 효과를 말한다. (   )

풀이 (O)
원래 레버리지(leverage)는 지렛대(lever) 효과를 의미한다. 예를 들어, 10kg의 돌을 맨손으로 들어 올리려면 10kg의 힘이 필요하다. 그러나 지렛대를 사용하면 3kg의 힘으로도 들어 올릴 수 있다. 여기서, 돌은 기업의 손익(손실과 이익)을 나타내며, 지렛대는 부채사용을 의미한다. 즉, 재무레버리지 효과(financial leverage effect)는 부채사용으로 인한 기업의 손익확대 효과를 말한다.

5. 수익성 분석은 투하된 자본(혹은 매출)에 대한 이익으로 측정한다. (　　)

풀이 (O)

수익은 자본의 활용에 의해 얻어지므로, 수익성은 투하된 자본과 이익 또는 매출과 이익의 관계에 의하여 측정된다. 수익성 분석에는 총자본순이익률(=총자산순이익률), 자기자본순이익률, 매출액이익률, 매출액영업이익률 등이 있다.

6. 활동성 분석은 일반적으로 투하된 자본(혹은 자산)에 대한 매출로 측정한다. (　　)

풀이 (O)

활동성이란 기업이 수익획득을 위하여 투입된 자본(혹은 자산)을 어느 정도 효율적으로 운용하고 있는가를 표시하는 개념이다. 따라서 활동성(=효율성)은 구체적으로 재무상태표의 자본(혹은 자산)과 매출을 대비하여 나타낸다.

7. 고정비율은 장기자금(=비유동부채+자기자본)의 비유동자산에 대한 투자정도를 나타내는 비율이다. (　　)

풀이 (X)

고정장기적합률은 장기자금(=비유동부채+자기자본)의 비유동자산에 대한 투자정도를 나타내는 비율이다. 고정비율은 자기자본의 고정화 정도를 측정하며, 자기자본에 대한 비유동자산의 비율로 표시된다.

8. 이자보상비율은 영업이익을 이자비용으로 나누어 산출한다. (　　)

풀이 (O)

타인자본으로 자금을 조달하는 경우, 조달된 타인자본은 영업활동에 투입되어 영업이익을 산출하며, 조달된 타인자본에 대해서는 자본비용인 이자를 지급해야 한다. 그러므로 조달된 자금의 산출물인 영업이익과 투입비용인 이자비용을 비교하는 이자보상비율(times interest earned)이 의미가 있으며, 이자보상비율은 적어도 1보다 커야 한다.

9. 부채자본비율이 높을수록 도산의 위험이 크게 된다. (　　)

풀이 (O)

부채자본비율(debt-to-equity ratio)은 타인자본(=부채)과 자기자본(=자본) 간의 관계를 나타내는 비율이다. 부채자본비율이 높으면 자기자본에 비하여 부채의 비중이 높아 재무위험이 크다는 것을 의미한다.

10. 매출채권회전기간이 짧을수록, 매출채권을 현금으로 회수하는 기간이 길어진다. ( )

풀이 (X)

매출채권회전율(accounts receivable turnover ratio)은 매출채권이 현금화되는 속도를 나타낸다. 매출채권회전기간(number of days' sales in accounts receivable)은 현금회수기간(average collection period)을 나타낸다. 따라서 매출채권회전기간이 짧을수록 현금회수기간이 짧아진다.

선다형 문제

chapter 14

1. 다음은 유동성 분석에 관련된 설명이다. 맞는 것은?

① 단기지급능력을 평가한다.
② 유동성이 나빠지면, 단기지급능력이 낮아져서 외상매입금 등의 유동부채를 갚지 못하게 된다.
③ 단기지급능력은 유동성을 의미한다.
④ 위의 설명은 모두 옳다.

풀이 ④

기업이 흑자(당기순이익이 +)이면서도 도산하는(망하는) 경우를 흑자도산이라 한다. 흑자도산은 유동성이 극히 나쁜 경우에 발생한다.

2. 다음 중에서 유동성 분석에 속하는 비율은?

① 부채비율
② 당좌비율
③ 이자보상비율
④ 고정비율

풀이 ②

당좌비율은 유동성 비율 중의 하나이다. 당좌비율은 당좌자산을 유동부채로 나눈 것이다. 부채비율, 이자보상비율, 고정비율은 재무레버리지비율에 속한다.

3. 다음 중에서 당좌자산에 속하지 않는 자산은?

① 재고자산
② 현금및현금성자산
③ 매출채권
④ 단기금융자산

풀이 ①

재고자산은 유동자산이지만, 당좌자산은 아니다.

4. 다음은 재무레버리지 분석에 대한 설명이다. 틀린 것은?

① 장기지급능력을 평가한다.
② 기업이 채권자에게 장기부채의 원금과 이자를 지불할 수 있는지 평가한다.
③ 채권자 입장에서는 안정성 분석이라고 한다.
④ 주주로부터 조달된 자기자본에 대한 분석이다.

풀이 ④
재무레버리지 분석은 부채사용에 대한 분석이다.

5. 다음은 재무제표 분석에 대한 설명이다. 틀린 것은?

① 유동성 분석은 단기지급능력을 평가한다.
② 재무레버리지 분석은 장기지급능력을 평가한다.
③ 성장성 분석은 당해연도의 경영규모 및 운영결과가 전년도에 비교하여 증가 혹은 감소하였는가를 평가한다.
④ 활동성 분석은 투하된 자본(혹은 매출)에 대한 이익을 측정한다.

풀이 ④
활동성 분석은 투하된 자본(혹은 자산)에 대한 매출로 측정한다. 수익성 분석이 투하된 자본(혹은 매출)에 대한 이익을 측정한다.

6. 다음 중에서 재무레버리지 비율이 아닌 것은?

① 매출액영업이익률
② 고정비율
③ 부채비율
④ 부채자본비율

풀이 ①
매출액영업이익률은 수익성 비율이다.

7. 다음 중에서 수익성 비율이 아닌 것은?

① 총자산순이익률
② 매출액이익률
③ 자기자본순이익률
④ 부채비율

풀이 ④

부채비율은 재무레버리지비율이다. 수익성 비율에는 총자본순이익률(=총자산순이익률), 자기자본순이익률, 매출액이익률, 매출액영업이익률 등이 있다.

8. 다음 중에서 활동성 비율이 아닌 것은?

① 총자본회전율
② 자기자본회전율
③ 매출채권회전기간
④ 당좌비율

풀이 ④

당좌비율은 유동성 비율이다.

9. 다음 중에서 성장성 비율은?

① 매출액증가율
② 매출채권회전율
③ 고정장기적합률
④ 자기자본순이익률

풀이 ①

매출액증가율은 성장성 비율이다.

10. 다음은 재무제표 비율에 대한 설명이다. 틀린 것은?

① 부채자본비율은 자기자본과 타인자본 간의 관계를 나타내는 비율이다.
② 고정장기적합률은 장기자금(=비유동부채+자기자본)의 비유동자산에 대한 투자정도를 나타내는 비율이다.
③ 이자보상비율은 이자비용의 부담이 과다한지 여부를 측정한다.
④ 매출채권회전율은 매출채권이 현금으로 회수되는 기간을 나타낸다.

풀이 ④

매출채권회전율은 매출채권이 현금화되는 속도를 나타내며, 매출채권회전기간이 현금이 회수되는 기간을 나타낸다.

부록

가치계산표

1. 단일금액 1원의 미래가치
2. 단일금액 1원의 현재가치
3. 정상연금 1원의 미래가치
4. 정상연금 1원의 현재가치
5. 이상연금(선불연금) 1원의 현재가치

1. 단일금액 1원의 미래가치

$F_n = (1+r)^n$ 기간이자율(r)

기간수 (n)	1%	2%	3%	4%	5%	6%	7%	8%	9%	10%
1	1.0100	1.0200	1.0300	1.0400	1.0500	1.0600	1.0700	1.0800	1.0900	1.1000
2	1.0201	1.0404	1.0609	1.0816	1.1025	1.1236	1.1449	1.1664	1.1881	1.2100
3	1.0303	1.0612	1.0927	1.1249	1.1576	1.1910	1.2250	1.2597	1.2950	1.3310
4	1.0406	1.0824	1.1255	1.1699	1.2155	1.2625	1.3108	1.3605	1.4116	1.4641
5	1.0510	1.1041	1.1593	1.2167	1.2763	1.3382	1.4026	1.4693	1.5386	1.6105
6	1.0615	1.1262	1.1941	1.2653	1.3401	1.4185	1.5007	1.5869	1.6771	1.7716
7	1.0721	1.1487	1.2299	1.3159	1.4071	1.5036	1.6058	1.7138	1.8280	1.9487
8	1.0829	1.1717	1.2668	1.3686	1.4775	1.5938	1.7182	1.8509	1.9926	2.1436
9	1.0937	1.1951	1.3048	1.4233	1.5513	1.6895	1.8385	1.9990	2.1719	2.3579
10	1.1046	1.2190	1.3439	1.4802	1.6289	1.7908	1.9672	2.1589	2.3674	2.5937
11	1.1157	1.2434	1.3842	1.5395	1.7103	1.8983	2.1049	2.3316	2.5804	2.8531
12	1.1268	1.2682	1.4258	1.6010	1.7959	2.0122	2.2522	2.5182	2.8127	3.1384
13	1.1381	1.2936	1.4685	1.6651	1.8856	2.1329	2.4098	2.7196	3.0658	3.4523
14	1.1495	1.3195	1.5126	1.7317	1.9799	2.2609	2.5785	2.9372	3.3417	3.7975
15	1.1610	1.3459	1.5580	1.8009	2.0789	2.3966	2.7590	3.1722	3.6425	4.1772
16	1.1726	1.3728	1.6047	1.8730	2.1829	2.5404	2.9522	3.4259	3.9703	4.5950
17	1.1843	1.4002	1.6528	1.9479	2.2920	2.6928	3.1588	3.7000	4.3276	5.0545
18	1.1961	1.4282	1.7024	2.0258	2.4066	2.8543	3.3799	3.9960	4.7171	5.5599
19	1.2081	1.4568	1.7535	2.1068	2.5270	3.0256	3.6165	4.3157	5.1417	6.1159
20	1.2202	1.4859	1.8061	2.1911	2.6533	3.2071	3.8697	4.6610	5.6044	6.7275
21	1.2324	1.5157	1.8603	2.2788	2.7860	3.3996	4.1406	5.0338	6.1088	7.4002
22	1.2447	1.5460	1.9161	2.3699	2.9253	3.6035	4.4304	5.4365	6.6586	8.1403
23	1.2572	1.5769	1.9736	2.4647	3.0715	3.8197	4.7405	5.8715	7.2579	8.9543
24	1.2697	1.6084	2.0328	2.5633	3.2251	4.0489	5.0724	6.3412	7.9111	9.8497
25	1.2824	1.6406	2.0938	2.6658	3.3864	4.2919	5.4274	6.8485	8.6231	10.8347
26	1.2953	1.6734	2.1566	2.7725	3.5557	4.5494	5.8074	7.3964	9.3992	11.9182
27	1.3082	1.7069	2.2213	2.8834	3.7335	4.8223	6.2139	7.9881	10.2451	13.1100
28	1.3213	1.7410	2.2879	2.9987	3.9201	5.1117	6.6488	8.6271	11.1671	14.4210
29	1.3345	1.7758	2.3566	3.1187	4.1161	5.4184	7.1143	9.3173	12.1722	15.8631
30	1.3478	1.8114	2.4273	3.2434	4.3219	5.7435	7.6123	10.0627	13.2677	17.4494
35	1.4166	1.9999	2.8139	3.9461	5.5160	7.6861	10.6766	14.7853	20.4140	28.1024
40	1.4889	2.2080	3.2620	4.8010	7.0400	10.2857	14.9745	21.7245	31.4094	45.2593
45	1.5648	2.4379	3.7816	5.8412	8.9850	13.7646	21.0025	31.9204	48.3273	72.8905
50	1.6446	2.6916	4.3839	7.1067	11.4674	18.4202	29.4570	46.9016	74.3575	117.3909
60	1.8167	3.2810	5.8916	10.5196	18.6792	32.9877	57.9464	101.2571	176.0313	304.4816
70	2.0068	3.9996	7.9178	15.5716	30.4264	59.0759	113.9894	218.6064	416.7301	789.7470
80	2.2167	4.8754	10.6409	23.0498	49.5614	105.7960	224.2344	471.9548	986.5517	2048.4002

기간이자율(r)

기간수 (n)	11%	12%	13%	14%	15%	16%	17%	18%	19%	20%
1	1.1100	1.1200	1.1300	1.1400	1.1500	1.1600	1.1700	1.1800	1.1900	1.2000
2	1.2321	1.2544	1.2769	1.2996	1.3225	1.3456	1.3689	1.3924	1.4161	1.4400
3	1.3676	1.4049	1.4429	1.4815	1.5209	1.5609	1.6016	1.6430	1.6852	1.7280
4	1.5181	1.5735	1.6305	1.6890	1.7490	1.8106	1.8739	1.9388	2.0053	2.0736
5	1.6851	1.7623	1.8424	1.9254	2.0114	2.1003	2.1924	2.2878	2.3864	2.4883
6	1.8704	1.9738	2.0820	2.1950	2.3131	2.4364	2.5652	2.6996	2.8398	2.9860
7	2.0762	2.2107	2.3526	2.5023	2.6600	2.8262	3.0012	3.1855	3.3793	3.5832
8	2.3045	2.4760	2.6584	2.8526	3.0590	3.2784	3.5115	3.7589	4.0214	4.2998
9	2.5580	2.7731	3.0040	3.2519	3.5179	3.8030	4.1084	4.4355	4.7854	5.1598
10	2.8394	3.1058	3.3946	3.7072	4.0456	4.4114	4.8068	5.2338	5.6947	6.1917
11	3.1518	3.4785	3.8359	4.2262	4.6524	5.1173	5.6240	6.1759	6.7767	7.4301
12	3.4985	3.8960	4.3345	4.8179	5.3503	5.9360	6.5801	7.2876	8.0642	8.9161
13	3.8833	4.3635	4.8980	5.4924	6.1528	6.8858	7.6987	8.5994	9.5964	10.6993
14	4.3104	4.8871	5.5348	6.2613	7.0757	7.9875	9.0075	10.1472	11.4198	12.8392
15	4.7846	5.4736	6.2543	7.1379	8.1371	9.2655	10.5387	11.9737	13.5895	15.4070
16	5.3109	6.1304	7.0673	8.1372	9.3576	10.7480	12.3303	14.1290	16.1715	18.4884
17	5.8951	6.8660	7.9861	9.2765	10.7613	12.4677	14.4265	16.6722	19.2441	22.1861
18	6.5436	7.6900	9.0243	10.5752	12.3755	14.4625	16.8790	19.6733	22.9005	26.6233
19	7.2633	8.6128	10.1974	12.0557	14.2318	16.7765	19.7484	23.2144	27.2516	31.9480
20	8.0623	9.6463	11.5231	13.7435	16.3665	19.4608	23.1056	27.3930	32.4294	38.3376
21	8.9492	10.8038	13.0211	15.6676	18.8215	22.5745	27.0336	32.3238	38.5910	46.0051
22	9.9336	12.1003	14.7138	17.8610	21.6447	26.1864	31.6293	38.1421	45.9233	55.2061
23	11.0263	13.5523	16.6266	20.3616	24.8915	30.3762	37.0062	45.0076	54.6487	66.2474
24	12.2392	15.1786	18.7881	23.2122	28.6252	35.2364	43.2973	53.1090	65.0320	79.4968
25	13.5855	17.0001	21.2305	26.4619	32.9190	40.8742	50.6578	62.6686	77.3881	95.3962
26	15.0799	19.0401	23.9905	30.1666	37.8568	47.4141	59.2697	73.9490	92.0918	114.4755
27	16.7386	21.3249	27.1093	34.3899	43.5353	55.0004	69.3455	87.2598	109.5893	137.3706
28	18.5799	23.8839	30.6335	39.2045	50.0656	63.8004	81.1342	102.9666	130.4112	164.8447
29	20.6237	26.7499	34.6158	44.6931	57.5755	74.0085	94.9271	121.5005	155.1893	197.8136
30	22.8923	29.9599	39.1159	50.9502	66.2118	85.8499	111.0647	143.3706	184.6753	237.3763
35	38.5749	52.7996	72.0685	98.1002	133.1755	180.3141	243.5035	327.9973	440.7006	590.6682
40	65.0009	93.0510	132.7816	188.8835	267.8635	378.7212	533.8687	750.3783	1051.6675	1469.7716
45	109.5302	163.9876	244.6414	363.6791	538.7693	795.4438	1170.4794	1716.5839	2509.6506	3657.2620
50	184.5648	289.0022	450.7359	700.2330	1083.6574	1670.7038	2566.2153	3927.3569	5988.9139	9100.4382
60	524.0572	897.5969	1530.0535	2595.9187	4383.9987	7370.2014	12335.3665	20555.1400	34104.9709	56347.5144
70	1488.0191	2787.7998	5193.8696	9623.6450	17735.720	32513.165	59293.942	107582.22	194217.03	348888.96
80	4225.1128	8658.4831	17630.941	35676.982	71750.879	143429.72	285015.80	563067.66	1106004.5	2160228.5

2. 단일금액 1원의 현재가치

$$P_n = \frac{1}{(1+r)^n}$$

기간이자율(r)

기간수 (n)	1%	2%	3%	4%	5%	6%	7%	8%	9%	10%
1	0.9901	0.9804	0.9709	0.9615	0.9524	0.9434	0.9346	0.9259	0.9174	0.9091
2	0.9803	0.9612	0.9426	0.9246	0.9070	0.8900	0.8734	0.8573	0.8417	0.8264
3	0.9706	0.9423	0.9151	0.8890	0.8638	0.8396	0.8163	0.7938	0.7722	0.7513
4	0.9610	0.9238	0.8885	0.8548	0.8227	0.7921	0.7629	0.7350	0.7084	0.6830
5	0.9515	0.9057	0.8626	0.8219	0.7835	0.7473	0.7130	0.6806	0.6499	0.6209
6	0.9420	0.8880	0.8375	0.7903	0.7462	0.7050	0.6663	0.6302	0.5963	0.5645
7	0.9327	0.8706	0.8131	0.7599	0.7107	0.6651	0.6227	0.5835	0.5470	0.5132
8	0.9235	0.8535	0.7894	0.7307	0.6768	0.6274	0.5820	0.5403	0.5019	0.4665
9	0.9143	0.8368	0.7664	0.7026	0.6446	0.5919	0.5439	0.5002	0.4604	0.4241
10	0.9053	0.8203	0.7441	0.6756	0.6139	0.5584	0.5083	0.4632	0.4224	0.3855
11	0.8963	0.8043	0.7224	0.6496	0.5847	0.5268	0.4751	0.4289	0.3875	0.3505
12	0.8874	0.7885	0.7014	0.6246	0.5568	0.4970	0.4440	0.3971	0.3555	0.3186
13	0.8787	0.7730	0.6810	0.6006	0.5303	0.4688	0.4150	0.3677	0.3262	0.2897
14	0.8700	0.7579	0.6611	0.5775	0.5051	0.4423	0.3878	0.3405	0.2992	0.2633
15	0.8613	0.7430	0.6419	0.5553	0.4810	0.4173	0.3624	0.3152	0.2745	0.2394
16	0.8528	0.7284	0.6232	0.5339	0.4581	0.3936	0.3387	0.2919	0.2519	0.2176
17	0.8444	0.7142	0.6050	0.5134	0.4363	0.3714	0.3166	0.2703	0.2311	0.1978
18	0.8360	0.7002	0.5874	0.4936	0.4155	0.3503	0.2959	0.2502	0.2120	0.1799
19	0.8277	0.6864	0.5703	0.4746	0.3957	0.3305	0.2765	0.2317	0.1945	0.1635
20	0.8195	0.6730	0.5537	0.4564	0.3769	0.3118	0.2584	0.2145	0.1784	0.1486
21	0.8114	0.6598	0.5375	0.4388	0.3589	0.2942	0.2415	0.1987	0.1637	0.1351
22	0.8034	0.6468	0.5219	0.4220	0.3418	0.2775	0.2257	0.1839	0.1502	0.1228
23	0.7954	0.6342	0.5067	0.4057	0.3256	0.2618	0.2109	0.1703	0.1378	0.1117
24	0.7876	0.6217	0.4919	0.3901	0.3101	0.2470	0.1971	0.1577	0.1264	0.1015
25	0.7798	0.6095	0.4776	0.3751	0.2953	0.2330	0.1842	0.1460	0.1160	0.0923
26	0.7720	0.5976	0.4637	0.3607	0.2812	0.2198	0.1722	0.1352	0.1064	0.0839
27	0.7644	0.5859	0.4502	0.3468	0.2678	0.2074	0.1609	0.1252	0.0976	0.0763
28	0.7568	0.5744	0.4371	0.3335	0.2551	0.1956	0.1504	0.1159	0.0895	0.0693
29	0.7493	0.5631	0.4243	0.3207	0.2429	0.1846	0.1406	0.1073	0.0822	0.0630
30	0.7419	0.5521	0.4120	0.3083	0.2314	0.1741	0.1314	0.0994	0.0754	0.0573
35	0.7059	0.5000	0.3554	0.2534	0.1813	0.1301	0.0937	0.0676	0.0490	0.0356
40	0.6717	0.4529	0.3066	0.2083	0.1420	0.0972	0.0668	0.0460	0.0318	0.0221
45	0.6391	0.4102	0.2644	0.1712	0.1113	0.0727	0.0476	0.0313	0.0207	0.0137
50	0.6080	0.3715	0.2281	0.1407	0.0872	0.0543	0.0339	0.0213	0.0134	0.0085
60	0.5504	0.3048	0.1697	0.0951	0.0535	0.0303	0.0173	0.0099	0.0057	0.0033
70	0.4983	0.2500	0.1263	0.0642	0.0329	0.0169	0.0088	0.0046	0.0024	0.0013
80	0.4511	0.2051	0.0940	0.0434	0.0202	0.0095	0.0045	0.0021	0.0010	0.0005

기간이자율(r)

기간수 (n)	11%	12%	13%	14%	15%	16%	17%	18%	19%	20%
1	0.9009	0.8929	0.8850	0.8772	0.8696	0.8621	0.8547	0.8475	0.8403	0.8333
2	0.8116	0.7972	0.7831	0.7695	0.7561	0.7432	0.7305	0.7182	0.7062	0.6944
3	0.7312	0.7118	0.6931	0.6750	0.6575	0.6407	0.6244	0.6086	0.5934	0.5787
4	0.6587	0.6355	0.6133	0.5921	0.5718	0.5523	0.5337	0.5158	0.4987	0.4823
5	0.5935	0.5674	0.5428	0.5194	0.4972	0.4761	0.4561	0.4371	0.4190	0.4019
6	0.5346	0.5066	0.4803	0.4556	0.4323	0.4104	0.3898	0.3704	0.3521	0.3349
7	0.4817	0.4523	0.4251	0.3996	0.3759	0.3538	0.3332	0.3139	0.2959	0.2791
8	0.4339	0.4039	0.3762	0.3506	0.3269	0.3050	0.2848	0.2660	0.2487	0.2326
9	0.3909	0.3606	0.3329	0.3075	0.2843	0.2630	0.2434	0.2255	0.2090	0.1938
10	0.3522	0.3220	0.2946	0.2697	0.2472	0.2267	0.2080	0.1911	0.1756	0.1615
11	0.3173	0.2875	0.2607	0.2366	0.2149	0.1954	0.1778	0.1619	0.1476	0.1346
12	0.2858	0.2567	0.2307	0.2076	0.1869	0.1685	0.1520	0.1372	0.1240	0.1122
13	0.2575	0.2292	0.2042	0.1821	0.1625	0.1452	0.1299	0.1163	0.1042	0.0935
14	0.2320	0.2046	0.1807	0.1597	0.1413	0.1252	0.1110	0.0985	0.0876	0.0779
15	0.2090	0.1827	0.1599	0.1401	0.1229	0.1079	0.0949	0.0835	0.0736	0.0649
16	0.1883	0.1631	0.1415	0.1229	0.1069	0.0930	0.0811	0.0708	0.0618	0.0541
17	0.1696	0.1456	0.1252	0.1078	0.0929	0.0802	0.0693	0.0600	0.0520	0.0451
18	0.1528	0.1300	0.1108	0.0946	0.0808	0.0691	0.0592	0.0508	0.0437	0.0376
19	0.1377	0.1161	0.0981	0.0829	0.0703	0.0596	0.0506	0.0431	0.0367	0.0313
20	0.1240	0.1037	0.0868	0.0728	0.0611	0.0514	0.0433	0.0365	0.0308	0.0261
21	0.1117	0.0926	0.0768	0.0638	0.0531	0.0443	0.0370	0.0309	0.0259	0.0217
22	0.1007	0.0826	0.0680	0.0560	0.0462	0.0382	0.0316	0.0262	0.0218	0.0181
23	0.0907	0.0738	0.0601	0.0491	0.0402	0.0329	0.0270	0.0222	0.0183	0.0151
24	0.0817	0.0659	0.0532	0.0431	0.0349	0.0284	0.0231	0.0188	0.0154	0.0126
25	0.0736	0.0588	0.0471	0.0378	0.0304	0.0245	0.0197	0.0160	0.0129	0.0105
26	0.0663	0.0525	0.0417	0.0331	0.0264	0.0211	0.0169	0.0135	0.0109	0.0087
27	0.0597	0.0469	0.0369	0.0291	0.0230	0.0182	0.0144	0.0115	0.0091	0.0073
28	0.0538	0.0419	0.0326	0.0255	0.0200	0.0157	0.0123	0.0097	0.0077	0.0061
29	0.0485	0.0374	0.0289	0.0224	0.0174	0.0135	0.0105	0.0082	0.0064	0.0051
30	0.0437	0.0334	0.0256	0.0196	0.0151	0.0116	0.0090	0.0070	0.0054	0.0042
35	0.0259	0.0189	0.0139	0.0102	0.0075	0.0055	0.0041	0.0030	0.0023	0.0017
40	0.0154	0.0107	0.0075	0.0053	0.0037	0.0026	0.0019	0.0013	0.0010	0.0007
45	0.0091	0.0061	0.0041	0.0027	0.0019	0.0013	0.0009	0.0006	0.0004	0.0003
50	0.0054	0.0035	0.0022	0.0014	0.0009	0.0006	0.0004	0.0003	0.0002	0.0001
60	0.0019	0.0011	0.0007	0.0004	0.0002	0.0001	0.0001	0.0000	0.0000	0.0000
70	0.0007	0.0004	0.0002	0.0001	0.0001	0.0000	0.0000	0.0000	0.0000	0.0000
80	0.0002	0.0001	0.0001	0.0000	0.0000	0.0000	0.0000	0.0000	0.0000	0.0000

3. 정상연금 1원의 미래가치

$$FA_n = \sum_{t=1}^{n}(1+r)^{n-t} = \frac{(1+r)^n - 1}{r}$$

기간이자율(r)

기간수 (n)	1%	2%	3%	4%	5%	6%	7%	8%	9%	10%
1	1.0000	1.0000	1.0000	1.0000	1.0000	1.0000	1.0000	1.0000	1.0000	1.0000
2	2.0100	2.0200	2.0300	2.0400	2.0500	2.0600	2.0700	2.0800	2.0900	2.1000
3	3.0301	3.0604	3.0909	3.1216	3.1525	3.1836	3.2149	3.2464	3.2781	3.3100
4	4.0604	4.1216	4.1836	4.2465	4.3101	4.3746	4.4399	4.5061	4.5731	4.6410
5	5.1010	5.2040	5.3091	5.4163	5.5256	5.6371	5.7507	5.8666	5.9847	6.1051
6	6.1520	6.3081	6.4684	6.6330	6.8019	6.9753	7.1533	7.3359	7.5233	7.7156
7	7.2135	7.4343	7.6625	7.8983	8.1420	8.3938	8.6540	8.9228	9.2004	9.4872
8	8.2857	8.5830	8.8923	9.2142	9.5491	9.8975	10.2598	10.6366	11.0285	11.4359
9	9.3685	9.7546	10.1591	10.5828	11.0266	11.4913	11.9780	12.4876	13.0210	13.5795
10	10.4622	10.9497	11.4639	12.0061	12.5779	13.1808	13.8164	14.4866	15.1929	15.9374
11	11.5668	12.1687	12.8078	13.4864	14.2068	14.9716	15.7836	16.6455	17.5603	18.5312
12	12.6825	13.4121	14.1920	15.0258	15.9171	16.8699	17.8885	18.9771	20.1407	21.3843
13	13.8093	14.6803	15.6178	16.6268	17.7130	18.8821	20.1406	21.4953	22.9534	24.5227
14	14.9474	15.9739	17.0863	18.2919	19.5986	21.0151	22.5505	24.2149	26.0192	27.9750
15	16.0969	17.2934	18.5989	20.0236	21.5786	23.2760	25.1290	27.1521	29.3609	31.7725
16	17.2579	18.6393	20.1569	21.8245	23.6575	25.6725	27.8881	30.3243	33.0034	35.9497
17	18.4304	20.0121	21.7616	23.6975	25.8404	28.2129	30.8402	33.7502	36.9737	40.5447
18	19.6147	21.4123	23.4144	25.6454	28.1324	30.9057	33.9990	37.4502	41.3013	45.5992
19	20.8109	22.8406	25.1169	27.6712	30.5390	33.7600	37.3790	41.4463	46.0185	51.1591
20	22.0190	24.2974	26.8704	29.7781	33.0660	36.7856	40.9955	45.7620	51.1601	57.2750
21	23.2392	25.7833	28.6765	31.9692	35.7193	39.9927	44.8652	50.4229	56.7645	64.0025
22	24.4716	27.2990	30.5368	34.2480	38.5052	43.3923	49.0057	55.4568	62.8733	71.4027
23	25.7163	28.8450	32.4529	36.6179	41.4305	46.9958	53.4361	60.8933	69.5319	79.5430
24	26.9735	30.4219	34.4265	39.0826	44.5020	50.8156	58.1767	66.7648	76.7898	88.4973
25	28.2432	32.0303	36.4593	41.6459	47.7271	54.8645	63.2490	73.1059	84.7009	98.3471
26	29.5256	33.6709	38.5530	44.3117	51.1135	59.1564	68.6765	79.9544	93.3240	109.1818
27	30.8209	35.3443	40.7096	47.0842	54.6691	63.7058	74.4838	87.3508	102.7231	121.0999
28	32.1291	37.0512	42.9309	49.9676	58.4026	68.5281	80.6977	95.3388	112.9682	134.2099
29	33.4504	38.7922	45.2189	52.9663	62.3227	73.6398	87.3465	103.9659	124.1354	148.6309
30	34.7849	40.5681	47.5754	56.0849	66.4388	79.0582	94.4608	113.2832	136.3075	164.4940
35	41.6603	49.9945	60.4621	73.6522	90.3203	111.4348	138.2369	172.3168	215.7108	271.0244
40	48.8864	60.4020	75.4013	95.0255	120.7998	154.7620	199.6351	259.0565	337.8824	442.5926
45	56.4811	71.8927	92.7199	121.0294	159.7002	212.7435	285.7493	386.5056	525.8587	718.9048
50	64.4632	84.5794	112.7969	152.6671	209.3480	290.3359	406.5289	573.7702	815.0836	1163.9085
60	81.6697	114.0515	163.0534	237.9907	353.5837	533.1282	813.5204	1253.2133	1944.7921	3034.8164
70	100.6763	149.9779	230.5941	364.2905	588.5285	967.9322	1614.1342	2720.0801	4619.2232	7887.4696
80	121.6715	193.7720	321.3630	551.2450	971.2288	1746.5999	3189.0627	5886.9354	10950.574	20474.002

기간이자율(r)

기간수 (n)	11%	12%	13%	14%	15%	16%	17%	18%	19%	20%
1	1.0000	1.0000	1.0000	1.0000	1.0000	1.0000	1.0000	1.0000	1.0000	1.0000
2	2.1100	2.1200	2.1300	2.1400	2.1500	2.1600	2.1700	2.1800	2.1900	2.2000
3	3.3421	3.3744	3.4069	3.4396	3.4725	3.5056	3.5389	3.5724	3.6061	3.6400
4	4.7097	4.7793	4.8498	4.9211	4.9934	5.0665	5.1405	5.2154	5.2913	5.3680
5	6.2278	6.3528	6.4803	6.6101	6.7424	6.8771	7.0144	7.1542	7.2966	7.4416
6	7.9129	8.1152	8.3227	8.5355	8.7537	8.9775	9.2068	9.4420	9.6830	9.9299
7	9.7833	10.0890	10.4047	10.7305	11.0668	11.4139	11.7720	12.1415	12.5227	12.9159
8	11.8594	12.2997	12.7573	13.2328	13.7268	14.2401	14.7733	15.3270	15.9020	16.4991
9	14.1640	14.7757	15.4157	16.0853	16.7858	17.5185	18.2847	19.0859	19.9234	20.7989
10	16.7220	17.5487	18.4197	19.3373	20.3037	21.3215	22.3931	23.5213	24.7089	25.9587
11	19.5614	20.6546	21.8143	23.0445	24.3493	25.7329	27.1999	28.7551	30.4035	32.1504
12	22.7132	24.1331	25.6502	27.2707	29.0017	30.8502	32.8239	34.9311	37.1802	39.5805
13	26.2116	28.0291	29.9847	32.0887	34.3519	36.7862	39.4040	42.2187	45.2445	48.4966
14	30.0949	32.3926	34.8827	37.5811	40.5047	43.6720	47.1027	50.8180	54.8409	59.1959
15	34.4054	37.2797	40.4175	43.8424	47.5804	51.6595	56.1101	60.9653	66.2607	72.0351
16	39.1899	42.7533	46.6717	50.9804	55.7175	60.9250	66.6488	72.9390	79.8502	87.4421
17	44.5008	48.8837	53.7391	59.1176	65.0751	71.6730	78.9792	87.0680	96.0218	105.9306
18	50.3959	55.7497	61.7251	68.3941	75.8364	84.1407	93.4056	103.7403	115.2659	128.1167
19	56.9395	63.4397	70.7494	78.9692	88.2118	98.6032	110.2846	123.4135	138.1664	154.7400
20	64.2028	72.0524	80.9468	91.0249	102.4436	115.3797	130.0329	146.6280	165.4180	186.6880
21	72.2651	81.6987	92.4699	104.7684	118.8101	134.8405	153.1385	174.0210	197.8474	225.0256
22	81.2143	92.5026	105.4910	120.4360	137.6316	157.4150	180.1721	206.3448	236.4385	271.0307
23	91.1479	104.6029	120.2048	138.2970	159.2764	183.6014	211.8013	244.4868	282.3618	326.2369
24	102.1742	118.1552	136.8315	158.6586	184.1678	213.9776	248.8076	289.4945	337.0105	392.4842
25	114.4133	133.3339	155.6196	181.8708	212.7930	249.2140	292.1049	342.6035	402.0425	471.9811
26	127.9988	150.3339	176.8501	208.3327	245.7120	290.0883	342.7627	405.2721	479.4306	567.3773
27	143.0786	169.3740	200.8406	238.4993	283.5688	337.5024	402.0323	479.2211	571.5224	681.8528
28	159.8173	190.6989	227.9499	272.8892	327.1041	392.5028	471.3778	566.4809	681.1116	819.2233
29	178.3972	214.5828	258.5834	312.0937	377.1697	456.3032	552.5121	669.4475	811.5228	984.0680
30	199.0209	241.3327	293.1992	356.7868	434.7451	530.3117	647.4391	790.9480	966.7122	1181.8816
35	341.5896	431.6635	546.6808	693.5727	881.1702	1120.7130	1426.4910	1816.6516	2314.2137	2948.3411
40	581.8261	767.0914	1013.7042	1342.0251	1779.0903	2360.7572	3134.5218	4163.2130	5529.8290	7343.8578
45	986.6386	1358.2300	1874.1646	2590.5648	3585.1285	4965.2739	6879.2907	9531.5771	13203.424	18281.310
50	1668.7712	2400.0182	3459.5071	4994.5213	7217.7163	10435.649	15089.502	21813.094	31515.336	45497.191
60	4755.0658	7471.6411	11761.950	18535.133	29219.992	46057.509	72555.039	114189.67	179494.58	281732.57
70	13518.356	23223.332	39945.151	68733.179	118231.47	203201.03	348782.01	597673.46	1022189.6	1744439.8
80	38401.025	72145.696	135614.93	254828.44	478332.53	896429.47	1676557.7	3128148.1	5821071.3	10801137.

4. 정상연금 1원의 현재가치

$$PA_n = \sum_{t=1}^{n} \frac{1}{(1+r)^t} = \frac{1-(1+r)^{-n}}{r}$$

기간이자율(r)

기간수 (n)	1%	2%	3%	4%	5%	6%	7%	8%	9%	10%
1	0.9901	0.9804	0.9709	0.9615	0.9524	0.9434	0.9346	0.9259	0.9174	0.9091
2	1.9704	1.9416	1.9135	1.8861	1.8594	1.8334	1.8080	1.7833	1.7591	1.7355
3	2.9410	2.8839	2.8286	2.7751	2.7232	2.6730	2.6243	2.5771	2.5313	2.4868
4	3.9020	3.8077	3.7171	3.6299	3.5460	3.4651	3.3872	3.3121	3.2397	3.1699
5	4.8534	4.7135	4.5797	4.4518	4.3295	4.2124	4.1002	3.9927	3.8897	3.7908
6	5.7955	5.6014	5.4172	5.2421	5.0757	4.9173	4.7665	4.6229	4.4859	4.3553
7	6.7282	6.4720	6.2303	6.0021	5.7864	5.5824	5.3893	5.2064	5.0330	4.8684
8	7.6517	7.3255	7.0197	6.7327	6.4632	6.2098	5.9713	5.7466	5.5348	5.3349
9	8.5660	8.1622	7.7861	7.4353	7.1078	6.8017	6.5152	6.2469	5.9952	5.7590
10	9.4713	8.9826	8.5302	8.1109	7.7217	7.3601	7.0236	6.7101	6.4177	6.1446
11	10.3676	9.7868	9.2526	8.7605	8.3064	7.8869	7.4987	7.1390	6.8052	6.4951
12	11.2551	10.5753	9.9540	9.3851	8.8633	8.3838	7.9427	7.5361	7.1607	6.8137
13	12.1337	11.3484	10.6350	9.9856	9.3936	8.8527	8.3577	7.9038	7.4869	7.1034
14	13.0037	12.1062	11.2961	10.5631	9.8986	9.2950	8.7455	8.2442	7.7862	7.3667
15	13.8651	12.8493	11.9379	11.1184	10.3797	9.7122	9.1079	8.5595	8.0607	7.6061
16	14.7179	13.5777	12.5611	11.6523	10.8378	10.1059	9.4466	8.8514	8.3126	7.8237
17	15.5623	14.2919	13.1661	12.1657	11.2741	10.4773	9.7632	9.1216	8.5436	8.0216
18	16.3983	14.9920	13.7535	12.6593	11.6896	10.8276	10.0591	9.3719	8.7556	8.2014
19	17.2260	15.6785	14.3238	13.1339	12.0853	11.1581	10.3356	9.6036	8.9501	8.3649
20	18.0456	16.3514	14.8775	13.5903	12.4622	11.4699	10.5940	9.8181	9.1285	8.5136
21	18.8570	17.0112	15.4150	14.0292	12.8212	11.7641	10.8355	10.0168	9.2922	8.6487
22	19.6604	17.6580	15.9369	14.4511	13.1630	12.0416	11.0612	10.2007	9.4424	8.7715
23	20.4558	18.2922	16.4436	14.8568	13.4886	12.3034	11.2722	10.3711	9.5802	8.8832
24	21.2434	18.9139	16.9355	15.2470	13.7986	12.5504	11.4693	10.5288	9.7066	8.9847
25	22.0232	19.5235	17.4131	15.6221	14.0939	12.7834	11.6536	10.6748	9.8226	9.0770
26	22.7952	20.1210	17.8768	15.9828	14.3752	13.0032	11.8258	10.8100	9.9290	9.1609
27	23.5596	20.7069	18.3270	16.3296	14.6430	13.2105	11.9867	10.9352	10.0266	9.2372
28	24.3164	21.2813	18.7641	16.6631	14.8981	13.4062	12.1371	11.0511	10.1161	9.3066
29	25.0658	21.8444	19.1885	16.9837	15.1411	13.5907	12.2777	11.1584	10.1983	9.3696
30	25.8077	22.3965	19.6004	17.2920	15.3725	13.7648	12.4090	11.2578	10.2737	9.4269
35	29.4086	24.9986	21.4872	18.6646	16.3742	14.4982	12.9477	11.6546	10.5668	9.6442
40	32.8347	27.3555	23.1148	19.7928	17.1591	15.0463	13.3317	11.9246	10.7574	9.7791
45	36.0945	29.4902	24.5187	20.7200	17.7741	15.4558	13.6055	12.1084	10.8812	9.8628
50	39.1961	31.4236	25.7298	21.4822	18.2559	15.7619	13.8007	12.2335	10.9617	9.9148
60	44.9550	34.7609	27.6756	22.6235	18.9293	16.1614	14.0392	12.3766	11.0480	9.9672
70	50.1685	37.4986	29.1234	23.3945	19.3427	16.3845	14.1604	12.4428	11.0844	9.9873
80	54.8882	39.7445	30.2008	23.9154	19.5965	16.5091	14.2220	12.4735	11.0998	9.9951

기간이자율(r)

기간수 (n)	11%	12%	13%	14%	15%	16%	17%	18%	19%	20%
1	0.9009	0.8929	0.8850	0.8772	0.8696	0.8621	0.8547	0.8475	0.8403	0.8333
2	1.7125	1.6901	1.6681	1.6467	1.6257	1.6052	1.5852	1.5656	1.5465	1.5278
3	2.4437	2.4018	2.3612	2.3216	2.2832	2.2459	2.2096	2.1743	2.1399	2.1065
4	3.1024	3.0373	2.9745	2.9137	2.8550	2.7982	2.7432	2.6901	2.6386	2.5887
5	3.6959	3.6048	3.5172	3.4331	3.3522	3.2743	3.1993	3.1272	3.0576	2.9906
6	4.2305	4.1114	3.9975	3.8887	3.7845	3.6847	3.5892	3.4976	3.4098	3.3255
7	4.7122	4.5638	4.4226	4.2883	4.1604	4.0386	3.9224	3.8115	3.7057	3.6046
8	5.1461	4.9676	4.7988	4.6389	4.4873	4.3436	4.2072	4.0776	3.9544	3.8372
9	5.5370	5.3282	5.1317	4.9464	4.7716	4.6065	4.4506	4.3030	4.1633	4.0310
10	5.8892	5.6502	5.4262	5.2161	5.0188	4.8332	4.6586	4.4941	4.3389	4.1925
11	6.2065	5.9377	5.6869	5.4527	5.2337	5.0286	4.8364	4.6560	4.4865	4.3271
12	6.4924	6.1944	5.9176	5.6603	5.4206	5.1971	4.9884	4.7932	4.6105	4.4392
13	6.7499	6.4235	6.1218	5.8424	5.5831	5.3423	5.1183	4.9095	4.7147	4.5327
14	6.9819	6.6282	6.3025	6.0021	5.7245	5.4675	5.2293	5.0081	4.8023	4.6106
15	7.1909	6.8109	6.4624	6.1422	5.8474	5.5755	5.3242	5.0916	4.8759	4.6755
16	7.3792	6.9740	6.6039	6.2651	5.9542	5.6685	5.4053	5.1624	4.9377	4.7296
17	7.5488	7.1196	6.7291	6.3729	6.0472	5.7487	5.4746	5.2223	4.9897	4.7746
18	7.7016	7.2497	6.8399	6.4674	6.1280	5.8178	5.5339	5.2732	5.0333	4.8122
19	7.8393	7.3658	6.9380	6.5504	6.1982	5.8775	5.5845	5.3162	5.0700	4.8435
20	7.9633	7.4694	7.0248	6.6231	6.2593	5.9288	5.6278	5.3527	5.1009	4.8696
21	8.0751	7.5620	7.1016	6.6870	6.3125	5.9731	5.6648	5.3837	5.1268	4.8913
22	8.1757	7.6446	7.1695	6.7429	6.3587	6.0113	5.6964	5.4099	5.1486	4.9094
23	8.2664	7.7184	7.2297	6.7921	6.3988	6.0442	5.7234	5.4321	5.1668	4.9245
24	8.3481	7.7843	7.2829	6.8351	6.4338	6.0726	5.7465	5.4509	5.1822	4.9371
25	8.4217	7.8431	7.3300	6.8729	6.4641	6.0971	5.7662	5.4669	5.1951	4.9476
26	8.4881	7.8957	7.3717	6.9061	6.4906	6.1182	5.7831	5.4804	5.2060	4.9563
27	8.5478	7.9426	7.4086	6.9352	6.5135	6.1364	5.7975	5.4919	5.2151	4.9636
28	8.6016	7.9844	7.4412	6.9607	6.5335	6.1520	5.8099	5.5016	5.2228	4.9697
29	8.6501	8.0218	7.4701	6.9830	6.5509	6.1656	5.8204	5.5098	5.2292	4.9747
30	8.6938	8.0552	7.4957	7.0027	6.5660	6.1772	5.8294	5.5168	5.2347	4.9789
35	8.8552	8.1755	7.5856	7.0700	6.6166	6.2153	5.8582	5.5386	5.2512	4.9915
40	8.9511	8.2438	7.6344	7.1050	6.6418	6.2335	5.8713	5.5482	5.2582	4.9966
45	9.0079	8.2825	7.6609	7.1232	6.6543	6.2421	5.8773	5.5523	5.2611	4.9986
50	9.0417	8.3045	7.6752	7.1327	6.6605	6.2463	5.8801	5.5541	5.2623	4.9995
60	9.0736	8.3240	7.6873	7.1401	6.6651	6.2492	5.8819	5.5553	5.2630	4.9999
70	9.0848	8.3303	7.6908	7.1421	6.6663	6.2498	5.8823	5.5555	5.2631	5.0000
80	9.0888	8.3324	7.6919	7.1427	6.6666	6.2500	5.8823	5.5555	5.2632	5.0000

5. 이상연금(선불연금) 1원의 현재가치

기간이자율(r)

기간수 (n)	1%	2%	3%	4%	5%	6%	7%	8%	9%	10%
1	1.0000	1.0000	1.0000	1.0000	1.0000	1.0000	1.0000	1.0000	1.0000	1.0000
2	1.9901	1.9804	1.9709	1.9615	1.9524	1.9434	1.9346	1.9259	1.9174	1.9091
3	2.9704	2.9416	2.9135	2.8861	2.8594	2.8334	2.8080	2.7833	2.7591	2.7355
4	3.9410	3.8839	3.8286	3.7751	3.7232	3.6730	3.6243	3.5771	3.5313	3.4869
5	4.9020	4.8077	4.7171	4.6299	4.5460	4.4651	4.3872	4.3121	4.2397	4.1699
6	5.8534	5.7135	5.5797	5.4518	5.3295	5.2124	5.1002	4.9927	4.8897	4.7908
7	6.7955	6.6014	6.4172	6.2421	6.0757	5.9173	5.7665	5.6229	5.4859	5.3553
8	7.7282	7.4720	7.2303	7.0021	6.7864	6.5824	6.3893	6.2064	6.0330	5.8684
9	8.6517	8.3255	8.0197	7.7327	7.4632	7.2098	6.9713	6.7466	6.5348	6.3349
10	9.5660	9.1622	8.7861	8.4353	8.1078	7.8017	7.5152	7.2469	6.9952	6.7590
11	10.4713	9.9826	9.5302	9.1109	8.7217	8.3601	8.0236	7.7101	7.4177	7.1446
12	11.3676	10.7868	10.2526	9.7605	9.3064	8.8869	8.4987	8.1390	7.8052	7.4951
13	12.2551	11.5753	10.9540	10.3851	9.8633	9.3838	8.9427	8.5361	8.1607	7.8137
14	13.1337	12.3484	11.6350	10.9856	10.3936	9.8527	9.3577	8.9038	8.4869	8.1034
15	14.0037	13.1062	12.2961	11.5631	10.8986	10.2950	9.7455	9.2442	8.7862	8.3667
16	14.8651	13.8493	12.9379	12.1184	11.3797	10.7122	10.1079	9.5595	9.0607	8.6061
17	15.7179	14.5777	13.5611	12.6523	11.8378	11.1059	10.4466	9.8514	9.3126	8.8237
18	16.5623	15.2919	14.1661	13.1657	12.2741	11.4773	10.7632	10.1216	9.5436	9.0216
19	17.3983	15.9920	14.7535	13.6593	12.6896	11.8276	11.0591	10.3719	9.7556	9.2014
20	18.2260	16.6785	15.3238	14.1339	13.0853	12.1581	11.3356	10.6036	9.9501	9.3649
21	19.0456	17.3514	15.8775	14.5903	13.4622	12.4699	11.5940	10.8181	10.1285	9.5136
22	19.8570	18.0112	16.4150	15.0292	13.8212	12.7641	11.8355	11.0168	10.2922	9.6487
23	20.6604	18.6580	16.9369	15.4511	14.1630	13.0416	12.0612	11.2007	10.4424	9.7715
24	21.4558	19.2922	17.4436	15.8568	14.4886	13.3034	12.2722	11.3711	10.5802	9.8832
25	22.2434	19.9139	17.9355	16.2470	14.7986	13.5504	12.4693	11.5288	10.7066	9.9847
26	23.0232	20.5235	18.4131	16.6221	15.0939	13.7834	12.6536	11.6748	10.8226	10.0770
27	23.7952	21.1210	18.8768	16.9828	15.3752	14.0032	12.8258	11.8100	10.9290	10.1609
28	24.5596	21.7069	19.3270	17.3296	15.6430	14.2105	12.9867	11.9352	11.0266	10.2372
29	25.3164	22.2813	19.7641	17.6631	15.8981	14.4062	13.1371	12.0511	11.1161	10.3066
30	26.0658	22.8444	20.1885	17.9837	16.1411	14.5907	13.2777	12.1584	11.1983	10.3696
35	29.7027	25.4986	22.1318	19.4112	17.1929	15.3681	13.8540	12.5869	11.5178	10.6086
40	33.1630	27.9026	23.8082	20.5845	18.0170	15.9491	14.2649	12.8786	11.7255	10.7570
45	36.4555	30.0800	25.2543	21.5488	18.6628	16.3832	14.5579	13.0771	11.8605	10.8491
50	39.5881	32.0521	26.5017	22.3415	19.1687	16.7076	14.7668	13.2122	11.9482	10.9063
60	45.4046	35.4561	28.5058	23.5284	19.8758	17.1311	15.0219	13.3667	12.0423	10.9639
70	50.6702	38.2486	29.9971	24.3303	20.3098	17.3676	15.1516	13.4382	12.0820	10.9861
80	55.4371	40.5394	31.1068	24.8720	20.5763	17.4997	15.2175	13.4714	12.0988	10.9946

기간이자율(r)

기간수 (n)	11%	12%	13%	14%	15%	16%	17%	18%	19%	20%
1	1.0000	1.0000	1.0000	1.0000	1.0000	1.0000	1.0000	1.0000	1.0000	1.0000
2	1.9009	1.8929	1.8850	1.8772	1.8696	1.8621	1.8547	1.8475	1.8403	1.8333
3	2.7125	2.6901	2.6681	2.6467	2.6257	2.6052	2.5852	2.5656	2.5465	2.5278
4	3.4437	3.4018	3.3612	3.3216	3.2832	3.2459	3.2096	3.1743	3.1399	3.1065
5	4.1024	4.0373	3.9745	3.9137	3.8550	3.7982	3.7432	3.6901	3.6386	3.5887
6	4.6959	4.6048	4.5172	4.4331	4.3522	4.2743	4.1993	4.1272	4.0576	3.9906
7	5.2305	5.1114	4.9975	4.8887	4.7845	4.6847	4.5892	4.4976	4.4098	4.3255
8	5.7122	5.5638	5.4226	5.2883	5.1604	5.0386	4.9224	4.8115	4.7057	4.6046
9	6.1461	5.9676	5.7988	5.6389	5.4873	5.3436	5.2072	5.0776	4.9544	4.8372
10	6.5370	6.3282	6.1317	5.9464	5.7716	5.6065	5.4506	5.3030	5.1633	5.0310
11	6.8892	6.6502	6.4262	6.2161	6.0188	5.8332	5.6586	5.4941	5.3389	5.1925
12	7.2065	6.9377	6.6869	6.4527	6.2337	6.0286	5.8364	5.5560	5.4865	5.3271
13	7.4924	7.1944	6.9176	6.6603	6.4206	6.1971	5.9884	5.7932	5.6105	5.4392
14	7.7499	7.4235	7.1218	6.8424	6.5831	6.3423	6.1183	5.9095	5.7147	5.5327
15	7.9819	7.6282	7.3025	7.0021	6.7245	6.4675	6.2293	6.0081	5.8023	5.6106
16	8.1909	7.8109	7.4624	7.1422	6.8474	6.5755	6.3242	6.0916	5.8759	5.6755
17	8.3792	7.9740	7.6039	7.2651	6.9542	6.6685	6.4053	6.1624	5.9377	5.7296
18	8.5488	8.1196	7.7291	7.3729	7.0472	6.7487	6.4746	6.2223	5.9897	5.7746
19	8.7016	8.2497	7.8399	7.4674	7.1280	6.8178	6.5339	6.2732	6.0333	5.8122
20	8.8393	8.3658	7.9380	7.5504	7.1982	6.8775	6.5845	6.3162	6.0700	5.8435
21	8.9633	8.4694	8.0248	7.6231	7.2593	6.9288	6.6278	6.3527	6.1009	5.8696
22	9.0751	8.5620	8.1016	7.6870	7.3125	6.9731	6.6648	6.3837	6.1268	5.8913
23	9.1757	8.6446	8.1695	7.7429	7.3587	7.0113	6.6964	6.4099	6.1486	5.9094
24	9.2664	8.7184	8.2297	7.7921	7.3988	7.0442	6.7234	6.4321	6.1668	5.9245
25	9.3481	8.7843	8.2829	7.8351	7.4338	7.0726	6.7465	6.4509	6.1822	5.9371
26	9.4217	8.8431	8.3300	7.8729	7.4641	7.0971	6.7662	6.4669	6.1951	5.9476
27	9.4881	8.8957	8.3717	7.9061	7.4906	7.1182	6.7831	6.4804	6.2060	5.9563
28	9.5478	8.9426	8.4086	7.9352	7.5135	7.1364	6.7975	6.4919	6.2151	5.9636
29	9.6016	8.9844	8.4412	7.9607	7.5335	7.1520	6.8099	6.5016	6.2228	5.9697
30	9.6501	9.0218	8.4701	7.9830	7.5509	7.1656	6.8204	6.5098	6.2292	5.9747
35	9.8293	9.1566	8.5717	8.0599	7.6091	7.2098	6.8541	6.5356	6.2489	5.9898
40	9.9357	9.2330	8.6268	8.0997	7.6380	7.2309	6.8695	6.5468	6.2572	5.9959
45	9.9988	9.2764	8.6568	8.1205	7.6524	7.2409	6.8765	6.5517	6.2607	5.9984
50	10.0362	9.3010	8.6730	8.1312	7.6596	7.2457	6.8797	6.5539	6.2621	5.9993
60	10.0717	9.3229	8.6866	8.1397	7.6649	7.2490	6.8818	6.5552	6.2630	5.9999
70	10.0841	9.3300	8.6906	8.1420	7.6662	7.2498	6.8822	6.5555	6.2631	6.0000
80	10.0885	9.3323	8.6918	8.1426	7.6666	7.2499	6.8823	6.5555	6.2632	6.0000

찾아보기

[ㅈ]

저자소개

전 중 열 University of Southern California(경영학박사)
지방자치단체 회계기준심의위원회 위원 역임
국가회계제도개선실무위원회 위원 역임
KB생명보험주식회사 사외이사 역임
현, 서울과학기술대학교 경영학과 명예교수
국가회계재정통계센터 자문위원

[주요 저서 및 논문]
국가·지방자치단체 복식부기 정부회계(제3판)(신영사)
회계학연습(신영사)
병원회계학(법경사21C)
"지방자치단체 재정운영보고서의 재무보고체계에 관한 연구"(회계저널)
"발생주의 국가재정지표의 설정과 실증분석"(정부회계연구)

[제3판] 회계학개론

2014년 8월 30일 제1판 1쇄 발행
2020년 3월 5일 제3판 1쇄 인쇄
2020년 3월 10일 제3판 1쇄 발행

저 자 전 중 열
발 행 인 권 영 섭
발 행 처 (주)신 영 사
경기도 파주시 심학산로 12(출판문화단지)
등 록 : 1988. 5. 2 / 제406-1988-000020호
전 화 : 031-946-2894(代)
F A X : 031-946-0799
e-mail : sys28945@naver.ccm
홈페이지 : http://www.shinyoungsa.co.kr

저자협의 인지생략

정가 22,000원 ISBN 978-89-5501-725-0